U0583587

印度洋地区研究译丛 |

Copyright © Walter Andersen and Shridhar Damle 2018

Photographs courtesy of the Rashtriya Swayamsevak Sangh, from the *Panchjanya and Organiser* archives

RSS:

国 民 志 愿 服 务 团

如何重塑印度？

A VIEW TO
THE INSIDE

〔美〕沃尔特·安德森（Walter K. Andersen）

〔美〕史利德哈尔·达姆勒（Shridhar D. Damle） 著

朱翠萍 译

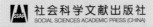

社会科学文献出版社
SOCIAL SCIENCES ACADEMIC PRESS (CHINA)

总　序

　　21 世纪世界格局的发展趋势，究竟是"印度洋世纪""太平洋世纪"，还是两洋合一的"印度洋－太平洋世纪"？太平洋的繁荣是由 20 世纪 70 年代日本经济增长的奇迹，70～90 年代亚洲四小龙（韩国、中国台湾、中国香港和新加坡）的经济增长奇迹以及 20 世纪 90 年代以来以中国为代表的新兴经济体的群体性崛起共同成就的。但是，经济的繁荣并不意味着安全局势的平静，繁荣掩盖不了太平洋上持续存在的动荡，包括朝鲜半岛危机、中国南海争端、东海钓鱼岛上日本不断挑衅导致的冲突等。这些动荡使得人们将更多关注的目光洒向了太平洋。实际上，近年来印度洋上的冲突从未停止过，战略动荡的轮廓亦逐渐清晰，无论是美国一直重视印度洋以维持其在印度洋乃至世界的霸权地位，还是印度更加重视地处印度洋中心的地理位置以实现"领导大国"的战略目标，抑或是中国推进"一带一路"以促进亚非欧之间的互联互通，大国博弈下不断涌动的动态竞争格局以及这一地区不断累积的潜在安全困境，将使得世界第三大水域——印度洋，必将处于 21 世纪国际舞台的中心。

　　在地理位置上，印度洋与太平洋的界线划分是沿着马六甲海峡北口、苏门答腊岛西海岸、爪哇岛南海岸，经阿拉弗拉海、新几内亚岛（伊里安岛）南岸，再沿澳大利亚东海岸，通过巴斯海峡、塔斯马尼亚岛南部的东经 146°51′至南极大陆的经线。印度洋西起阿拉伯海的霍尔木兹海峡，东至马六甲海峡，面积7491.7万平方公里。主要属海和海湾有红海、阿拉伯海、安达曼海、阿拉弗拉海、帝汶海、亚丁湾、波斯湾、阿曼湾、孟加拉湾、卡奔塔利亚湾和大澳大利亚湾。新加坡海峡出口处的马六甲海峡、西部红海海峡出入口处的亚丁湾以及波斯湾海峡入口处的霍尔木兹海峡，被称作印度洋的"三大咽喉"要道，这是印度洋有别于大西洋和太平洋的主要地理特征。

世界八大油气储备中，印度洋地区有三个，分别是波斯湾及其沿岸、印度尼西亚沿海和大陆架以及澳大利亚西北大陆架，占世界总储量的70%以上。由此使得印度洋成为世界上最为繁忙的海上贸易通道之一，拥有1/9的世界海港，1/5的货物吞吐量，经印度洋运送的石油占全世界海上石油运输量的一半以上。目前，这一地区的主要石油运输线有三条，一是波斯湾-好望角-西欧/北美线；二是波斯湾-马六甲海峡（或龙目、望加锡海峡）-日本线；三是波斯湾-苏伊士运河-地中海-西欧/北美线。霍尔木兹海峡是连接波斯湾和阿曼湾的航运要道，全球超过40%的石油供应依赖波斯湾地区，而波斯湾地区石油出口的90%需要经过霍尔木兹海峡。由此可见，印度洋的"石油航线"是许多发达国家和发展中国家仰仗的"战略生命线"。另外，由于这些通道狭窄，它的脆弱性也成为全球重点关注的安全议题。值得一提的是，海洋开发必将成为未来印度洋地区新的经济增长点。中国与印度洋地区拥有发展蓝色经济的相互需求，合作潜力巨大。除了海洋交通运输业以外，在海洋船舶业、海洋渔业、海洋油气业、滨海旅游业等方面也有合作潜力。

随着地缘政治的回归、海洋战略地位的上升以及蓝色经济价值的日益凸显，印度洋的地缘战略价值无疑将使这一地区成为大国权力博弈的竞技场。这也是印度洋有别于大西洋和太平洋的主要地缘政治特征。

　　美国作为全球唯一的超级大国，其海军陆战队于 2008 年 6 月发布的《构想与战略》是覆盖到 2025 年的规划，其中花费了大量篇幅断定印度洋及其毗邻的水域是未来冲突和竞争的核心舞台，美国明确地表示将寻求成为南亚地区的卓越力量。日本虽然没有明确提出印度洋战略，但一直致力于经营与印度、澳大利亚、南非、伊朗等印度洋地区主要国家的关系，努力从政治、经济、外交、安全等方面加大对这一地区的影响力。印度自不必说，向来把印度洋视为"印度之洋"。印度插入印度洋 1600 公里且三面环海，坐拥多条海上交通线，能轻而易举地到达印度洋所有咽喉要道的入口。更为重要的是印度周边的三个海湾之于地缘政治的重要性。其中，亚丁湾是海盗频繁出没的地方，波斯湾和孟加拉湾处于整个印度半岛的两翼之下，重要性突出的同时，脆弱性也不容忽视。由此，海权对于印度的重要性就不言而喻了。印度的战略家将印度洋划分为三个"同心圆"区域：一是确保对近海 300 海里水域安全的"完全或绝对控制区"，主要包括领海、专属经济区和沿岸岛屿；二是确保对海上 300 ~ 600 海里通道安全保持通信监控的"中等控制区"；三是对 700 海里以外区域具备投射能力和威慑能力的"软控制区"。印度在印度洋拥有得天独厚的地缘优势，加之印度追求"有声有色的大国梦想"，驱使其谋求在印度洋上的排他性主导权。

　　中国虽然不是印度洋国家，却是最接近印度洋的域外大国，也是与印度洋地区有着密切的政治、经济、文化联系的国家。中国关注和重视印度洋，不仅仅是出于对这一地区能源和贸易通道的高度依赖，密切与印度洋国家之间的经贸联系，也是中国经济可持续发展的需要。一个众所周知的事实是，中国作为世界第二大经济体、第一货物贸易大国、第一外汇储备国、第二大能源消费国，其超过 50% 的外贸依存度以及对进口石油的高度依赖等现实，加强了中国经济对于全球资源和贸易的依赖。特别是中国进口石油与对外贸易的战略通道主要集中于印度洋地区，决定了中国是与印度洋有密切关系的国家。

中美日印等大国未来在印度洋上的博弈，将使这一地区本来就脆弱的战略格局更加动荡，并进一步增加印度洋安全局势的不确定性。印度洋上出现的动荡，有显性和隐性两种表现形式。显性的动荡主要是由地区问题带来的，表现为经济利益竞争、非传统安全问题、民族极端主义等；隐性的动荡主要是战略竞争和相互猜疑导致的。当前，没有任何一个地区如此集中地汇集了包括美国、日本、印度、澳大利亚以及中国的利益关切，可以说没有哪一个大洋比印度洋更需要战略上的稳定。

中国要想保障在印度洋的经济利益和能源安全，首先必须重视印度洋，加强与印度洋沿岸国家的政治、经济与安全合作。印度洋沿岸共有 38 个国家和地区（不包括英属印度洋领地），近 30 亿人口。印度洋沿岸的南亚国家主要包括印度、巴基斯坦、孟加拉国、斯里兰卡、马尔代夫，共 5 个国家。其中，印度、巴基斯坦和孟加拉国为临海国，斯里兰卡、马尔代夫为岛国。中国是南亚最大的邻国，与南亚的印度、巴基斯坦、尼泊尔、不丹和阿富汗 5 个国家拥有几千公里的共同边界；同时，南亚也是中国周边陆上邻国最多的一个地区。印度洋沿岸的东南亚国家包括泰国、马来西亚、新加坡、缅甸、印度尼西亚和东帝汶，共 6 个国家。位于印度洋沿岸的非洲国家和地区共有 15 个，包括南非、莫桑比克、坦桑尼亚、肯尼亚、索马里、吉布提、厄立特里亚、苏丹、埃及、毛里求斯、科摩罗、塞舌尔、马达加斯加、留尼汪（法）、马约特岛（法）。此外，印度洋沿岸的西亚中东地区共有 11 个国家，包括沙特阿拉伯、也门、阿曼、阿拉伯联合酋长国、卡塔尔、巴林、科威特、伊朗、伊拉克、约旦和以色列。印度洋沿岸国家还包括大洋洲的澳大利亚。截至 2018 年，印度洋沿岸地区（不包含也门、留尼汪和马约特岛）的经济总量大约为10.83 万亿美元，约占整个世界 GDP 总量的 12.69%；印度洋地区的贸易总额约为 5.85 万亿美元，约占世界贸易总额的 15%。

在印度洋沿岸的东南亚地区，中国是印度尼西亚、泰国、马来西亚和缅甸等国的最大贸易伙伴；在南亚地区，中国是印度和巴基斯坦的最大贸易伙伴；中国也是大洋洲澳大利亚的第一大贸易伙伴。尽管这些国家与中国之间的双边贸易额相对于中国巨大的贸易总量而言比重很小，但中国与印度洋沿岸国家的贸易互补性强、贸易潜力巨大，也预示着未来中国对印度洋地区的经济影响力还会继续提升。

当前，世界多极化趋势不可阻挡。在旧的国际秩序被逐渐打破，新的秩序还没有建立起来的"灰色阶段"，全球正在进入一个战略动荡期，或者可以说，世界正在进入一个充满焦虑的"战略竞争时代"，一个需要战略理性和审慎思维的时代，也是一个需要努力适应且必须小心应对的不断变化的时代。"战略竞争时代"的一个显著特点是，各国不得不面临"外部环境"的"不确定感"和"心理环境"的"危机感"并存的局面。正如亨利·基辛格在《美国的全球战略》中所言，大西洋地区或西半球的冲突源于经济因素，亚洲的冲突源于战略竞争，而中东地区的冲突则源于意识形态和宗教。战略竞争的外在表现形式是动荡甚至冲突，内在表现形式则是相互猜疑，进而通过军备竞赛或制造可置信的威胁来应对，而猜疑和威胁则与安全和挑战紧密相连。

需要指出的是，印度洋上的战略竞争看似波澜不惊，实则无处不在。即便是经济贸易与投资合作，背后也无时无刻不存有战略竞争的影子，使得经济关系越来越多地受到政治因素的"绑架"。仔细观察，不难发现一个明显的现象，无论亚太还是印度洋上的紧张气氛，很多是人为制造出来的，人为制造紧张气氛某种程度上也是大国进行战略竞争的一种策略。"紧张"自然带来进一步的竞争。竞争是一把双刃剑，可以增强实力，也可能引发冲突。无论如何，单纯制造冲突并不是各国的意愿，更不是策略，包括美国在内的西方其他国家也应该没有制造冲突的主观愿望，因为这并不符合各方的利益。但是，大国之间战略竞争的加剧有可能导致对抗甚至冲突的局面。这也是全球安全面临的最大风险和挑战。

在当前全球经济增长速度普遍放缓、政治安全局势由于地区冲突和战略竞争变得更为紧张的情势下，如果预言未来印度洋上将会不可避免地发生冲突甚至战争，多少显得危言耸听。但是避免战略竞争上升到战略对抗并尽可能地预防和管控冲突，防止历史机遇的浪费阻碍亚洲繁荣的趋势，实现相互包容与和平共处，这是亚洲各国刻不容缓的责任。

第一，为了赢得战略利益和争夺影响力而进行战略竞争，往往会导致经济合作与战略紧张关系并存的情势。通常赢得竞争的方式，要么是增强自身的实力，要么是削弱对方的力量。竞争者只有在特殊情况下才会将对手视为伙伴，如果有可能助推战略合作，也只会在某一领域，难以实现全方位的合作。普遍情况下战略竞争者会把对手视为敌人，竞争的结果是不可避免的恶性竞争甚至冲突，而且彼此对威胁认知不断升级将导致各国之间的战略互信更加脆弱，也必然会形成大国"战略对抗"和地区"安全困境"，甚至会催生一种"结构性动荡"的局面，由此引发的紧张气氛才是地区安全的最大隐患。

第二，以所谓的"威胁"为借口制造紧张，实际上是为了让对方承认自己的实力或地位。即便是感受到威胁，也要先分清楚哪些是现实威胁，哪些是潜在威胁，哪些是人为制造的空头威胁，否则情绪化因素就会主导判断力，从而干扰力量建设的方向和力量投放的力度。与其以"感受紧张"和"感知威胁"为理由而建构威胁，通过军备竞赛产生令人信服的对抗力量和"可置信"的威慑作用，不如各国加强沟通与交流，消除自信不足和互信缺失基础上人为建构的子虚乌有的"威胁"。虚拟经济可以打垮实体经济，虚拟政治一样也可以打垮实体政治。

第三，从务实的角度考虑，应对"不确定感"和"危机感"的最佳办法是努力使自己变得更加强大。毕竟竞争来自实力，实力来自合作。一个海权强国，首先应当是一个经济强国。在经济全球化趋势不可逆转的情况下，经济实力的增强来源于合作共赢的机制与和平稳定的发展环境。谁也不能否认贸易与经济关系在权力分配中扮演的重要角色。

第四，目前广阔的地缘政治环境更适合大国特别是中美印在印度洋上开展合作，而非建立在相互威胁基础上的消极竞争与力量角逐。大国之间通过海军合作维持太平洋和印度洋的和平与安全，通过合作共享利益，化解威胁和避免冲突，则有希望建立一种互惠互利、合作共赢的新型大国关系。从这个角度来看，基于能力提升、互利共赢和风险共担的战略理念而非基于威胁或威慑的战略理念应该成为一种共识和努力的目标。唯有如此，海洋才能平静，世界才能和平。

第五，中国成为经济大国是一个事实，但中国的确并不满足于此。中国的目标是进一步成为经济强国，实现中华民族的伟大复兴之梦。而不是外界所担心的，中国成为经济强国之后，必定要挑战现有的霸权并争夺相应的权力或影响力。当前，世界多极化趋势不可阻挡。对于各国来说，暂时搁置争议，在战略竞争中相互磨合，在不触及各国核心利益的情况下相互妥协适应，把握战略竞争的"度"，努力寻求控制、缓解和消除紧张动荡局势的动态机制，在曲折中前进，符合各国根本利益。

第六，亚洲崛起的战略机遇期呼唤各国形成合力，形势发展呼唤中印在印度洋合作。对于任何一个国家来说，营造一个有利于发展的外部环境，首先要把握的原则是"大国是关键，周边是首要"。结合这两个要素，中印合作具有战略意义。中印应当更新观念，加深彼此认知，凝聚共识，走出印度洋的"合作困境"，抓住机遇，共同发展。

一直以来，中国坚持走和平发展之路，以开放和包容的心态追求与世界各国合作发展。但是，"树欲静而风不止""大象无法藏身树后"。中国成为世界第二大经济体的事实以及在不久的将来会成为世界第一大经济体的预测，加剧了印度洋沿岸包括印度在内的一些周边国家对中国崛起的疑惧感和威胁感，对子虚乌有的"珍珠链战略"的防范心态依然在不断弥漫，中国通过"一带一路"倡议实现与印度洋地区共同发展的战略目标面临巨大挑战。

为了促进中国与印度洋地区的共同发展，印度洋地区研究中心从2011年成立以来，每年分别召开"印度洋安全局势研讨会"以及"中国与印度洋地区共同发展国际研讨会"。每年撰写《印度洋地区蓝皮书：印度洋地区发展报告》，该丛书中文版由社会科学文献出版社出版，英文版由斯普林格出版社出版。同时，集中力量做好《印度洋经济体研究》这个专业期刊，并出版"印度洋地区研究丛书"一套。特别是翻译并出版"印度洋地区研究译丛"，以系统地介绍国际学术界对印度洋问题的关注以及对印度洋地区发展状况的研究，这是印度洋地区研究中心成立之初就形成的愿望和达成的共识。我们真诚地希望该译丛的陆续出版，能够有助于国内学术界把握印度洋相关领域的研究议题，了解印度洋问题和印度洋地区研究的前沿以及找到印度洋研究中真正有价值的问题。

朱翠萍

2020 年 8 月

中文版序

从2019年大选看国民志愿服务团（RSS）如何重塑印度

印度人民党（BJP）正在巩固权力

印度教民族主义政党印度人民党在2019年的议会选举中第二次以绝对优势赢得选举，标志着印度事务中出现了以印度教为中心的转折点。这种发展也可能预示着未来几年印度政治将由右翼民族主义者统治，这与国大党在印度独立之后50年中所享有的政治优势形成了鲜明对比。国大党现在仅拥有543个选举议席中的52个，不再是竞争对手，而且2019年大选中各个地区政党的表现再次表明它们没有能力组成联合反对派。同时，印度人民党继续扩大其在东部的存在以对抗那些不同派别的地区政党，并在将印度教的意识形态强加到地区事务方面取得了较为明显的成功。① 纳伦德拉·莫迪总理和该党主席阿米特·沙阿（Amit Shah）所拥

---

① 关于印度教的影响，参见：Suhas Palshikar, "Post – Poll Survey: The BJP's 'Act East' Moment," *The Hindu*, 28 May, 2019, https://www.thehindu.com/elections/lok – sabha – 2019/the – bjps – act – east – moment/article27266661. ece（accessed 17 June 2019）。

有的权力使其致力于在南方推进类似的进程，在南方该党目前处于弱势，但它可以利用其无处不在的意识形态先驱 RSS。而且，同盟家族的几十个分支机构，已经渗透到了印度社会的广泛领域。

此次大选凸显了沙阿在巩固党内权力方面发挥的关键作用。他通过塑造集权政党结构，在全国范围内获得了丰厚的选举收益。该选举活动还表明莫迪几乎完全信任沙阿，一定程度上沙阿就是总理的副手。在过去的 30 年里，他一直是莫迪的知己，帮助莫迪设法提升权力，首先在古吉拉特邦，之后在国家层面。实际上，几乎在每次选举中，沙阿都站在莫迪一边，并在此次选举之后被任命为内政部长。[①] 这一内阁职位将使沙阿在制定协调一致的恐怖主义方针以及试图稳定诸如克什米尔等邦的国内动乱方面发挥决定性作用，这些问题也是印度人民党议会竞选中的前沿问题。其中，废除宪法第 370 条和第 35A 条，取消查谟—克什米尔邦的特殊地位，是为了兑现印度人民党的竞选承诺。宪法第 370 条为查谟—克什米尔提供了一定程度的自治权，第 35A 条则限定了这一穆斯林占多数邦的"永久居民"财产权。[②] 此外，沙阿是唯一一个参加所有八个内阁委员会的议会议员，他也是印度

---

① 关于纳伦德拉·莫迪和阿米特·沙阿在政治问题上的密切协调，参见什拉·巴特（Sheela Bhatt）的分析。据我所知，巴特是印度人民党内部运作中最具远见卓识的记者。"Modi – Shah's Political Genius Is in Reading Voters Correctly", *Sunday Guardian*, 8 June 2019, https：//www. sundayguardianlive. com/news/ modi – shahs – political – genius – reading – voters – correctly（accessed 19 June 2019）。

② 关于沙阿作为内政部长处理诸如克什米尔之类问题的可能目标的讨论参见：Utpal Kumar, "Amit Shah Gears up to Crack the Big Kashmir Puzzle", *Sunday Guardian*, 8 June 2019, https：//www. sundayguardianlive. com/news/amit – shah – gears – crack – big – kashmir – puzzle（accessed 18 June 2019）。

政府智库改革印度国家研究院（NITI Aayog）的成员，该委员会的任务是为印度制定发展战略，重点关注经济增长。^① 对沙阿在党组织事务中持续权力的强调，是在 2019 年 6 月 17 日印度人民党议会委员会会议之后宣布的，纳达（J. P. Nadda）将成为该党代理主席，可能与沙阿一起继续在该党事务中发挥指导作用，至少是在 2019 年底重要的邦议会选举之前。^②

莫迪提升了他所了解并信任的重要人物，这似乎也是在努力创造与美国的总统内阁类似的一些东西。因此，他任命了一位出色的外交官——前外务秘书苏杰生（Subrahmanyam Jaishankar）——担任外交部长，然后将国家安全顾问阿吉特·多瓦尔（Ajit Doval）提升为内阁级别。此外，他还提升了总理办公室（PMO）的两名主要成员，一位是总理的首席私人秘书恩里彭德拉·米斯拉（Nripendra Misra），另一位是副首席私人秘书普拉莫德·库马尔·米斯拉（Pramod Kumar Misra）。他们曾在古吉拉特邦工作，后来在新德里。^③

印度人民党超越了自己的选举期望

沙阿在莫迪周围建立了印度人民党议会竞选，并且决定对莫

① 关于内阁委员会构成的报告，参见：https：//www. ndtv. com/india - news/key - cabinet - panels - revamped - amit - shah - part - of - all - rajnath - singh - in - 2 - 2048748（accessed 26 June 2019）。

② 关于这一任命的分析，参见："JP Nadda Appointed Working President"，*India Today*，17 June 2019，https：//www. indiatoday. in/india/video/jp - nadda - appointed - bjp - working - president - 1550801 - 2019 - 06 - 17（Accessed 19 June 2019）。

③ 关于莫迪治理风格的精彩评论，参见：Shekhar Gupta，"Why the New Modi Model Is the Old Gujarat Model Raised to the Power of 3 Super - bureaucrats"，*The Print*，15 June 2019，https：//theprint. in/national - interest/why - the - new - modi - model - is - the - old - gujarat - model - raised - to - the - power - of - 3 - super - bureaucrats/250297/（accessed 30 June 2019）。

迪和他的政府进行全民投票，在选民中产生了很好的共鸣，在大约 9 亿合格选民中获得了 67% 以上的高投票率。印度人民党在其所竞争的 437 个议会选区中赢得了 303 个席位（总共 543 个），这与 2014 年所赢得的 282 个席位相比成效显著。同时，还将民众投票份额从 31.3% 提升到了 37.5%。其全国民主联盟（NDA）合作伙伴赢得了另外 50 个席位，使其总席位数达到 353 个（2014 年为 336 个），全国民主联盟的民众投票总数达到了约 45%（2014 年为 38.5%）。在印度人民党的 303 个席位中，有 224 个席位获得超过 50% 的选票。[1] 对结果的分析表明，印度人民党获得的支持超越了种姓、教育、城市/农村居住和收入等分歧，尽管它在赢得印度最大少数民族宗教群体穆斯林的选票方面远远落后于反对派。一项民意调查显示，该党只赢得了穆斯林投票的 8% 左右，与 2014 年大致相同。[2] 然而，与大量猜测相反，它在达利特印度教教徒中的支持进一步上升，从 2014 年的 24% 增加到 2019 年的 34%，并获得了其他落后阶层的更高支持以及 18 ~ 25 岁选民的支持，其份额从 2014 年的 34% 上升到 2019 年的 41%。[3] 此外，该党的城乡选区之间的差距从 2014 年的 8.9% 下降到 2019 年的 3.5%。[4]

---

① 参见："Here's How BJP Earned the Massive Mandate: Explained in Numbers"，*The Economic Times*，28 May 2019，https://economictimes.indiatimes.com/news/elections/lok - sabha/india/heres - how - bjp - earned - massive - mandate - explained - in - numbers/articleshow/69529857. cms（accessed 5 July 2019）。

② Ibid.

③ 参见："Where Did the BJP Get Its Votes from in 2019"，*Live Mint*，3 June 2019，https://www.livemint.com/politics/news/where - did - the - bjp - get - its - votes - from - in - 2019 - 1559547933995. html（accessed 5 July 2019）。

④ Ibid.

　　反对派将他们的竞选言论集中在莫迪身上，这对全国民主联盟有利。[①] 印度人民党在该国人口稠密的印地语中心地带特别是北方邦保持了牢固的地位，向议会派遣了80名成员。印度人民党在那里赢得了62个席位，并将该邦的民众投票比例提高了8%，达到49.6%。此外，印度人民党还在东部执政的地区政党中建立了强大的存在：在西孟加拉邦（West Bengal）的42个席位中，席位数从2个增加到18个，占民众投票的40%；在奥里萨邦（Odisha）的21个席位中，席位数从1个增加到8个，占民众投票的38%。

　　该国登记非常糟糕的一个地区是在讲德拉威语的南部，除了卡纳塔克邦（Karnataka）和特伦甘纳邦（Telangana）。虽然全国各地都普遍抱怨莫迪政府创造就业机会的记录相对较差，这是在调查中许多选民关注的首要问题。但是，对投票结果的分析表明，选民特别是有抱负的年轻人，最终仍然相信莫迪会带来有利的结果。此外，政府通过袭击巴基斯坦境内的一个恐怖主义基地，积极回应了2019年2月发生在克什米尔的恐怖主义袭击，这为印度人民党的竞选增加了国家安全与果断领导人的主题。围绕以印度教为中心的主题，为信仰印度教、锡克教和佛教等的移民提供了公民身份，但却否决了穆斯林移民在国家公民登记簿中的公民身份。印度人民党还利用了宗教主题，例如莫迪在印度北阿坎德邦一个受欢迎的印度教圣地克达尔那司（Kedarnath）附近的一个洞穴进行了17小时的冥想。

---

① 关于这一讨论，参见：Mirza Asmer Beg, Shashikant Pandey, Sudhir Kare, "Post Pol Survey: Why Uttar Pradesh's Magathbandhan Failed", *The Hindu*, 26 May 2019, http://binj.in/lifestyle/post – poll – survey – why – uttar – pradeshs – mahagathbandhan – failed/ (accessed 21 June 2019).

　　在 2019 年竞选活动中，印度人民党的一个重要优势是它有能力筹集到比主要反对党国大党和各地区政党更多的资金。[①] 来自 Facebook 广告图书馆的数据显示，2019 年 2 月至 4 月期间，印度人民党在 Whats App 等社交媒体平台上的政治广告支出几乎是国大党的十倍。[②] 根据监测主要政党金融资产的民主改革协会（ADR）2017～2018 财年的最新数据，印度人民党的所有收入比国大党更具有优势，相比于国大党的 19.915 亿卢比（2019 年约为 14 万美元），印度人民党共筹集了 102.734 亿卢比。[③]

　　直到 2018 年中期，尽管遭遇了一些挫折，但印度人民党恢复权力似乎已成定局，该党似乎即将进入国大党曾经所经历的政治霸权。早期唯一的重大挫折是 2015 年 2 月在德里立法议会选举失利，同年在比哈尔邦议会选举中败给联盟，此次失利是由前印度人民党的盟友人民党（联合）背叛成为反对派所造成的。这些是未来面临的更多挑战的警告信号。2017 年 12 月，印度人民党在莫迪曾经所在的古吉拉特邦举行的议会投票中表现不佳，

---

① 关于过去几年印度人民党和国大党资金优劣的比较，参见：Bibhudatta Pradhan, Archana Chaudhary, Abhjit Roy Chowdhury, "India's Opposition Party Running Out of Cash", *Bloomburg*, 23 May 2018, https：// www. bloomberg. com/news/articles/2018 – 05 – 22/empty – coffers – hinder – india – congress – party – s – plans – to – topple – modi（accessed 16 March 2019）。

② Amrita Madhukalya "Who's Creating Whats App Buzz This Election Season", *Hindustan Times*, 12 May 2019, https：//www. hindustantimes. com/lok – sabha – elections/who – s – creating – whatsapp – buzz – this – election – season/ story – NAewnMqSCqZlxtGlaelDhO. html。

③ 关于政党金融资产的报道来自民主改革协会，参见："Analysis of Findings of National Parties：FY 2017 – 18", https：//adrindia. org/node? page = 0% 2C0% 2C0% 2C0% 2C0% 2C0% 2C1（accessed 17 March 2019）。

这令人深感不安。虽然这是该党在古吉拉特邦连续第六次取得胜利，但印度人民党在 182 名议员的议会中只赢得了 99 个席位，损失了 16 个席位，损失的席位全部流向了国大党，国大党在该邦总共获得 77 个席位。也许，这反映了农民的不满。其主要的失利地区是在农村。此外，没有为 35 岁以下的大量人口提供就业机会所造成的不满，也可能导致了印度人民党在城市中席位的下降。① 尤其是在非常关键的北方邦失去了两个人民院（Lok Sabha）的补选机会，而 2014 年印度人民党在该邦赢得了 80 个席位中的 71 个席位，这使得 2019 年议会前景更加令人担忧。特别令人不安的是在该邦东部戈勒克布尔（Gorakhpur）选区的失利，这里长期由印度人民党领导。北方邦的首席部长是信仰印度教的约吉·阿迪亚纳斯（Yogi Adityanath）。2018 年 5 月，在南部最大的卡纳塔克邦（Karnataka）举行的邦议会选举也令人失望。尽管印度人民党已成为最大党（在 224 个议会席位中拥有 104 个），并希望重新夺回 2013 年失去的邦，但在国大党领导的联盟中排名第二，其中国大党赢得了 78 个席位，其盟友人民党（Janata Dal）（世俗）赢得 42 个席位。但是 2018 年 12 月，印度人民党在三个讲印地语邦（恰蒂斯加尔邦、中央邦和拉贾斯坦邦）的议会选举中输给了国大党，引起了印度人民党的极大关注，并使国大党重新恢复了希望，仅仅几个月就凭借着吸引不满的农民和莫迪政府糟糕的就业，使其能够（与选举伙伴一起）

① 与农民的情况一样，CSDS-Lokniti 的民意调查发现，印度人民党在 35 岁以下的选民中的支持率高于其他任何年龄段的选民。参见：Jyoti Mishra and Amrit Negi, "Post-Poll Survey: BJP, The Most Preferred Party of Young India", *The Hindu*, 29 May 2019, https://www.thehindu.com/specials/the-hindu-csds-lokniti-post-poll-survey/article27259339.ece（accessed 25 June 2019）。

挑战印度人民党在 2019 年的议会选举。虽然这些不满可能会对印度人民党在地方选举中产生不利影响，但 2019 年似乎并没有出现在全国范围内的对抗，而且民意调查显示，对莫迪的信心甚至促使失业者投票支持印度人民党。

重拾信心

在选举年开始时，印度人民党似乎在全国面临重大挑战。2019 年 1 月至 2 月的民意调查显示，印度人民党及其联盟将获得 225 ~ 242 个席位，远远低于所需的 272 个席位。这些民意调查显示，国大党拥有 147 ~ 180 个席位，其他党派拥有 140 ~ 160 个席位。因此，选举能否取得胜利，很大程度上取决于国大党是否可以达成联盟。但是，国大党在西孟加拉邦、北方邦和德里的谈判中失败了，而印度人民党则在比哈尔邦和马哈拉施特邦收获了关键的投票联盟。一项民意调查显示，莫迪执政以来的支持率在 2018 年中期首次下降至 50% 以下，只达到了 49%。比 2018 年 1 月下降了 4%，而与 2016 年莫迪的最高支持率相比，则下降了 16%。支持率下降的一个原因与 2016 年莫迪废除大面值纸币的决策有关，这一决策对依赖现金支出的经济造成了打击。①

然而，在 3 月份的调查显示，该党的受欢迎程度有了显著改善，可能比 2019 年初的民意调查结果增加了大约 40 个席位，目前显示的席位数变为264 ~ 291。而且，当时的民意调查也显示莫迪总理越来越受欢迎。在印度报复 2019 年 2 月 14 日

---

① 这一投票结果来自《今日印度》的系列分析。这些观察的一个综合性分析参见：Arviral Virk, "For the First Time, Modi's Popularity Rating Slips Below 50%", *The Quint*, 20 August 2018, https://www.thequint.com/news/politics/india - today - mood - of - nation - poll - narendra - modi - declining - popularity（accessed 30 April 2019）。

的恐怖袭击之后，两项声誉良好的民意调查显示，对莫迪的支持在全国增加了 7%，达到 52%。也许，最令印度人民党高兴的是，在 2018 年 12 月输给国大党的三个印地语邦恰蒂斯加尔邦、中央邦和拉贾斯坦邦中，莫迪在选举前民意调查中的支持率超过 60%。在 2019 年的议会选举中，印度人民党在这些邦轻松获胜，赢得了恰蒂斯加尔邦 11 个席位中的 9 个席位，拉贾斯坦邦 25 个席位中的 24 个席位以及中央邦 29 个席位中的 28 个席位。当然，特别重要的是在北方邦大获全胜，在这个人口最多的邦赢得了 80 个席位中的 62 个，仅比 2014 年减少了 9 个席位。

莫迪政府在 2019 年初的几个月做出的三项决定，似乎在动员其党派的额外支持方面发挥了重要作用。首先是决定提供援助，使得任何不适合保留类别种姓的穷人都能受益。其次是决定每年转移支付 6000 卢比到每位贫困农民的银行账户，并且在党的宣言中承诺最终将这种福利扩大到所有农民。再次是 2019 年 2 月 26 日，针对 2019 年 2 月 14 日印度安全部队遭遇恐怖主义袭击的事件（该袭击事件造成克什米尔普尔瓦马区 40 人丧生），对巴基斯坦境内恐怖分子的设施进行空袭。[①] 印度人民党在宣言中强烈呼吁安全问题，并进一步强调民族主义特别是印度教民族主义的重要性。总理在竞选期间的演讲中，频繁使用安全和民族主义来强调他坚定的安全政策。

另一个长期的选举因素是莫迪政府越来越关注向穷人提供社

---

① 这些问题产生影响的综合性分析，参见：Swansy Afonso，"Modi's Popularity Back to Peak Levels on Air Strike, Survey Says"，*Bloomberg*，6 April 2019，https://news.yahoo.com/modi-apos-popularity-back-peak-042823084.html（accessed 23 April 2019）。此文基于 2019 年 3 月 24 日至 3 月 31 日，社会发展研究中心的 Lokniti 研究计划的民意调查而写作。

会福利计划,并在政府帮助他们的活动中提醒受助人。① 莫迪和沙阿在赢得大选的演讲中,明显意识到减贫对于选举的重要性,宣布减贫将成为未来五年的工作重点。② 印度人民党的一位资深人士告诉记者什拉·巴特,"为穷人服务是我们未来 25 年的计划"。③ 根据该计划,莫迪政府 2019 年的预算强调将继续扩大福利。④ 这种方法的一个优点是它超越了对种姓和宗教的明确和有争议的诉求。

RSS 为莫迪和印度人民党工作

国民志愿服务团(RSS)是印度最大的非政府组织,也是印度人民党的印度教民族主义意识形态之教父,它希望印度人民党继续掌权,因为政治权力为其众多的分支机构提供了在教育等领域的工作,而且印度教的宗教机构可以进入政府,使其在他们所做的事情中发挥一定的作用。同时,RSS 还为目前该党影响力较弱的地方提供组织结构,例如在南部的安得拉邦、喀拉拉邦和泰米尔纳德邦。在关于 RSS 的另一项研究中,RSS 高级领导告诉我们,该组织在 2019 年不可能像 1977 年和 2014 年那样为该党

① 关于有效的福利计划对选举产生影响的一个出色的分析,参见:Rahul Verma and Pranav Gupta, "Scale of BJP's Massive Victory Can't Solely Be Attributed to National Security and Polarization", *The Print*, 24 May 2019, https://theprint.in/opinion/scale - of - bjps - massive - 2019 - victory - cant - solely - be - attributed - to - national - security - polarisation/239936/ (accessed 30 June 2019)。

② Sheela Bhatt, "BJP Set to Transform into Garib's Janata Party", *Sunday Guardian*, 25 May 2019, https://www.sundayguardianlive.com/news/bjp - set - transform - garibs - janata - party (accessed 8 June 2019).

③ Ibid.

④ 关于 2019 年福利和就业预算的集中分析,参见:"Budget 2019", *Business Standard*, 6 July 2019, https://www.business - standard.com/article/pti - stories/india - s - 2019 - 20 - budget - mixes - continuity - with - winds - of - change - says - dbs - 119070600119_ 1. html (accessed 7 July 2019)。

"全力以赴"，因为担心国大党会在活动中施加限制。

然而2018年底，随着印度人民党的统治不断受到挑战，RSS领导人更强烈地要求其成员为该党投票。这反映在RSS领导人莫汉·巴格瓦特（Mohan Bhagwat）2018年9月在新德里与公众进行的一系列公开对话中。2018年，在"十胜节"（Vijayadashami）演讲中，RSS宣布了该团体2019年的目标，避免了莫迪政府因2017年演讲而受到的民粹主义批评，并大力呼吁成员们投票。2019年3月选举前夕，RSS的"议会"（Pratinidhi Sabha）以其总书记苏雷什·约什（Suresh Joshi）的演讲作为结束，鼓励RSS及其附属组织的代表参加投票。然而，查理（Seshadri Chari）表达了一个谨慎的说法，他是RSS的英语周刊《组织者》的前编辑。当时，他在一篇民意调查后的文章中写道，沙阿是一位强大的"副总理"，他"击中要害"，引用了RSS领导人巴格瓦特的谨慎性建议，即民主选举产生的人不应"滥用"他们的权力。① 巴格瓦特和其他RSS高级领导人经常在印度人民党中反对搞"个人崇拜"。

未来的趋势与挑战

2014年赢得大选之后，莫迪和沙阿巧妙地将印度人民党从专注于经济发展的上层种姓精英党形象转变为更具包容性的党派形象，并通过一系列福利计划解决了穷人的需求。这一策略使莫迪和沙阿能够大大扩展该党的选民基础，以动员所谓的其他落后阶级（OBC）和达利特人的支持，使其最终以压倒性优势获胜。然而，尽管最近选举取得了成功，但印度人民党依然面临着重大

---

① 查理是一名RSS全职工作人员，他的这一观点可参见："Amit Shah Is the Prime Minister in Modi Cabinet and He Hits Where It Hurts", *The Print*, 7 June 2019, http://theprint.im/opinion/amit - shah - cabinet - he - hits - whee - it - hurts/246899/（accessed 18 June 2019）。

挑战，如果这些挑战不能得到解决，将会破坏其长期的政治前景，使其有可能转变为曾经国大党在联盟党中的角色。

也许，印度人民党最重要的挑战是其印度教意识形态是否具有足够的灵活性，以制定能够带来更快的经济增长以及更大的社会凝聚力的政策。提高社会凝聚力需要制定政策来约束右翼势力在反穆斯林和反基督教徒方面的偏执，特别是在牛肉消费等文化问题上。对此，一种可能的处理方式是建立实质性的平等主义以巩固其意识形态，这种意识形态是基于该党的主要思想家乌帕德亚雅的著作。早期的迹象表明是有希望的，因为总理公开谴责一些印度人民党政客的偏执表达。与此同时，经济目标的实现受到全球经济和印度国内经济发展放缓的挑战。2018～2019 年印度经济调查设定了一个稳定发展的目标，即 8% 的增长由投资驱动，以便 2024 年实现莫迪政府 5 万亿美元经济体的愿景。① 然而，在更大的同盟家族内部，如何实现经济增长的分歧使得任务变得更加困难。例如，RSS 家族的大部分（例如其劳工分支机构）都反对外国投资。其中一些人还存在经济上的民粹主义倾向，专注于扩大社会福利计划，但减少可用于发展的资金。莫迪政府看好外商直接投资，因为它满足以更快的速度创造就业机会的需求。RSS 几乎肯定会在这个问题（和其他问题）上发挥关键作用，因为它试图调和组织成员之间的分歧。在这样做的时候，它有时需要平衡民粹主义和发展需求之间的矛盾。

这里，我想说的是，在本书中文版还未出版时，2019 年印

---

① 关于莫迪政府经济目标的分析，参见："Economic Survey of India 2019"，*Business Standard*，4 July 2019，https://www.business - standard.com/budget/article/economic - survey - 2019 - economy - expected - to - rebound - fy20 - growth - pegged - at - 7 - 119070400459_1.html（accessed 5 July 2019）。

度大选已经结束了。我以对此次大选的总结作为中文版序，由衷地希望本书的中文版能尽快出版，能够为关注和研究印度内政的学者和政策研究人员提供一些帮助和启示。

最后，我非常感谢云南财经大学印度洋地区研究中心朱翠萍教授愿意翻译本书，并为之所付出的辛勤努力。

沃尔特·安德森

2019 年 8 月

译者序

2019 年 5 月，莫迪领导的印度人民党以"压倒性"优势赢得大选（印度人民党赢得了 543 个席位中的 303 席，执政联盟共353 席），莫迪成功连任。这一结果，就连莫迪本人也没有预料到，也难怪莫迪要去圣地克达尔那司的洞穴冥思。尽管大选已经过去一年多了，但是学界对"意料之中"和"出乎意料"的大选结果的原因分析，至今依然余温尚存。

回顾 2014 年 5 月印度大选，莫迪领导的印度人民党以绝对优势赢得大选（543 个席位中的 282 席，占总席位的 51.9%），印度人民党成为 1984 年以来首个获得绝对多数席位的政党，莫迪及其印度人民党吸引了来自全世界的目光。之后，莫迪不负众望，不仅大国外交有声有色，在重塑印度的世界形象方面也成效显著，为印度在世界政坛上博得了更多关注。而且，印度多个年份的经济增长指标诱人。2014 年，印度经济增长速度赶上了中国，2015 年经济增速超过了中国。2014 ~ 2018 年，印度平均经济增长速度达到了 7% 左右。同时，在经济改革方面也有不俗的表现。

但是，莫迪政府执政过程中存在的问题和挑战也非常突出，包括没有创造出预期的就业机会、农民生活困难没有得到缓解、贫困等民生问题突出、投资水平低于预期等。这些问题也的确对印度人民党的支持率构成了威胁，并引起了党内人士对大选的担忧。而且，以国大党为代表的反对派亦显示出联合起来与印度人民党竞争的迹象。加之，莫迪在 2018 年底的五邦选举中失利，使得莫迪的竞选前景扑朔迷离，人们对 2019 年莫迪连任的前景保持了相当程度的谨慎。2018 年底我们在新德里关于印度大选的调研中，几乎没有人能够肯定莫迪领导的印度人民党能赢得选举。同时，大选前的民调亦显示，印度人民党可能依然会是得票最高的党派，但难以像五年前那样取得绝对优势，很大程度上将会是多党联合组阁连任。

2019 年大选结果之所以"出乎预料"，其原因除了莫迪的政绩这一"压舱石"以及印巴冲突这张"安全牌"发挥了一定作用外，印度人民党的努力自然"功不可没"。但鲜有人知的是，更有其背后作为印度民族主义"使者"的国民志愿服务团（RSS）的大力支持，对莫迪领导的印度人民党的成功起到了"推波助澜"的作用。关于这一点，本书作者沃尔特·安德森教授认为，要想了解印度尤其是印度内政，必须首先了解国民志愿服务团。从 2019 年大选结果可以进一步看出，RSS 正在重塑印度。

国民志愿服务团是海德格瓦于 1925 年"十胜节"期间在马哈拉施特拉邦的那格浦尔创立的。创立之初的主要目的是弘扬印度教文化、保护印度教教徒的利益，并最终建立一个强大的"印度教"国家。1951 年，印度人民同盟成立。1977 年 5 月，国大党（组织派）、人民同盟、印度民众党和社会党为了一个共同的目标——大选中击败英迪拉·甘地，组合为一个新党——人民党（Janata Party）。但在成功实现目标之后，人民党随即陷入内讧。1979 年 7 月，人民同盟成员特别是具有 RSS 身份的成员退出了人民党，并于 1980 年 4 月成立印度人民党，由瓦杰帕伊任该党主席。从此，印度人民同盟不复存在。可以说，印度人民党的前身是印度人民同盟，而且大量印度人民党成员均具有 RSS

背景。之后，印度人民党发展迅速，在 1989 年就成为印度第三大党，1991 年跃升成为第二大党（545 个议席中占有 117 席），1996 年一举成为第一大党（占有 161 席），瓦杰帕伊成为新印度总理。虽然由于得不到其他党派支持而仅在位 13 天，但在 1998 年大选中，印度人民党再次胜出（占有 179 席），瓦杰帕伊再次任总理，也是首位具有 RSS 背景的印度总理。可以说，印度人民党之所以能够不断壮大，RSS 无疑发挥了举足轻重的作用。

RSS 最初只是一个文化组织，并不热衷于政治。但由于印度教民族主义引发的暴力倾向，RSS 曾在 1947 年和 1948 年被禁，特别是 1948 年 1 月 30 日圣雄·甘地被 RSS 成员纳图拉姆·戈德森枪杀之后，RSS 被尼赫鲁政府宣布为非法组织，被要求停止一切活动。之后经 RSS 继任者高瓦克与政府谈判，于 1949 年 7 月达成协议，RSS 恢复合法地位。但 RSS 被要求仅能以文化意义上的组织存在，严禁参与政治。1973 年德奥拉斯接任 RSS 领导人职位之后，RSS 开始逐渐参与政治。1974～1975 年，由于 RSS 在反英迪拉·甘地运动中冲锋在前而再次被禁，后经协商而再次恢复合法地位。之后，RSS 的再次被禁，发生在 1992 年 12 月震惊世界的阿约提亚巴布里清真寺被毁事件之后，由拉奥政府下令禁止 RSS 的活动。1993 年 6 月再次被恢复合法地位。

本书作者沃尔特·安德森是美国约翰·霍普金斯大学南亚问题研究知名学者；史利德哈尔·达姆勒是记者、自由撰稿人，近年来对 RSS 进行了大量采访。

第一，本书让我们进一步了解了莫迪的成长历程及其执政理念。1958 年莫迪 8 岁时，就开始参加 RSS 的日常例会，这段经历让他的一生都具有了使命感和纪律感。当然，这种经历也给他灌输了印度教民族主义思想，而这也是他整个生命和政治生涯中的鲜明特征。1995 年，阿德瓦尼将莫迪带到德里并让他担任印度人民党全国秘书长。三年之后，由于成功地监督了几个邦的代表大会选举（包括使印度人民党在古吉拉特邦当权的 1998 年竞选），莫迪晋升为印度人民总书记（参见第 1 章）。

第二，本书透过同盟家族也即 RSS 与其分支机构之间的关系，深入分析了 RSS 在大选中发挥的重要作用。首先，RSS 纱卡网络的扩展和同盟家族努力接触印度社会的各个角落，是推动印度人民党在其弱势地区取得政治成功的主要原因。其次，成千上万的 RSS 志愿者向印度人民党提供帮助。据报道，大约有 50000 名志愿者为印度人民党开展竞选宣传活动。RSS 有 6000 名训练有素的专职干部，他们在 RSS 和几乎所有的分支机构中担任高级管理职务（参见第 2 章），这些专职干部在组织与动员选举中发挥了一定作用。而且，几十名印度的海外专业人士返回印度，为莫迪的议会选举提供信息技术方面的专业知识（参见第 3 章）。当然，RSS 家族中的智库也发挥了不可忽视的作用。仅在德里，RSS 的附属智库就有 8 家。在这些 RSS 的附属智库中，历史最悠久的是维维卡南达国际基金会（辨喜基金会），负责人是阿吉特·多瓦尔（Ajit Doval），被选为莫迪的国家安全顾问。除此以外，印度基金会（IF）是 2014 年印度人民党胜利之后成立的一个颇有影响力的智库。RSS 曾经的一名专职干部拉姆·马达夫（Ram Madhav）则担任了印度人民党总书记。

第三，本书全面分析了印度教特性对印度民族意识形态的影响以及 RSS 如何在塑造一个快速变化的印度中所发挥的重要作用。对于 2019 年"超出预期"的大选结果，虽然任何单一的因素都无法解释这一复杂的现象，但 RSS 所宣传的"印度教特性"意识形态无疑发挥了至关重要的作用。2014 年 7 月，阿米特·沙阿成为印度人民党主席之后，试图通过不断扩大印度人民党的人数和势力范围，逐渐减小对 RSS 的依赖。但是 2018 年底，印度人民党在五邦选举中的失利，使沙阿不得不改变策略，依靠RSS作为竞选的有效工具。无论如何，经历此次大选，RSS将在未来印度大选以及重塑印度的内政甚至外交政策中发挥更大的作用。

首先，随着国大党日渐衰落，即便与其他政党联合，短期内仍难以与印度人民党竞争，这奠定了未来印度人民党统治印度的坚实基础。一方面，印度人民党时代的到来，意味着政府权力更加集中，有利于推进制度改革与提升行政效率；另一方面，印度人民党以印度教特性为指导思想，推进建立"大一统"的"印度教国家"的政治目标，以及印度教原教旨主义将进一步渗透到印度社会生活的方方面面，使世俗主义的有限空间进一步被挤压。

其次，由于RSS具有强烈的右翼民族主义性质和极端主义倾向，RSS与印度人民党的关系越来越密切，这意味着印度教与印度政治之间关系的密不可分。从近年来RSS的发展以及具有浓郁印度教色彩且以"印度教特性"作为指导思想的印度人民党的不断发展壮大来看，其将有可能在印度的政治生态中扮演越来越重要甚至是主导性作用。RSS不仅对当今印度社会的影响越来越大，对印度政治的影响也将更为深远，特别是RSS所宣传和推广的狭隘的印度教民族主义理念。印度是一个多民族多宗教国家，在当前13.24亿总人口中，83%左右人口（近11亿）信奉印度教，13%左右（超过1.7亿）人口信奉伊斯兰教。特别是印度人民党主席阿米特·沙阿出任内政部长，不仅可能使印度宗教的政治化倾向更加突出，而且印度政治将倾向于实施更为强硬甚至激进的印度教民族主义政策，特别是在穆斯林问题上将会采取更为强硬的态度。2019年5月莫迪连任之后，即在8月5日废除了宪法第370条（取消查谟—克什米尔的自治权，将其分为

查谟—克什米尔联邦直辖区和拉达克联邦直辖区）和第 35A 条
（取消永久居民认定权）。无论是印巴分治前后印度教教徒与穆
斯林之间的大规模流血冲突，还是 1992 年发生在阿约提亚的震
惊世界的"寺庙"之争引发的种族冲突，乃至 2002 年 2 月发生
在古吉拉特邦印度教教徒与穆斯林之间的暴力冲突，RSS 均扮演
了重要角色。而且，"重建罗摩神庙"一直是 RSS 孜孜以求的奋
斗目标，也是印度教和伊斯兰教之间矛盾和冲突的最大导火索。
与此同时，印度人民党对生活在印控克什米尔地区穆斯林的
"特殊地位"一直耿耿于怀，一直努力想要废除宪法第 370 条。
2019 年大选结束后不久，莫迪即兑现竞选承诺，废除了宪法第
370 条和第 35A 条。未来如何重建罗摩神庙，包括发布屠宰奶牛
的禁令，将不可避免地加剧印度教教徒与穆斯林之间的仇恨，埋
下更多社会矛盾与种族冲突的隐患，教派问题也会成为印度政治
的中心问题。除此之外，2019 年 12 月 12 日印度总统科温德违背
宪法的世俗主义原则，签署生效了由印度议会下院于 10 号投票
通过的印度《公民身份修正法案》。根据新条款规定，2014 年
12 月 31 日以前来自阿富汗、孟加拉国和巴基斯坦三国"受宗教
迫害"的印度教、锡克教、佛教、耆那教、拜火教和基督教教
徒，这六种宗教少数群体均可申请印度国籍。此举最大的争议点
在于唯独排除了穆斯林，引发了全印穆斯林尤其是东北部以阿萨
姆邦为主的大规模抗议活动。为了控制局面，印度当局采取了宵
禁和关闭网络的举措，并派出了军队进行镇压。《公民身份修正
法案》被视为"公民身份认证"的前奏，意味着未来印度的穆
斯林有可能被排除在"印度公民"之外。在阿萨姆邦最新公布
的"公民身份认证"结果中，1400 万穆斯林可能因为"身份不
明"而被定为"非法移民"，甚至沦为难民。莫迪随即宣布这
1400 万穆斯林为"非法入侵者"，必须"限期滚蛋"。如果在全

国推行"公民身份认证",则会有更多的穆斯林面临"失去家园"的风险。未来,印度将以"宗教身份"取代"公民身份",使其逐渐朝向建立一个"印度教"的方向发展,这引发了印度教民族主义极端化趋势和穆斯林的反抗风险。

再次,在对华政策方面将表现出更多强硬姿态。由于民族主义情绪很难控制且非理性的民族主义情绪也是外交政策的隐患,一旦爆发,依然会通过影响印度外交政策而对中印双边关系产生负面影响。一直以来,RSS倡导自力更生,将引进外资视为对本土产业的巨大冲击,这一定程度上也是中国对印度直接投资有限且难以推进的一个主要原因。受"印度教特性"思潮和RSS的影响,印度对建设一个"印度教"国家的目标以及对实现具有"世界影响力大国"目标的追求将更加迫切。莫迪政府不仅大胆废除宪法第370条,而且在官方的言论中,"克什米尔"这一历史遗留问题从一开始的"印巴之间的问题",强硬转变为"印度的内政问题"。

当然,由于印度经济面临的结构性难题以及大选积压的各种问题,短期内莫迪的重心仍会是解决国内三大问题:第一,高增长低就业问题。印度政府调查报告显示,当前印度的失业达到了45年来的最高水平。第二,低收入农民的生计问题。受废钞令、自然灾害和新冠疫情等影响,农民收入也下降到了18年来的最低点。第三,印度教民族主义压力。印度教民族主义不断上升隐藏着一触即发的风险。

本书是迄今为止,国内外学术界对国民志愿服务团最为细致、全面,也是最具权威性的分析之一。本书挑选了代表性案例包括查谟—克什米尔窘境、位于阿约提亚的印度教教徒与穆斯林的"寺庙之争"、围绕奶牛的种族冲突、以果阿为例RSS的决策体系挑战以及RSS与大选之间的关系,是了解印度政治生态、洞悉印度的种族冲突根源和窥探印度决策机制的窗口。尤为可贵之处还在于，本书采用丰富的案例，是在大量调研、当面访谈、邮件采访等第一手资料基础上写作而成的。作者还在 2019 年大选之后，中译本没有出版的情况下，补充了从 2019 年大选看 RSS 如何重塑印度的分析，作为中文版序言。

最后，我非常感谢沃尔特·安德森教授对我的信任。沃尔特·安德森教授是美国著名的南亚问题专家，能够翻译这本书，本人深感荣幸。也相信读者通过阅读本书，会对 RSS 的历史背景和发展历程、意识形态和发展理念、政治化趋势及其社会影响等方面有较为清晰的认识，对我们真正了解和认识一个"不可思议"的印度，提供一些帮助和启发。

朱翠萍

2020 年 5 月 7 日于昆明

目录

CONTENTS

India's

Ocean

纳伦德拉·莫迪（Narendra Modi）的新印度人民党政府成立15个月之后，该党的意识形态教父——印度教民族主义国民志愿服务团（RSS）就于2015年9月在新德里与其20多个分支机构举行了被广泛报道为"协商"的会议。会议的主要议题是思考一系列内容广泛而重要，有时也带有争议性的印度民族所面临的公共政策问题。[①] 这场秘密会议结束的时候，几个最为重要的部长级官员包括莫迪总理也亲自参加了这些问题的讨论。分析这一事件，有趣的不仅仅是发生这一事实，因为一段时间以来，这些"协商"会议已经成为国民志愿服务团与印度人民党（BJP）之间的常规内容了（可以追溯到1998～2004年瓦杰帕伊时代的联合政府）。更确切地说，这次会议的独特意义在于三个前所未有的因素的共同作用：讨论中所包含的范围非常广泛且常

---

① 关于会议的报道参见："Top BJP Ministers Attend RSS Meet，Opposition Questions Govt's Accountability"，*The Indian Express*，3 September 2015，https：//indianexpress. com/article/india/india - others/rss - bjp - meet - opposition - parties - slam - saffron - outfits - interference - in - governance/ （accessed 23 January 2017）。

常是带有争议性的政策问题，组织者宣传这些会议的意愿，展示 RSS 的不同分支机构（通常被称为"同盟家族"，或"RSS 家族"）之间以及它们与政府之间的不同观点。来自"家庭"的对话者告诉我们，与瓦杰帕伊政府相比，莫迪政府表现出更大的意愿来讨论这些分支机构的政治关切。[①] 讨论的广度和强度反映了 RSS 的重大转变，早期 RSS 依赖经历过培训计划（称为"人格塑造"）的成员对政策产生影响。[②] 该计划设想培训成千上万的年轻人，这些人被赋予了 RSS 的纪律和意识形态，将在塑造一个崭新的印度方面发挥重要作用。在这个系统中处于最高位置的是全职的专职干部（pracharak），他们作为代表参加当地的日常会议已有好几年，参加了为期三年的官员培训课程，并在成为成员[③]之前有做过实习生的经历。2017 年，大约有 6000 名专职干部，他们为同盟家族发挥了关键作用。他们有 36 个分支机构被指定为完整的分支机构，还有超过一百个分支机构要么是其子机构，要么由于各种原因而尚未被指定为分支机构。几乎所有的分支机构都在其最高级的行政职位上拥有专职干部，他们在印度的执政党——印度人民党（BJP）、最大的大学生团体——全印学生会（ABVP）、最大的工会——印度劳工工会（BMS）以及农

---

① 2018 年 1 月 10 日在新德里接受采访时，印度劳工工会总书记乌帕德亚雅（Virjesh Upadhyay）指出，同盟家族从瓦杰帕伊政府的经验中吸取了教训，并努力保持分支机构与政府之间的沟通。分支机构与现任政府部长和官僚的接触也很顺畅。印度农民协会的巴德里·乔杜里（Badri Narayan Chaudhury）2018 年 1 月 16 日在新德里接受采访时，确认了这一不断深化的联系。

② 有关 RSS 组织和意识形态的全面讨论，请参阅我们的研究：Walter Andersen and Shridhar Damle, *The Brotherhood in Saffron: The Rashtriya Swayamsevak Sangh and Hindu Revivalism* (Boulder: Westview Press, 1987)。

③ 在 RSS 的生态系统中被称为"grihastha"。

民、记者、企业家、卫生工作者、小学和中学教师等团体中工作。RSS 中的最高层级同样是从这些不同级别中产生的。尤其是，随着政策活动的日益复杂化以及活动范围的不断扩大，成员们在这些分支机构中的作用越来越大。专职干部的角色有时也会有所改变，特别是成员们不能把时间花费在旅行上，他们必须集中精力于组织问题以及与部长们的配合。

这项研究建立在大约 30 年前我们早期的 RSS 研究之上。随着 RSS 发生的重大变化，尤其是这些分支机构作为印度教特性（Hindntva）的传播者，其影响力与日俱增，所以我们决定重新进行研究。同盟家族的增长与 20 世纪 90 年代初印度进行经济改革所带来的社会和经济变化相吻合并可能与之相关。社会经济的变化既改变了 RSS，又导致其在印度的社会环境中越来越受欢迎。重新审视这一主题的另一个原因是印度人民党的政治地位急剧上升，似乎已经取代了长期占主导地位的、该国杰出的政治力量——国大党（The Congress Party）。因此，了解印度需要了解 RSS。

我们决定以与第一本书截然不同的方式分析该研究的主题。我们采用了案例研究方法，并挑选了九大问题来阐述 RSS 及其分支机构的决策。我们决定将分析的"探照灯"投向 RSS 是如何处理诸多不同的挑战，设想对 RSS 决策的多重透视能提供一个关于 RSS"家族"的全景。① 同时，利用案例研究方法，我们集中于以下几个"如何"与"为什么"的问题。

第一，为什么 RSS 不断依靠其分支机构来传递信息？

---

① 通过构成格雷厄姆·艾利森对古巴导弹危机研究基础的几个分析视角，可以看到组织的决策过程。参见：*Essence of Decision: Explaining the Cuban Missile Crisis* (New York: Little Brown, 1971, 1st edition)。

第二，RSS 如何管理自身与其分支机构之间的关系，尤其是与其政治分支机构之间的关系。

第三，为什么 RSS "家族"能够共同相处，尽管选民中存在不同的政策观点。

第四，同盟家族不断上升的社会包容性如何塑造它的民主观念、世俗主义和印度教特性？

自 20 世纪 90 年代初以来，RSS 已经发展成为世界上最大的非政府组织之一，拥有近 57000 个地方日常会议（被称为"纱卡"，Shakhas），估计有 150 万～200 万的常规成员参加。同时，有 14000 个周纱卡和 7000 个月纱卡。截至 2016 年，这些纱卡遍布全国 36293 个不同的地方。① 此外，还有大约 600 万校友和联盟志愿者。② 日常纱卡的数量在 2015～2016 年以前所未有的速度大幅增长，从 2015 年 3 月的每日 51332 个增加到一年后的近 57000 个。③ 此外，RSS 还有大约 6000 名专职干部，其中约一半构成了该组织的官僚框架，另一半则属于附属机构。④ 这些日常的

---

① 数据来源于 RSS 总书记 2017 年的年度报告，参见：http://rss.org//Encyc/2017/3/23/rss‑Annual‑Report‑2017‑English.html（accessed 12 July 2018）。

② 该数据是 2016 年 3 月 28 日在德里举行的一次会议上，由《组织者》编辑凯特卡尔（Prafulla Ketkar）提供的。《组织者》是与同盟家族相关的一个英文周刊。统计数据是估计数，因为 RSS 没有保留这些统计数据。

③ 数据来源于总书记提交给 RSS 的最高审议机构政治协商会议（ABPS）的年度报告。关于全国各地纱卡数量和服务项目快速增长的总结，参见：Indian Express News Service, "Highest Growth Ever: RSS Adds 5000 New Shakhas in Last 12 Months", *The Indian Express*, 16 March 2016, https://indianexpress.com/article/india/india‑news‑india/rss‑uniform‑over‑5000‑new‑shakhas‑claims‑rss/（accessed 12 July 2018）。

④ 2017 年 11 月 6 日，美国东部印度教同盟家族一名专职干部文卡塔斯·拉加万（Venkatesh Raghavan）在华盛顿特区接受采访时告诉我们，6000 名全职干部中大约有四分之一实际上被称为全职志愿者（vistaraks），（转下页注）

纱卡构成了 RSS 的结构基础，同盟家族正是通过纱卡试图培育和灌输其印度教特性（Hindutva）意识形态——一种高于种姓、阶级和地域身份的兄弟情谊。

　　RSS 由 K. B. 海德格瓦（Keshav Baliram Hedgewar）博士于 1925 年创立，他是来自印度中部城市那格浦尔（Nagpur）的泰卢固族婆罗门医生，他认为印度教教徒之间深层的社会分歧是造成一千年来次大陆被外国统治的主要原因。[①] 在他看来，一个真正独立的印度需要一种培训体系（RSS 称为"人格塑造"或"chaaritya nirman"，使用该组织青睐的梵文术语），用以创建一支骨干队伍，利用自己完美的行为为其他印度人做出榜样，以促成一个统一的、高度多元化的国家。然而，1947 年印度独立并没有给 RSS 的创始人带来想象中的印度。次大陆被英国分为印度教教徒占多数的印度和穆斯林占多数的巴基斯坦，RSS 无力阻止这种分裂。然而，他们认为印度新总理贾瓦哈拉尔·尼赫鲁（Jawaharlal Nehru）的费边社会主义（Fabian Socislist）关于国家在发展中的核心作用的看法与印度的传统不相容。可能对 RSS 的乌托邦野心构成最终打击的是产生于 1948 年 2 月 4 日的国家禁令，主要原因是怀疑 RSS 参与了暗杀圣雄甘地的行动。刺杀甘地的凶手纳图拉姆·戈德森（Nathuram Godse）曾

　　（接上页注④）第一年作为全职工人被指派为 RSS 服务。据他估计，大约75% 的全职志愿者在第一年后继续服务，而且大多数服务至少三年。RSS也有一种提供短期服务（例如，2 ~ 3 个月）的全职志愿者。另一种全职志愿者是住在当地 RSS 办公室（karyalaya），提供兼职服务的大学毕业生。在所有这些全职志愿者中，RSS 会对其表现进行评估并鼓励那些表现良好及有主动性的人继续服务，无论是在 RSS 内部还是在另一个同盟家族机构。

　　① 有关 RSS 更为详细的讨论，参见：Andersen and Damle, *The Brotherhood in Saffron*, ch. 2。

是 RSS 成员。① 这项禁令导致 RSS 成员被排除在执政的国大党及其各个附属组织之外。②

　　由于缺乏证据,1949 年 7 月 11 日禁令被解除。之后,RSS 发现自己处于极其脆弱的状态,而且对于许多印度人来说,这是一个应不惜一切代价要远离的贱民组织。与 RSS 相关联的社会组织劝阻了许多潜在的同情者参与其中。如凤凰般重生,RSS 在 20 世纪 60 年代逐渐复兴,并建立了几十个分支机构,几乎渗透到了印度社会的所有领域。从那时候开始,特别是从 20 世纪 90 年代初开始,RSS 迅速发展。印度议会中最大的政党印度人民党就是 RSS 的政治附属机构,莫迪总理作为一个全职的 RSS 工作者,开始了他的公共服务生涯。印度最大的学生团体和最大的工会都是 RSS 的附属机构,全国还有几十个其他组织。

　　20 世纪 80 年代后期,在我们对 RSS 的早期研究中,该组织正处于根本性转变的初级阶段:从之前只重视“人格塑造”——这一主要发生在地方分支机构纱卡中的培训系统,到增强分支机构的信心以传播思想。RSS 充分自信地向那些分支机构提供了大量的专职干部,认为这对于调动这些重要团体的支持非常关键,尤其是全印度部落(tribals)组织(Akhil Bharatiya Vanvasi Kalyan Ashram,ABVKA)、印度教的宗教机构世界印度

---

① 戈德森于 1938 年离开 RSS,因为他认为不能参加印度教大斋会(Hindu Mahasabha)——支持非暴力不合作主义反对海德拉巴土邦穆斯林统治者的反印度教政策。他仿效 RSS 组织形成大一统的印度教国家,尽管他的政治主义倾向更为明确。这些信息来自戈德森的法庭证词,由他的兄弟戈帕尔·戈德森(Gopal Godse)记录在 *May It Please Your Honor*(Pune:Vitasta,1977)一书中。其中,纳图拉姆·戈德森分析了他的政治生涯以及他如何因为被认为不够关注政治而从 RSS 中脱离出来。

② 在独立之前,RSS 中政治上活跃的马拉地语成员倾向于参加印度教大斋会,而非马拉地语的成员则倾向于加入国大党。

教大会（VHP）和印度人民同盟（BJS）。① 当时，RSS 正在采取新的方式来维持其传统会员的参与，特别是大学生和专业人士的参与，并且分支机构提供传播活动信息的途径。② RSS 也开始加强其在印度农村地区的存在，这里以前只有弱势的代表，当时仅有被统称为"同盟家庭"（sangh parivar）的几个附属组织。③ 20世纪 50 年代初，RSS 支持印度人民同盟的决定是由活跃的 RSS 成员的需求所促成的，他们需要一种政治工具，通过这种工具可以在全国范围内表达他们的印度教民族主义观点。另一个动机是保护 RSS 免受限制或镇压，比如之前提到的 1948～1949 年的禁令。那项禁令对 RSS 产生了毁灭性的影响，其成员已经因印度的分裂而士气低落，建立一个领土统一的大印度（Akhand Bharat）的中心目标消失了。

尽管在 RSS 内部对其独立印度的使命进行了辩论，但那些仍然倾向于支持高瓦克（M. S. Golwalkar）以维持纱卡系统以及与之相伴随的"人格塑造"计划的专职干部，在组织中的核心使命

---

① RSS 期望这三个组织培养自己的干部，这是后来形成的大多数分支机构所采用的政策。然而，RSS 培训的专职干部仍然在几乎所有的附属组织中担任高级行政职务。有关这方面的信息是 1983 年 7 月 14 日，在对孟买的叶什瓦特·科尔卡（Yeshwant Kelkar）教授的访谈中得知的。他曾是一名专职干部，也是 RSS 的附属机构全印学生会（ABVP）的前主席。最近一次关于这个问题的采访是 2016 年 1 月 21 日，在新德里拜访了拉姆达斯·潘德（Ramdas Pande），他是印度劳工工会的创始成员。他说，印度劳工工会主要需要更多具有专业经验/知识的工人，但仍然需要对其进行扩展，因为他们在组织建设方面具有独特技能，并且能够集中全部精力去做。

② 关于努力组织大学生的讨论，参见：ch. 2, "Affiliates: The Public Face of the Parivar"。

③ 当时除了经济分支机构之外，这些附属机构中表现最突出的可能是印度劳工工会和学生分支机构，以及与印度教教会机构合作的世界印度教大会。

没有发生重大变化。根据 RSS 传记作者比施卡（C. P. Bhishikar）所言，在高瓦克看来，他作为初来 RSS 的新人（他在 1940 年继任领袖之前只有四年的全职经历）有责任保护组织，因为他已经接受并将其交给了他的继任者德奥拉斯（M. D. Deoras），这是海德格瓦（Hedgewar）训练的最早的专职干部。[①] 对于德奥拉斯而言，他在诸如教育、部落提升、农村发展和社会服务的非政府组织的不同领域，都将 RSS 置于更加激烈的激进主义道路上。德奥拉斯对更大的激进主义的热情源于对这样一个事实的认知，即 RSS 通过培训自我完善的婆罗门观念并没有吸引印度的非精英人士。他还为穆斯林和基督徒的参与打开了 RSS 的大门。

在德奥拉斯任职期间与任职之后，RSS 的一系列服务项目多数集中在健康和教育领域，主要由分支机构进行管理，而且扩展迅速（其中，1989 年的服务项目为 5000 个，1998 年增加了 10 倍，2012 年接近 140000 个[②]，2015 年大约为 165000 个[③]）。德奥拉斯指派 RSS 的专职干部专门从事服务性活动工作。德奥拉斯在游览了他的家乡马哈拉施特拉邦的部落地带之后，向记者发表讲话时宣布，"两个全印度和 45 ~ 48 个邦级党内成员（karyakartas）将独自承担服务工作的责任"。[④] 虽然 RSS 的志愿者（swayamsevaks）之前曾参与过自然灾害后的临时救援工作，

---

① C. P. Bhishikar, *Sri Guruji* (Pune: Bharatiya Vichar Sadhana, 1973, in Marathi).

② 当前的统计参见: *Sewa Kunj 2015: An Insight into Sewa Activities* (New Delhi: Aravali Printers and Publishers, 2015), p. 5。

③ Ibid.

④ Shreerang Godbole, "Service and Social Harmony: An Enlightened Reformist", *Organiser*, 2017, http://www.hvk.org/2017/0417/13.html (accessed 28 January 2018).

但德奥拉斯将 RSS 的服务活动系统化。同时改变了 RSS 过去在公共政策程序上的谨慎，态度上更加积极，部分原因是其分支机构的扩张解决了像教育（Vidya Bharati）和外商直接投资（经济分支机构，SJM）等问题，二者都受政府政策的直接影响。上述在 2015 年 RSS（国民志愿服务团）与 BJP（印度人民党）秘密会议所展示的相关变化是，以前 RSS 反对宣传，但现在其对政策问题和政策程序的关注更加透明。① 其最资深的人物告诉我们，这种更高的透明度反映了人们日益增强的自信心，这反过来源于他们认为自己现在已经成为印度主流政治与文化中的组成部分。②

---

① 在 2015 年 9 月秘密会议召开的几个月前，印度人民党总书记拉姆·马达夫（Ram Madhav）从 RSS 调到了党内，他甚至在印度的主要日报写了一篇关于此次会议的分析，涉及印度总理和几位部长。他写道，这只是 RSS 领导人和 BJP 领导人之间的另一次会议，并建议使其成为政府的常规会议，因为它能提供信息和建议。从另一个角度来看，这些会议也为 RSS 提供了类似的机会，可以获取信息并有机会影响政策。参见：Ram Madhav, "A Family Gets Together: RSS-BJP Relationship Is Unique. It Cannot Be Understood by Existing Models", *The Indian Express*, 15 September 2015, https://indianexpress.com/article/opinion/editorials/a-family-gets-together/ (last accessed 12 July 2018)。

② 在回答有关 RSS 如何变化的问题时，几乎所有 2015 年中期在那格浦尔的 RSS 总部接受采访的高级领导人都表示，提高透明度的原因是公众更多地接受了 RSS，相应地减少了对另一个党派禁令的恐惧。访谈是 2015 年 7 月 7 日至 8 日进行的。克里斯托弗·贾弗雷罗（Christophe Jaffrelot）为印度人民党的渐进式政治主流化提供了时间表，这在某种程度上也适用于更多的公众。他认为，这一发展很大程度上归功于 RSS 的接受以及学生分支机构在 20 世纪 70 年代中期举行的全国反腐败运动。此外，当总理英迪拉·甘地在 1975～1977 年紧急状态期间宣布双方的积极分子被监禁时，为 RSS 和同盟家族领导人提供了与各种反对派政治人物发展私人关系的机会。参见：Jaffrelot, "Who Mainstreamed BJP?", *The Indian Express*, 21 July 2015, https://indianexpress.com/article/opinion/columns/who-mainstreamed-bjp/ (accessed 12 July 2018)。

　　我们认为，RSS 的这种变化与过去 20 年来该国发生的重大社会和经济动荡有关。在早期的工作中我们认为，正是 RSS 的强化培训系统造就了一批信徒，他们献身于印度教民族主义（或许更重要的是整个同盟家族）并彼此奉献。根据对印度三个不同地区干部的广泛访谈，当时的数据表明，"RSS 的社会化对干部意识形态取向的影响大于诸如年龄、收入、种姓和职业等社会经济变量"。① 我们目前的研究表明，RSS 经验在塑造其成员的意识形态取向和凝聚力方面具有持续的重要性。但是，自 20 世纪 90 年代初以来，随着 RSS 及其分支机构的迅速扩张，形成意见变得越来越重要，更大的社会复杂性以及区域多样性成为内部紧张的潜在根源。访谈表明，印度南北部的专职干部对社会问题的看法越来越不一致，如性别标准或同性恋权利。②

　　21 世纪的印度与过去的印度截然不同，这对 RSS 的成员资格和政策取向产生了影响。伴随着 20 世纪 90 年代初的财政改革，国民经济实际增长了 400% 以上。③ 与此同时，根据世界银行的数据，1960～2015 年的城市化率几乎翻了一番：从 1960 年的 18% 增加到 1990 年的 26%，再到 2015 年的 33%。④ 麦肯锡研究所的报告称，印度的中产阶级从 2005 年的 14% 增长到 2015 年

① Andersen and Damle, *The Brotherhood in Saffron*, p. 7. 该书介绍了三个地区的 RSS 干部管理的一系列问题的结果，以测试形成其意识形态取向的主要因素。

② 例如，来自拉贾斯坦邦的一名 RSS 专职干部告诉我们，平等的农地继承与印度价值观是对立的，因为它造成了兄弟姐妹之间的裂痕。

③ 这里我们指的是 1997～1998 年至 2014～2015 年期间。

④ 世界银行的数据，参见：http://data.worldbank.org/indicator/SP.URB.TOTL.IN.ZS（accessed 29 July 2016）；1990 年的城市化率，参见：http://wdi.worldbank.org/table/3.12（accessed 29 July 2016）。

的 29%，估计还将进一步增长，到 2025 年将一直增长到 44%。①
通过手机上网的人数已经显著增加，并且最近互联网的访问呈爆
炸式增长。根据印度电信管理局（TRAI）的数据（2018 年），
全国有超过 11 亿手机用户。② 互联网和印度移动协会（IAMAI）
估计，到 2018 年中期，将有近 5 亿人通过手机上网。③ 移动电话
的迅速普及和互联网的广泛使用，逐渐削弱了传统的社会等级制
度，为个人和群体提供了干扰社会的自主权。罗纳德·英格尔哈
特（Ronald Inglehart）以马克斯·韦伯（Max Weber）断言世俗
化和官僚化是现代化最重要的后果为基础，认为工业化、城市化
和文化等关键变量妨碍了人们对自己和政府的看法，其所产生的
变化是可以预测的。④ 我们分析，近年来印度快速的社会和经
济发展，与 RSS 纱卡数量的增长以及各个分支机构不断上升的
参与率呈正相关。在早期的研究中我们认为，RSS 所倡导的社
区和家庭的联系对那些感到无所寄托的人具有重要意义，尤其
是对于发展中国家更是如此，因为新的经济和行政体制迅速削
弱了组织机构以及传统意义上定义一个人的社会功能与权威之

---

① 麦肯锡研究所关于中产阶级的数据，参见：Diana Farrell and Eric Beinhocker,
"Next Big Spenders：India's Middle Class", McKinsey Global Institute,
https：//www. mckinsey. com/mgi/overview/in－the－news/next－big－
spenders－indian－middle－class（accessed 28 January 2016）。

② http：//www. trai. gov. in/sites/default/files/PRNo35TSDReportJan23032018. pdf
（accessed 1 February 2016）.

③ Internet and Mobile Association of India, "Internet Users in India Is Likely to
Reach 478 Million by June", http：//www. iamai. in/media/details/5008
（accessed 11 April 2018）.

④ Ronald Inglehart, *Modernization and Postmodernization：Cultural, Economic
and Political Change in 43 Societies*（Princeton：Princeton University Press,
1997）.

间关系的道德信念。① 我们认为，这个论点仍然可以解释在一个社会结构复杂化和多样化的国家，RSS 及其分支机构在历经快速的社会和经济变革过程中的诉求。在印度的多样性中，几十种语言和相关文化、按等级划分的印度教种姓制度的无数排列以及巨大的经济鸿沟——分支机构的扩散提供了许多不同的途径，通过这些途径动员支持具有印度教特性的团结理念，以寻求在一个动荡环境中的内在稳定性。爱利克·埃里克森（Erik H. Erikson）在分析马丁·路德（Martin Luther）抨击 16 世纪罗马天主教会的腐败和不正当行为时认为，路德的戏剧性行为植根于他的"身份危机"，因为他在寻找"真实自我"，这一寻找行为是由他这个时代社会和技术的迅速变化所引发的。他对教会的改革，成功地动员了大量民众的支持，正是因为他对个人"危机"的回应反映了许多他那个时代其他人的经历。② RSS 及其分支机构还试图提供那些希望在新世界中寻找新身份的人的信息。这些组织将自己视为达摩的使者，以及有责任和正义行为的印度教典范。借用戴维·D. 莱汀（David D. Laitin）的一句话，他们充当文化企业家，为他们的信息寻求"买家"。③ 印

① Andersen and Damle, *The Brotherhood in Saffron*, p. 1. 在这一点上，RSS 领导人莫汉·巴格瓦特在 2016 年的"十胜节"演讲中重点评论了家庭对社会稳定的重要性以及他所谓的"正当行为"。参见：Bhagwat, "Full Text of RSS Vijaya Dashmi 2016 Speech by RSS Sarasanghachalak", *Samvada*, 11 October 2016, http://samvada.org/2016/news/mohan-bhagwat-speech-rss-vijayadashami-nagpur/（accessed 13 April 2018）。关于无所寄托社会影响的理论讨论，参见：Robert A. Nisbet, *The Quest for Community*（New York: Oxford University Press, 1971）; Ted Robert Gurr, *Why Men Rebel*（Princeton: Princeton University Press, 1970）, pp. 46-50; Hannah Arendt, *The Origins of Totalitarianism*（Cleveland: Meridian Books, 1952）, pp. 227-243。

② 埃里克森在这方面的工作或许最能体现在他关于马丁·路德的著作中，参见：*Young Man Luther*（New York: Norton, 1958）。

③ David D. Laitin, *Identity in Formation: The Russian-Speaking Populations in the Near Abroad*（Ithaca: Cornell University Press, 1998）, pp. 17-28.

度人民党最近的成功，也许为 RSS 及其分支机构日益上升的吸引力提供了解释。托马斯·谢林（Thomas Schelling）对他所说的"技巧"和"级联"术语的分析认为，公开的政治支持和参与是由那些你周围有相似想法和行动人的信念所引发的。随着印度人民党在邦和国家层面上的日益成功，这也许可以至少部分地解释 RSS 在过去 30 年的增长。① "家庭"中的领导者当然认为，RSS 的"正常化"与印度人民党的政治胜利有一定的关系，这可以解释他们对党的坚定支持，尽管对几项重大政策还存在很大分歧（之后我们将讨论）。"追随"也可能是公众接受的原因，特别是在讲印地语的中心地带之外，RSS 有其核心支持基础，这是一个理想化的印度教家园，在其民族主义环境中融入了相当多的文化多样性。说明 RSS 愿意接受目前这样的多样性，实际上RSS 已经放弃了使印地语成为唯一的国家语言的努力，这可以从讲德拉威语的南部和东北部地区对英语的普遍支持中看出。RSS 的发展，特别是当它试图扩展到印度北部的"印地语—印度教—印度斯坦"文化之外时，就已经包含了许多古老真理的凋落。RSS 的前发言人曼莫汉·维迪亚（Manmohan Vaidya）表示，该组织对强制饮食习惯不感兴趣，那些食用牛肉的人也可以成为其成员。② RSS 的专职干部和印度人民党的战略家在东北部特里普拉邦（Tripura）举行 2018 年大会选举时，桑尼·迪欧达（Sunil

---

① 对"技巧"和"级联"概念的分析来自托马斯·谢林（Thomas Schelling）在《微观动机与宏观行为》中的拓展（New York：Norton，1978）。请参阅：莱廷在前东方集团国家（所谓的"近邻国家"）中对俄罗斯少数民族的讨论中关于谢林分析方法的应用（Laitin, *Identity in Formation*, pp. 21 - 24.）。

② Ranju Dodam, "Manmohan Vaidya：Beef Consumers Can Become RSS Members", *Northeast Today*, 9 December 2015, https：//www. northeasttoday. in/manmohan-vaidya-beef-consumers-can-become-rss-members/（accessed 13 April 2018）.

Deodhar）宣布，印度人民党无意在牛肉消费不是文化禁忌的邦实施屠宰禁令。[①] 这些只是诸多变化中的一小部分，有些我们将在案例研究中进一步描述。这表明一些资深人士愿意从意识形态和组织上重塑同盟家族，以满足不断变化中的印度的大众诉求。这种转变也代表了同盟家族干部之间不断加剧的分歧，这是快速增长和成员的社会构成不断变化的结果。

　　从 RSS 的角度来看，1947 年独立以来对印度民族完整性构成的最具破坏性的威胁，是国大党领导努力对 RSS 思想家施加影响，认为这是西方启蒙主义的一种激进形式，将传统视为阻碍进步的一大障碍，国家是推进这一进程中最有效的机构。RSS 的作者认为，变革应主要来自下方，而最重要的过渡会受个人而非集体努力的影响。然而，该组织在最近的选举中对印度人民党的热情支持以及他们努力为"同盟家族"的观点赢得官方平台支持，强调即使只是暗中努力，RSS 同样认为邦对于塑造一个稳定的社会至关重要。正如 RSS 联合秘书长豪萨贝尔（Dattatreya Hosabale）断言，我们（RSS）希望印度人民党赢得所有邦的选举，因为只有这样这个国家才能发生重大的社会、政治和文化变革……2014 年大选胜利应该被视为一项长期任务的起点。[②] 虽然同盟家族已经变得类似于长期占主导地位的国会

---

① Asian News International, "No Beef Ban in North-east, As Majority of People Consume It: Sunil Deodhar", *Business Standard*, 14 March 2018, http://www.business-standard.com/article/news-ani/no-beef-ban-in-north-east-as-majority-of-people-consume-it-sunil-deodhar-118031400057_1.html（accessed 13 April 2018）.

② Rupam Jain Nair et al., "Special Report: Battling for India's Soul, State by State", *Reuters*, 13 October 2015, https://www.reuters.com/article/us-india-rss-specialreport/special-report-battling-for-indias-soul-state-by-state-idUSKCN0S700A20151013（accessed 28 January 2018）.

（拥有左翼、中立和右翼，因为它容纳了寻求影响政策进程的群体），RSS 仍然认为政治只是塑造社会的几个因素之一，而且不一定是最重要的那一个。我们的一些案例研究分析了 RSS 和印度人民党之间关于国家作为社会价值与社会发展的仲裁者角色的这种分歧。

RSS 的作者们反复指出，他们对印度发展的愿景与西方国家支持的资本主义和共产主义模式相反，这种制度只会削弱对传统文化价值观的尊重，从而破坏自己国家的完整性。① 我们怀疑印度大部分左翼知识分子对 RSS 的坚决反对可能与 RSS 的核心观点有关，即民族主义在塑造印度社会方面比经济的阶级斗争概念起着更为重要的作用。RSS 领导人莫汉·巴格瓦特在 2017 年 9 月 30 日"十胜节"的演讲中，做了今年最为重要的年度政策声明——抨击了知识分子中的西方"主义"，他们将注意力集中在他认为是错误的问题上。在民族主义的背景下，RSS 的目标是一个同化主义的和谐社会，但是也拒绝少数群体特殊的文化特权以及对西方文化价值观的接受。② 他认为，一个人可以信仰任何宗教，只要在文化印度教的框架内进行崇拜并尊重民族传统。RSS 将展现涉及自我意识努力的广泛类别，以将当地传统的各个方面融入更大的印度教文化框架。在印度教的前沿，特别是在印度的东北部，RSS 试图将当地的部落文化融入主流的印度教，通常将当地的神灵指定为流行的印度教

① 三个主要著作包括：M. S. Golwalkar, *Bunch of Thoughts*（Bangalore：Vikram Prakashan, 1966）; Deendayal Upadhyaya, *Integral Humanism*（Delhi：Navchetan Press, 1968）; D. B. Thengadi, *Ekatma Manav Darshan*（Delhi：Suruchi, 1985）。
② 我们经常听到 RSS 官员的观点，他们认为必须从独特的印度视角来看待各种社会科学，这种方法类似于中国人的断言，即各种社会科学需要以反映中国特色的方式使用。

主神的化身。① 自 20 世纪 70 年代后期以来，RSS 已经向纱卡和
分支机构中的穆斯林和基督徒参与者敞开了大门，但仅仅在它们
自己的条款下接受他们。RSS 还开展了服务活动，作为向印度东
北部少数民族社区推广的一种手段。②

过去，RSS 和同盟家族的意识形态集中了他们对身份问题的
话语，分析了为什么印度教教徒一方面彼此相似，另一方面又与
其他群体不同。③ 这种方法需要列举和分类将印度教教徒作为一
个社区联系在一起的那些共同特征，这对一个像印度这样具有社
会和经济多样性的国家来说是一个相当大的挑战。这种对相似性
的追求迫使传统的高种姓 RSS 领导者公开呼吁传统种姓谱系中较
低端的群体，通过泛印度教运动来建造所提议的位于北方邦阿约
提亚（Ayodhya）的罗摩诞生地神庙（Ram Janmabhoomi，这里的
一座寺庙被认为是罗摩以人身下凡的地方）。然而，这些泛印度教
教徒的呼吁往往以高种姓的语言表达，这种语言过于精英化，无
法吸引占人口大多数的许多非高种姓的印度教教徒，并且在过去
30 年中变得越来越政治化。在印度人民党努力动员选票的情况下，
20 世纪 90 年代同盟家族开始将克里斯托弗·詹弗里洛特
（Christophe Jaffrelot）所称的"社会工程"（对非高种姓印度教教

① Ruhini Kumar Pegu, "Hinduisation and Identity Conflict: The Mising Case", *IJCAES Special Issue on Basic*, *Applied & Social Sciences*, Vol. 2, October 2012, https://pdfs.semanticscholar.org/0500/2e98456e1938780a6cf1eddab 67514dae585.pdf（accessed 13 April 2018）.

② Smita Gupta, "How the RSS Grew Roots in the North-East", *The Hindu BusinessLine*, 9 March 2018, https://www.thehindubusinessline.com/blink/ know/how-the-rss-grew-roots-in-the-north-east/article22991950.ece （accessed 13 April 2018）.

③ 关于身份形成的理论讨论，特别是关于身份的对比分析，参见：Richard Jenkins, *Social Identity* (London: Routledge, 1966), p. 4。

徒的正面歧视）纳入他们早期的"梵语化"模式（也就是说，模仿高种姓行为），以实现对所有印度教群体的社会同化。①

我们认为最近还有另外一种策略，用以应对那些具有高种姓偏见的支持策略产生的困境。新的元素是经济增长，为所有群体带来就业机会和利益，这就是说，在一个日益政治化的社会中要增强社会团结。莫迪作为古吉拉特邦的首席部长，大力提倡经济增长作为施政的核心政策，由此几乎放弃了经典的 RSS 泛印度教方式，只单一地关注身份。这让古吉拉特邦更强硬的空想家们，特别是世界印度教大会感到懊恼。莫迪还在 2014 年成功的竞选活动中推进了这一经济发展路线。事实上，在我们的采访中，莫迪甚至暗示当前的经济发展是印度教特性的核心要素。②社会团结是莫迪总理内化的 RSS 愿景的一个重要组成部分。虽然 RSS 拒绝认为马克思主义在文化上截然不同，但它更喜欢平等主义和较少等级的社会。改善印度岌岌可危的福利状态，是莫迪政府议程的一个重要组成部分。即使在进行经济自由化改革的同时，莫迪政府不仅致力于通过身份识别项目（Aadhaar）③ 相关的直接货币性转移支付来提高印度安全网络的效率，还通过新的计划扩大福利范围，例如免费提供烹饪气瓶以及对穷人提供补贴，并提出了一个类似于全民卫生系统的建议。这种新的经济发展方向以及更为有效的福利供给的优点在于它减少了之前"社

---

① 关于同盟家族"社会工程"的讨论，参见：Christophe Jaffrelot，"The Sangh Parivar between Sanskritization and Social Engineering"，in Thomas Blom Hansen and Christophe Jaffrelot（eds），*The BJP and the Compulsions of Politics in India*（New Delhi：Oxford University Press，1998），pp. 22 – 71。

② 2013 年 11 月 15 日在新德里采访纳伦德拉·莫迪。

③ "Aadhaar"（意为"基础"）是根据生物识别和人口数据为每一个公民设置的 12 位唯一身份编号。因为每个居民都有一个独特的 Aadhaar 号码，所以它已被用来排除许多政府福利计划中的已故受益者。

会工程"和"梵语化"战略带来的批评，同时仍然保持了 RSS
对社会团结的传统诉求的完整性。同时，通过推进生活水平的提
高和促进社会团结，它还减少了将"我们"与"他们"（时常被
定义为穆斯林和基督徒，二者占人口比重的17%）区分开来的
民族主义冲动。正如莫迪总理经常指出的那样，对电力（bijli）、
道路（sadak）和水（paani）的供给是非歧视性的。

　　通过减少人口中隐含的对经济有重要影响的排外二分法
（例如，印度教教徒与穆斯林），同盟家族中的不同成员更容易
与传统上被"他者化"的群体合作，这对于印度人民党来说是
一个特别重要的考量因素，因为它希望依赖穆斯林和基督徒的支
持形成地区选举联盟。一些观察人士指出，印度人民党在获得穆
斯林妇女选票方面的成功归功于政府通过法令（三次离婚条例）
反对立即离婚和免费提供烹饪气瓶的制度安排。① 经济发展也为
该党提供了一个论据，可以控制强硬的超出印度教特性的那些时
常令人尴尬的要求，这些要求依赖于身份政治以证明其对被认为
是"他者"的那些人偶尔采取过分的行为。多元社会中的这种
身份政治有可能会制约经济发展潜力和就业机会创造。此外，这
种对经济发展的依赖使得印度人民党、RSS 和"家族"中的其
他成员有更好的机会来应对依赖身份政治进行投票的主要对手，
例如许多区域的种姓党派在过去 30 年大幅增加，甚至是国大党
的一些群体。② 然而，由于有许多积极分子和知识分子赞同并倡

---

① Surya Rao, "This Theory Explains Why BJP Won in Muslim Dominated Areas",
　RightLog, 12 March 2017, https://rightlog. in/2017/03/muslim-bjp-area-
　win/（accessed 29 January 2018）.

② 关于认同策略运用与经济民族主义之间紧张关系的一个有趣分析，参见：
　Jonathan Rauch, *New York Review*, 9 November 2017, Vol. LXIV, No. 17,
　pp. 10–13。

导他们自己的印度教身份，因此不能完全保证经济自由主义会在同盟家族中占主导地位。在政治运动中采用了泛印度教的身份策略以及经济民族主义，而像世界印度教大会这样的团体几乎完全专注于泛印度教的身份问题。然而，正如我们将在关于印度教特性的章节中试图分析的那样，印度教的身份有如此多的解释，而且这些解释本身如此乱七八糟，以至于它可能无法提供一个有用的能够围绕在它周围的核心思想。

我们在本研究中的一个主要兴趣是发现 RSS 及其分支机构在过去 25 年中的快速扩张是如何影响其运作方式并向国家展示自己。与此相关的问题是，它采取了哪些机制来协调其日益多样化的"家庭"中时常产生的利益冲突。

我们提出了一系列命题，以解释 RSS 增长及增长对其意识形态和决策的影响：

（1）RSS 不断扩大的吸引力可能与伴随现代化的社会同质化以及更具包容性的意识形态思想有关。

（2）虽然 RSS 成功地建立了庞大的组织网络，可以应对各利益集团之间频繁的冲突，但却对同盟家族的凝聚力造成了巨大压力，RSS 为此制定了一种调节策略以维持合作。简而言之，没有一个"孩子"真正脱离"家庭"。

（3）这些组织拥有相对的自主权，强调同盟成员之间的共识。迄今为止，支持各种意识形态和社会舆论的表达，但没有造成同盟家族的分裂。

（4）能够将这一系列复杂的组织集合在一起的一个主要因素，可能是 RSS 在其"人格塑造"过程中所提供的集约型的社会化活动，包括参加 RSS 训练营以及参与各种服务活动。组织及其分支机构负责行政的全职 RSS 工作人员提供了将同盟家族成员团结在一起的黏合剂。

我们的目标是通过案例研究方法，通过分析大量扩张的 RSS 如何处理当前面临的一些挑战来测试这些命题。其中，前五章是对过去 30 年 RSS 的总体概述。第一章分析了同盟家族为什么越来越多地参与公共政策辩论。第二章是对 RSS 分支机构的研究，分析他们如何推动 RSS 对影响公共政策表现出兴趣，因为许多分支机构直接受到公共政策的影响。第三章是对海外 RSS 以及 RSS 鼓励海外移民的远程民族主义研究，尤其是美国，这里是最大和最富有的移民所在地。第四章分析了同盟家族对教育的关注以及塑造在印度发生的与诸多变化相关的教育理念所面临的挑战。第五章审视了同盟家族内部对印度教不断变化的概念的定义。接下来的章节主要是八个案例研究，每个案例研究都探讨了 RSS 是如何以及为什么关注重大问题。我们选择了案例研究方法，从不同角度聚焦 RSS，就如同您拥有的探测器越多，您就会得到更为全面的组织图景。前两个案例研究（第六章和第七章）分析了 RSS 对穆斯林作为一个民族以及伊斯兰教作为一种宗教的态度，通过这样的延展以聚焦于内部矛盾。第六章研究基于 RSS 的准分支机构——穆斯林国家论坛（Muslim Rashtriya Manch，MRM），它的创建是为了动员穆斯林支持印度教民族主义。第七章探讨了 RSS 接受查谟和克什米尔邦的联合政府，该联合政府是印度人民党与一个几乎完全被排除在穆斯林占多数的邦的一个党派组成的。这一决定迫使同盟家族扩大了其对印度教的定义，指居住在该邦的所有人，这些人基本上没有传统的宗教背景。接下来的一章则着重讨论经济问题。第八章研究了经济分支机构（SJM），这一 RSS 附属机构与莫迪政府的印度经济逐步自由化和全球化问题经常产生分歧。接下来的三章分析了 RSS 在虔诚与亵渎之间的部署，以保持各个分支机构之间的平衡，这些分支机构在皈依（第九章）、奶牛保护（第十章）和罗摩神庙

(Ram Temple) 方面采取了不同的立场。罗摩神庙（罗摩诞生地神庙）在圣城阿约提亚（Ayodhya），建立在穆斯林和印度教对抗的地方（第十一章）。最后两个案例研究，解决了政治过程中的基本关切问题。第十二章深入探讨了果阿的 RSS 内部反叛的情况，原因是该邦的同盟家族与果阿的印度人民党政府在语言政策上存在巨大分歧。第十三章考察了 RSS 参与选举的背景与特点以及政治分支机构印度人民党的人事管理，重点是比哈尔邦。RSS 参与比哈尔邦选举活动的根源在于该邦印度人民党组织处于弱势，而其对印度人民党政治事务的干预，例如选择党的办公管理人员和候选人，在很大程度上是由于印度人民党的领导阶层存在真空。

贯穿所有这些问题的关键在于寻求妥协，以便达成共识。这证实了我们早期研究的结论，即 RSS 是一个非常谨慎的群体，它在慢慢发展，这可以归结为印度本身。RSS 从来就不是革命性的，不太可能很快就能如此。它的目标是社会和谐和文化融合。但是，它确实发生了变化，正是这种变化促使我们再次关注 RSS 及其家族。

我们想特别提一下已故的老埃德·I. 鲁道夫（Lloyd I. Rudolph）和苏珊娜·H. 鲁道夫（Susanne H. Rudolph），他们写了许多关于印度的书籍，书中的建议为我们以前的著作以及这本书提供了理论背景。根据他们的建议，本书采用了案例研究方法。我们还要感谢高塔姆·梅塔（Gautam Mehta），他是信息、分析和建设性批评的可靠来源。此外，梅塔在三个案例研究中为我们做了田野调查工作，包括："2015 年比哈尔选举"（第十三章），"关于经济自给自足的辩论"（第八章）和"阿约提亚的罗摩神庙"（第十一章）。我们非常感谢助理研究员沙拉德·沙尔马（Sharad Sharma）所做的统计工作。我们也要感谢菲利普·

奥尔登伯格（Philip Oldenburg）教授阅读了全部的手稿，并提出了如何改进的建议。我们还要感谢其他几位读过部分书稿的学者：帕尔塔·高什（Partha Ghosh）、艾里森·伯兰（Allison Burland）和德格斯·卡斯贝卡（Durgesh Kasbekar）。

最后，我们要感谢埃里克·安德森（Erik Andersen）阅读和编辑文本，以确保对印度的非专业人士有重要意义。

第一章 / 日益参与政策制定过程

2015 年夏，当问及国民志愿服务团（以下简称 RSS）的高层领导人自我们 30 年前出版了一本书之后该组织所发生的主要变化时，我们通常会得到四个不同的答案——所有这些答案都表明该组织对公共政策和政治决策过程产生了更为浓厚的兴趣。不过，我们所问及的高层领导人都坚定地表示 RSS 并非一个政治组织，组织的重心仍是"人格塑造"项目①，这是我们第一次研究时的重点。几乎所有人都提到的最大变化是 RSS 已不再是始终处于禁令威胁下运行的一个贱民政治组织。因此，RSS 希望更加透明，也更愿意去大胆发声。第二个变化是分支机构的迅速增长，它们几乎渗透到了整个社会的各个领域。第三个变化是这些直接受公共政策影响的分支机构在各个领域的扩张，增加了 RSS 对影响政府决策的兴趣。

---

① 在研究开始的时候，我们于 2015 年 7 月 7 日至 8 日在那格浦尔总部采访了 RSS 的高级领导人。我们所有的访谈都从询问自 30 年前我们写作上一本关于 RSS 书之后产生的变化开始。受访者包括：RSS 最高领导人莫汉·巴格瓦特（Mohan Bhagwat）、RSS 总书记苏雷什·乔什（Suresh Bhaiyyaji Joshi）、联合秘书长豪萨贝尔（Dattatreya Hosabale）以及该邦领导人曼莫汉·维迪亚（Manmohan Vaidya）。

他们承认，这种发展变化使 RSS 面临的挑战日益上升，需要协调不断扩张的同盟家族中的方方面面，而且成员之间存在分歧并且常常相互竞争。第四个变化是 RSS 的工作扩大到了那些之前并不具代表性的社会群体之中，比如农民、部落和低种姓印度教教徒（尤其是达利特人）等。这种变化不仅改变了 RSS 的人口统计结构，而且也改变了它的政策取向。这种变化最有趣的方面是，它以不同的方式反映了 RSS 对国家政治过程的投入与关注。

过去几年间发生的两大事件突出展现了这种被重新燃起的政治兴趣。第一个事件是巴格瓦特在 2017 年 9 月 30 日所做的"十胜节"演讲，传统意义上，这项年度演讲为 RSS 指明了下一年的工作目标和优先事项，而且通常以最通俗的话语进行阐述。[①]第二个事件是 RSS 决定全力支持印度人民党的 2013～2014 年议会竞选，并支持莫迪参加总理竞选。

2017 年"十胜节"演讲既是对莫迪政府政策的批评，同时也是对印度优先发展领域的陈述。鉴于巴格瓦特和莫迪之间的亲密关系，印度媒体详细地分析了这一文件，以期找到有关 RSS 催促政府采纳以解决问题的线索。[②] 演讲反映了 RSS 的传统价值观，比如对小企业主和小规模农户的支持，因为他们被看作是就业机会的主要提供者，也是道德习俗和家族单位的主要支持者。在

---

① 全文参见："Text of RSS Chief Mohan Bhagwat's Vijayadashami Speech", *The Times of India*, 3 October 2014, https：//timesofindia. indiatimes. com/india/ Text – of – RSS – chief – Mohan – Bhagwats – Vijayadashami – speech/articleshow/ 44199148. cms（accessed 9 October 2017）。

② 印度媒体对巴格瓦特"十胜节"演讲中政治导向颇有兴趣的分析参见：Ratan Sharda, "RSS Chief Advocates Inclusive Approach to Economic Issues", Newsbharati. com, 2 October 2017, http：//www. newsbharati. com/Encyc/ 2017/10/2/RSS – chief – advocates – inclusive – approach – to – economic – issues. html（accessed 10 November 2017）。

RSS 看来，他们就是印度社会的基石。巴格瓦特宣扬旨在巩固家族和农场主的公共政策，表明 RSS 正在努力借助公共项目将这些制度重新纳入优先领域。巴格瓦特强调小企业、商人和个体户的重要性，此举可能源于这些群体对商品及服务税（GST）引入所产生的困境的批评，他们一直以来都是 RSS 的支持基础，不过旨在使印度变成统一的共同市场以及去货币化，却使其经营变得愈发艰难。RSS 对此问题发表的意见可能会对 2017 年 11 月 GST 改革委员会对该税种做出的重大修改产生一定影响。① 巴格瓦特在演讲中也用了大量篇幅论及印度农民的困境。他建议采取最低支持价格措施，以确保农民有钱养家并能负担第二年的农业生产，同时也能更好地实施农作物保险、土壤测试以及电子营销等既有计划。巴格瓦特还谈到了有机农业、水资源管理和奶牛畜牧业的环境优势。他将奶牛保护上升为文化和经济问题，并呼吁各邦采取强硬行动来抵制因争论而产生的暴力。巴格瓦特明确批评了中央和邦政府对经济顾问的依赖，这些经济顾问鼓吹各种经济"主义"，却脱离了现实情况和国家传统，宣扬旨在实现印度经济自给自足（抵制英国货运动）的"购买印度本地货"计划。在演讲开始时巴格瓦特指出，"一个很重要的前提是，我们的知识分子和思想家都需要摆脱殖民思想和思维的负面影响。这类似中国政府的一项官方建议，即将历史和社会科学的中国特色纳入学术思考之中"。

印度人民党的一名高级官员告诉我们，RSS 仅全力参与了两

---

① 描述商品及服务税委员会关于商品及服务税（GST）税率修订所带来的影响，参见：Soumya Gupta，"What the Revision in GST Rates Means for Consumers"，*LiveMint*，12 November 2017，http：//www.livemint.com/Companies/6yNnNILsOkTeseNGKmhINO/What－the－revision－in－GST－rates－means－for－consumers.html（accessed 13 November 2017）。

次议会竞选：一次是在 1977 年支持人民党，另一次是在 2014 年支持印度人民党。[①] 这并不是说 RSS 未参与过其他竞选，而是说仅在这两次竞选中允许专职干部和其他高层官员参加竞选活动。在这两次竞选中，RSS 都担心如果国大党保留权力，那么印度教统一计划可能会严重受挫。在第一次竞选中，RSS 担心国大党永远不会允许它开展正式改革。[②] 国大党早在两年前就已下令禁止该组织并宣布开启紧急状态，在这期间英迪拉·甘地（Indira Gandhi）几乎中止了民主进程，并囚禁了她的诸多对手。[③] 这时，作为在德奥拉斯（M. D. Deoras）领导下的非法组织，RSS 迈出了前所未有的政治步伐，主动参加了反对运动。[④] 例如，RSS 组织了为期两个月的全国性抗议活动，此次抗议于 1975 年 11 月中旬开始，参与者多达 150000 名民众，其中大约 100000 人是 RSS 的成员和支持者。[⑤] 当总理甘地于 1977 年 1 月 18 日出乎意料地呼吁重新选举时，RSS 的领导全力以赴地想要击败她。在几场选举中，人民党在与国大党的较量中均占上风，其内阁包括三名人民同盟成员，

---

① 信息来源于 2017 年 10 月 23 日，在华盛顿采访印度人民党总书记兼前 RSS 发言人拉姆·马达夫。

② 了解在紧急情况下更为详细的 RSS 活动描述可参见：Walter Andersen and Shridhar Damle, *The Brotherhood in Saffron: The Rashtriya Swayamsevak Sangh and Hindu Revivalism* (Boulder: Westview Press, 1987), pp. 210 - 213。

③ 1977 年 3 月 21 日国大党在议会选举失败后，该禁令被取消。

④ Sharad Hebalkar, *Shri Balasaheb Deoras* (Pune: Bharatiya Vichar Sadhana, 2000), pp. 158 - 159, in Marathi. 另可参见 Seshadri Chari (ed.), *Fruitful Life* (Delhi: Bharat Prakashan, 1996), p. 20。

⑤ 印度著名记者兼传记作家英德尔·马尔霍特拉（Inder Malhotra）描述了"非暴力不合作主义"（satyagraha）及其参与者。参见：*Indira Gandhi: A Personal Political Biography* (London: Hodder and Stoughton, 1989), p. 178; *Hebalkar, Shri Balasaheb Deoras*, pp. 165 - 166; Andersen and Damle, *The Brotherhood in Saffron*, pp. 210 - 213。

他们全都属于 RSS。国大党仅赢得了 542 个竞争席位中的 154 个席位，这成为其有史以来最为惨败的一次竞选。①

在 2014 年的第二次竞选中，RSS 担心如果国大党连续三年获胜将严重瓦解任何实施印度教特性的议程的希望。莫迪三次当选古吉拉特邦的首席部长并曾任 RSS 专职干部，他似乎拥有志愿团寻找的有潜力的总理所期望的品质：一名意志坚强、处事果断的领导者，能够用印度教特性来鼓舞并团结倔强的印度人民党，同时也对那些举棋不定的温和选民极具吸引力。那时，莫迪在印度发展最快的邦长期担任领袖，民众有理由依赖他来刺激印度经济和就业增长，使得他已经在国民脑海中构建出了其作为一名强大的决策者的光辉形象。而且，莫迪作为强势领导者形象的出现，对那些意识到总理权威受损的民众也具有吸引力。2002年古吉拉特邦反穆斯林暴乱中，莫迪受到指控，最终因印度最高法院缺乏证据而被驳回。但许多志愿者都同情莫迪，认为他是国内外政治迫害的受害者。② 受国大党政府因印度教恐怖主义指控而对其活动强加管制的影响，在 2009 年选举中印度人民党失利之后，RSS 的领导层决定全力以赴地投入大选，以期在 2014 年打败执政党。为了维持其在整个过程中不关心政治的形象，RSS

---

① 数据来源于 http：//eci. nic. in/eci_ main/StatisticalReports/LS_ 1977/Vol_ I_ LS_ 77. pdf#page = 89&zoom = auto，−85，834.

② Press Trust of India，"Narendra Modi Gets Clean Chit in SIT Report"，*The Times of India*，10 April 2012，https：//timesofindia. indiatimes. com/india/Narendra-Modi-gets-clean-chit-in-SIT-report-on-gujarat-riots/articleshow/12612345. cms（accessed 13 November 2017）. 这项法律上的免责提高了莫迪在志愿者中的地位，他从公众批评中毫发无损地脱颖而出（他们使用的词是"agnipariksha"，意思是"火之考验"。这是一个用以表达"严峻考验"的概念）。同时，莫迪预测自己会长期忍受这种痛苦的折磨（被错误地迫害）。

设立了一个平行的全国性的选举站机构，以鼓励选民投票。①

　　RSS 领导层如何转而支持莫迪作为潜在总理人选的故事比想象的更加复杂。更让人不解的是，在古吉拉特邦的 RSS 内部，领导层对他的态度不冷不热。RSS 领导层在 2009 年选举失利后游走全国，他们发现，如果印度人民党获得议会大多数选票，地方官员会压倒性地支持莫迪成为下届印度总理。在此次支持的影响下，2013 年 9 月 10 日，印度人民党议会委员会一致推选莫迪来领导这场运动；两天之后，时任印度人民党主席拉贾纳特·辛格（Rajnath Singh）宣布，如果印度人民党获胜，莫迪将成为印度总理。这两点均体现了 RSS 领导层对莫迪的支持。尽管投了信任票，但是印度人民党和 RSS 内部均对莫迪的参选持有一些保留意见。在一次特殊的行动中，RSS 最高领导人将部分领导的意见告知了印度人民党领袖阿德瓦尼（L. K. Advan）（因为反对莫迪参选而辞去了党内所有职务），并告诉他 RSS 领导层支持他的立场。因此，阿德瓦尼撤回了他的辞职请求，继续在古吉拉特邦竞选席位。我们得知，RSS 并不打算在未来几年重复对印度人民党在这种层面上的支持，RSS 希望其分支机构（包括印度人民党）能培训自己的人员，而印度人民党已经开始培训选举站的人员。②

---

① Press Trust of India, "Narendra Modi Gets Clean Chit in SIT Report", *The Times of India*, 10 April 2012, https://timesofindia. indiatimes. com/india/ Narendra-Modi-gets-clean-chit-in-SIT-report-on-gujarat-riots/articleshow/12612345. cms（accessed 13 November 2017）. 德里的 RSS 发言人解释说，RSS 建立的平行网络旨在让人们参与投票。它的第一步是招募选民，第二步是人与人之间的拉票，以说服人们投票，第三步是将他们带到投票箱。

② Shantanu Guha Ray, "Narendra Modi May Not Wait Till 2019 for General Elections: Will India Hold 'Dual' Polls with States in 2018?", *Firstpost*, 23 May 2017, www. firstpost. com/politics/narendra－modi－may－not－wait－till －2019－for－general－elections－will－India－hold－dual－polls－with－ states－in－2018－3473100. html（accessed 14 November 2017）. （转下页注）

我们的前一本书出版于 20 世纪 80 年代末期。当时，RSS 正开始向更加活跃的政治取向转变，关注比以前更为广泛的问题，对印度教特性的定义更加包容。RSS 第二代最高领导人高瓦克在其 33 年的任期中已经使该组织极大地脱离了政治进程，并因其不关心政治议程而在 RSS 内部广受指责。① 此外，他也将该组织与印度高种姓精英的印度教特性形象捆绑起来，尤其重视通过"人格塑造"过程促进个体的完善。尽管内部对其理念持有异议，不过内部从未出现过严重威胁高瓦克及其领导地位的情况。RSS 高层人物告诉我们，发动内部叛乱或是设立分离组织都将意味着脱离 RSS 的主流势力，也意味着脱离任何民族主义支持网络。尽管如此，仍存在一些小规模的异议团体（主要在马哈拉施特拉邦），这些团体试图去建立一些平行组织，不过它们短暂的努力仍然难以形成支持基础。②

对高瓦克政治进程不干预政策的批评者中，还包括他精心挑选的继任者马胡卡·德奥拉斯（Madhukar D. Deoras，也指 Balasaheb Deoras，曾担任 RSS 领导人长达 20 年）以及他的兄弟穆拉利达尔·德奥拉斯（Muralidhar D. Deoras，也指 Bhaurao Deoras）。这两位批评者都是 RSS 创始人海德格瓦早年招募的人

（接上页注②）该报告指出，印度人民党已派出近 2500 名全职志愿者（Vistaraks），用一年时间为 2019 年议会选举中的投票管理培训当地工人。

① Andersen and Damle, *The Brotherhood in Saffron*, pp. 43－45. RSS 与内政部长帕特尔（Vallabhbhai Patel）进行了长时间的谈判，以解除 1949 年的禁令。除此之外，它还承诺制定一部成文宪法，明确规定 RSS 不会涉及政治活动。事实上，现行的 RSS 章程规定，该组织的活动将完全致力于文化工作。

② 有关 RSS 这些持不同政见的组织，参见：Andersen and Damle, *The Brotherhood in Saffron*, pp. 108－110, 145。补充资料来源于 2016 年 3 月 6 日，在那格浦尔对 RSS 第一发言人马达夫·维迪亚（Madhav G. Vaidya）教授的采访。

员，是该组织最早的专职工作人员。①

穆拉利达尔·德奥拉斯与其更有成就的兄长有着相同的政治倾向，不过因为后来反对高瓦克，在 20 世纪 50 年代主动回避 RSS 的各项活动。穆拉利达尔是印度人民同盟最资深人物（包括阿塔尔·比哈里·瓦杰帕伊、阿德瓦尼和乌帕德亚雅等）在政治上的引路人；马胡卡则依赖他的兄弟推行更激进的议程，任命他为助理秘书长，在政治、学生、公共服务、劳工联盟尤其是教育领域负有特殊的职责。马胡卡预期扩张和动员将会使他的整个任期变得与众不同，因而支持成立维迪亚·巴拉蒂（Vidya Bharati），作为 RSS 附属小学、中学和大学的全国性协调机构。维迪亚·巴拉蒂目前被认为是印度国内最大的非政府学校系统。②

从某些方面看，德奥拉斯是一位不同寻常的 RSS 领袖。③ 与

---

① 关于在巴拉·萨克雷（Balasaheb）领导下向更积极主义的 RSS 过渡的富有洞察力的讨论，参见：Pralay Kanungo, *RSS's Tryst with Politics: From Hedgewar to Sudarshan*（Delhi: Manohar Publishers, 2002）。关于支持德奥拉斯更积极主义倾向的研究（以及对高瓦克非政治倾向的强烈反对），参见：Sanjeev Kelkar, *Lost Years of the RSS*（New Delhi: Sage Publications, 2011）。

② 维迪亚·巴拉蒂在其网站上声称拥有 12364 所学校、146643 名教师和 3452615 名学生，参见：http://vidyabharti.net/（accessed 19 February 2016）。RSS 附属学校最初建于 20 世纪 50 年代初期，这个学校网络的迅速扩张导致了维迪亚·巴拉蒂在 1977 年的建立，其哲学的解释说它"根植于印度教特性"。有关其形成和目标的信息，参见：http://www.vidyabharti.net/organization.php（accessed 1 February 2016）。RSS 专注于教育，尤其是部落地区的教育，这一点得到了另外两个专门从事教育作为部落外展手段的附属机构的支持——全印部落联合会（ABVKA）和印度的 Ekal Vidyalaya 基金会。

③ 例如，据报道，高瓦克对德奥拉斯 1949 年发表在年度期刊 Yughdharma 上的采访——"RSS 的下一步行动"非常生气。该文声称要在社会和政治方面进行更大范围的 RSS 活动，并表示对高瓦克没有认识到这些领域的需求而感到惊讶。人们普遍认为，高瓦克解雇了编辑，并向德奥拉斯 （转下页注）

高瓦克不同，他既不倾向于精神层面，也不倾向于哲学层面。他首先是一位组织者，他非常感兴趣的是如何使 RSS 与印度当前快速的社会与经济变革更加相关。不过，1965 年，他被高瓦克任命为秘书长（Sarkaryavah），当时 RSS 正开始将重心转向更加激进的方向。那格浦尔（Nagpur）的 RSS 上层人物告诉我们，高瓦克承认德奥拉斯的激进主义政策适合那个时代。因此，在咨询了其他高层人员后，选择由他担任下一任领导人（Sarsanghchalak）。RSS 内部对这一选择没有公开反对，即便在其内部领导层的保守势力中也是如此。这可能部分源于该组织中普遍存在一种观点，即现任领导人在选择继承人方面享有独裁权。

两次事件给德奥拉斯提供了机会，使 RSS 朝更加激进的方向演化。第一次事件发生在 1974 年 5 月（德奥拉斯上台一年后）。他公开批评种姓制度——尤其是"贱民身份"这一概念——是自伊斯兰教统治以来造成印度教教徒分离的一个重要原因，这番言论引起了轰动。[1] 他认为，应该本着巩固印度教的目标来重新评估看似可以解释种姓阶层的宗教文本，这个观点被纳入了乌帕德亚雅（Upadhyaya）的"整体人本主义"思想（该思想被 RSS 视为其思想体系的中心教义）。在 1974 年的著名演讲中，德奥拉斯表示，"如果贱民身份不是罪孽，那么世界将无罪孽可言"。[2] 这

（接上页注③）发出了告诫信息。关于该报道，参见：Marathi book, Gangadhar Indurkar, *Rashtriya Swayamsevak Sangh*, *Kal*, *Aaj*, *aani Udya*（Pune：Shri Vidya Prakashan, 1983），pp. 36 – 46。

[1] RSS 负责人德奥拉斯于 1974 年 5 月 8 日在浦那发表演讲，并出版了题为《印度教组织和社会公平》的小册子（New Delhi：Suruchi Prakashan, 1991）。该演讲最早是以马拉地语发表的，此处参考的是演讲的英文翻译。

[2] 演讲每年在浦那举办的 Vasant Vyakhyanmala（春季系列讲座）上发表。该系列讲座由著名社会活动家拉纳德（M. G. Ranade）启动，地点的选择强调了德奥拉斯对这次演讲的重视，他将其与社会改革的传统联系起来。

番演讲被 RSS 成员视为同盟家族有史以来最重要的演讲，它有效地劝说了 RSS 在重大社会问题上采取一种更加积极的立场。该组织现任领导人巴格瓦特强调了这一观点，他声称：

> 为与不同的社会团体建立联系并使其加入 RSS 的支部活动，我们付出了巨大努力。鉴于歧视性政策受到重视，有些社会团体对被称为印度教教徒心理上感觉不舒服。①

RSS 现任总书记苏雷什·约什（Suresh Joshi）告诉我们，这次演讲对 RSS 来说是一个转折点，并直接导致了在 20 世纪 90 年代激进主义发展势头的突飞猛进。②

第二次事件发生在英迪拉·甘地的紧急状态期间（1975～1977 年）。在这一时期，甘地总理的首要行动之一就是对 RSS 颁布禁令（自独立以来的第二次禁令），同时逮捕了该组织的大多数高层领导，其中也包括德奥拉斯。③ 此举却意外地使 RSS 及其同盟家族重新赢得了自 1948 年初圣雄甘地被刺以来就丧失了的民众同情。在禁令期间，RSS 建立了沟通网络，可使秘密活动的干部相互之间保持联系。RSS 还与其海外分支机构进行联络，同

---

① 《组织者》采访巴格瓦特，参见：*Samvada*，31 March 2017，http：// samvada. org/2017/news/drbhagwat – interview – organiser/（accessed 26 April 2018）。

② 2015 年 7 月 8 日在那格浦尔的 RSS 总部采访 RSS 总书记苏雷什·乔什（Suresh Bhaiyyaji Joshi）。

③ 在 1975 年 6 月阿拉哈巴德高等法院做出决定之后，由于违反选举法，英迪拉·甘地总理的选举被搁置，总理宣布全国进入紧急状态。著名的甘地主义者纳拉杨（Jayaprakash Narayan）成立了 Lok Sangharsh Samiti（LSS）以协调反对派的活动，德奥拉斯被捕，他决定允许高级 RSS 工作人员与 LSS 密切合作。在纳拉杨被捕之后，同盟家族的一系列高级人物接管了 LSS 的管理工作。

时到处散布反紧急状态的印刷宣传品。

尽管受欢迎程度有所恢复，但新成立的人民党（Janata Party）及其领导的政府因存在内部分裂问题，于 1977 年获胜后几年内就瓦解了。印度人民同盟成员于 1980 年退出，同时人民党领导层要求其成员必须与 RSS 断开一切联系，原因在于担心该同盟可能会对执政党产生相当大的影响并可能主导执政党。①

印度人民同盟成员从人民党中退出并成立了一个新的政党，称为印度人民党，其立场更加激进。该政党吸收了其母党人民党的一些要素，比如致力于甘地社会主义，主张包括国有化、国家完整、民主、积极的世俗主义以及基于价值观的政治等一系列原则。许多志愿者都对这个全新的非印度教取向感到不满，并很快向 RSS 的领导层表达了这种不满。② 在印度总理英迪拉·甘地于 1980 年重新执政之后，其中一些不满的志愿者甚至为其采取的软化印度教教徒的行动所吸引。这种不满可能导致了该党在 1984 年议会竞选中的沉闷表现，仅获得了 542 席中的 2 个席位。因此，在成立的最初几年中，印度人民党并未能获得国家或邦层面的大多数公众支持，与"甘地社会主义"及"积极世俗主义"等平台渐行渐远，从而转向了更早期的意识形态。这种转折似乎使其在 1989 年的议会竞选中取得了成功。虽然这种政治复出背后也有一些其他因素，比如针对拉吉夫·甘地腐败的指控以及国内大部分讲印地语的地方对国大党支持的减弱等，印度人民党在竞选上的成功还是将任性的志愿者拉回了现实。1985 年，印度人民党接受了乌帕德亚雅的"整体人本主义"思想并将其作为官方的意识形

---

① 参见：Andersen and Damle, *The Brotherhood in Saffron*, pp. 216 - 220。

② Ibid., p. 228.

态，同时搁浅了曾让很多传统主义者不安的甘地社会主义思想。[①]
1985年，阿德瓦尼（Advani）出任印度人民党主席，他被认为比
瓦杰帕伊更加接近印度教特性。当时，印度教大会已成为印度人
民党潜在的资源，原因在于它曾在20世纪80年代动员印度各种姓
阶层支持其庙宇计划一事上大获成功。印度人民党在议会中的势
力从1984年赢得了两个席位（共542席）增加至1989年的85个
席位，并在1991年上升至120个席位。[②] 1989年，该党的国家执
行委员会（追求更大同盟家族的泛印度教联盟）通过了一项决议，
旨在支持阿约提亚一处当时处于穆斯林信仰控制之下的罗摩神
（Lord Ram）庙的建设。[③] 一些印度教教徒称该处庙宇为罗摩神庙
（Ram Janmabhoomi），即毗湿奴化身为传奇英雄罗摩的地方，是决
定RSS命运的关键角色。在印度人民党通过该项决议之后，阿德

---

① RSS考虑了乌帕德亚雅（Deendayal Upadhyaya）的整体人文主义（Delhi：
　Navchetan Press，1968）对印度教特性最权威的介绍。乌帕德亚雅认为，
　马克思主义和资本主义等西方概念都将注意力集中在产生贪婪、个人主义
　和社会冲突的唯物主义上，这是不健康的。他和高瓦克一样，相信如果没
　有人的转变，人类状况的持久改善是不可能的，RSS认为这是一项独特的
　责任。高瓦克的重要理论著作《思想集》（Bangalore：Vikram Prakashan，
　1966）也提出了类似的论点。
② http：//eci. nic. in/eci＿ main/StatisticalReports/LS＿ 1989/Vol＿ I＿ LS＿
　89. pdf#page＝97&zoom＝auto，－80，795.
③ 关于世界印度教大会努力动员支持恢复印度教寺庙的讨论，参见：
　Andersen and Damle，*The Brotherhood in Saffron*，pp. 135－136。1981年初，
　南部泰米尔纳德邦的数百名印度教达利特人皈依伊斯兰教，引发了有组织
　的重新皈依运动。这种重新皈依的努力，后来被称为ghar wapsi（字面意
　思是"回家"）。世界印度教大会领导的重新皈依运动的一位重要人物拉
　拉·哈蒙（Lala Harmon，世界印度教大会总书记，一位富商），1988年1
　月24日在德里接受采访时告诉我们，RSS在全国范围内处理这个问题，
　因为皈依引起了印度教教徒的极大关注，并因此为RSS提供了接触非RSS
　群体的机会。他甚至表示，英迪拉·甘地总理在1981年出现问题后，向
　世界印度教大会派遣了一名使者，并表达了她对他们的努力的同情。

瓦尼于 1990 年 9 月 25 日发起了罗摩战车队伍游行，行进路线从古吉拉特邦索姆纳特寺庙（Somnath）的古镇到北方邦的阿约提亚。RSS 大力支持这次游行，提供了志愿者和后勤支持，此举让许多志愿者尝到了政治激进主义的甜头。① 不过，阿德瓦尼组织的罗摩战车队伍游行最终未能到达阿约提亚，因为人民党联盟比哈尔邦首席部长拉鲁·普拉萨德·亚达夫（Lalu Prasad Yadav）以游行可能会引发群体暴力为由下令逮捕了阿德瓦尼。与此同时，北方邦首席部长穆拉亚姆·辛格·亚达夫（Mulayam Singh Yadav）禁止罗摩神庙志愿者在引发争议的地点示威抗议，导致与游行者之间产生冲突并造成多人死亡。反过来，这又致使 RSS 采取了一种与地方当局冲突的不同寻常的立场，同时将影响势力拓展到北方邦农村地区的种姓阶层。这些举动推动其走向更为远大的目标——即在印度农村和"其他落后阶层"（Other Backward Classes）中建立广泛的支持基础。第二年，由于得到了 RSS 志愿者们的支持，印度人民党赢得了北方邦选举，并由此开始培育 RSS 和印度人民党之间的合作。

　　印度人民党自 1989 年开始所取得的一系列选举胜利表明，上述全新的泛印度教合作战略取得了成功。在 1989 年竞选之后，腐败和经济困难相互交织，招来了维·普·辛格（V. P. Singh）掌控下人民党联盟所领导的多个反对党。印度人民党始终记得曾困扰人民党的双重成员争论，因此从外部支持这个全新的联盟。不过，其与执政联盟的关系很快就变得糟糕了，原因是辛格总理在公共政策平台上恢复了一份报告，呼吁为所谓的"其他落后阶层"预留 27% 的就业机会。这种阶层动

---

① 最新授权的专职干部纳伦德拉·莫迪（Narendra Modi）参与了阿德瓦尼组织的罗摩战车游行，引起了 RSS 和 BJP 领导的关注。

员的尝试是对印度人民党（及其整个同盟家族）努力构建泛印度教身份的直接挑战，尤其是获得了占印度教人口 40% 的落后阶层的支持。正是在这样的背景之下，印度人民党和 RSS 站出来支持位于阿约提亚的罗摩神庙，并在组织罗摩队伍活动方面扮演了重要角色。印度人民党在 1991 年议会竞选活动（在这次竞选中，国大党打败了现任的人民党联盟）中，甚至称其为走向"罗摩之治"（Ram Rajya）。① 印度教特性的思路再次获得了竞选红利，印度人民党在议会中的席位从 1989 年的 85 席（占总选票的 11.36%）增加到 1991 年的 120 席（占总选票的 20.11%）。同样重要的是，印度人民党还首次在南部地区建立起了可观的支持基础。

　　1992 年底，印度人民党又面临着新的禁令（40 年中颁布的第三次禁令），原因是 12 月 6 日印度教暴徒摧毁了位于阿约提亚的巴布里清真寺，而纳拉辛哈·拉奥（Narasimha Rao）领导下的新国大党政府指控印度人民党和印度教教徒大会与此次事件有关，两个政党的几名主要领导人包括阿德瓦尼和印度教教徒大会主席阿肖克·辛格哈尔（Ashok Singhal）被逮捕。但是，与前两次禁令不同，没有任何 RSS 领导人受到实质性的监禁，也没有下发任何有关关闭纱卡的命令。事实上，这项禁令从未真正实施，并于 1993 年 6 月经法庭诉讼而被取消。② 拉奥总理的批评者

---

① 印度人民党模仿拉吉夫·甘地 1989 年的竞选活动，发表了关于阿约提亚的讲话，提到了罗摩之治。Aviral Virk, "Ayodhya Part Ⅲ: Ram Mandir First Politicized by Congress", *The Quint*, 3 December 2015, https://www.thequint.com/videos/short-dogs/ayodhya-deqoded-part-3-ram-mandir-first-politicised-by-congress（accessed 14 November 2017）。

② S. P. Udayakumar, *Presenting the Past: Anxious History and Ancient Future in Hindutva India*（Westport: Praeger Publishers, 2005）, p. 128.

表示，这种宽大政策源于其与 RSS 领导人的长期关系。^① 拉奥的一位权威传记作者维纳伊·希塔帕蒂（Vinay Sitapati）^② 对这种说法持有异议，认为拉奥的错误在于错误的判断，而不是所指的共谋。^③ 希塔帕蒂称，拉奥的错误在于认为印度青年民兵（Bajrang Dal）是罪魁祸首，而湿婆神军（Shiv Sena）处于印度人民党和 RSS 的控制之下。^④

从 20 世纪 90 年代晚期至今，RSS 为了经济理由而减少了传统印度教特性主题（比如位于阿约提亚的罗摩神庙）的使用。事实上，其早期的泛印度教战略几乎搁浅，就这样进入了新的千年。^⑤ 同盟家族将瓦杰帕伊（可能是因为他自由主义的面孔）视为印度人民党的全国代言人，之后是全国民主联盟（NDA）联

---

① 关于该声明的讨论，参见：Madhav Godbole, *Unfinished Innings*（Delhi：Blackswan, 1996），ch. 9。2017 年 2 月 11 日，NDTV 小组全面讨论了前总理（纳拉辛哈·拉奥）对印度教民族主义的同情。小组成员有前国会内阁成员贾伊拉姆·拉梅什（Jairam Ramesh）、前内政部长马达夫·戈博勒（Madhav Godbole）以及拉奥的传记作者维纳伊·希塔帕蒂。在这次讨论中，声称拉奥在 1992 年没有采取足够的预防措施来拯救阿约提亚的巴布里清真寺。参见：https：//youtube. be/h/kikpyoim（accessed 15 November 2017）。

② Vinay Sitapati, *Half Lion：How P. V. Narasimha Rao Transformed India*（Gurgaon：Penguin Random House India, 2016）.

③ Vinay Sitapati, "Personal Doctor Says Narasimha Rao's Reaction to Babri Demolition Was Honest Agitation", *The Indian Express*, 26 June 2016, https：//indianexpress. com/article/india/india-news-india/babri-masjid-p-v-narasimha-rao-vishwa-hindu-parishad-vhp-along-with-babri-it-was-me-they-were-trying-to-demolish-2875958/（accessed 12 July 2018）.

④ Ibid.

⑤ 汉森（Hansen）和贾弗雷罗（Jaffrelot）报道称，像乌玛·巴蒂（Uma Bharti）和萨迪维·瑞斯姆巴拉（Sadhvi Rithambara）这样强硬的公众演讲者，已停止向印度人民党全国会议发表讲话。参见：Thomas Blom Hansen and Christophe Jaffrelot（eds），*The BJP and the Compulsions of Politics in India*（New Delhi：Oxford University Press, 1998），p. 6。

合政府在 1998～2004 年间的总理。印度人民党领导层认为一党专政的时代可能要结束，因此与几个地方政党制定了受策略考量而非意识形态驱动的全新方案。这些策略的额外优势还在于，它们能动员低种姓印度教选民的支持，以此与同盟家族中的高种姓阶层倾向形成互补。

同盟家族在社会经济各个阶层中的受欢迎程度迅猛增长，不过这给印度人民党和 RSS 内部带来了较大的分歧。一方面，是经济自由化（支持经济增长、减少印度的高贫困率）的支持者，另一方面是认为外国投资会对印度独立和文化造成威胁的思想保守者，二者之间出现了分歧。在高瓦克长期执政期间，RSS 倾向于对其所谓的"消费主义"采取一种批评的态度，认为跨国公司是对印度文化的威胁，将逐渐削弱国家主权，并将推动与印度传统道德观念相反的西方享乐主义的发展。[①] 1991 年拉奥的国大党政权开启了经济改革，意在减少政府对经济的干预并重新允许外国跨国公司进入部分领域，这导致 RSS 及其多数劳动导向型分支机构（比如 BMS）公开表明了反对政府的立场。不过，印度人民党并没有跟风。事实上，1990 年在国民阵线（National Front）政府的短暂领导期间，尽管印度人民党仍然对那些在印度土地上做生意的外国跨国公司感到极为不满，但已经开始支持经济自由化。总的来说，印度人民党已对拉奥政府

---

① 参见："Integral Man：Bharatiya Concept"，in Devendra Swarup（ed.），*Integral Humanism*（Delhi：Deendayal Research Institute，1929），pp. 63 - 69。我们还于 1969 年 4 月 16 日至 19 日在那格浦尔的 RSS 总部采访了高瓦克和其他领导人。在很长时间的交谈中，高瓦克对西方消费主义对印度社会不利影响的关注是一个突出的主题。相比而言，他支持依靠自己劳动力控制的小规模经济单位，这一主题也是 1983 年 4 月 10 日我们在浦那采访印度劳工工会的长期负责人达特潘特·桑戈迪（Dattopant Thengadi）时获得的。

的改革表示支持。当印度人民党领导的全国民主联盟于1998年控制政府之时①，印度人民党和RSS之间的对立意见多少显得有些尴尬。

20世纪90年代早期，同盟家族内部（尤其是劳工组织）为了应对拉奥改革而建立了经济分支机构，此时同盟家族内部关于经济政策的分歧达到了白热化的程度。该阵线的重心仍是反对外国跨国公司的进入，也反对被其视为反劳工保护的私有化措施。② 此外，该阵线也积极参与示威抗议，呼吁取消国大党政府与美国安然公司（Enron）之间关于在马哈拉施特拉邦建设大博（Dabhol）电厂的协议，该邦当时处于联盟政府包括印度人民党和当地印度教民族主义湿婆神军的统治之下。

1994年，德奥拉斯因重病辞去职务，并推荐RSS总书记拉津德拉·辛格（Rajendra Singh）为其继任者。③ 印度当时正处于经济迅速增长的早期阶段，而RSS也以相似的速度发展。印度人民党非常乐观地认为，它可以在1996年全国竞选中刷新1991年的纪录。就RSS而言，它需要有人能够成为其在变革时代的

①　对同盟家族内部不同经济观点的出色分析，参见：Thomas Blom Hansen，"The Ethics of Hindutva and the Spirit of Capitalism"，in Hansen and Jaffrelot，*The BJP and the Compulsions of Politics in India*。

②　请参阅伊萨贝勒·布特龙（Isabelle Boutron）对经济分支机构（SJM）的形成和目标的讨论。"The Swadeshi Jagran Manch：An Economic Arm of the Hindu Nationalist movement"，in Christophe Jaffrelot（ed.），*The Sangh Parivar：A Reader*（Delhi：Oxford University Press，2005），ch. 18。2016年2月13日在德里接受采访时，经济分支机构的国家协调员和德里大学的经济学教授阿什瓦尼·马哈扬（Ashwani Mahajan）说，启动经济分支机构的一个主要原因是为不同群体的人提供了一个公共平台——包括甘地主义者、共产主义者和学者——反对拉奥政府采取的市场化改革。

③　RSS的前两位负责人在办公室去世了。从德奥拉斯开始，接下来的三人因病去世了。

引路人。而辛格——一名物理学毕业生，在诺贝尔奖获得者的指导下完成毕业论文——表现出了极强的组织和外交能力，是德奥拉斯政权之下总书记的完美人选。此时，同盟家族正在迅速地从马哈拉施特拉邦的基地向外拓展，辛格被选为继任者一事也反映了同盟家族的崭新前景。作为该组织的最高领导人，辛格是首位非婆罗门人①和非马哈拉施特拉邦人。他来自印度人口最多的北方邦，那里是 RSS 泛印度教倡议的核心区。而且，辛格在罗摩神庙争议达到顶峰之时出任总书记，有着浴火重生的经历。辛格在政治领域也并非新手。1991 年初，作为总书记助理的辛格与当时的总书记塞沙德里（H. V. Seshadri）悄悄动员 RSS 在 1991 年的议会竞选中支持印度人民党，这反映出在日益发展的同盟家族网络中政治的重要性在不断上升。虽然辛格的任期只有六年（1994～2000 年），但是他为当前 RSS 与印度人民党之间的关系设定了基调。正是在他领导期间，获得 RSS 大力支持的、印度人民党领导的全国民主联盟于 1998 年开始执政。

1998 年，在第 12 次人民院（Lok Sabha）竞选活动与地方党派达成选举协议方面，印度人民党有着比国大党更好的表现，这种成功在一年之后的第 13 次竞选中得以延续。在第 13 次竞选中，印度人民党将可行的多数票与全国民主联盟中的 13 个党派团结在一起，共赢得了 182 个席位（与前一年的纪录持平）。②

---

① 拉津德拉·辛格是一位来自受过教育家庭的高种姓塔库尔（拉其普特贾特/刹帝利）。他的父亲是一名高级工程师、公务员。辛格本人曾是阿拉哈巴德大学物理系的负责人，他的博士论文指导老师是 C. V. 拉曼，诺贝尔奖获得者。这使其在 RSS 圈中享有相当高的地位，其教育背景受到了高度重视。

② 印度选举委员会、印度大选，参见："Performance of National Parties via-a-vis Others"，1999，http：//eci. nic. in/eci ＿ main/StatisticalReports/LS ＿ 1999/Vol＿ I＿ LS＿ 99. pdf#page＝92&zoom＝auto，－80，783。

除此之外还有其他一些有利因素，尤其是 1999 年夏天印度和巴基斯坦之间爆发的卡吉尔边境冲突，掀起了印度民族主义的汹涌浪潮，促进了同盟家族实力的增长。不过，比建立联盟更难的是如何维持联盟的运行。为此，印度人民党突出了传统的印度教特性元素，同时大肆宣传一些旨在推动经济和就业增长的政策。印度人民党及其联盟就"国家政府议程"达成一致，该议程放弃了一些重大的印度教特性问题，比如位于阿约提亚的罗摩神庙问题以及废除了允许克什米尔自治的第 370 条款。瓦杰帕伊的新政府承诺会致力于该议程的实施，对于维持许多地方联盟的忠诚度而言，这种承诺是必需的。因为这些地方联盟感受到了来自印度教民族主义的威胁，某些情况下在各邦内部还有赖于穆斯林的支持。在"国家政府议程"的基础之上，全国民主联盟在 1999 年竞选宣言中承诺"暂停存有争议的问题"。① 该党派全新的经济倾向，可能已经成为其有能力向传统印度教上层种姓的城市选民群体之外扩张的因素之一。② 此外，印度人民党还支持为"其他落后阶层"增加预留的就业机会，这使其与 RSS 领导层在这个问题上站在了相反的立场——RSS 不断谴责这些配额具有分裂社会的后果。尽管存有这些分歧，但得益于与印度总理瓦杰帕伊亲密的个人关系，辛格仍能使 RSS 和印度人民党之间的关系保持融洽。事实上，RSS 高层人物告诉我们，在此期间，该组织在政治问题上基本都听从瓦杰帕伊的意见。辛格通常将同盟家族与政府之间的分歧轻描淡

①　National Democratic Alliance, *For a Proud, Prosperous India: An Agenda*, Election Manifesto, Lok Sabha Elections, 1999, p. 1.

②　关于印度人民党扩大其支持基础的能力的统计分析，参见：Yogendra Yadav, Sanjay Kumar and Oliver Heath, "The BJP's New Social Bloc", *Frontline*, 19 November 1999, pp. 31 – 40。

写，为的是不让总理难堪。① 同时，他对志愿者在印度人民党竞选活动中的志愿政治工作也予以了支持。

在掌管印度人民党领导的政府两年之后，辛格因病辞职。他的位置由苏达山（K. S. Sudarshan）接替，是一名婆罗门人，也是首位领导同盟家族的南印度人。② 选择苏达山凸显了 RSS 在说德拉威语的印度南部四邦中的扩张，表明 RSS 的婆罗门印度教特性倾向在印度南部不再像过去那样是一种很大的累赘。不过，与外交上颇为老练的辛格相比，苏达山更加直言不讳。据我们的一些访谈者称，与辛格和瓦杰帕伊之间的关系相比，苏达山与瓦杰帕伊的个人关系要令人担忧得多。瓦杰帕伊比苏达山年长七岁，不仅资格比他老，而且成为 RSS 成员的时间更长。苏达山在经济上直言不讳地支持抵制英国货运动，而且让瓦杰帕伊政府尴尬的是，他从言论上也对印度教特性问题表示支持。第 370 条所提到的"不公正"问题，即给予查谟和克什米尔特殊自治权，是苏达山最乐于谈论的问题之一。此外，他还批评瓦杰帕伊总理对阿约提亚问题恶化所采取的应对措施不足。在 2004 年全国民主联盟输给国大党联盟政府之后，苏达山建议包括瓦杰帕伊在内的印度人民党高层领导辞职，以便为"新鲜血液"让路，此举让他和瓦杰帕伊的关系处于破裂的边缘。在印度人民党主席阿德瓦尼于 2005 年 6 月访问巴基斯坦卡拉奇（他的出生地）之后，

---

① 卡南高（Kanungo）报道说，在离任前不久，拉津德拉·辛格从一份有争议的通知中解救了瓦杰帕伊政府，该通知允许政府雇员参与 RSS 活动，建议 RSS 不要反对撤回通知。参见：Kanungo, *RSS's Tryst with Politics*, p. 269。

② 苏达山是一名卡纳拉的婆罗门（Kannadiga Brahmin），出生于中央邦（Madhya Pradesh）的赖尔（Raipur）。他是一名受过训练的工程师，并于 1954 年成为一名专职干部。其后他被任命为联合秘书长，并被指定为与印度人民党与 RSS 的联络人。

RSS 强烈批评他给巴基斯坦的"国父"穆罕默德·阿里·真纳贴上"俗人"的标签。RSS 的媒体发言人这样谴责他的言论，"阿德瓦尼在克什米尔以及更早些时候所发表的讲话有悖于 RSS 的宗旨。这位干部不太高兴，也很迷惑，人民对此也深感愤怒"①。阿德瓦尼随后不久便被撵下印度人民党主席的位置，并收回其有关真纳的言论。据报道，刚宣布退职后，阿德瓦尼就表示 RSS 应将政治事务交予印度人民党，哀叹"没有 RSS 官员的同意，（印度人民党）就不能做出政治或组织决策，这种印象已经取得了进展"②。苏达山比瓦杰帕伊和阿德瓦尼活得长久，最终于 2009 年将同盟家族的控制权交给了巴格瓦特，也就是该组织的现任最高领导人。

我们早期研究的采访数据表明，RSS 和印度人民党领导层（以及分支机构的领导人）共同分担"人格塑造"的培训，在同盟家族内部反复灌输共同宗旨和忠诚度这些常识。问题在于，RSS 是否既能够调解各分支机构之间广泛的政策分歧，又能使这个"大家庭"保持和睦和稳定。RSS 的领导层一向很重视同

---

① RSS 对阿德瓦尼访问的反应的报道参见：Radhika Ramaseshan，"Advani Salutes 'Secular' Jinnah"，*The Telegraph*，5 June 2005，http：//www. telegraphindia. com/1050605/asp/nation/story_ 4828954. asp（accessed 19 February 2016）。RSS 新闻发言人的陈述，参见：Neena Vyas，"RSS Questions Advani's Remarks"，*The Hindu*，5 June 2005，http：//www. thehindu. com/2005/06/05/stories/2005060506111000. htm（accessed 10 February 2016）。世界印度教大会的著名人物托加迪亚（Togadia）甚至走得更远，几乎谴责阿德瓦尼是一个"叛徒"，因为他的评论破坏了 RSS 关于统一的南亚或"大印度"（Akhand Bharat）的观点。他的评论参见：Soutik Biswas，"How Indians See Jinnah"，BBC，7 June 2005，http：//news. bbc. co. uk/2/hi/south_ asia/4617667. stm（accessed 10 February 2016）。

② 关于该新闻，参见：Neena Vyas，"Advani to Step Down，Criticises RSS"，*The Hindu*，19 September 2005，http：//www. thehindu. com/2005/09/19/stories/2005091907280100. htm（accessed 29 July 2016）。

盟家族内部的团结，甚至有可能会寻求前所未有的妥协。在我们的案例研究中，强调了这一目标在解决内部分歧方面的首要地位。在印度人民党选择莫迪作为预期的总理之后不久，巴格瓦特就在2013年10月的"十胜节"年度演讲中表示，要将经济作为印度教特性的一个方面。尽管巴格瓦特与莫迪在一些经济问题上仍存有重大分歧，但是该言论还是将他置于与莫迪相同的发展轨道上。

这让我们转而关注莫迪的崛起。尽管在出任古吉拉特邦首席部长的长期任期内（2001~2014年），莫迪与其家乡古吉拉特邦的RSS和世界印度教大会的高层领导之间的关系常常比较紧张，但可以说，他依然是同盟家族历史上最具影响力的人物。1958年莫迪8岁，他就开始参加RSS的日常例会，这段经历让他的一生都具有了使命感和纪律感。[①] 当然，这种经历给他灌输了印度教民族主义思想，而这也是他整个生命和政治生涯的鲜明特征。莫迪在高中毕业之后，就宣布放弃家庭和婚姻。17岁时，莫迪开始了为期两年的朝圣之行，走遍了整个印度去参观各大修行地和圣所。在回到古吉拉特邦后，他重新建立了与RSS的联系并开始追随拉克什曼拉奥·伊纳姆达尔（Lakshmanrao Inamdar），他是马哈拉施特拉邦的一名婆罗门律师，在20世纪50年代初期设立了RSS在当地的首个支部。在成为专职干部之后，莫迪搬到RSS总部所在地艾哈迈达巴德（Ahmedabad）生活。莫迪在那段日子里的一名同伴说，这个转折"给了纳伦德拉一种身份和生活的使命感。他第一次感到自己不再孤独，成了一个大家庭的

---

① 参见：Kingshuk Nag, *The NaMo Story: A Political Life* (New Delhi: Roli Books, revised edition 2014)。这是一本很不错的莫迪传记。

一员"。①

　　作为学联古吉拉特邦分部负责贷款事务的专职干部，莫迪很快就建立起了工作不知疲倦和一个超凡组织者的声誉。在紧急状态期间，他的地下工作又使得这种声誉得到了进一步的巩固。在接下来的十年中，莫迪直接为 RSS 工作，并于 1987 年被委任为古吉拉特邦印度人民党的代表。之后，他继续树立威信，平息了多次邦内（比如艾哈迈达巴德的酒精黑手党）或国家层面（比如 1989 年阿德瓦尼"战车游行"的古吉拉特邦段）公共游行中的不满事件。他帮助阿德瓦尼成功组织了 1991 年人民院在古吉拉特邦的竞选并取得胜利（即甘地纳格尔的席位）。凭借与阿德瓦尼的亲密关系，莫迪很快就进入了印度人民党国家层面的政治领域。1995 年，阿德瓦尼将莫迪带到德里并让他担任印度人民党全国秘书长。三年之后，由于成功地监督了几个邦的代表大会选举（包括使印度人民党在古吉拉特邦当权的 1998 年竞选），莫迪晋升为总书记。他在古吉拉特邦和德里任职期间的过分自信甚至是咄咄逼人的领导方式，很快就招来了不满。据莫迪的一些同事透露，他甚至没有表现出一名 RSS 专职工作人员应有的作风。② 莫迪在德里期间的一名印度人民党同事强调说，"他并没有像一名 RSS 专职干部那样行事，他努力表现自己并喜欢出风头"。③ 另一名知情人士金舒克·纳格（Kingshuk Nag）甚至说，"RSS 的领导人苏达山也讨厌莫迪的行事方式，甚至都不想和他

---

① Kingshuk Nag, *The NaMo Story: A Political Life* (New Delhi: Roli Books, revised edition 2014), p. 39. 有关莫迪在 RSS 的早期活动经历，可参见 ch. 2。

② BJP 的一名高级官员告诉我们，莫迪是一个严厉的监工，他鄙视无能者。他还指出，莫迪会对那些阻碍政策或不同意政策的人实施报复。

③ Nag, *The NaMo Story*, p. 71.

说话"。① 尽管如此，莫迪仍然在 1996 年大选中担任印度人民党的总书记，在此期间该党成长为印度最大的政党。后来，莫迪继续在 1998 年和 1999 年的民意调查中担任了这个角色，印度人民党依然保持了国内最大政党的地位，不过是在瓦杰帕伊担任总理的全国民主联盟政府的领导之下。

在 2001 年古吉拉特邦地震之后，对宗教信仰和灾后恢复的拙劣处理使印度人民党失去了对现任首席部长克苏布哈·帕特尔（Keshubhai Patel）领导能力的信心，这为莫迪成为古吉拉特邦首席部长奠定了基础。在此之前，几次关键补选的失利使印度人民党开始怀疑帕特尔是否有能力领导该党赢得 2002 年代表大会选举的胜利。压力之下，帕特尔不得不辞职，领导层推选莫迪为继任者。2001 年 10 月 6 日，莫迪宣誓成为古吉拉特邦首席部长，但随即便面临一系列难题，包括印度人民党几名有影响力的地方领导人都不太乐意看到古吉拉特邦又出现这样一位野心勃勃、争强好胜的领袖。② 然而，这种内讧很快就变得微不足道。莫迪就任四个月之后，在戈特拉小镇发生的一起事件，对莫迪及印度政治都产生了深远的影响。在该镇火车站发生的一场争吵之后，一节卧铺车厢被点燃，导致 59 名乘客死亡，其中包括从阿约提亚返回的印度教教徒大会朝圣者。虽然地方法庭裁定 31 名穆斯林犯了故意纵火罪，但是这个判决仍然备受争议，当天的具体情况也模糊不清。③ 纵火事件发生后第二天，一群暴徒涌入古吉拉特邦首府艾哈迈达巴德街道，呼吁为被判有罪的穆斯林报仇。恐怖

---

① Nag, *The NaMo Story*, p. 73.
② Ibid. , pp. 81 – 89.
③ 纳格对相互矛盾的证据进行了恰如其分的描述。Ibid. , pp. 90 – 91。关于莫迪恢复秩序的努力，也存在类似的相互矛盾的证据。但是，法院没有让他对暴力事件负责。

的暴乱很快接踵而至。位于古吉拉特邦的印度教教徒大会立即呼吁停止邦内工作，第二天，领导层又呼吁在全国范围内停止工作。据观察者称，这次破坏的最鲜明特征是当天艾哈迈达巴德几乎看不到任何警察。国大党古吉拉特邦的邦务部长斯里普拉·贾伊斯瓦尔（Sriprakash Jaiswal）向联邦院（Rajya Sabha）提交的报告中说，暴乱导致 1044 人（包括 790 名穆斯林信徒，254 名印度教信徒）死亡、2500 多人（来自不同宗派）受伤。[①]

　　暴乱的规模引起了国内外的广泛关注。2002 年 4 月 4 日，印度总理瓦杰帕伊亲自视察了古吉拉特邦，并表达了他的忧虑之情。据报道，总理希望莫迪因其对暴乱的迟缓反应而辞职，不过这遭到了来自两方面的阻挠，一是莫迪在印度人民党内的广泛支持者，二是全国民主联盟内部印度人民党多数盟友对此次事件持相对冷漠的态度。[②] 对于莫迪来说，他感受到了古吉拉特邦的印度教教徒对他的支持，进而呼吁提早举行新一轮的议会选举。2002 年 12 月举行的选举证明他是正确的，印度人民党甚至获得了比以往更多的大多数支持而重新当权。[③] 事实上，莫迪领导的印度人民党在接下来的三次议会选举中都获得了多数票。在之后的任期中，莫迪关注经济发展议题，并在每年为招商引资而发起的"充满活力的古吉拉特"活动中表现出了营销的天赋。[④] 莫迪表示，从长远来看，投资是减少贫困和创造就业的最有效手段，而这也成为他在2014 年全国大选中最吸引人的部分。莫迪在古吉拉特邦精心塑造

---

①　联邦院（Rajya Sabha）记录的内政部报告，可以访问：http：//164.100.47.5/
　　EDAILYQUESTIONS/sessionno/204/uq11052005.pdf（accessed 29 July 2016）。

②　Ibid.，pp. 100 - 102.

③　印度人民党赢得了 182 个席位中的 127 个，比 1998 年选举多了 10 个席位。

④　纳格对"充满活力的古吉拉特"进行了全面的讨论。参见：*The NaMo
　　Story*，pp. 106 - 123。

的公共形象以及在他执政期间出现的经济繁荣局面，有效地改变了国内外民众对他的印象。以前，人们认为他是一名强硬的印度教特性领导人；现在，他成为一名促进所在邦快速发展的现代化推动者。与此同时，他的批评者则认为，这种经济上的迅猛增长与卫生和教育等社会领域的发展并不相匹配。[1] 一名叫什拉·贝特（Sheela Bhatt）的记者评论说，莫迪摒弃了"20世纪基于古吉拉特的RSS将其引入公众生活的做法"，取而代之的是一种以发展为导向的全新战略。[2] 什拉也是对莫迪政治生涯最敏锐的观察者之一。

　　从国家层面看，印度人民党和RSS（及其整个同盟家族）正在寻求一种转变，首席部长莫迪看到了获得党内和选民双重支持的机会，[3] 而印度人民党内部激烈的派系斗争则使这件事变得更加容易。在国家高层人物阿德瓦尼指导下的印度人民党输掉了2009年的议会选举，在这次令人失望的失败之后，似乎没有人可以承担这一角色，因为在党内的第二阶层中似乎没有领头羊。[4] 2010年，来

---

[1]　关于莫迪应该为古吉拉特邦强劲的经济增长获得多少信贷存在争议。重要的观点参见：Arvind Panagariya, "Here's Proof That Gujarat Had Flourished under Modi", *Tehelka*, 29 March 2014, http://www.tehelka.com/2014/03/heres – proof – that – gujarat – has – flourished – under – modi/ (accessed 10 November 2017)。还可参阅：M. Ghatak and S. Roy, "Modinomics: Do Narendra Modi's Economic Claims Add Up", *The Guardian*, 13 March 2014, https://www.theguardian.com/commentisfree/2014/mar/13/modinomics – narendra – modi – india – bjp (accessed 10 November 2017)。

[2]　Sheela Bhatt, "Why Modi Had to Get Rid of Harin Pathak", *India Abroad*, 4 April 2014, pp. 22 – 23.

[3]　沃尔特·安德森对莫迪在印度人民党内巩固权力的讨论，参见："The Bharatiya Janata Party: A Victory for Narendra Modi", in Paul Wallace (ed.), *India's 2014 Elections: A Modi-Led Sweep* (New Delhi: Sage Publications, 2015), pp. 50 – 55。

[4]　自1980年成立以来，阿德瓦尼和瓦杰帕伊组建了印度人民党的领导团队，但此时阿德瓦尼已经失去信誉，而瓦杰帕伊则因生病从活跃的政治舞台上退出。

自那格浦尔的富商尼汀·加德卡里（Nitin Gadkari）被提拔为印度人民党主席。可以预见的是，在这样一个阶层分明的环境中，他出任此职也是备受争议。此外，在有效管理方面，加德卡里也缺乏像莫迪那样的魅力和声望。不过，加德卡里有一大优势，他与2009年接替苏达山成为RSS新领导人的巴格瓦特走得很近。尽管如此，还是不足以让加德卡里在2014年成为印度人民党的领导人。[①] 加德卡里的任人唯亲以及生意上的利益冲突进一步削弱了其成为领导人的机会，因为这可能会弱化印度人民党针对团结进步联盟（UPA）政府防腐倡廉运动的政治纲领。[②]

实际上，随着2014年这场运动的兴起，巴格瓦特很快就成为莫迪的支持者。巴格瓦特是来自马哈拉施特拉邦的婆罗门，他的家人自1925年RSS成立以来就参加了这个组织。巴格瓦特和莫迪同年出生，也是在20世纪70年代中期成为RSS的专职工作人员。在此期间，巴格瓦特树立了作为一名出色组织者的声望。最初，他作为一名专职工作人员被分配到具有重要战略意义的城市那格浦尔工作。1991~1999年间，他出任了多个全国性职位，

---

① 关于加德卡里与巴格瓦特密切关系的报道，参见：Aditya Menon，"The Rise and Rise of Nitin Gadkari"，*India Today*，http://indiatoday.intoday.in/story/the – rise – of – president – nitin – gadkari/1/226559. html（accessed 11 February 2016）。据报道，印度人民党遵循RSS的建议修改宪法，允许在2012年加德卡里继续第二个任期。参见：Press Trust of India，"BJP Amends Constitution Allowing Nitin Gadkari to Get a Second Term"，*Sify News*，28 September 2012，http://www. sify. com/news/bjp – amends – constitution – allowing – nitin – gadkari – to – get – a – second – term – news – national – mj2uBzccbdhsi. html（accessed 9 February 2016）。

② Bhavna Vij-Aurora，"Burden of Gadkari"，*India Today*，25 January 2013，https://www. indiatoday. in/india/corruption-charges-against-nitin-gadkari/story/the-burden-of-gadkari-152504 – 2013 – 01 – 25（accessed 17 April 2018）.

顶峰时被任命为总书记，这个职位也被认为是 RSS 新一届领导人的训练场。巴格瓦特工作出色，连续三次当选，每次三年任期，并在苏达山领导下共同管理 RSS，直至 2009 年苏达山退休时为止。

不过，公众普遍认为巴格瓦特持有比他的前任更加谨慎的立场，并将精力都花在了如何构建与同盟家族不同分支机构（尤其是与印度人民党和莫迪）之间的工作关系上。事实上，巴格瓦特的一项主要工作是修复印度人民党和 RSS 之间已经存有裂痕的关系。巴格瓦特很快就投入到减少印度人民党内部分裂的工作上来，自 2009 年议会选举失败之后，这种分裂状况持续恶化。① 他引入和谐（samanvay）协调机制，定期与印度人民党领导层会面，这为消除同盟家族内部分歧提供了很好的机会——我们将在案例研究中分析这些协调机制的部分成效。② 莫迪和巴格瓦特似乎都明白他们彼此需要，因此才会有引言中所谈到的频繁举行会晤和定期举办官方磋商。在此基础上，印度人民党主席阿米特·沙阿（Amit Shah）在 2014 年 7 月中旬（也就是莫迪政府组建两个月之后）将印度人民党和 RSS 的高层官员召集在一起，设立了一个高层协调小组来监督两个组织之间的互

---

① 巴格瓦特于 2009 年 12 月 8 日在昌迪加尔（Chandigarh）举行的新闻发布会上，警告印度人民党领导人要克服当时的党派之争。https://www.youtube.com/watch? v = 8xb2JGND88Yd – list = PL755691AE8F586ECB（accessed 14 November 2017）。

② 这些同盟家族内部的高级别定期会议由德奥拉斯在担任最高领导人期间建立，作为对同盟家族组织快速增长的反应。以前，RSS 的主要审议机构政治协商会议（ABPS）也是进行此类讨论的场所，但每年只召开一次会议，无法处理印度人民党和 RSS 的问题。RSS 执行机构全印执行委员会（ABKM）每年召开两次会议。同盟家族还有一系列其他的组织。

动。从 RSS 方面来看，首次会晤参加人员包括总书记苏瑞什·约什（Suresh Bhaiyyaji Joshi）和两名总书记助理，即苏瑞什·索尼（Suresh Soni）和豪萨贝尔（Dattatreya Hosabale）。从印度人民党方面来看，与会代表则包括沙阿和两名前任主席，即内政部长拉杰纳特（Rajnath Singh）和交通部长尼汀·加德卡里（Nitin Gadkari）。①

最初，RSS 领导层还犹豫是否要公开表示支持莫迪，但在不同阶层的游说拉票之后就转变了态度。鉴于领导层对莫迪的压倒性支持，RSS 认为是更加系统地利用该组织代表印度人民党的时候了。② 此外，考虑到意识形态的僵局以及国大党处于索尼娅·甘地（Sonia Gandhi）及其儿子拉胡尔（Rahul）的领导之下，同盟家族将 2014 年的民意调查视为对其未来起着关键作用的一环。③ 对 RSS 中很多普通成员来说，这是一场"生死攸关"的竞选——他们期望莫迪可以最终领导该党走向胜利。④ 不过，RSS 普通工作人员对莫迪的极端奉承，促使巴格瓦特告诫他的下属，

① 关于 BJP-RSS 协调委员会成立的新闻报道，参见印度托拉斯报业，"Top BJP Leaders, RSS Functionaries Discuss Better Coordination", *The Indian Express*, 24 July 2014, https://indianexpress.com/article/india/politics/top – bjp – leaders – rss – functionaries – discuss – better – coordination/（accessed 12 July 2018）。

② RSS 领导人与莫迪的讨论，请参阅：Andersen, "The Bharatiya Janata Party", in Wallace (ed.), *India's 2014 Elections*, pp. 52 – 53。

③ Caravan 杂志对 RSS 对 2014 年选举重要性的看法进行了全面分析，参见：Dinesh Narayanan, "RSS 3.0", *Caravan*, 1 May 2014, http://www.caravanmagazine.in/reportage/rss – 30（accessed 29 July 2016）。

④ 自 2000 年以来，我们就与 RSS 首席发言人曼莫汉·维迪亚进行讨论。2015 年 7 月 11 日，在德里的 RSS 办公室进行讨论。我们认为，在我们采访的大部分高层领导人中，维迪亚受到了同事的高度尊敬。在 2018 年 3 月，维迪亚被任命为两位新的联合总书记之一。

认为他们应该对 RSS 而非对个人表示忠诚。① 从 RSS 方面来说，印度人民党仅是其同盟家族的一个组成部分，且并不一定是最重要的部分。虽然同盟家族核心领导层承认政治和公共政策的重要性，不过仍然将持续的变化视为是社会而非政府的产物。而且，他们也担心个人崇拜的独裁主义潜能会随着日益增长的国家权力而不断发展。

---

① 巴格瓦特于 2013 年 3 月 9 日在班加罗尔的 RSS 重要的政治协商机构的讲话中发表了这些评论。他可能正是通过一些印度人民党和 RSS 数据，对莫迪与罗摩神（Lord Ram）的比较做出反应。对于许多人来说，这种赞美是 RSS 一直反对的个人崇拜的危险表现。他更喜欢强调 RSS 的标志和印度之母（Bharat Mata），这是印度统一国家的象征。

第二章 ／ 分支机构——同盟家族的公众形象

　　同盟家族不断增加的公共政策取向在很大程度上归功于其附属机构的发展，与 RSS 本身相比，这些附属机构能更直接地与公众互动。现在，这些附属机构在印度人民党的选举战略中发挥着重要作用，通过提供工人并赞助大型网络服务项目，为该党提供支持。① RSS 分支机构在印度的社团生活中有广泛的存在，通过这些成员可以总体上衡量公众对广泛议题的看法，包括印度人民党政府和选民的问题偏好。虽然 1947 年之后的 RSS 对于扩展到传统的"人格塑造"培训以外的领域犹豫不决，但这些新活动现在已成为"家庭"的核心要素。这种更大的多样性也导致了对于印度教特性的多种定义，从狭隘的宗教背景下关注文化问题的分支机构，到几乎是民族主义甚至是与劳动者、农民和小规模企业家开展工作的具有世俗主义倾向的机构。根据当前的选举考量，同盟家族的政治分支机构似乎正在转向重视印度教特性意

---

① 关于该战略的讨论，参见：Tariq Thachil, *Elite Parties*, *Poor Voters*: *How Social Services Win Votes in India* (New York: Cambridge University Press, 2014)。

识形态的不同元素。

在 1948～1949 年的禁令被解除之后，年轻成员强迫 RSS 领导层考虑实现其民族主义目标的新方式。这种转变的动机部分是保护 RSS 免受进一步的限制，同时也是为希望那些主动参与国家建设的越来越多的积极分子提供出路。从一开始，分支机构的工作就被视为是推进印度教特性的另一种手段，是"量身定做"以适合特定社会阶层的需要。随着成员数量的迅猛上升，特别是自 20 世纪 90 年代初以来，这些群体中的许多人已经成为各自领域颇具影响力的参与者。与此同时，他们之间出现了政策分歧，因为这些群体代表了不同的选民阵营，他们的利益往往彼此截然不同。一些分支机构尤其是印度青年民兵，是印度教大会的年轻一翼，对非印度教少数民族表现出一定程度的不容忍，这些少数民族有可能通过激进的方式威胁莫迪政府，削弱其包容性经济发展的主要思想。莫迪总理在德里红堡城墙的第一次独立日演讲中，呼吁禁止种姓或宗教等分裂问题。① 莫迪总理和 RSS 领导人巴格瓦特都反对这种不容忍，但此类事件仍在继续。事实上，结束偏见可能需要莫迪政府领导层和 RSS 之间的公开合作，但两者都可能会非常谨慎，因为担心会疏远其大部分核心支持基础。

尽管存在政策分歧，这些附属机构在过去的 70 年中表现出了非凡的凝聚力，并且 RSS 继续作为他们的思想导师，而不直接参与他们的决策过程。我们认为，他们的组织凝聚力主要归功于两个因素：所有分支机构实行的组织秘书制度以及由其

---

① Express News Service，"Modi Appeals for Moratorium on Communalism But Is His MP Listening"，*The Indian Express*，16 August 2014，https：//indianexpress. com/article/india/india-others/modi-appeals-for-moratorium-on-communalism-but-is-his-mp-listening/（accessed 12 July 2018）.

母体机构授予的自治权。在组织秘书模式下，第一个被采纳的政治分支机构是印度人民同盟，处于组织中的关键位置，几乎总是包括总书记的角色并由全职干部组成。[①] RSS 将这些专职干部分配给分支机构，通常具有长期基础，当内部共识不能达成时，偶尔也会调解争议。它还在同盟家族内部组织正式和非正式的讨论，通常是共同关注的问题，重点是政府政策将如何影响他们。各种分支机构内部的决策，如 RSS 本身，仅以协商一致的方式进行。

2015 年的 RSS 教义入门指南中指出，RSS[②] 有 36 个附属的分支机构。其中包括印度最大的工会（BMS）、最大的全印学生联合会（ABVP），以及该国的执政党印度人民党（BJP）[③]。这 36 个分支机构涉及广泛的利益，包括政治、农业、公共卫生、教育、退伍军人事务、宗教、企业家精神和部落福利。此外，继续还有新的机构产生以应对新的挑战，包括一个集中于加强家庭联系的新服务机构（Kutumb Prabodhan）以及另一个女性权力机构（Stree Shakti）。还有许多与 RSS 相关的机构，但不被视为完整的分支机构，因为作为机构，它们需要能够首先证明其有自主运行的管理能力。家庭服务机构和女

---

① 专职干部使他们的立场具有合法性（在 RSS 圈中），这些合法性源于他们愿意牺牲潜在的有利可图的个人事业而为国家工作。此外，作为没有家庭责任的单身汉，他们可以全身心地投入到工作中。根据我们的经验，专职干部的工作取决于与他们所分配的团体成员之间密切合作的程度，他们倾向于认同他们所代表的特定社会阶层的利益。

② Narender Thakur and Vijay Kranti（eds），*About RSS*（New Delhi: Vichar Vinimay Prakashan，2015），pp. 71-72.

③ 并非所有使用 RSS 的团体都被视为同盟家族中的成员。其中没有包含在内的有穆斯林国家论坛（MRM）。该组织自 2002 年成立以来，已经受到了 RSS 的极大关注。

性权力机构都在多年前（分别于 1990 年代末和 2010 年）开始拓展服务范围，但到了 2017 年才成为完整的附属机构。2002 年成立的穆斯林国家论坛也不能算作其分支机构，之所以无须评估是由于在家庭服务机构内部广泛认为，穆斯林国家论坛在关于使穆斯林从文化意义上皈依为印度教教徒的努力是失败的。实际上，许多人认为它与像 RSS 这样的组织的联系只会引起穆斯林的对抗。① 没有与基督徒一起工作的相似机构，因为 RSS 领导更不相信他们的积极回应。② 无论如何，分支机构开展的各种活动为 RSS 提供了许多不同的选择方式以贯彻印度教特性的使命。在此过程中，同盟家族现在被迫需要解决之前没有提上议程的问题。

在独立之前，RSS 仅限于自己实施的传统培训计划，并且只有一个分支机构。这一分支机构——印度妇女服务委员会（Rashtra Sevika Samiti），是相对于全部是男性 RSS 成员而成立的。在一个抚养四个孩子的寡妇拉克希米·白·凯尔卡（Lakshmi Bai Kelkar）的游说努力之下，该机构于 1936 年成立。凯尔卡认为，如果女性要在印度的自由解放中发挥重要作用，她们需要印度教特性的知识训练和武术技能来获得自

① 其他不属于附属机构的著名团体包括：Hindu Swayamsevak Sanghs（与 RSS 相关的海外团体），国际文化研究中心（致力于恢复本土印第安社区的文化），Sewa International（处理海外志愿者工作），肯尼亚、马来西亚和毛里求斯的印度教理事会（在这些国家组织和倡导印度教）以及许多其他团体。通常，RSS 不包括任何在海外工作的团体。
② 自 20 世纪 80 年代初期以来，已有多项与各种基督教教派合作的 RSS 倡议，但它们都失败了。这些努力的信息来自 2016 年 3 月 6 日在那格浦尔的第一位 RSS 发言人马达夫·维迪亚。维迪亚本人是在这些倡议中起带头作用的三个 RSS 重要人物之一。另外两个是苏达山（K. S. Sudarshan，后来的 RSS 主管）和斯瑞帕提·沙斯特瑞（Sripati Shastri，浦那大学历史系主任）。

己在社会上的能力。① 同时，解释为什么 RSS 没有向女性敞开大门。当时该组织的领导层认为，更大的社会不会接受男女共同练习武术，而且针对女性的培训计划必然会与男性有所不同。② 凯尔卡与 RSS 领导人海德格瓦的密切协商，为妇女服务委员会的成立奠定了基础。1978 年之前，她还担任过主要负责人（pramukh sanchalika）。③ 妇女服务委员会的纪律和组织与 RSS 相似：它拥有与其母体相同的燕尾形的橘黄色旗，运行着大量的服务项目，并派代表参加 RSS 的年度政治协商会议（Akhil Bharatiya Pratinidhi Sabha，ABPS）。④ 然而，它与其他分支机构的不同之处在于，它不雇用 RSS 的专职干部，而是培训自己的全职工人（pracharikas），其中许多人是寡妇或选择不结婚。

　　RSS 对妇女在推进印度教特性事业中作用的观点，也随

---

① 关于组织的分析，参见：Walter Andersen and Shridhar Damle，*The Brotherhood in Saffron*：*The Rashtriya Swayamsevak Sangh and Hindu Revivalism*（Boulder：Westview Press，1987），pp. 38 - 39。也可参阅：Paola Bacchetta，"Hindu Nationalist Women as Ideologues：The 'Sangh'，The 'Samiti' and Their Differential Concepts of the Hindu Nation"，in Christophe Jaffrelot（ed.），*The Sangh Parivar*：*A Reader*（Delhi：Oxford University Press，2005），ch. 4。

② 凯尔卡和 RSS 领导人海德格瓦之间关于建立妇女服务委员会的详细讨论，参见：Suneela Sovani，*Hindutvacha Prakashat Stree Chintan*（Pune：Bharatiya Vichar Sadhana，2007，in Marathi），pp. 201 - 206。

③ 凯尔卡最有权威性的传记报道说，她曾与圣雄甘地（Mahatma Gandhi）会面以寻求他的建议。但他（甘地）的和平主义以及对武术的厌恶，让她感到沮丧，毕竟这是 RSS 和妇女服务委员会的基石之一。

④ 讨论 RSS 对妇女服务委员会的支持及其对女性赋权组织（Stree Shakti）的鼓励，来自 1991 年 2 月 15 日在浦那接受采访的马哈拉施特拉邦的高级 RSS 官员达莫达尔（Damodar）。后来，他继续建立了一个社交一体化平台（Samajik Samrasta Manch），鼓励与低种姓的印度教教徒、达利特人和部落进行跨种姓互动。

着时间的推移而发生变化。大约 50 年前高瓦克写道，女性的理想角色是作为母亲和妻子，坚守传统的文化道德规范。① 如今，同盟家族倡导家庭以外的女性发挥更加自信的社会角色。2016 年 3 月政治协商会议上，RSS 的代表通过的一项决议反映了该观点的变化。决议支持总书记的报告，要求取消对女性进入印度教寺庙的限制，并补充说明在宗教问题上，男性和女性自然应该被认为是平等的伙伴。但报告中的观点还远不止这一点，还指出同意女性现在可以担任牧师的职务。② 同时，报告还建议同盟家族的默认策略应该是协商而不是煽动，分支机构可以毫不犹豫地进行鼓动，有时甚至是暴力，以抗议被认为对其成员有害的行为。在妇女服务委员会关于印度教特性的叙述中，英雄人物主要是参与活动并将她们带出家庭的妇女，包括战神拉克希米·巴伊（Lakshmibai）、詹西女王（Rani of Jhansi），她们组织并领导了 1857 年抵抗英国统治的大暴动，再如玛格丽特贵族的妮维迪塔（Sister Nivedita）以及爱尔兰的信徒斯瓦米·维维卡南达（Swami Vivekananda）。我们遇到的已婚妇女服务委员会成员，倾向于将自己和她们的丈夫（几乎总是 RSS 的成员）描述为平等的合作伙伴，无论是在管理家庭事务还是在她们各自的公民生活中。这些女性通常在 RSS 或其分支机构中拥有亲属网络。

① 在《思想集》中题为"呼唤母性"的部分中，高瓦克将母性视为女性的最高目标，并建议女性避免时尚的"现代主义"倾向。参见：M. S. Golwalkar, *Bunch of Thoughts* (Bangalore: Vikram Prakashan, 1966)。

② RSS 秘书长乔什（Bhaiyyaji Joshi）于 2016 年 3 月向政治协商会议（ABPS）提交的报告，参见："RSS National Meet ABPS Endorses Entry of Women to Temples without Any Discrimination", *Samvada*, 11 March 2016, http://samvada. org/2016/news – digest/rss – on – women – entry – to – temple/ (accessed 8 June 2016)。

妇女服务委员会虽然在印度和海外越来越受欢迎，但是在过去 20 年中远远落后于 RSS 的增长。这也许是因为现在有更多的机会让女性参与公共服务，例如成千上万的服务项目和活动，实际上是由每个 RSS 分支机构运营的。根据妇女服务委员会的网站报道，2016 年赞助了约 600 个服务项目，举办了875 个每日纱卡以及 4340 个每周纱卡，大约是当年 RSS 所持有数量的十分之一。①

在分治前夕，RSS 的积极分子开始敦促领导层建立媒体渠道，以便在国际舞台上表达印度民族主义者对分治（反对它）和新印度政府（集中）治理等问题的看法。因此，RSS 于1947 年 7 月推出了英语周刊《组织者》，紧接着在 1948 年 1月推出了印度语报纸《潘驰迦雅》（Panchjanya）。这两个出版物被认为是为 RSS 发出双重声音的出版物，目前仍在发行。两个全国性周刊的早期编辑来自一群年轻而有才华的 RSS 活动家，他们在同盟家族中扮演着重要角色，尤其是其政治分支机构。例如，人民党/印度人民党领导人阿德瓦尼长期担任《组织者》的助理编辑。瓦杰帕伊，后来的总理，担任《潘驰迦雅》的编辑。全职工作人员 S. 尚卡尔（Shivram Shankar）"达达萨赫布·阿普特"（Dadasaheb Apte）于 1949 年创立了印度斯坦报（Hindustan Samachar），一个本土语言的新闻服务报纸。② 2 0 世纪 80 年代，在罗摩神庙运动的推动下，RSS 组

① 来自妇女服务委员会网站（rashtrasevikasamiti. org）的数据（2016 年 7 月22 日访问）。

② 支持阿普特（Apte）建立新闻服务的国大党著名人物是 Rajendra Prasad（后来的印度总统）、贾戈吉万·拉姆（Jagjivan Ram，尼赫鲁内阁部长）、桑普纳南德（Sampurnanand，北方邦首席部长）和普鲁沙塔姆·丹顿（Purushottam Das Tandon，国大党主席）。

织了一次文化对话（Sanskrutik Varta），旨在让印度农村地区的人们了解国家的发展情况。还有一个在线方式的出版物——萨姆瓦德（Samvad），主要针对的是海外的 RSS 成员。意识到社交媒体不断增强的力量，当时的 RSS 首席发言人（prachar pramukh）曼莫汉·维迪亚于 2015 年启动了一项培训计划，以指导 RSS 工作人员如何更有效地利用社交媒体，如何连贯地回答访谈问题并在电视辩论中发表具有说服力的观点。① 2016年，RSS 为其在那格浦尔的第三年训练营增加了辩论技巧课程，被认为是对有未来前景的全职工作人员进行培训的最后阶段。

1947 年英印政府的印巴分治，1948～1949 年间的禁令以及执政的国大党及其分治机构对 RSS 成员的极为厌恶对 RSS 成员的身份产生了重大冲击，并引发了关于某些东西是否超越了履行印度教复兴使命的"人格塑造"计划的强烈内部讨论。此外，愤怒的成员还讨论了在一个独立的印度中，RSS 所能发挥的作用。正如我们在前一本书中所指出的那样，RSS 领导层中的许多人包括高瓦克本人，也担心会产生离经叛道的结果。② 然而，在第二次世界大战期间，有许多年轻人加入了 RSS，他们支持向更加积极的方向发展。1942 年国大党所呼吁的"退出印度运动"（Quit India Movement），使印度更接近独立。这

---

① 有关这些新 RSS 媒体活动的信息，来源于 2015 年 7 月 9 日在德里接受采访的 RSS 前发言人曼莫汉·维迪亚。

② 有关 RSS 内部争议的讨论，参见：Andersen and Damle, *The Brotherhood in Saffron*, ch. 4. 我们提到的那些同盟家族成员，他们支持将团队计划扩展到"人格建设"之外的"积极分子"。"传统主义者"是那些对 RSS 的重新定位持谨慎态度的人。

一运动的失败，是许多这样的年轻人加入 RSS 的动机。① 当时，努力支持与英军斗争的共产党人并不是这些民族主义学生的最好选择。

1948 年，政府对 RSS 的禁令为 RSS 参与政治提供了有力的论据。RSS 的活动家如马克尼（K. R. Malkani），当时是《组织者》的编辑，努力利用该出版物为建立政治分支机构而活动。许多积极分子支持当时印度最受尊重的民族主义政治家萨亚马·普瑞萨德·慕克吉（Syama Prasad Mookerjee）——前内阁大臣以及印度教大斋会（Hindu Mahasabha）前主席和孟加拉一位最著名的印度教家族的后裔——建立一种民族主义的方案以替代国大党。② 慕克吉与最初犹豫不决的高瓦克商谈，以获得 RSS 在这方面的合作。根据对协商的一个权威性报道，高瓦克同意慕克吉关于新党必须对所有宗教开放的观点。③ 结果，这个新党的名字"印度人民同盟"（Bharatiya Jana Sangh）中没有包括"印度教"这

① RSS 对"退出印度"（Quit India）运动保持冷漠，这一决定与高瓦克对政治激进主义的厌恶是一致的。然而，许多 RSS 成员——包括战争期间许多新的、年轻的参加者——同情这一运动，有些甚至参与其中。

② 慕克吉是一位在伦敦接受过培训的律师，也是加尔各答大学最年轻的副校长，来自孟加拉最著名的家族之一。1939 年，他加入了印度教大斋会（Hindu Mahasabha），并成为分治期间孟加拉印度教社区利益的倡导者。尼赫鲁总理要求他加入印度第一个内阁，担任工业和供应部部长。1950 年，他因与尼赫鲁在与巴基斯坦关系方面存在分歧而辞职，并很快转向建立民族独立主义而替代国大党。他还反对政府决定授予查谟和克什米尔邦的自治地位，包括该邦决定谁可以从印度进入的权利。慕克吉于 1953 年未经许可进入该邦，并被迅速逮捕，于拘留期间去世。

③ Nana Deshmukh, *R. S. S.*, *Victim of Slander: A Multi-dimensional Study of RSS*, *Jana Sangh*, *Janata Party*, *and the Present Political Crisis* (New Delhi: Vision Books, 1979), ch. 6.

个词。① 作为希望继续优先考虑培训计划的传统主义者和推动进入政治舞台的激进主义者之间的妥协，高瓦克指派了一个最有能力的专职干部乌帕德亚雅（Upadhyaya），帮助建立新政党的组织基础。②

　　新政党的紧张局面注定要浮出水面，因为政治家和所涉及的RSS 积极分子对其使命有着截然不同的看法。③ 跟随慕克吉的政客们欲致力于击败国大党，因此与一些团体建立了联盟，而这些团体是 RSS 本身拒绝支持的（如反对分配土地给农民的大地主们）。这些政治家更喜欢松散的组织和民主的决策制度，有点类似于国大党。另一方面，RSS 激进分子想要一个纪律严明的政党，致力于创建一个文化统一和"印度教"的印度。与政治家不同，他们并不急于展示成功。考虑到复兴需要时间，他们利用党的地方单位专注于社会和经济复兴，这种方法被 RSS 后来建

---

① 维迪亚是 RSS 的第一个发言人，也是高瓦克和后续 RSS 负责人的知己。他向我们提到高瓦克支持一个向所有人开放的政党，因此 RSS 避免采用宗派头衔。维迪亚是 RSS 中最受尊敬的人物之一，被公认为自乌帕德亚雅以来最具影响力的意识形态支持者之一。他还说，高瓦克认为慕克吉为其组织提出的名称——印度人民党（Indian People's Party），应该用具有同等意义的本土语言印度人民同盟（BJS）来表达，以强调新印度的真正文化特征。该信息来源于 2015 年 7 月 7 日在那格浦尔接受采访的维迪亚。

② 在大多数专职干部来自马哈拉施特拉邦和旁遮普邦的时候，高瓦克很可能被乌帕德亚雅来自印度的印地语中心地带所吸引，后者在印度政治中扮演着重要的角色。另一个可能吸引高瓦克的不同之处在于乌帕德亚雅的农村背景。

③ 关于专职干部和慕克吉的印度人民党传统政治家之间有时具有争议的互动，参见：Christophe Jaffrelot, *The Hindu Nationalist Movement in India* (Delhi: Thomson Press, 1996), pp. 116 – 123。关于对组织对比和计划目标的出色讨论，参见：Bruce Graham, "The Leadership and Organization of the Jana Sangh, 1951 to 1967", in Jaffrelot (ed.), *The Sangh Parivar*, ch. 11。

立的许多分支机构采用。尽管对新的印度人民同盟持有乐观的估计，但它在1951年和1952年的第一次议会选举中只赢得了489个席位中的3个。[①] 然而，这一挫折似乎并没有削弱激进主义分子的热情。随着慕克吉1953年去世，已经控制关键组织职位的专职干部很快就在乌帕德亚雅的领导下完全控制了印度人民同盟。乌帕德亚雅是该党的总书记，后来成为该党主席和重要的理论家。[②]

1948～1949年对RSS的禁令也为激进主义者提供了涉足招募大学生的借口。他们于1948年在德里和旁遮普省的大学开始招募，一年后注册了学联（ABVP）——一个全印度的伞状组织（虽然直到1958年学生阵线才开始在全国范围内运作）。[③] 接下来的另外一个重要分支机构是成立于1955年的印度工人协会（BMS），即劳工组织。印度人民同盟的组织模式（sangathan mantri）被学生和劳工阵线所采纳，并为后来建立分支机构提供了一个模板。劳工和学生分支机构的思想宗旨是为共产主义的阶级冲突议程提供民族主义的平衡。[④] 在高瓦克领导下的RSS的巩固阶段（1949年禁令解除的大约十年后），大多数专职干部被分配到RSS内部工作。直到1962年之后，

---

① 国大党在这些选举中赢得了绝大多数席位，拥有489个席位中的364个席位。印度人民党仅获得3.06%的普选票。相比而言，国大党获得了44.9%。

② 从分治后RSS领导地位的环境，到超越纱卡"人格构建"活动情况的简要回顾，参见：M. G. Vaidya, *Understanding RSS*（New Delhi: Vichar Vinimay Prakashan, 2015），pp. 37–45.

③ 关于全印学生会（ABVP）成立的分析，参见：Andersen and Damle, *The Brotherhood in Saffron*, pp. 117–128。

④ 全印学生会与共产主义学生工会不同，它主张大学各部门之间的合作，包括教师、教职员工和学生。这种非对抗主义哲学根源在于泛印度教统一的RSS思想。

更多的德奥拉斯积极分子才开始大规模地向分支机构分配专职干部。

具有精神倾向的高瓦克本人在组织并统一已经深度分裂的印度教教会社团中发挥了作用，以使其更能与一个现代化的印度联系在一起。[①] 他通过收集 1953 年国家要求禁止屠宰奶牛的请愿书，为开展此项工作奠定了基础，从而证明 RSS 在印度教社区拥有重要的地位，并在此过程中赢得了印度教宗教团体的尊重。1964 年 8 月，他邀请一群宗教领导人到孟买，思考如何更密切地开展合作，以促进国内外对印度教的兴趣。在此次会议中增加了世界印度教大会。一个经过培训的孟买律师阿普特（Apte）被任命为第一任总书记。作为印度斯坦新闻通讯社（Hindustan Samachar News Agency）的创始人，他与几位著名的政治和商业人士建立了非同寻常的亲密关系，他们能够为新的组织提供资金和政治支持。他也接触了几位著名的温和派宗教人士，他们的支持能够吸引不断增长的城市中产阶级的关注。通过这样的努力，阿普特得到了一个由来自各个教派的著名印度教教会领导人组成的咨询委员会的协助，提供了 RSS 成为进入具有影响力的印度教圣人的通道。在新的支持者中，坎奇·商羯罗查尔雅（Kanchi Shankaracharya）是四位大师中最具社交活力的人。[②] 斯瓦米（Swami Vishweshwar）也许是双重薄伽梵派吠檀多（Dvaita Vedanta）传统的最杰出倡导者，他强调自己对现代宗教

---

① 关于世界印度教大会的形成，参见：Andersen and Damle, *The Brotherhood in Saffron*, pp. 133 - 137。

② 四大商羯罗是四个不二一元论吠檀多修道院会的领导者，其历史可以追溯到公元 6 世纪。RSS 意识形态倾向于支持不二一元论吠檀多，因为它符合 RSS 广泛接受的观念，即所有生物都包含着神圣的火花，这一概念与 RSS 的民族主义观点相融合。

的态度，通过用英语讲道并重新解释印度教，使其与 20 世纪的
生活方式相关。① 可以看出，同盟家族内部对钦纳玛雅南达的
泛印度教预言心存敬意。例如，2016 年 5 月 8 日在其百年诞辰
之日，莫迪政府发行了一枚纪念币，并在 2016 年《组织者》
中发表了一篇庆祝钦纳玛雅南达诞辰一百周年的热情洋溢的文
章。②

　　最初，世界印度教大会的重点完全放在促进泛印度教统一
的计划上。例如，1966 年 1 月 22 日至 24 日在阿拉哈巴德举行
的印度教国际会议，主要特点是集中了不同领域的宗教领导人。
在同一年，它发起了禁止屠宰奶牛的运动，这甚至可能有助于
印度人民同盟的选举，因为后者在次年的中央邦、比哈尔邦和
北方邦以及德里的非国大党联合政府中当权。另一个由世界印
度教大会赞助的国际会议于 1979 年 1 月举行，拥有更多的参会
代表，但少了四个大师中的两个，伯德里纳特（Badrinath）和
斯 林 吉 尔（Sringeri）。③ 紧接着，印度教团结会议（Hindu
Solidarity Conference）于 1982 年 7 月在南部的泰米尔纳德邦召
开，会议的召开是为了抗议前一年在该邦的米纳格希普拉摩村
（Meenakshipuram）将数百名低种姓印度教教徒皈依为伊斯兰教

---

① 关于阿普特努力获得现代印度宗教人士支持的讨论，例如斯瓦米·钦纳玛
　雅南达（Swami Chinmayananda，他试图让印度教更能吸引接受过教育的
　中产阶级），参见：Jaffrelot, *The Hindu Nationalist Movement in India*,
　pp. 194 – 204。也可参见世界印度教大会网站对这项努力的讨论，http：//
　vhp. org/organization/org – inception – of – vhp（accessed 15 November 2017）。
② Sudarshan Rambadran, "Swami Chinmayananda：The Spiritual Giant", *Organiser*,
　http：//organiser. org/Encyc/2016/5/9/Swami-Chinmayananda—The-Spiritual-
　Giant. aspx（accessed 17 May 2016）.
③ 关于两个由世界印度教大会赞助的国际会议的讨论，参见：Christophe
　Jaffrelot, "The Vishwa Hindu Parishad", in Jaffrelot（ed.）, *The Sangh
　Parivar*, ch. 13。

徒的事件。

在 1977 年的第二次禁令被取消之后，RSS 的领导层敦促世界印度教大会扮演更加积极的角色，随后便指派了工作人员。其中包括两个最出色的专职干部，莫瑞施瓦·尼肯特（Moreshwar Nilkant，又名 Moropant）和阿肖克·辛格哈尔（Ashok Singhal，后来成为世界印度教大会主席）。世界印度教大会重新将自身定位为一个民粹主义组织，以推进泛印度教目标的实现。1982 年末，它组织了第一次联合朝圣（ekatmata yatra）以应对米纳格希普拉摩村村民改变信仰事件。同年，它还组织了第一个印度教宗教领导人议会（简称 dharma sansad）。在此期间，来自北方邦的一名高级国会立法委员达亚尔·卡纳（Dau Dayal Khanna）提出了在阿约提亚建造一座罗摩寺庙的决议，这是自 16 世纪以来被伊斯兰巴布里清真寺建筑群占据的遗址。① 在 RSS 的支持下②，世界印度教大会很快发起了利用游行（yatras）以动员群众支持建造这样一座寺庙的民粹主义抗议运动。这些游行从 20 世纪 80 年代持续到 90 年代初期，最著名的游行发生在 1991 年底和 1992 年初。③ 印度人民党于 1989 年 7 月 11 日通过了一项决议，让该

---

① 该决议还提倡将另外两个印度教圣地（马图拉的克里希纳的出生地和贝纳雷斯的沙维特神庙）恢复到印度教的控制之下。这个提议极具争议性，因为当时这三个地点都是由穆斯林宗教团体管理的。

② 昌帕特·莱（Champat Rai，世界印度教大会总书记）详细描述了 RSS 对这些游行的支持，参见："Moment of Resurgence", *Organiser*（special issue, 11 December 2016），pp. 52 –53。

③ 在发起这场抗议活动时，RSS 必须决定三个拟议的寺庙中哪一个将成为其目标。我们被平乐（Moropant Pingle，当时是世界印度教大会的托管人）告知 RSS 选择了阿约提亚（Ayodhya）的罗摩（Ram）网站，因为罗摩是印度北部最受尊敬的宗教人物。1993 年 9 月 11 日在浦那采访平乐。

党致力于这一罗摩神庙运动。① 根据这项决议，印度人民党主席阿德瓦尼于 1990 年 9 月 25 日发起了有争议的战车游行。1990 年 10 月 30 日的"卡塞瓦登陆日"（D-Day of Karseva），北方邦的安全人员因违反首席部长的停止游行的命令而被解雇，激起了民粹主义者的愤怒，并可能为 1992 年 12 月 6 日一群激进的印度教暴徒摧毁巴布里清真寺奠定了基础。② 但是，这一破坏并没有对推进有争议财产的合法占有问题起到任何作用。在一场复杂的法律斗争之后，2010 年 9 月 30 日的阿拉哈巴德高级法院接受了伊斯兰宗教建筑场所印度教寺庙的存在，尽管双方对财产的分割都不满意，并且案件被起诉到了最高法院。③ 截至 2017 年底，最高法院仍在解决争议地点的合法占有问题（详情请参阅我们关于罗摩神庙的案例研究章节）。

　　自 20 世纪 80 年代后期以来，世界印度教大会已经从最初的

---

① 解决问题的全部理由可以参阅印度人民党网站中的条款，http：//www. bjp. org/index. php? option = com_ conte nt&view = article&id = 298：resolution – on – the – issue – of – shri – ram – janmabhoomi – at – national – executive – meeting – raipur – july – 18 – 20 – 2003&catid = 87&Itemid = 503（accessed 15 November 2017）。

② 关于这一事件激起愤怒的相关信息，来源于 1991 年 2 月 7 日在那格浦尔采访潘得（Anirudha Pande）——在北方邦被捕的 karsevaks 之一。

③ "Text of Allahabad High Court Order on Ayodhya Dispute"，*The Times of India*，30 September 2010，https：//timesofindia. indiatimes. com/india/Text – of – allahabad – high – court – order – on – Ayodhya – dispute/articleshow/6659163. cms（accessed 18 November 2017）。据报道，莫汉·巴格瓦特在 2017 年 9 月 13 日的会议上告诉外交官，RSS 将受到最高法院判决的约束，无论是什么事。关于该陈述的报道，参见：Liz Mathew，"RSS Bound by Supreme Court Order on Ayodhya：Bhagwat"，*The Indian Express*，13 September 2017，https：//indianexpress. com/article/india/rss – bound – by – supreme – court – order – on – ayodhya – mohan – bhagwat – 4840926/（accessed 12 July 2018）。

泛印度教统一而迅速扩大活动范围。2015 年，赞助了包括教育、卫生和社会服务等领域的 59121 个服务项目，占同盟家族所有服务项目的近三分之一。① 世界印度教大会最成功的努力之一是于1986 年成立了爱卡尔维达雅拉雅（Ekal Vidyalaya）基金会，该基金会致力于全国农村地区和部落村庄的教育和基础设施发展。这也许一定程度上反映了世界印度教大会的一种不太具有对抗性的方向，在其目前的使命宣言中没有提及游行或其他类似的煽动性策略。尽管如此，在前巴布里清真寺遗址上建造一座罗摩神庙仍然是其议程的一部分，印度教寺庙曾经所在地的其他财产归属也是如此。② 在 2018 年 4 月 14 日的世界印度教大会选举中，煽动性思想家普拉文·托加迪亚（Pravin Togadia）和他的亲密伙伴拉格哈瓦·雷迪（Raghava Reddy）袖手旁观，暗示 52 年来第一次在这样的选举中，RSS 努力约束世界印度教大会中的激进分子。③ 新的世界印度教大会领导人——国际法院法官考克杰(V. S. Kokje)，拉贾斯坦邦高级法院前首席大法官以及在职主席阿洛克·库马（Alok Kumar），德里的专职干部，比他们的前任更为温和。④

---

① 来自世界印度教大会网站，http：//www. vhpsewa. org/inner. php? pid = 11（accessed 10 May 2016）。

② 来自世界印度教大会网站，http：//www. vhpsewa. org/inner. php? pid = 1（accessed 6 May 2016）。

③ 托加迪亚不再是世界印度教大会的干事。

④ 印度时报记者拉马昌德兰（Smriti Kak Ramachandran）的采访，反映了新的世界印度教大会领导人更为温和的方向，于 2018 年 4 月 20 日发表。在那次访谈中，世界印度教大会的新国际工作主席阿洛克·库马尔（Alok Kumar）没有提及有争议的奶牛问题，并简要暗示了罗摩神庙问题。https：//www. hindustantimes. com/india - news/no - compromise - on - ram - temple - says - vhp - working - president - alok - kumar/story - 5jJD4uqYnlzJH1XTQf4vvM. html（accessed 26 April 2018）。

相比之下，世界印度教大会的全男性青年机构印度青年民兵（Bajrang Dal），继续将罗摩神庙等具有争议性的问题列为最优先事项。印度青年民兵成立于 1985 年，旨在动员支持并对阿约提亚各种骚乱提供保护。它的成立使得世界印度教大会能够从一个只专注于印度教宗教人物的小规模寂静主义实体，转变为一个拥有更广泛的激进主义议程的民粹主义组织。[1] 印度青年民兵尤其宣誓反对诋毁国家、印度教信仰和印度文化道德的活动。该机构目前的网站上宣称，该组织在 1992 年 12 月之后加强了各类活动，当时巴布里清真寺被拆除，世界印度教大会因此而被禁止，尽管只是短暂的。此外，还宣称（以一种相当威胁的语气），该机构的成员现在"无论如何都没有心情对国家安全、佛法和社会问题妥协"。[2] 它还列出了印度青年民兵继续强烈支持的问题，包括：宗教场所的翻新、奶牛保护、预防"低俗"媒体节目以及诸如选美比赛和情人节派对等颓废事件，防止"亵渎"印度教传统、习俗和信仰以及反对非法移民。[3] 一个更具煽动性的例子是其在新德里的贾瓦哈拉尔·尼赫鲁大学校园门口举行的抗议活动，此次抗议活动针对的是 2016 年初在那里举行的据称是煽动性集会。世界印度教大会还成立了一个年轻女性的分支机构——杜戈尔瓦希尼（Durga Vahini），采用与全男性的印度青年民兵一样的年龄结构，从 15～35 岁的人中招募人员，其

---

[1]　印度青年民兵对世界印度教大会影响的研究，参见：Manjari Katju, "The Bajrang Dal and Durga Vahini", in Jaffrelot（ed.）, *The Sangh Parivar*, ch. 14。也可参阅：Katju's book on the VHP, *Vishwa Hindu Parishad and Indian Politics*（Hyderabad：Orient Longman, 2003）。

[2]　消息来自世界印度教大会的"青年民兵"板块，http：//vhp. org/vhp - glance/youth/dim1 - bajrang - dal/（accessed 16 November 2017）。

[3]　关于列出的这些问题，参见世界印度教大会网站的"青年"板块，http：//vhp. org/vhp - glance/youth/（accessed 21 May 2016）。

组织模式和活动目标也与其母体组织几乎相同。[1] 它成立于 1991 年，是由同盟家族中一个煽动者萨德维·瑞萨姆巴拉（Sadhvi Rithambara）建立的。与印度青年民兵一样，它的每周会议为其成员提供讨论当前问题的机会，将 RSS 的民族主义叙事带给外面的人和新的成员。并且以一种重视自卫和枪械训练的方式开展演练。同时，它还为弱势群体管理一系列教育和卫生服务项目。与印度青年民兵一样，杜戈尔瓦希尼提供这些服务活动的一个主要原因是努力阻止将社会上弱势的印度教教徒转变为其他宗教教徒。

自 1925 年成立以来，RSS 已经将大学生作为主要的支持基础之一，并且在 1948 年至 1949 年的禁令期间，严重依赖大学生志愿者以课外活动为幌子而继续开展工作。这些会议成为创建独立学生团体的推动力，反映了 RSS 印度教特性的意识形态。1948 年 7 月，一群学生积极分子成立了学联，并于 1949 年注册。[2] 学联与其他学生机构的不同之处在于，它从大学生社区的所有部门（包括教职员工）中招募。同时，还声称学联独立于任何政治分支机构。虽然这在技术上可能是正确的，但学联在政治运动期间积极为印度人民党工作，并派代表参与到 RSS 的国家政治协商机构（ABPS）中。[3] 政治协商机构最初对学生参与政治犹豫不决，但从 20 世纪 70 年代开始，当该组织出来支持贾

---

① 相同的网站上有一个"杜戈尔希尼"的板块，http：//vhp. org/vhp - glance/youth/durga - vahini/。

② 请参阅我们关于大学生在早期 RSS 传播中的重要性的讨论，Andersen and Damle, *The Brotherhood in Saffron*, pp. 117 - 128。

③ 2015 年 7 月 28 日，在采访全印学生会（ABVP）组织秘书苏尼尔·阿姆贝克（Sunil Ambekar）时，他在德里告诉我们，全印学生会在 2014 年议会选举之前组织了大学校园的选民登记活动。出于同样的原因，印度人民党政客支持全印学生会候选人参加学生会选举。

亚普拉卡什·纳拉扬的全国反腐败运动时，这种情况迅速发生了改变。[①] 这种具有政治色彩的自信受到 RSS 几位高级人物的质疑，这与同盟家族的精神背道而驰。当时，一位 RSS 的偶像领导人艾科纳斯·雷纳德（Eknath Ranade）认为，学联不应该通过玩政治来弱化其教育重点。[②] 但是，这一建议并没有被重视。学联的崛起和不断上升的激进主义使它经常与左派学生团体发生冲突，就像 2016 年初发生在尼赫鲁大学的情况一样，采取了夸张的言论反对校园内三个涉嫌反民族主义的共产主义学生团体。正如雷纳德指出的那样，无论如何，这种激进主义导致的紧张局势与 RSS 所强调的社会和谐正好相反。为了回应这种困境，学联在网站上称，"我们'高于学生政治'，但我们也承认，严格意义上的社会活动不能是非政治性的"[③]。翻译过来，这句话基本上说，学联仅在印度民族主义运动需要之时，涉足政治。

学联学生的能动性是培养学生政治倾向的基础。毫不奇怪，他们在印度混乱的学生政治世界中所接受的培训，往往可以帮助他们具备政治职业生涯所必需的组织、分析和语言能力。学联的校友在整个印度人民党中都具有代表性，莫迪政府中最重要和最有能力的几位成员都是通过学联进入政界的，其中包括财政部部长阿伦·贾伊特利（Arun Jaitley）、法律和司法部部长拉维·尚卡·普拉萨德（Ravi Shankar Prasad）、公路运输和高速公路部部

---

① 请参阅有关全印学术会（ABVP）与贾亚普拉卡什·纳拉扬的反腐运动关联的讨论，Jaffrelot, *The Hindu Nationalist Movement in India*, ch. 7. 也可参阅：Andersen and Damle, *The Brotherhood in Saffron*, pp. 120 – 122。

② 雷纳德在 1974 年全印学生会 25 周年纪念会的主题演讲中发表了这一建议。

③ 来自全印学生会网站的"历史"板块。

长尼汀·加德卡里（Nitin Gadkari）、副总统文卡亚·奈杜（Venkaiah Naidu）以及几位第二级别的部长。印度人民党邦政府中也有类似来自学联的重要代表。印度人民党的几位秘书长包括凯拉什·维亚瓦吉亚（Kailash Vijayvargiya）、布潘德·亚达夫（Bhupender Yadav）和穆利德哈·拉奥（Murlidhar Rao），也是出自学联。学联已经成为印度最大的学生团体，随着近期印度人民党的扩张，其成员数量也迅速上升。2003～2013年期间，其成员人数从110万上升到220万，每年增加约10万名会员。2014年，印度人民党控制了中央邦和其他几个邦，成员数量也以有史以来的最快速度增长，导致18个月内增加了数百万会员，2016年会员总数已达到320万。①

　　RSS对于塑造初级和中级教育具有更大的兴趣。尤其是在独立之后的前几年，这是一项尤为紧迫的优先事项，得益于在大部分城市和中产阶级集中的地方的RSS对教育的需求不断上升，同时同盟家族也坚信国家的价值观无法在公立学校以及私立的基督教学校的课程中得到充分体现。1946年，高瓦克奠定了马图拉寺庙（Gita Mandir）的基石，马图拉寺庙是哈里亚纳邦古鲁格舍德拉（Kurukshetra）的第一所附属小学。② 在此之后，北方邦的一个专职干部纳纳吉·德斯穆克（Nanaji Deshmukh）在戈勒克布尔（Gorakhpur）建立了斯拉斯瓦蒂寺庙（Saraswati Shishu Mandir），它为北方邦的类似学校提供了一个范

---

① Smriti Kak Ramachandran, "The Rise of ABVP and Why It Attracts the Youth", *Hindustan Times*, 9 March 2017, http：//www. hindustantimes. com/india-news/the-rise-of-abvp-and-why-it-attracts-the-youth/story-EINVYG4o 21aDovqD3f6IcK. html（accessed 17 November 2017）.

② 关于这一附属学校（Vidya Bharati Akhil Bharatiya Shiksha Sansthan）的良好背景，参见：http：//svmmunger. org/about－vidya－bharti/（accessed 12 May 2016）。

例。该校的学术网络发展得非常快，以至于 RSS 建立了一个机构以协调其发展。在禁令发布后的十年中，当 RSS 仍然在充满疑云的情况下运作时，这些学校提供了另一种方式来传播 RSS 的民族团结以及泛印度教的信息。这些学校的教师经常将民族主义叙事纳入国家规定的社会科学和历史书本中，因为这些书被一些 RSS 机构所控制，被认为缺乏对该国独特文明的尊重。① 学校还庆祝印度教节日，他们的设施通常装饰有典型的印度教宗教符号。给我们的印象是，这些学校如纱卡（支部），在促进参与者之间的共同团结方面发挥着重要作用，我们知道这是一个重要的目标。② 这些学校在北方邦之外迅速扩散，导致 1977 年成立了国家协调机构（Vidya Bharati Akhil Bharatiya Shiksha Sansthan，或简称 Vidya Bharati），该机构目前在网站上声称，其主要目标是"建立一个国家教育体系，以有助于培养一代年轻人并致力于印度教特性与灌输爱国热情"③。其他目标还包括"建设一个和谐、繁荣与文化丰富的国家"，以及"为居住在村庄、森林、洞穴和贫民窟的那些兄弟姐妹提供服务，他们被剥削的一无所有，因此要把他们从邪恶的社会和不公正的束缚中解放出来"。维迪亚·巴拉蒂描述了在这些学校所教授的"印度民族精神"，将重点放在"完整的生活方式"上，课程的其他方面包括"在各种生活方式中认识神"以及将"物

① 有关 RSS 附属学校教育经验的讨论，参见：Christophe Jaffrelot, "Educating the Children of Hindu Rashtra", in Jaffrelot (ed.), *The Sangh Parivar*, ch. 8。

② 在过去的 20 年里，我们访问了不同邦的几所这样的学校，每所学校的教育都非常相似。

③ 这些在维迪亚·巴拉蒂网站的"哲学、目的和目标"一节中有所说明，http://vidyabharti.net/EN/AimAndObjective and http://vidyabharti.net/EN/Philosophy（accessed 12 July 2018）。

质主义和精神主义融合"。① 这些目标几乎与其他分支机构甚至 RSS 本身的目标相同，可以预见，他们的最终目标是社会和谐和印度教的统一。

根据收集到的 2012～2013 年的统计数据，这些附属的小学和高中分别为 5241 所和 2635 所，在 2012～2013 学年共招收了 300 多万名学生，目前是印度最大的私立学校系统。维迪亚·巴拉蒂现在还包括大学和教师培训学校（全国约 44 所），还有他们所称的"非正式教育"单位（9806 所）。② 从某种意义上说，这个附属于 RSS 的学校系统已经扭转了局势，将关注点转向同盟家族曾经关注的基督教教会学校的印度教教育，因为目前它已经招募了相当多的穆斯林和基督徒。根据最近的一份报告，估计大约有 47000 名穆斯林学生就读于这样的 RSS 附属学校。③

除了这些学校，另一个分支机构 ABVKA 还有一个重要的教育计划，涵盖了印度各地宾馆、图书馆和体育院校等的 1.1 亿部落民众。自 20 世纪 50 年代以来，RSS 一直将部落扩张作为泛印度教议程的重要组成部分。1952 年 12 月，在当地统治者的支持下，恰蒂斯加尔邦（Chhattisgarh）部落地区巴斯塔尔（Bastar）的贾什普尔（Jashpur）小镇发起了倡议，这些倡议的主要动机是反对基督教传教士的活动，他们将部落民众作为潜在的皈依者，优先于农村和城市的印度人。④ 根据 2015～2016

---

① 参见：http://vidyabharti.net/EN/AimAndObjective and http://vidyabharti.net/EN/Philosophy（accessed 12 July 2018）.

② 报告中的"统计：正规教育"来自维迪亚·巴拉蒂网站。

③ 参见印地语报告，http://www.amarujala.com/tags/muslim - children - studying - in - rss - schools（accessed 4 June 2016）。

④ Laxmanrao Joshi, *Vanayogi*（Nagpur：Nachiketa Prakashan, 2013, in Marathi）.

年度的报告，ABVKA 有 4460 所学校，主要是单身教师创立的，拥有 125415 名学生。① 报告还指出，该组织有 820 名全职男性工作者和 650 名兼职男性工作者，但目前尚不清楚其中有多少是 RSS 的专职干部。同时，报告还指出共有 192 名全职和 416 名兼职的女性工作者。与其他分支机构一样，ABVKA 与印度人民党邦政府和中央政府之间建立了密切的合作关系。例如，古吉拉特邦的部落发展部长出席了该邦于 2016 年 5 月 8 日 ABVKA 的"愿景声明"的发布，该声明呼吁增加政府对部落的援助，以减少改变信仰事件的发生。玛格布海·帕特尔（Mangubhai Patel）部长告诉发布会参加者，他的政府正在回应这些关切，并补充说政府为减少部落贫困所做的努力已经阻止了基督教传教会的工作。他最后指出，"我们领导了一场革命，今天我们可以肯定地说，由于政府的干预，改变信仰已经停止"。②

与许多 RSS 的分支机构一样，ABVKA 已经公开反对它认为不符合其利益目标的公共政策，甚至因为这些"反人民"的政策而批评莫迪政府。例如，ABVKA（以及 RSS 的劳工和农民分支机构）反对莫迪政府在 2015 年议会会议期间为了刺激投资并创造就业机会而推出的土地收购法案，这是印度人

---

① 数据取自 ABVKA 的年度报告（2015～2016 年）。除了教育活动外，报告还指出，ABVKA 还经营着为 100 多万名患者提供服务的医疗中心、2398 个体育中心、5018 个祈祷中心和 200 多个旅馆，约有 7500 名居民。

② 关于部长报告的评论，参见：Mohua Chatterjee，"Bharatiya Mazdoor Sangh Turns Down RSS's Persuasion; Plans Holding Strikes against Modi Government's Policies"，*The Economic Times*，20 May 2015，http：//economictimes. indiatimes. com/news/politics – and – nation/Bharatiya – Mazdoor – Sangh – turns – down – RSS – persuasion – plans – holding – strikes – against – Modi – governments – policies/articleshow/47352920. cms（accessed 13 May 2016）。

民党的主要目标之一。据报道，ABVKA 强烈反对诸如在政府夺取某一特定财产之前降低需要批准的土地所有者比例的规定。①

建立劳工工会的最初动机是反对共产主义在印度劳动者中的影响力以及他们的阶级斗争意识形态。20 世纪 40 年代后期，高瓦克让一名具有工会工作经验的专职干部达特奥潘特·唐格迪（Dattopant Thengadi）起草了一份民族主义工会的可行性计划。② 劳工工会随后于 1955 年 7 月成立，在网站上指出"其根基是民族主义"，并且它与政党分开，这在印度工会中是独一无二的。③ 它对过去两届印度人民党领导的政府支持 20 世纪 90 年代初的市场化改革提出了强烈批评，突出了这种独立性。唐格迪公开表示瓦杰帕伊的财政部部长是"罪犯"，他的政策是"反国家"的。④ 他甚至一度将同为专职干部的瓦杰帕伊

① 关于某些 RSS 附属机构（包括 ABVKA）反对莫迪政府拟议的土地收购法案的报告，参见：Press Trust of India, "RSS Affiliates Oppose Changes in Land Bill", *Deccan Herald*, 22 June 2015, https://www.deccanherald.com/content/485049/rss – affiliates – oppose – land – bill. html（accessed 26 April 2018）。我们被告知，在帕里瓦尔缺乏内部共识是莫迪政府决定将这项提案外包给各邦的主要原因之一，一些邦通过立法降低了这些需要的百分比。2016 年 12 月 6 日在华盛顿特区采访印度人民党总书记拉姆·马达夫（Ram Madhav）。

② 关于建立印度劳工工会的讨论，参见：Andersen and Damle, *The Brotherhood in Saffron*, pp. 129 – 133. 也可参阅：克里斯托弗·贾弗雷罗（Christophe Jaffrelot）在他的《印度劳工工会的意识形态和策略》中对印度劳工工会的研究。

③ 来自印度劳工工会网站，http://bms. org. in/pages/BMSATGlance. aspx（accessed 20 May 2016）。

④ Neena Vyas, "Swadeshi Gives Way to the Reforms Juggernaut", *The Hindu*, 27 May 2001, http://www. thehindu. com/2001/05/27/stories/05271344. htm（accessed 3 June 2016）。

描述为一个"落入具有可疑资质的政策顾问手中的小政治家"。① 劳工工会同样批评莫迪政府对改革的支持，这些改革将为企业雇用和解雇工人提供更大的权力。因此，同盟家族所面临的阶级困境集中体现在快速增长的城市中产阶级基础所支持的经济自由主义与城市工人阶级和农村劳动者所倡导的劳动者权利之间的紧张关系，这种紧张反映在莫迪进一步改革的谨慎态度之中。

劳工工会提出了一种自给自足（swadeshi）模式，该模式对私营企业、资本主义、外国直接投资和贸易全球化持谨慎态度，所有这些都是莫迪经济发展议程的核心。这种社会主义模式设想工人管理自己的工作单位（称为"工业的劳动化"），并在他们之间分享利润。劳工工会的网站阐述了一项新的产业政策，设想"以服务动机取代利润动机，建立经济民主，实现财富的公平分配"。② 劳工工会强烈反对公共部门企业的私有化，这一过程在拉奥政府期间开始大规模进行，并在瓦杰帕伊政府时期继续着这一热情。然而，与后者相反，莫迪没有建立一个监督私有化的内阁职位。同样，劳工工会也反对贸易全球化，认为拉奥政府放宽关税税率的政策将威胁印度工业，从而导致广泛的失业。2013 年，当时的劳工工会主席萨吉·纳拉亚南（C. K. Saji Narayanan）在给曼莫汉·辛格总理的一封信中，反对与欧盟达成自由贸易协定，理由是与发达国家

① United News of India, "RSS Ideologue Blasts Vajpayee; PM Is Petty Says Dattopant Thengadi", *Rediff*, 16 February 1999, http: //www. rediff. com/ news/1999/feb/16bjp. htm（accessed 3 June 2016）. 媒体报道表明, RSS 利用印度劳工工会在多个场合对瓦杰帕伊政府施压。

② "新工业政策"的目标可以在印度劳工工会网站上找到, http: // bms. org. in/pages/BMSATGlance. aspx（accessed 11 September 2017）。

的自由贸易协定将阻碍印度工业的发展，破坏国家自给自足的经济目标。①

　　虽然劳工工会声称它的方法和哲学与其他工会的方法和哲学不同（例如它反对阶级斗争的概念），但分支机构实际上与它们非常相似（就其策略而言，反对市场改革和私有化以及支持经济自给自足）。虽然 RSS 的学生分支机构包含了学术界的所有成员并声称他们代表集体发言，但劳工工会与其他工会一样，不允许管理人员或私人或公共管理人员加入其行列。同时，与其他工会一样，它在动员或代表所谓的无组织部门方面的记录很差，其中包括绝大多数印度劳动力。关于其工人阶级成员福祉的务实问题实际上独占了劳工工会议程，宗教和共同的印度教意识等文明问题的重要性就相应地被弱化了。莫迪总理为了履行其创造就业机会的竞选承诺而致力于经济增长，似乎认为私营企业（政府干预少）是经济增长的主要动力。为此，劳工工会公开（而且是经常）批评莫迪政府。然而，劳工工会经常会见政府部长和部门秘书，讨论这些具有争议性的问题，包括拟议的土地征收法案。② 这符合 RSS 的总体合作理念，

---

① 印度劳工工会主席纳拉亚南（C. K. Saji Narayanan）致曼莫汉·辛格总理的信，参见印度劳工工会网站，http：//bms. org. in/Encyc/2013/9/23/BMS－Letter－to－PM. aspx（accessed 11 September 2017）。

② 有关土地征用法案的会议信息来自四次访谈。第一次是 2015 年 7 月 16 日在新德里与两位印度劳工工会官员，Krishna Chandra Mishra（组织秘书）和 Devender Kumar Pandey（总书记）；第二次是 2015 年 7 月 17 日与 Prabhakar Kelkar（BKS 副总裁）和 Ganesh Kulkarni（BKS 助理组织秘书）在新德里；第三次是 2015 年 7 月 28 日在孟买与 Bajrang Gupta（前 RSS 地区宣教士，劳工工会、农民协会和经济分支机构顾问）；第四次是与 Ashwani Mahajan（经济学教授兼 SJM 秘书长）于 2018 年 1 月 13 日在新德里。他们都报告说，他们在印度人民党执政和非执政期间会 （转下页注）

因为同盟家族鼓励家族中的各个分部讨论分歧，并偶尔调解这些讨论以达成妥协。①

最初劳工工会的发展很慢，直到 1967 年才举行了第一次全国会议，并选出了第一位全国领导人。遵循所有 RSS 分支机构使用的组织模式（sangathan mantri），作为创始人的专职干部唐格迪被任命为总书记，其他专职干部也被任命了关键的职位。之后，该工会迅速发展，成员人数从 1967 年登记的约 24 万增加到 1984 年的 120 万。截至 1996 年，它已成为全国最大的劳工工会，拥有超过 310 万会员，并且在 2010 年继续发展，达到 1100 万。② 劳工工会和印度人民党的快速发展给 RSS 带来了两难困境，因为它需要保持各分支机构之间的和谐。印度人民党吸引了一个汹涌上升的城市中产阶级，越来越多的特权消费主义超越了 RSS 简朴的传统，这引发了低端中产阶级和穷人的不满。③ RSS 的经济部门（SJM）——知识分子反对外国经济在印度的渗透，在 20 世纪 90

（接上页注②）见过政府官员。在之前的行政管理下，他们只会见内阁部长，并且几乎没有后续行动，因此，对抗往往会爆发。然而，在莫迪政府的领导下，他们会见了部长和部门秘书，并且发现这是一种更好的讨论形式。具体而言，在土地法案上，他们举行了六次会议。结果，他们将法案的问题从 11 个问题缩小到只有两个：一个是与政府对流离失所者的补偿有关，另一个与农民和农场工人必须同意出售的百分比有关。

① 在2016 年外国直接投资规则发生重大变化（允许 100% 外国投资用于国防生产和电子商务）之后，三位内阁部长和劳工工会各代表对报告进行了讨论。参见：Rahul Shrivastava, "Top Ministers at RSS Mediation Session for New Foreign Investment（FDI）Rules", NDTV, 26 July 2016, www. ndtv. com/india – news/top – ministers – at – rss – mediation – session – for – new – foreign – invesment – fdi – rules – 1436505（accessed 26 July 2016）。

② 数据来自印度劳工工会网站上的"组织发展"部分。

③ 请参阅同盟家族内部这种阶级困境的分析，Thomas Blom Hansen, "The Ethics of Hindutva", in Jaffrelot（ed.）, *The Sangh Parivar*, ch. 17。

年代中期强调了 RSS 中仍然有强大的经济民族主义暗流。经济部门的第一个活动是反对美国电力公司安然（Enron）进入马哈拉施特拉邦。它后来又扩大了其计划，致力于反对广泛的经济自由化努力。

RSS 还鼓励组建农民分支机构（Bharatiya Kisan Sangh, BKS）。同样，也是 RSS 最值得信赖的专职干部之一的唐格迪，在 1979 年奠定了该组织的基础。由于对和谐社会具有理论上的承诺，因此，该组织反对阶级斗争——这是几乎每一个分支机构的普遍立场。像劳工工会一样，农民分支机构参与抗议和罢工，有时甚至反对邦层面和国家层面的印度人民党。其原因包括诸如反对转基因作物，迫切要求一系列商品的最低支持价格以及反对莫迪政府的劳工和土地改革建议等问题。① 虽然它的网站声称它是全国最大的农民工会，② 但一些工人告诉我们，印度农村的深层社会分裂使那里的集体行动变得复杂。而且，据农民分支机构的报道，该组织接近莫迪政府的情况反映了这样一个事实，提出了六项国家土地条例修正案，后来作为议会立法提出。③

下面我们简单介绍一个在最近的加入者（在中小型企业中

---

① 在这些知识分子中，特许会计师兼财务记者古鲁姆提（S. Gurumurthy）撰写了大量关于贸易和外国对印度经济渗透的危险的文章。波卡勒（M. G. Bokare），曾经是国家计划委员会（已解散）成员、经济学家；巴吉朗·古普特（Bajrang Gupt）是德里大学经济学教授；巴格瓦蒂·沙玛（Bhagwati Sharma）是一位经济学教授，撰写了大量有关全球化和知识产权的文章。

② 了解农民分支机构的理念和目标，可参见该网站的"关于我们"板块，http：//en. bharatiyakisansangh. org/static/about. aspx（accessed 1 June 2016）。

③ Ibid.

运作）巴拉蒂（Laghu Udyog Bharati）来结束对分支机构的讨论。因为它证明了同盟家族不仅变得日益多样化，而且各分支机构之间的利益冲突也越来越突出。巴拉蒂成立于1994年，代表着拥有不同利益和目标的小企业家，往往与前面所分析的农民分支机构和劳工分支机构有着很大的不同。在其网站上，前两个目标与减少政府的作用有关，"解除监管统治……和简化注册程序"。① 它声称在印度的400个地区拥有1000名注册会员，并执行旨在帮助企业家驾驭印度官僚机构迷宫规则的计划，它还组织管理技能等课程。② 但是，与其他许多分支机构一样，它也参与公众抗议活动以保护其成员。它组织了一场针对中央邦的印度人民党政府的游说活动，因为它认为增加工业用地的维护费用是不公平的。③

自20世纪90年代初进行市场改革以来，印度经济的快速发展使印度社会变得比以往任何时候都更加复杂，这种复杂性反映在同盟家族内部分支的多样性上。分支机构的扩展，是为了让同盟家族延伸到传统上不是 RSS 支持者的各个选区。同时，将其触角伸向国家社团生活的各个领域，也是同盟家族实现其创始人"建立一个从克什米尔到卡尼亚古马里的印度教社会"愿景的一种方式。我们对各个分支机构的讨论，不仅重视了它们的快速发展，而且还包括它们之间不断扩大的政策分

---

① 请参阅巴拉蒂网站关于"成就"的板块，http：//lubindia. com/laghu - udyog - bharati/achievements（accessed 3 June 2016）。

② 请参阅巴拉蒂网站关于"家"的板块。

③ 参见巴拉蒂网站关于中央邦对印度人民党领导的邦政府的三年抗议活动报告，"Laghu Udyog Bharti to Intensify Stir against Harsh MSME Policies"，*Business Standard*，3 April 2016，http：//www. business - standard. com/article/current - affairs/ladhu - udyog = bharti - to - intensify - stir - against - harsh - msme - policies - 116040300531_ 1. html（accessed 23 May 2016）。

歧，以及 RSS 在调解这些分歧方面所面临的日益严峻的挑战。那格浦尔高级 RSS 领导人非常清楚这些挑战，告诉我们解决这一困境的一个方式可能是国家协调会议，可能有政府部长和高级官员出席，在可能的情况下达成共识，在不可能的时候将问题置于次要位置。例如，土地征用法案的分歧与来自同盟家族内部的反对有很大关系，指责来自印度人民党的政治竞争者。印度经济快速发展的另一个重要性是稳步摆脱了传统的社会价值观，其中许多是根植于印度教的宗教观点和实践。这种转变是显而易见的，特别是最近同盟家族的几位高级领导人表达了对同性恋更加中立的态度。还有另外一个例子是理想的印度教女性观念的变化，从半个世纪前由高瓦克对有爱心的母亲和忠诚的妻子的充满诗意的描述，到印度女性日益普遍的作为活动家和领导者的形象，例如当前两位非常有能力的女性内阁部长——国防部部长尼尔马拉·希塔拉曼（Nirmala Sitharaman）和外交部部长苏什玛·斯瓦拉杰（Sushma Swaraj）。

那么，在拥有如此广泛的竞争利益的情况下，究竟是什么让同盟家族保持不被瓦解？在我们看来，关键因素是组织模式（sangathan mantri）系统：6000 名训练有素的 RSS 专职干部，他们在 RSS 以及几乎所有分支机构中担任高级管理职位（组织秘书、总书记和联合总书记）。[①] 这些专职干部都经历了与全职志愿者（vistaraks）相同的培训和实习经历。他们的永久角色最初是由同盟家族专职干部事务负责人与高级地区（kshetra）和邦（prant）层级的专职干部协商后指定的。由于缺乏（至少表面上看）家庭义务、种姓承诺或物质资产，没有什么会干扰他们服

①　这些核心管理职位的印地语术语是 sangathan mantri（组织秘书）、karyavah（总书记）和 sah karyavah（联合总书记）。

务于 RSS 以及泛印度教统一的印度教特性目标，这使得他们在
同盟家族的领导角色中具有合法性。他们中的大多数人都受过良
好教育并持有大学学位，从而增加了在 RSS 系统中的合法性。
在逐步进入 RSS 的全职级别时，他们有望终身服务。而且我们
知道，做出这样承诺的人，他们的流失率会非常低。拥有所需的
专业和经验知识，可以在分支机构中长期服务，特别是那些解决
经济和劳工关切的分支机构。虽然受过 RSS 训练的专职干部继
续占据这些分支机构的最高职位，但他们不得不越来越多地由转
变为非专职干部的专家来处理技术问题以及与其他分支机构或政
府之间的协调。专职干部在各个分支机构的长期服务，使他们同
情他们所服务的组织利益。那些被分配到 RSS 的人，通常从地
方开始向更高的职位移动，也可能是另一个干部或去了另一个分
支机构。RSS 培训系统已经能够为"家族"牢固的组织框架准
备足够的工作人员，而这些受训人员虽然在很大程度上仍然来自
印度北部和西部的高种姓，但已经开始变得越来越多样化，包括
来源地、种姓，甚至还包括一些穆斯林。①

　　除了将"家族"工作的承担者联系在一起的意识形态之外，
还有一些结构性因素也有助于团结这些差异很大的派别。所有的
分支机构包括海外的分支机构都参加了 RSS 的年度大会——政
治协商会议，这是一个讨论重大问题的核心审议机构，讨论那些
被认为最紧迫的问题并进行决议。除此之外，还有一个协调会
议，它将各个分支机构的代表聚集在一起，讨论实质性的政策问
题。当印度人民党执政时，政府官员通常会加入这些讨论。"家
族"还出版刊物，有些仅限于特定的分支机构，有些则在邦和

---

① 　由于 RSS 不收集种姓数据，我们关于专职干部中日益多样化的代表性陈
　　述，是基于我们在研究期间咨询的数十个 RSS 志愿者的观点。

国家层面拥有更多的受众。此外，RSS 的核心领导层不断前进，参加由不同的同盟家族机构每年举行的数百次会议。RSS 的核心领导层利用这些机会来评估各层级的意见、关于各类问题的文件和人员选择（例如同盟家族对莫迪的看法，RSS 领导曾先于2014 年议会选举宣布支持他）。在分支机构内部与各分支机构之间仍然存在许多未解决的分歧，其中一些我们将在案例研究中进行讨论。但是到目前为止，没有哪个分支机构将自己与同盟家族分开，我们没有意识到过去所做努力的重要性。最后，更为重要的是，每个分支机构都是自主运作，RSS 通常仅在存在权力真空时（例如 2009 年议会后受损的印度人民党）或调解分支机构内部或相互之间的分歧时进行决断。即使是一个相对罕见的事件——同盟家族也是以协商一致的方式运作，以避免各种破坏性派系主义摧毁众多非 RSS 同行和竞争对手。

第三章 ／ 海外 RSS——统一印度教海外移民

2014 年 9 月 28 日下午，在曼哈顿市中心标志性的麦迪逊广场花园，大约 2 万名群众为纳伦德拉·莫迪发出了雷鸣般的欢呼声。这是莫迪在当年赢得印度大选就职之后，对美国进行的首次正式访问。参加者焦急地等待着新总理即将发表的演讲，舞台上挤满了印度音乐家和舞蹈者。在演讲者的台后，有一个巨大的屏幕记录了莫迪曲折的人生历程，从他父亲在瓦德纳加尔（Vadnagar）火车站的茶摊到新德里洛克·卡利安·玛格（Lok Kalyan Marg）7 号，讲述了这里有一位领导人，他来自人民并理解他们的愿望。同时，来自美国 RSS 的海外同行——印度教教徒志愿团（Hindu Swayamsevak Sangh, HSS）的志愿者将观众带入巨大的大厅。这次活动有一种竞选集会的无拘无束的氛围，从很多方面看都是这样。人们的到来是为了一位引人入胜的演说家的狂热民粹主义演讲，而且从各方面来看，他们都没有失望。①

---

① 请参阅莫迪 2014 年 9 月 28 日访问纽约时的一个很好的总结，Nikhil Kumar, "India's Modi Comes Full Circle at Madison Square Garden", *Time*, 28 September 2014, http://time.com/3442490/india-narendra- （转下页注）

莫迪总理在任职的最初几年里，曾在几十场同样庞大的海外集会上发表过讲话。除了这些演讲，他经常在紧张的外交日程之外，安排时间访问印度侨民的共同工作场所和海外印度移民的宗教圣地。①在他之前没有任何一位印度总理有如此的兴趣与海外印度人联系。这些演讲一致重申了两个主要目标：鼓励海外印度人共同努力以促进他们的社区利益，并努力利用他们的技能和资金来帮助印度的发展。在长期担任古吉拉特邦首席部长期间，他经常在海外鼓吹这些目标。2014 年印度人民党的宣言反映了这些中心主题，非印度居民（NRIs）、印度裔人士②和定居国外的专业人士是将国家利益和全球事务联系起来的巨大储备力量。这一

（接上页注①）modi-madison-square-garden/（accessed 15 November 2017）。总体协调由印第安美国社区基金会（一个专门为此次活动创建的小组）安排，与印度大使馆密切合作，并与印度教教徒志愿团和世界印度教大会进行非正式的合作。数以千计的无法获得门票的观众站在街头，在花园外或在时代广场的大屏幕上观看了大型活动。美国印度教教徒志愿团助理发言人维卡斯·戴斯潘德（Vikas Deshpande）告诉我们，超过 300 名志愿者用了三个多月时间组织了这次活动，其中包括从70000 多个申请中挑选受邀者。信息来源于 2017 年 11 月 21 日对戴斯潘德的电话采访。

① 即使在担任总理之前，莫迪的外国旅行记录也很丰富——甚至在 2001年担任古吉拉特邦首席部长之前。他于 1993 年访问美国，参加伊利诺伊州芝加哥和华盛顿特区举办的全球视野会议（会议庆祝了斯瓦米·维韦卡南达于 1893 年 9 月 11 日在世界宗教议会发表演讲一百周年）。莫迪在访问美国期间，与美国非常驻印度居民——RSS 成员建立了联系，这为他后来以总理身份访问打下了基础。1998 年，莫迪也被印度人民党派遣到美国，审查了当时正在经历严重内部斗争的印度人民党海外之友（OFBJP）的活动。莫迪当时是该党的总书记。维卡斯·戴斯潘德在陪同莫迪访问美国时告诉我们，莫迪问了一大堆关于美国政治、商业、社会和新闻的问题，了解了非常驻印第居民在美国抚养孩子以及适应美国生活的情况。信息来源于 2014 年 6 月 10 日在芝加哥对戴斯潘德进行的电话采访。

② 2015 年 1 月 9 日，印度政府将印度原住民签证与印度海外公民签证合并。

资源将用于提升印度品牌。① 在竞选为印度总理后，他继续向海外移民示好。例如，2014 年 10 月 9 日在印多尔举行的全球发展峰会上，他鼓励印度各邦政府确定各邦最有用的海外印裔人才，并鼓励使用他们的技能从事印度的基础设施建设。② 在 2015 年海外印裔代表大会（Pravasi Bharatiya Divas）上——为海外印度人对祖国的贡献授予荣誉的年度活动——莫迪呼吁海外移民为他们的共同遗产而感到自豪，并利用这种自豪感共同努力，使他们自己和整个印度都受益。③

　　在一些国家的海外移民（也许在美国最为突出），有为印度的国家利益而游说的丰富历史。也许最好的例子就是 2008 年美国的印裔族群在游说美国国会方面发挥了重要作用，目的是确保通过具有里程碑意义的美印核合作审批和防扩散加强法案。④ 尽管印度时任总理曼莫汉·辛格和美国总统乔治·W. 布什在当年发表了支持的联合声明，但这一项印美长期努力的立法自 2005 年提出以来就不断遭到激烈反对。该提案必须经历一

---

① 请参考：Kalyani Shankar，"Modi's Engagement with Diaspora Needs a Rethink"，*ABP Live*，17 November 2015，http：//www. abplive. in/blog/modis – engagement – with – diaspora – needs – a – rethink（accessed 26 June 2016）。

② 乌勒克哈（Ullekh N. P. ）这样写是为了努力动员海外印度人的才能，参见：*War Room*：*The People*，*Tactics and Technology behind Narendra Modi's Win*（New Delhi：The Lotus Collection/Roli Books，2015），pp. 133 – 134。

③ 2015 年莫迪关于海外印裔代表大会（Pravasi Bharatiya Divas）的演讲摘要，参见：印度 – 亚洲新闻社，"PM Narendra Modi at Pravasi Bharatiya Divas 2015 Says，'Diaspora's Strength Can Be Driving Force for India'"，India. com，9 January 2015，http：//www. india. com/news/india/pm – narendra – modi – at – pravasi – bharatiya – divas – 2015 – says – diasporas – strength – can – be – driving – force – for – india – 242732/（accessed 15 June 2016）。

④ 关于这一努力，参见：Ronak D. Desai，"Modi's NRI，NRI's Modi"，*The Indian Express*，2 December 2014，https：//indianexpress. com/article/opinion/columns/modis – nri – nris – modi/（accessed 12 July 2018）。

个复杂的过程，其中包括修改美国国内有关核问题的法律以及
得到核供应国集团（NSG）所有成员在美国参议院最终通过之
前的批准。让这一立法变得尤其困难的关键是拥有核大国地位
的印度并没有签署1970年"不扩散条约"。美国（以及其他地
方）的不扩散主义者认为该法案是一个危险的先例，可能严重
削弱全球核裁军结果。因此，经过漫长而艰难的战斗以通过这
项法案，标志着印裔美国族群作为一个团结的政治力量的成熟。
然而，美国的印度教教徒志愿团（HSS）——与其他国家印度
教教徒志愿团机构的非政治取向一致，并没有直接参与这一事
业，尽管个别成员确实提供了支持。这种中立性不会成为该组
织反复出现的主题。随后的两个事件很快引发了美国印度教
徒志愿团的政治化。第一个是2005年关于印度教在加州某些公
立学校教科书中的描绘方式引发了争议。第二个是一些美国族
群（主要是意识形态的"左"派）有组织地反对莫迪的首次访
美，他们声称他支持了偏执和反少数民族政策（我们将在下文
分析这两个事件）。

　　印度教教徒志愿团目前在政治上非常活跃。事实上，莫迪海
外集会的吸引力很大程度上归功于印度教教徒志愿团的激进分子
在其所在的30多个国家的努力。① 所有国家印度教教徒志愿团
在行政上和法律上都是相互独立的，但来自RSS本身，尽管印
度经常给他们指派一些全职的RSS专职干部。"印度人民党的海
外之友"（OFBJP）与印度教教徒志愿团紧密合作以组织支持莫
迪的集会，这是来自新德里的该党办公室的印度人民党行政部

---

① 用于海外分支机构的术语，印度教教徒志愿团（Hintu Swayamsevak
Sangh）与国民志愿服务团（Rashtriya Swayamsevak Sangh）的不同之处在
于，"Rashtriya"所指的组织是领土方面的印度。

门。现任"印度人民党的海外之友"的协调员是前非定居美国的印度人维杰·沙塔瓦威尔（Vijay Chauthaiwale），他说在策划这些集会时的首要任务是与当地印度教教徒志愿团的志愿者合作，以确定他所描述的"有才华、精力充沛、亲印度和无私的团队成员"。[①] 沙塔瓦威尔通过个人的努力，使得海外 RSS 的成员具有合法性，这些成员世代都出自 RSS 家族。他的父亲是一名 RSS 的激进分子，他的叔叔是一名专职干部，与高瓦克和德奥拉斯走得很近。他的妻子深度参与新德里的印度基金会（一个与莫迪政府关系密切的智库），而他的女儿则参加了一个分支机构。另一个拥有深厚的 RSS 根基和海外志愿精神的是维迪亚家族，曼莫汉·维迪亚是同盟家族的联合总书记，他的父亲维迪亚教授（M. G. Vaidya）是 RSS 的第一任联合总书记，他的兄弟蕾姆·维迪亚（Ram Vaidya）是一个专职干部，领导欧洲的印度教教徒志愿团。这个不断壮大的 RSS 家族网络与同盟家族彼此联系，正在大量招募 RSS 工作者和同盟家族激进分子。

拉克斯曼拉奥·拜德（Laxmanrao Bhide）是国外第一个专职干部。在 20 世纪 50 年代初，他被派往尼泊尔。在此之后，他于 1957 年被派往肯尼亚，并于 20 世纪 60 年代中期被派往英国并担任专职干部。在那里，他建立了纱卡并指导了当时的印度志愿团（Bharatiya Swayamsevak Sangh，BSS）的活动。在紧急情况期间，他在国外组织了志愿者，在印度国际友人协会（FISI）领导下为印度的民主而斗争。他前往美国、加拿大、英国和毛里求斯等大量印度人居住的国家旅游。后来，他制作了同盟家族国外

---

① 维杰·沙塔瓦威尔在 2014 年议会选举后不久被任命为印度人民党海外之友的协调员。2014 年 3 月 27 日在新德里人民党总部的一次对话中，向我们描述了他在这些海外集会中的作用。沙塔瓦威尔是一名 RSS 成员，在回印度之前，他与家人一起参加了美国印度教教徒志愿团。

组织指南 (vishva samyojak)。

RSS 对海外印度社区的兴趣源于泛印度教统一的首要目标。第一批海外纱卡于 1947 年由来自印度的移民志愿者在肯尼亚和缅甸建立,他们也是该组织向海外进一步扩散的催化剂。[①] 早在 1953 年,高瓦克在一个关于专职干部的讲座中,就将 RSS 对海外印度教教徒的兴趣置于哲学背景之中,并称 RSS 具有"世界使命",以单一家族的方式在世界宣传印度教概念。[②] 使用本尼迪克特·安德森 (Benedict Anderson) 的话来说,[③] 这种"远程民族主义",旨在动员一个统一的印度教族群来支持国内的事业,其主要重点是财政和志愿者支持的由同盟家族在印度和其他各地运作的许多服务项目。除了安德森的假设,它有助于缓解印裔所怀有的放弃祖国的罪恶感,我们的研究提出了这种"远程民族主义"的几个激励因素,包括:RSS 的民族主义预言;怀旧和思乡;确认留在印度的家庭成员。对于许多人来说,这是与印度族群中的其他成员进行社会互动的理由。这样,提供了通过致力于社区活动来增强一个人的社会地位的机会。

这些帮助祖国的努力可以采取多种形式,例如,海外捐助者提供的对自然灾害受害者的物质援助。包括:1978 年的安德拉

---

① 关于 RSS 早期在非洲工作的报道,参见:A. E. Purushothama Rao, *Inception and Expansion of Sangh in Kenya* (Nairobi:ND)。另可参见:Jagdish Chandra Sharda Shastri, *Memoirs of a Global Hindu* (New Delhi:Vishwa Niketan, 2008), pp. 23 – 37。

② 这个演讲是高瓦克的著作和讲座的一部分,是高瓦克《思想集》的第一章,题为"世界使命"。参见:Vikram Prakashan, Bangalore, 1996, pp. 5 – 10。

③ Benedict Anderson, "The New World Disorder", *New Left Review*, May/June 1992, No. 193, pp. 4 – 11。

飓风①，2001 年 1 月古吉拉特邦地震，2004 年 12 月发生在印度东南沿海地区的海啸以及 2015 年喜马拉雅山麓的洪水等。同时，他们还可以给予政治方面的帮助，例如为莫迪总理在海外旅行期间（截至 2017 年底，大约 70 次）安排演讲，组织如前所述的大规模集会（和融资）。一些活动甚至延伸到直接煽动了印度人民党的野心。例如，几十名印度的海外专业人士返回印度，为 2013~2014 年莫迪的议会选举提供 IT 方面的专业知识。乌勒克哈（Ullekh N. P.）在他关于该活动机制的精彩研究中，有一章专门分析了海外印度社区的具体而实质性的贡献。② 他提到的几位印度裔美国专业人士之一是阿米特巴·夏尔马（Amitabh Sharma）——首席执行官和阿斯特里克公司（Asterix Solutions）的创始人——他在他的家乡北方邦利用各种媒体平台宣传莫迪的基础设施和技能型教育模式，承诺此举将远超传统的社会福利措施并将大大提高他们的生活水平，以此来吸引低级选民（特别是达利特人和穆斯林）。③ 另一个这样的例子是印裔知识分子论坛的创始人纳拉恩·卡塔里亚（Narain Kataria），他动员了各个印裔美国人社群来支持莫迪，这些社群

---

① 这次飓风救援工作是美国 RSS 成员直接参与印度救援工作的第一例，包括整个村庄的恢复。这项工作是由印度救济基金组织的，该基金是在美国世界印度教大会的支持下成立的，后来改名为印度救济和发展基金，尽管它的活跃程度远低于过去。塞瓦（Sewa）国际承担了许多服务活动，为救灾活动提供了更大的空间。

② 参见：Ullekh, *War Room*, ch. 7, "Diaspora Power". 此外，2013 年 9 月我们从马赫时·玛塔（Mahesh Mehta）举行的纪念维韦卡南达（Swami Vivekananda）诞辰 125 周年纪念日的仪式上获悉，来自印度教徒志愿团和美国其他亲印度教徒团体约 1200 人自愿参加了 2014 年的议会活动。他说，那些不能去印度的人被要求联系非印度人民党统治的邦的人们——显然有大约 2000 万人明显联系过。

③ Ibid., pp. 127 – 131.

同时又在印度生活的朋友和亲戚中为印度人民党游说。

　　在海外群体中，除了邻国尼泊尔之外，有三个讲英语的国家最受 RSS 激励：美国、英国和澳大利亚（尽管全世界范围内至少有 39 个国家都有关于此类组织的报告）。① 所有这些海外组织的基本单位都被称为纱卡，但实际运作方式则依据当地情况而有所不同。尼泊尔是印度以外拥有最多纱卡数量的国家，美国以 172 个（2016 年）排名第二，据报道这一数字正在快速增长。② 印度裔美国人社群总人口超过 300 万，是印度海外移民中规模最大和最富有的阶层。根据皮尤研究中心 2014 年对美国宗教的研究报告，印度教教徒只占总人口的 0.07%。③ 然而，他们在教育方面却是该国领先的族群，77% 的印度裔美国成年人拥有大学或研究生学位，④ 人均收入达 5 万美元或以上的占 70%。⑤ 美国印度

① 关于海外 RSS 增长的新闻分析，参见：Zeeshan Shaikh, "RSS Expands Overseas: Opens *Shakhas* in 39 Countries Including Middle East", India. com, 21 December 2015, http://www. india. com/news/india/rss – expands – overseas – opens – shakhas – in – 39 – countries – including – middle – east – 802587/（accessed 10 June 2016）。对 RSS 运作的国家数量没有达成共识，估计在 35~40 之间。RSS 前宣传负责人曼莫汉·维迪亚声称这个数字是 35。他在讨论中分析了 RSS 的增长，参见：*Understanding RSS*（*Rashtriya Swayamsevak Sangh*）（New Delhi: Vichar Vinimay Prakashan, 2015），pp. 37 – 42。

② 海外 RSS 的资料记载，参见：http://samvada. org/2011/news/widening – horizons – a – book – on – genesis – philosophy – methodology – progress – the – thrust – of – the – rss/（accessed 26 June 2016）。也可参见美国 HSS 网站，http://www. hssus. org（accessed 18 November 2017）。

③ 可以访问 2014 年皮尤人口研究的结果，http://www/pewforum. org/ religious – landscape – study/immigrant – status/（accessed 18 October 2017）。

④ http://www. pewforum. org/religious-landscape-study/educational-distribution/（accessed 13 June 2017）。居第二位的是犹太裔美国人，占 60%。

⑤ http://www. pewforum. org/religious-landscape-study/income-distribution/（accessed 3 July 2017）.

教社区相对信仰宗教，79% 的受访者表示宗教在他们的生活中"非常重要"或"有些重要"。① 对于 RSS 而言，这似乎是一个很有希望的招募地，尽管截至 2017 年美国印度教教徒志愿团纱卡的常规出席率仅在 5000～7000 之间（如果算上有人偶尔出席或参加印度教教徒志愿团计划或同盟家族支持的计划，那么这个数字会增加几倍）。② 尽管有全球协调者，但与所有 RSS 的分支机构一样，每个国家的印度教教徒志愿团都是自治的。③ 如同印度的 RSS，大多数国家的印度教教徒志愿团中都有一个被称为印度教妇联（Hindu Sevika Samiti）的女性分支机构（这个分支机构在美国、澳大利亚和新西兰不存在，纱卡是以家族为基础而组织的）。此外，美国的印度教教徒志愿团培训自己的男性（vistaraks）和女性兼职人员（vistarikas），并且在全职女性工作者和女性区域主管方面是独一无二的。④ 美国的印度教教徒志愿团在适当的纱卡组织中开设了为期一周的训练营，成功完成其中三个训练营的人可以参加 RSS 在印度的第二年训练计划，也可以参加在特立尼达和肯尼亚新建的第二年训练营，这两个国家都有大量的印度少数民族。完成第二年训

---

① http：//www. pewforum. org/religious-landscape-study/religious-tradition/hindu/（accessed 4 July 2017）.

② 2017 年 11 月 6 日在弗吉尼亚州费尔法克斯采访分配给美国东部的专职干部瓦卡特·拉格哈万（Venkat Raghavan）。

③ 截至 2016 年，全球协调员是来自新泽西的苏米塔拉·顾凯杰（Soumitra Gokhale），联合协调员是澳大利亚的拉维·库马尔（Ravi Kumar）、英国的拉姆·维迪亚（Ram Vaidya）和印度博帕尔的萨德南德·萨普勒（Sadanand Sapre）。2018 年，库马尔和萨普勒被拉杰德兰（Rajendran）和艾尼尔·瓦塔克（Anil Vartak）取代。

④ 自 20 世纪 90 年代中期以来，共有 32 个全职志愿者在美国印度教教徒志愿团工作。这些信息在 2014 年芝加哥的印度教教徒志愿团长期规划会议上公布。我们参加的本次会议的目标是制定下一个 25 年的目标。

练营的人可以参加位于那格浦尔的 RSS 总部的更长的第三年训练营。一位高级印度教教徒志愿团官员告诉我们，几位美国印度教教徒志愿团成员参加了这些计划。[①] 这些海外培训中心的预期增长将创建一个潜在的 RSS 工作者的储备基地，他们将被分配到世界的任何地方，以传播印度教特性的信息。

　　2016 年 7 月的一个晚上，我们参加了在华盛顿特区弗吉尼亚郊区的印度教教徒志愿团纱卡，以便与那些在印度的纱卡进行比较。我们的东道主是一名执业工程师，[②] 也是华盛顿地区纱卡的主管（karyavah），他的每周纱卡持续约一个半小时。他告诉我们，从印度移民后（在印度他是 RSS 的成员），他决定加入印度教教徒志愿团，因为他相信在他的孩子身上灌输适当的印度价值观是非常重要的。而且，他回应安德森的"远程民族主义"说，参加印度教教徒志愿团会激起印度移民的集体印度教自豪感。参加这个特殊纱卡的 50 多名各种身份的移民——男人和女人——几乎都是受过大学教育能讲流利英语的专业人士。他告诉我们，这晚的出席人数还不到平均水平的一半，因为很多参与者都在度假。他还说，过去几年常规参与者的数量翻了一番，部分反映了印裔美国人社区在华盛顿特区的增长，部分原因是越来越多的印裔美国人开始关注印度教教徒志愿团的活动。美国印度教教徒志愿团的管理分为五个区域，这些华盛顿特征的纱卡是东海岸地区的一部分。虽然每个纱卡都是一个自治单位，但由国家印度教教徒志愿团总书记与其他中央、地区和地方官员协商来选择当地

---

① 2017 年 11 月 6 日在弗吉尼亚州费尔法克斯采访瓦卡特·拉格哈万。

② 我们的主持人是罗希特·德什潘德（Rohit Deshpande），他在家里与华盛顿特区的几个同盟家族成员组织了一次会议。然后他带我们到附近一所高中的纱卡参观。

的纱卡领导人。每个地区还租用了住宿营地设施（通常持续一周），这些阵营对于培养对印度教教徒志愿团的忠诚度至关重要，而且有助于在新的志愿者和年轻人中培育印度教特性意识形态。①

有人告诉我们，美国的所有纱卡都是以家庭为导向的。我们注意到参加会议的大多数人都是以家人的身份来到这里。接待者告诉我们，他的纱卡模式对于那些在美国境内和在印度的人来说是很常见的。除此之外，在美国男性和女性都参加。如同在印度，纱卡开始时，参与者根据他们的年龄坐成一排。接着按如下方式进行：首先，藏红花色的旗（类似于印度纱卡使用的旗帜）被举起，人们向它敬礼；② 然后，吟诵印度教团结的开场祈祷，特别是基于宗教的多样性，提及吠陀印度教、佛教、耆那教和锡克教作为合法的礼拜形式；瑜伽，作为一项传统运动（surya namaskar）和健美操被成年人所沿袭，而孩子们则从事更有活力的运动包括传统的印度游戏，如可可（kho kho）。紧接着是博迪海克（bouddhik），这是一个涉及社会或政治问题的广泛讨论；最后，以梵语祷告结束，指的是"地球母亲"（Mother Earth）和人类，与印度的祈祷结束有所不同，后者指的是"印度母亲"（Bharat Mata）。一个十几岁的男孩吟诵了开场祷告，一个十几岁的女孩吟诵了闭幕祷告。在这次特别的会议上，博迪海克由一位访问美国的 RSS

---

① 2016 年 7 月 23 日，在弗吉尼亚州大瀑布市与华盛顿特区纱卡助理总书记巴努·古达（Bhanu Gouda）对话，了解美国印度教教徒志愿团组织的相关信息。
② 在美国的敬礼与在印度的纱卡不同。在美国，参与者在他们面前合起手，而在印度，参与者用右手掌心向下致敬。

专职干部①发表演讲（用梵语），展现了一个旨在将梵语作为口语推广的组织。② 出席会议的还有美国塞瓦国际（Sewa International）的当地代表，该公司在美国经营各种服务活动，主要由印度教教徒志愿团活动家管理。塞瓦国际在全球范围内经营着多个国家单位，自20世纪90年代以来，活动家（和志愿者）数量激增。这个美国国家部门成立于2002年，为美国的志愿者提供机会，以加强与印度和其他国家同盟家族的联系。这个特殊纱卡的塞瓦服务活动包括向低收入人群和食物银行（food banks）捐赠食物，以及举办由高中生带领的辅导班。2017年，美国的部门积极参与救援工作，例如在几次飓风席卷美国之后，提供医疗志愿者和其他医疗专家。

　　1970年，世界印度教大会成为第一个进入美国的RSS分支机构，距离其在印度成立仅六年。1965年美国移民法的变化，导致印度人（包括一些志愿者）大量迁移到美国，这为印度教大会从事其传统的"使命工作"提供了大量机会。一个前专职工作者马赫时·玛塔（Mahesh Mehta），建立了第一个世界印度教大会分会，专注于青年工作（bal vihar），为该集团未来扩展

---

① 纱卡发言人是帕德玛·库马尔（Padma Kumar），一个分配到美国分支机构的专职干部。他声称有35个学会（一个在华盛顿特区），还有在线梵语课程。RSS将该组织视为同盟家族的成员。纱卡秘书罗希特·德什潘德（Rohit Deshpande）告诉我们，这个纱卡是包括弗吉尼亚州、华盛顿特区和马里兰州的地区。他说在这个地区有八个纱卡，还有两个处于发展的早期阶段。据估计，2015年约有500人定期参加这些纱卡，约有2000人参加了六个节日，这些节日是全世界RSS节日的一部分。这个特别的纱卡庆祝了三个额外的节日：甘尼许节（Ganesh）、国际瑜伽日和排灯节（Diwali）。

② 有人告诉我们，大约一半的观众能够听懂演讲内容，大多数人能够凭感觉知道他在说什么。这位发言人说，用梵语讲话的目的是让人们认识到，梵语不是一种要绝迹的语言，可以在日常生活中使用。

到美国培养干部。① 最初，他与当时存在的少数印度教寺庙一起
工作，但他们在组织建设方面提供的实际帮助很少。意识到必须
建立自己的支持网络后，他组织了印度教青年联盟（Coalition of
Hindu Youth），鼓励年轻人积极在当地的寺庙工作。② 1984 年 7
月 4 日，世界印度教大会美国分支机构隆重成立，在麦迪逊广场
花园举行了大规模集会，宣布其旨在基于心灵的普世价值而积极
宣传印度教特性。③ 玛塔告诉我们，这次集会避免提及印度教民
族主义，因为在美国的世界印度教大会是一个纯粹的美国组
织。④ 不久之后，世界印度教大会变得更加活跃，开始着手扩大
一些项目，包括印度救济和发展基金与印度教学生委员会，支持
为印度的教育项目提供资金的儿童爱可·维德亚拉亚（Ekal
Vidyalaya）基金会。美国爱可·维德亚拉亚已发展成为印度的母
公司发展项目的一个主要资金来源，并声称 2016 年已经收到约
600 万美元的捐款。⑤ 2002 年，美国印度教大会召开了第一次印
度教寺庙会议，旨在促进美国 800 多座印度教寺庙之间的协
调。⑥ 八年后，举行了第一次印度教牧师会议，这是一个旨在促
使印度教教会组织在社会福利倡议中更加积极的会议（当然，

① 1984 年 9 月 10 日在芝加哥对马赫时·玛塔进行采访时，他提供了有关美
国世界印度教大会建立的信息。他当时是美国世界印度教大会的主席。
② 参见美国世界印度教大会的"印度教青年联盟"部分，http：//www. vhp -
america. org/activities/coalition - hindu - youth - chy（accessed 26 June 2016）。
③ 据报道，这次会议是海外印度教教徒最大的聚会。出席会议的是 RSS 总
书记赛沙德里（H. V. Seshadri），他强调了 RSS 对美国世界印度教大会活
动的重要性。
④ 信息由马赫时·玛塔于 1984 年 9 月 10 日在芝加哥接受采访时提供。
⑤ 数据来自美国爱可的年度报告，https：//www. ekal. org/annual - reports/
usa/ekal - usa - annual - report - 2016. pdf（accessed 22 November 2017）。
⑥ 信息来自美国的世界印度教大会网站，https：//www. vhpamerica. org/
milestones（accessed 20 November 2017）。

更加赞同世界印度教大会)。① 美国的世界印度教大会将"印度教教徒"定义为:

> 所有那些相信实践或尊重源自巴拉特的精神和宗教原则的人。因此印度教教徒包括耆那教徒、佛陀 [原文如此]、锡克教徒和达摩人,以及印度教精神中的许多不同教派。②

与 RSS 和其他同盟家族成员一样,世界印度教大会在区分作为一种文化概念的印度教和作为一种宗教的印度教时,总是面临着一种定义上的两难困境。美国世界印度教大会网站以下列方式进行区分:

> 印度教这个词是一个文明的 [原文如此] 术语,表述为印度教文化 (或 Sanskriti)。而达摩 (Dharma) 这个词仅仅包含宗教实践 [原文如此] 作为这种文化的一个子集。③

国内外的世界印度教大会公开宣称自己是一个印度教的宗教组织,与 RSS 和同盟家族完全不同,声称是对所有拥有信仰的人开放的文化组织。将印度教作为宗教特征的明确认定,可能已经证明了动员当地支持世界印度教大会及其许多项目的一

---

① 参见: https://www.vhpamerica.org/milestones (accessed 20 November 2017)。
② 参见美国的世界印度教大会网站,"谁是印度教教徒",http://www.vhp-america.org/aboutus/who-is-a-hindu (accessed 26 June 2016)。
③ Ibid.

种资产。

为了表彰海外世界印度教大会对印度的贡献，玛塔获得了海外印裔代表大会（Pravasi Bharatiya Divas）颁发的 2017 年感谢奖，该奖项于 2003 年设立，旨在推进海外印度人与祖国之间的联系。海外印度裔代表大会由印度人民党领导的瓦杰帕伊政府于 2003 年发起，作为由海外印度事务部主办的年度活动，并得到该国最高商业组织印度工商联合会（FICCI）和印度工业联合会（CII）的支持。① 2015 年初，在现任莫迪政府领导下举行了第一次集会。这是迄今为止规模最大的集会，吸引了来自 44 个国家的 4000 名代表参加，场地面积超过 100 万平方英尺。② 在这些海外印度裔代表大会秘密会议中，最重要的成果是印度移民政策的变化。印度政府考虑到宪法禁止双重国籍，于 2005 年通过立法创立了印度海外公民（OCI）类别，提供多次入境和终身签证，给予印度海外公民一系列与印度公民相似的特权。③

美国的世界印度教大会和印度教教徒志愿团已与美国的其他印度教组织合作，以处理有争议的问题，这种策略的形成使二者成为印度的同盟家族政治化轨道的写照。我们分析了两个美国的典型例子来证明这一趋势。第一个涉及加利福尼亚州的公立学校

---

① 关于海外印度裔代表大会的使命，参见：Priya Prakashan，"Pravasi Bharatiya Divas 2015：All You Need to Know about 13th Pravasi Bharatiya Divas（PBD）"，India. com，7 January 2015，http：//www. india. com/news/india/pravasi – bharatiya – divas – 2015 – all – you – need – to – know – about – 13th – pravasi – bharatiya – divas – pbd – 241048/（accessed 15 June 2015）。

② Ibid.

③ 关于印度海外公民系统，参见：http：//www. theindianpanorama. news/india/pravasi – bharatiya – divas – format – change – 47594/（accessed 15 June 2016）。

历史教科书，据称该教科书以负面方式呈现印度教。第二个是对抗议莫迪总理访问美国的美国群体的反应，指责他应该对2002年古吉拉特邦的骚乱负责，据称他在成为总理之后弱化了思想的自由表达。

在教科书问题上，世界印度教大会和印度教教徒志愿团以及其他几个国家的印度教团体，已经要求他们考虑在公立学校教科书中尊重对印度教的描述。在某些情况下，这涉及学校教科书中添加印度教的描述，而以前没有（如英国和肯尼亚）；在其他方面，他们认为对印度教的偏见和不明确的描述（正如加利福尼亚州的情况）是适度的。20世纪90年代中期，英国的世界印度教大会代表参加了一个国家委员会，该委员会的任务是编写内容，作为在公立学校教授印度教的指南。[①] 同样，肯尼亚政府接受了肯尼亚印度教理事会提出的印度教提法，该理事会是该国150多个印度教团体的联盟组织。[②] 然而，这些努力并没有涉及对印度教实际描绘的任何争议，这是加利福尼亚州教科书问题的特征。

加利福尼亚州的教科书争议问题是由于对国家公立学校课程的审查而引发的，这些课程与非基督教宗教的描绘有关。这个问题很快升级为关于如何在大众意识中描绘印度教的辩论。一方面是南亚人类历史联盟（SAHFA）—— 一个声称代表穆斯林、锡克教徒和达利特人的利益的各种族和宗教团体的联盟，以及一些印度学家。他们认为由几个印度教团体提出的对课程的修订建议，包括印度教教育基金会（HEF）、吠陀基金会（VF）、美国印度教基金会（HAF），以及一些美国学者，提供了一个不准确

---

①　Katju，p. 156.
②　消息来源于拉奥（Rao），*Inception and Expansion of Sangh in Kenya*，p. 18。

以及与历史无关的印度教描述。① 后一组修正主义者认为，教科书
中的现有语言是冒犯印度教教徒的，并且违反了加利福尼亚州的规
定，即公立学校不能嘲笑任何宗教。他们进一步声称，现有的学校
文本以负面的方式描绘印度教，破坏了印度教学生对自己和文化的
自豪感。这些印度教团体利用这一观点，动员了在加利福尼亚大量
迅速增长的印度人口的支持，估计 2016 年约有 100 万人。抗议活动
被迅速组织起来，请愿反对这种诋毁印度教的努力。为了证明政治
上的复杂性，修正主义者向几位著名政治家寻求支持，国会女议员
塔尔西·加巴德（Tulsi Gabbard）写信给加利福尼亚州当局，认为
南亚人类历史联盟提出的一些修改是不准确和令人困惑的。②

　　美国印度教基金会可能是美国组织得最好的印度教宣传组
织，然而通过争辩说诉讼程序缺乏公平性，因为该州的审议程序
不透明，从而为教科书问题带来了法律上的重要性。争议持续了
好几年，并在 2016 年再次全面爆发。当时一些学者（主要是印
度学家）称自己为南亚教师集团（South Asia Faculty Group）提
出了三个文本变化，这些变化是世界印度教大会及其联盟的诅
咒。这三个提议的修改变化是：1947 年独立之前对印度的任何

① 对于这种争议的客观描述，参见：Jennifer Medina，"Debate Erupts in
California over Curriculum on India's History"，*The New York Times*，5 May
2016，https：//www. nytimes. com/2016/05/06/us/debate - erupts - over -
californias - india - history - curriculum. html（accessed 13 June 2016）。有关
印度教基金会参与教科书争议的综合报告可在其小册子中找到，"The
Coalition against Genocide：A Nexus of Hinduphobia Unveiled"（Washington
DC：Hindu American Foundation，2014），pp. 22 - 27。电子版参见：
https：//www. scribd. com/document/191868816/The - Coalition - Against -
Genocide - CAG - A - Nexus - of - HinduphobiaUnveiled。

② 可参考加巴德给加利福尼亚州教学质量委员会的信，https：//gabbard.
house. gov/news/in - the - news/broad - coalition - supports - equity - hindus -
ca - textbooks（accessed 22 January 2018）。

提及都改为"南亚";吠陀文本从印度教中脱离出来;凡提及两国经典梵语的作者都是"非婆罗门",他们实际上是婆罗门但被抛弃了。加利福尼亚州教育部的教学质量委员会出来反对这些提议的第一和第三项变更。[1]

当加利福尼亚州教育委员会采纳了一项新的"历史—社会科学框架"时,双方都声称获胜了。[2] 其中一名印度教育基金会的诉讼当事人发表声明称:

> 我们认为需要做更多的工作来纠正偏见和刻板印象,我们在改进[学校教科书]内容和抵制印度教教学内容被加入教科书框架方面取得了重大进展。由于整个社区团结起来坚决反对这一行动,从教科书中抹去印度和印度教的企图被几个反印度教的知识分子坚决地挫败了。

---

[1] 可参见网站更新部分,http://www.hindueducation.org/india-restored-in-california-textbooks/(accessed 12 June 2016)。

[2] Sunita Sohrabji, "California Board of Education Votes on New Framework for Textbooks, Opposing Sides Claim Victory", *India West*, 20 July 2016, http://www.indiawest.com/news/global_indian/california-board-of-education-votes-on-new-framework-for-textbooks/article_85be1b92-4ea0-11e6-87ae-4399fe84d0e3.html?utm_source=Newsletter++2016+-+July+20&utm_campaign=DNL+July+20%2C++2016&utm_medium=email(accessed 15 November 2017)。争议的另一个说法参见:Theresa Harrington, "After Hours of Testimony, California State Board Rejects Two History Textbooks", EdSource, 9 November 2017, https://edsource.org/2017/after-hours-of-testimony-state-board-rejects-two-history-textbooks-approves-10-others/590118(accessed 21 November 2017)。争议的另外一个报道参见:Press Trust of India, "Hindu Groups Claim Win in California Textbooks Case over Portrayal of Hinduism", *Hindustan Times*, 12 November 2017, www.hindustantimes.com/world-news/hindu-groups-claim-win-in-california-legal-case-on-textbooks/story-4jsKcUardvG5nKHPIM2KLL.html(accessed 27 November 2017)。

一位美国印度教基金会的发言人表示，他们对结果总体上满意，并告诉《海外印度》的出版社，他的团队对"国家委员会未能重新提交之前在'南亚教师集团'的压力之下被抹去了两个重要的'印度教'参考资料而表示'失望'"。① 他特别抱怨在教科书中加入了"古代印度宗教，但不仅限于早期的印度教"的短语，这一抱怨在国会女议员加巴德的信中得到了回应。② 在进入教科书之前，教育部的建议仍需要经过两次审查，这确保了加利福尼亚州的争议将继续下去。

事实证明，这种教科书活动已经成为世界印度教大会及其联盟有用的动员工具，这些工具往往将他们的对手描绘成反印度教的，从而不尊重印度社区。然而，这些群体关注如何描绘印度教，远远超出了教科书问题本身。美国印度教基金会的一位资深人士告诉我们，他的团队认识到教科书以外的工具对教育越来越重要。他们推出了一个名为"印度教101"的教师计划，通过各种教育方式来呈现印度教的"平衡和细致"的图景。③

印度教教徒志愿团网站建议要特别重视在海外移民儿童中构建社会团结与欣赏印度教文化。④ 因为在 RSS 中，各个海外分支机构均认为对该事业的长期承诺源于与印度教团体的早期联系，即使他们赞助的活动可能并不总是具有明确的文化意义。其中还包括体育比赛，例如一个被称为巴乐高库勒姆（Balagokulam）的儿童节目（附有杂志）、印度教遗产营地

---

① 2016 年 7 月 14 日的决策参见：*India Abroad*，29 July 2016，p. A10。

② Ibid.

③ 来自与一位高级主管和印度基金会人权研究员萨米尔·卡拉（Samir Kalra）2016 年 7 月 29 日进行的电话交谈，他也是加州教科书问题的领导者。

④ https：//www. hssus. org/about-us（accessed 22 June 2016）。

（Hindu Heritage Camps）以及库拉·万达纳（Guru Vandana）教师鉴赏活动，并且参与服务项目，比如在自然灾害后提供食物和健康服务。[①]

在印度教教徒志愿团网站上作为分支机构列出的印度教育基金会，就是美国印度教教徒志愿团在消除"关于印度教文化的学术环境中存在的误解"[②] 方面展现自信的一个例子，这是由教科书问题引起的多元法律和游说斗争的一种提法。但是，由印度教教徒志愿团支持的印度教育基金会可以申请更多的平台。它与美国印度教基金会合作，为公立学校教师举办印度教研讨会，促进关于印度教宗教习俗的课堂展示，并为教师提供多媒体资源。印度教教徒志愿团还在其纱卡的特殊仪式上积极给教师授予荣誉。[③]

印度教教徒志愿团还将全职志愿者置于敏感的身份建设活动中。拉姆·马达夫（Ram Madhav）是 RSS 新闻发言人的时候，于 2012 年向达山·索尼（Darshan Soni）介绍了我们，这是一位在俄亥俄州工作了一年的志愿者，在来自不丹的尼泊尔印度教难民中工作。他被指派组织了该国 80000 名尼泊尔印度教难民中的部分人员，他说这些难民接受了强烈的基督教的福音传道。他声称，在人道主义援助的幌子下，这些基督教团体的最终目标是皈依。他是一位年轻而充满热情的工程专业毕业生，能说流利的美式英语。他告诉我们他决定在成立一个家庭之前，就将他的一生都献给印度教"事业"。按照通常的模式，这个全职志愿者后来娶了一个女志愿者。

---

① 有关美国印度教教徒志愿团活动的评论参见：https：//www.hssus.org/ about‐us（accessed 22 June 2016）。

② Ibid.

③ Ibid.

在加利福尼亚争议之后，印度教教徒志愿团的志愿者越来越警惕公众对同盟家族的批评。在 2014 年大选之后，莫迪五次访问了美国（截至 2017 年）。这种批评通常采取由活动家签署信件的形式——主要是社会科学和人文学科的学者——批评他过去的人权记录以及任职以来，其所声称的对印度的非印度教教徒的不容忍。一位印度教教徒志愿团的高级人物告诉我们，事实上，这些对莫迪和同盟家族的批评信件，是印度教教徒志愿团最有用的动员工具。他声称，由于缺乏与印裔美国人社区的结构关系，对莫迪的学术反对意见处于不利地位，因此这些请愿书对印裔美国人社区或更大的政治舞台都几乎没有什么影响。2015 年 8 月 27 日，就在莫迪 9 月访问硅谷之前被公开的一封教师信，引起印度教教徒志愿团内部特别深的怨恨。这封信题为"纳伦德拉·莫迪访问硅谷的教师声明"，最初由 125 名学者署名（后来又增加了 10 人）。[①] 该信引发了对 2005～2014 年间拒绝签证申请一事的关注，并声称关于他在 2002 年的骚乱中所扮演的角色，在印度法院仍是一个"待审理"状态。该信还进一步指出：

> 莫迪当选为印度总理后的第一年，公布了审查制度事件和那些批评他政策的骚扰事件，禁止和限制非政府组织造成了公民参与空间受限，持续侵犯宗教自由……这些令人担忧的趋势要求我们作为教育工作者，不仅要对印度的

---

① 完整的信件以及署名者名单都印在了《学术》（Academe）杂志的博客上，《学术》是美国大学教授协会的出版物。参见：https://academeblog.org/2015/08/27/faculty - statement - on - modi - visit - to - silicon - valley/（accessed 27 June 2016）。该出版物中的学术观点代表作者的观点，而不一定是该杂志的观点。

电子政务模式保持警惕，而且要对国家的政治前途保持警醒。①

　　这封信立即引发了社交媒体上的一连串反应，许多印裔美国人对该内容提出了严厉批评。一封有超过 1100 名支持者署名的反请愿书很快被提交到网站（change. org）上，指责反莫迪信件的作者缺乏"学术诚信"，并声称审查和歪曲的真正对象是莫迪本人。② 反请愿书劝告那些在这封信上署名的人"反思、改变并且要寻求赢得这些年来以社区名义谋生的人的信任和尊重"。③ 最后一点是对美国印度教倡导者广泛持有的观点的一种讽刺性的提法，这些学者生活在虚幻之中并且讲话几乎相互矛盾，而不是在更大的印裔美国人社区，学者们声称是印裔美国人社区的代表。印度教活动家指出莫迪被硅谷数字社区的热情接待，以及对他在 2016 年美国国会联合会议发表演讲的热情回应，是他的批评者未能理解他与在美国的海外移民关系的例子。

　　事实上，对那些反对莫迪访问的人的愤怒达到了如此的高潮，以至于引发了另一封来自教师的信，这封信的题目为"教师对印度教民族主义组织骚扰的反应"，并于 2015 年 9 月 15 日被公开。④

---

① 参见：https://academeblog. org/2015/08/27/faculty – statement – on – modi – visit – to – silicon – valley/（accessed 27 June 2016）。

② 对于反请愿的说法请参阅："Indian-American Academics Spar over PM Narendra Modi's Visit to Silicon Valley", *Silicon India*, 4 September 2015, http://www. siliconindia. com/news/usindians/IndianAmerican – Academics – Spar – Over – PM – Narendra – Modis – Visit – To – Silicon – Valley – nid – 186827 – cid – 49. html（accessed 28 June 2016）。

③ Ibid.

④ 这一回应发表在《学术》上，参见：https://academeblog. org/2015/09/15/faculty – response – to – harassment – by – hindu – nationalist – organizations/（accessed 28 June 2016）。

这封信断言，"我们发现攻击我们并非意外来自美国印度教民族主义组织的成员"。然后，它确定为印度教民族主义组织印度教维韦克肯德拉（Hindu Vivek Kendra）——一个总部设在孟买的印度教特性机构，① 自称为智力资源中心。而前面提到的美国印度教基金会，尽管过去曾与印度教教徒志愿团一起进行过宣传，但它本身并未与同盟家族正式挂钩。美国印度教基金会可能被选中，因为他们中有两个人都是医生，2003 年参与了成立，② 米西尔·迈格海尼（Mihir Meghani）博士和阿塞姆·舒克拉（Aseem Shukla）博士，都是美国印度教基金会的董事会成员，他们是对最初的教师信件最为活跃的批评者。回应声称，最初的批评教师信反映了一种对反印度教的潜在偏见，其作者是想煞费苦心地强调：

> 我们不是反印度教或对抗印度教。然而，我们极为关注印度民族主义的增长，这种民族主义提供了歧视的充分证据，并导致了对印度少数民族社区的攻击。

这种将印度教作为一种宗教真正尊重的免责声明，被印度教团体广泛拒绝。我们认为，这种说法存在的问题在于，这些学者未能以任何精确的方式界定什么是"印度教"，更不用说界定"印度教民族主义"了。我们试图在关于印度教的章节中证明，同盟家族本身对印度教有几种（通常是矛盾的）定义，而且这些定义似乎随着时代的变化而变化。对莫迪访问的

---

① 参见：http://www.hindunet.org/hvk/（accessed 28 June 2016）。

② 关于印度基金会活动的描述参见：http://www.hafsite.org/（accessed 28 June 2016）。

批评是正确的，印度教民族主义并非真正涉及宗教，就像犹太复国主义并非真正涉及宗教一样。虽然印度教民族主义声称是非政治和文化的，但许多领导人将宗教视为文化的一个子集。在美国和其他拥有印度教少数民族的国家，印度教民族主义者认为有责任确保印度教教徒的宗教自由，以随心所欲地进行崇拜，并为印度教教徒提供一种作为印度教教徒和印度人的自豪感。这种印度人的骄傲经常出现在他们为印度利益的游说之中。例如，他们支持在 1998 年 5 月进行核试验后，印度成为1970 年"核不扩散条约"的一个例外，并且在莫迪访问美国时被热情接待。

在第二封反对莫迪的信中，将美国印度教基金会列为印度教民族主义组织，反映了将印度教活动与印度教民族主义区分开来的困难。美国印度教基金会领导人告诉我们，这是他们一直面临的两难困境。印度教民族主义与同盟家族密切相关，有时印度教民族主义与印度教教徒志愿团和世界印度教大会等同盟家族的分支机构合作。美国印度教基金会的网站在描述该组织时，将这种困境表述为：

> 美国印度教基金会不隶属于任何宗教或政治组织或实体。该基金会旨在为印度教美国人提供服务，包括所有印度教宗教思想学派（sampradayas），不分种族、肤色、国籍、公民身份、种姓、性别、性取向、年龄和/或是否残疾。①

美国印度教基金会发布的一本小册子，"对抗种族灭绝联

---

① 参见：http://www.hafsite.org/about-us/who-we-are（accessed 30 June 2016）。

盟：反印度教联盟原形毕露"，认为它的批评者寻求将美国印度教基金会实质化，但这是基于印度社会宗教组织的一种表现形式，与"同盟家族"相联系。① 然而，美国印度教基金会的六个既定目标不会引起同盟家族分支机构的反对：（1）促进多元化；（2）准确理解印度教是一种"生活传统"；（3）突出和确保印度教教徒在全球的人权；（4）代表印度教美国社区对立法者的需求；（5）运用印度教哲学解决当代问题；（6）建立一个可持续的机构，继续作为"教规社区"的永久倡导者。②

美国印度教基金会成立于 2003 年，是第一个明确专注于宣传印度教教徒权利的机构。在它成立之前，各种印度教团体，有些包含在同盟家族中，有些没有包含在同盟家族之内，都以一种颇为随心所欲的方式从事宣传。美国印度教基金会不同，它是专业的全职员工（中心办公室设在华盛顿特区，截至 2017 年雇用了 9 名员工）运作，培育与政策制定者及其工作人员的关系，并成为美国许多印度教团体与政界之间的桥梁。多年来，加巴德是美国众议院唯一的印度教教徒，他经常参加美国印度教基金会的活动计划。印度和印裔美国国会联线（Congreessional Caucus）的成员也是如此，这是国会中最大的针对具体国家的核心组织之一。

在对美国印度教基金会活动回顾（虽然只是一小部分）中强调了其广泛的议程。2015 年 5 月 1 日，它在国会委员会就孟加拉国宗教少数群体的困境作证，并强烈支持"H. Res. 396"，

---

① 参见：https：//www. scribd. com/document/191868816/The – Coalition – Against – Genocide – CAG – A – Nexus – of – HinduphobiaUnveiled（accessed 22 January 2018）。

② 参见：http：//www. hafsite. org/about-us/who-we-are（accessed 30 June 2016）。

呼吁孟加拉国政府保护所有公民的人权。2014 年 11 月 19 日，它在国会山组织了一次活动，由不丹印度教外籍人士组成的代表团解决了美国 80000 名此类难民的情况。2015 年 6 月 6 日，它在美国国会山举行了庆祝国际瑜伽日活动。2006 年 3 月 17 日，它向萨克拉门托（Sacramento）加利福尼亚州最高法院提交了前面提到的针对加利福尼亚州教育委员会的诉讼，涉及教科书的起草过程。基于此，对中学生进行了一项调查，以证明相当比例的印度教学生因为他们的印度教教徒身份而受到骚扰和欺凌，至少部分归因于印度教被呈现给学生的方式。2010 年，它为六名印裔美国青年组织了一年一度的高级实习计划，以便他们能在国会山工作。① 2016 年 6 月 20 日至 21 日，它在华盛顿特区组织了首次政策会议，旨在解释其立法优先事项。它的政府关系主管杰·凯萨拉（Jay Kansara）向我们解释说，虽然他的组织在过去的15 年里已经为印度裔美国人发出了积极的声音，但海外社区一般并未专注于与自身利益相关的宣传，也许是因为社区对美国来说相对较新，但仍不确定其在美国政治体系中的作用。② 然而，像加利福尼亚争议这样的问题，已经证明了利用政治制度来推动集体利益的价值所在。2008 年《美印核合作协议》和《防扩散加强法案》的通过，提供了一个有组织的印裔美国社团成功的模式。

海外的印度教教徒志愿团纱卡，现在也开始融合他们经营的各种文化环境中的元素。例如，美国的印度教教徒志愿团纱卡允

---

① 印度基金会列出的活动及说明，参见：http：//www.hafsite.org/our‐work（accessed 1 July 2016）。

② 2016 年 7 月 26 日，在集团华盛顿特区办公室采访印度基金会政府关系主任杰·刊萨拉（Jay Kansara）。

许男性和女性参加，尽管它继续按性别划分训练营。① 因此，印度教教徒志愿团领导层特别决定，没有必要建立美国的妇女志愿团，这是 RSS 的专门女性分支机构。② 印度教教徒志愿团（和世界印度教大会）的祷告用"地球母亲"取代了在印度使用的"祖国"这个词，"胜利属于印度母亲"（Bharat Mata ki Jai）被"胜利属于普遍的道德原则"（Vishwa Dharma ki Jai'）这个短语取代。它将纱卡活动"向太阳致敬"（surya namaskar）更名为"为人类健康"。它已经改变了拉克沙·班丹（raksha bandhan）即"兄妹节"庆祝活动的概念（代表哥哥对他妹妹的保护性的象征，由妹妹在她哥哥的手腕上系上一条线），将其改变为一种传统的被称为"世界统一日"（universal oneness day）的活动。一条线被系在了一位受人尊敬的社区成员的手腕上（例如，教师、急救人员和立法者等），以表达对他们工作的赞赏。在美国，一些纱卡组织了棒球队；而在英国，甚至还有纱卡之间的足球比赛——美国正在考虑接待活动的单位。

一个更自信的 RSS 现在开始在世界舞台上寻求强有力的影响力。因为所有人都是同一个"地球母亲"的孩子，因此他们应该作为一个家庭而合作生活。这一观念证明这一新立场是合理的，RSS 是这一美好信息的独特传播者。为了反映这种信心，RSS 负责人巴格瓦特声称，RSS 的一个主要目标是在国内进行社

---

① 在美国印度教教徒志愿团中有一个被称为 samiti pramukh 的行政职位，主要处理妇女训练营事务。这个职位目前由安贾莉·帕特尔（Anjali Patel）担任，她被认为是"全国妇女志愿团"在美国的代表。在拥有女性志愿团分支机构的其他国家，该组织被称为印度教妇女志愿团。

② 妇女志愿团虽然在美国没有运作，但却在其他像英国这样的国家运作。

会转型，使印度成为世界之师（vishwa guru）。① 正如我们在本书其他地方所指出的那样，RSS 的社会转型概念包括减少对唯物主义和享乐主义消费的重视以及加强家庭联系。2016 年 7 月下旬，RSS 的高级官员从莫迪的书中摘录了一篇高调的英国之旅，以表达他们所认为的和平与合作的独特信息。② 巴格瓦特和全印度联合秘书长豪萨贝尔庆祝英国印度教教徒志愿团成立50 周年，从而证明了 RSS 的海外同行在印度教中的更大作用。他们会见了几位高级政治家和像坎特伯雷（Canterbury）大主教这样的宗教权威人士。此外，一段时间以来，高级 RSS 的人物一直定期访问拥有大量印度人口的国家（如斐济、毛里求斯、孟加拉国、斯里兰卡、尼泊尔、缅甸、苏里南和牙买加），通过强调世界各地的共同宗教信徒之间的泛印度教联系，从德里到迪拜，从班加罗尔到柏林，以加强这些海外移民

---

① Manoj Anand，"RSS Strength Not to Domineer But to Make India Vishwa Guru：Mohan Bhagwat"，*Deccan Chronicle*，21 January 2018，https：//www. deccanchronicle. com/nation/current-affairs/210118/rss-strength-not-to-domineer-but-to-make-india-vishwa-guru-mohan-bhagwat. html（accessed 19 April 2018）.

② 莫汉·巴格瓦特和豪萨贝尔的这次访问并不是高级 RSS 领导人第一次访问英国或其他西方国家。1977 年，联合总书记（pracharak pramukh）莫澳潘特·平乐（Moropant Pingle）访问了美国；1978 年，印度劳工工会的创始人桑格迪（Dattopant Thengadi）访问了美国；1980 年，联合秘书长（sah sarkaryavah）德奥拉斯（Bhaurao Deoras）和最高领导人德奥拉斯的兄弟访问了美国；1982 年，秘书长（sarkaryavah）拉金德拉·辛格（Rajendra Singh）访问了美国，1984 年，秘书长赛斯哈德里（Seshadri）访问了美国，参加了美国世界印度教大会第一次群众集会。所有这些领导人还访问了英国。虽然美国和英国的访问量较大，这两个国家拥有最大的海外人口，但巴格瓦特和豪萨贝尔访问英国，是 RSS 两位最高级别官员首次一起出行，这也是 RSS 首次与英国领先的政治、学术、宗教和商业领袖平等会面。

的自信心。① 被任命为北方邦首席部长的印度教僧侣约吉·阿
迪蒂亚纳特（Yogi Adityanath）在接受采访时告诉我们，即使
是海外印度教教徒也将印度视为他们的圣地。② 另外一项新的
举措，再次证明了 RSS 的自信。那就是，国际文化研究中心
（ICCS）——一个由高级志愿者在印度成立的非营利组织，在
RSS 的支持下通过召开会议和提供学习基金而支持土著民族。
它与传统和习俗受到外部文化力量威胁的团体建立了联系，例
如欧洲的罗姆人和萨米人以及非洲和南美洲的其他土著群体。③
我们与那格浦尔的工作人员的对话表明，国际文化研究中心希
望振兴土著文化，远离一些被称为破坏性的西方文化帝国主义
的保护，使他们更接近乌帕德亚雅所定义的"民族灵魂"
（chiti），这是使他们成为一个独特人的文化本质。这包括复兴
受威胁的土著语言、宗教概念、艺术和音乐，最重要的是，重
振他们对自己文化的自豪感。

随着印度海外移民的持续增长以及其社会和政治资本的不断
扩大，全球各个印度教教徒志愿团机构可能会成倍增加并变得更
加活跃。但是，大多数国家海外 RSS 长期面临的主要挑战，在
于证明其作为一个独特组织的存在是合理的，同时其成员继续在

① 高瓦克成为 1963 年第一个出国的 RSS 负责人，但他被印度政府拒绝发放
护照以访问缅甸。1998 年，拉金德拉·辛格（Rajendra Singh）教授应英
国印度教教徒志愿团邀请，成为第一个出国的 RSS 负责人。关于辛格的
开创性访问，参见：Ratan Sharda, *Professor Rajendra Singh ki Jeevan Yatra*
（in Hindi）。文本资料来源于作者发送的邮件。

② 2018 年 1 月 18 日在北方邦勒克瑙的办公室采访了约吉·阿迪蒂亚纳特
（Yogi Adityanath）。

③ 国际文化研究中心由帕塔克（Yashwant Pathak）建立。帕塔克以前是专职
干部，曾在印度东北部和南非的部落中工作过。之后，在那格浦尔建立了
一个非洲印度教研究小组。有关该组织的信息，由美国国际文化研究中心
主席德维瓦迪（Radheshyam Dwivedi）提供。

文化上融入东道国社会。国内外的 RSS 试图将自己展现为一个纯粹的文化组织，但同化过程可能会将其海外同行推向一个明确的宗教方向。

第四章 ／ 印度化教育

　　RSS 一直将教育视为其核心使命，几乎所有的分支机构都以不同形式参与教育活动，有些还在初等教育、中等教育和高等教育的大规模管理中承担着具体任务。自 20 世纪 80 年代以来，RSS 一直鼓励其分支机构参与教育实验，以便将印度教信息以不同的方式融入，使其更具相关性，从而对印度人更具吸引力。其中，包括引入运动会、音乐、艺术、技能导向教学和辅导课程。其教育分支机构维迪亚·巴拉蒂于 2015 年 1 月 2 日宣布了一项计划，在印度 9000 个左右的行政区全部建立示范学校，作为政府学校效仿树立的一个卓越的榜样。①

　　从 20 世纪 40 年代末开始，RSS 决定建立自己的学校系统。动因来自它认为印度独立后的国大党政府故意在教育系统的各个方面拒绝 RSS 成员以及他们的印度教思想。虽然RSS 认为纱卡的教育作用（称为"人格塑造"）是培养未来民族主义领导人的有效方法，但在其看来，这一思想常常被

---

① 信息基于 2017 年 8 月 22 日对沙拉德·昆特（Sharad Kunte）的电话采访。昆特是印度西部地区的维迪亚·巴拉蒂主席。

来自大学、新闻界、国会政府和大多数知识阶层的反印度教的信息所淹没。RSS 承诺在印度学校恢复（或"印度化"，使用其术语）印度教的价值观，并于 1946 年，也就是在独立前不久，支持在哈里亚纳邦的古鲁格舍德拉（Kurukshetra）建立一所私立学校，首次尝试将其引入正规教育，RSS 领导人高瓦克参加了奠基仪式。① 此前在殖民时期，RSS 领导人并没有认真考虑过建立一个单独的学校系统，很大程度上是由于个体或团体运营的可供选择的学校拥有接受 RSS 的民族主义视野。② 这些团体中最为突出的是印度教改革组织"圣社"（Arya Samaj），其学校吸收了早期吠陀文学中所发现的印度教统一的思想。③

在 1948 年至 1949 年对 RSS 采取禁令之后，一个积极的专职干部纳纳吉·戴希穆克（Nanaji Deshmukh）在北方邦东

① 这所学校选择宣布 RSS 进入教育领域，受到了古鲁格舍德拉被认为是摩诃婆罗多（Mahabharata）中所叙述的大战地点的影响。学校以"博伽梵歌"（Bhagavad Gita）命名，这是印度教最广为接受的圣书。

② 维迪亚·巴拉蒂网站承认，在独立前的一段时期几个印度教团体对以印度教为导向的教育的贡献，如梵社（Brahmo Samaj）、罗摩克里希那教会（Ramakrishna Mission）和印度教组织（Bharat Sevashram Sangha）以及建立学校的印度民族主义领导人，如在旁遮普邦的拉拉·莱（Lala Lajpat Rai）、马哈拉施特拉邦的蒂拉克（Lokmanya Tilak）、泰米尔纳德邦的巴拉蒂（Subramania Bharati）以及喀拉拉邦一名达利特教育家古鲁（Narayan Guru）。参见："哲学：目的与目标"，http://www.vidyabharti.net（accessed 24 August 2017）。

③ 关于印度独立前学校的研究，参见：Susanne H. Rudolph and Lloyd I. Rudolph（eds），*Education and Politics in India: Studies in Organization, Society, and Policy*（Cambridge: Harvard University Press, 1972），pp. 13 - 24。对圣社教育系统的一个很好的讨论，参见：Kenneth W. Jones，*Arya Dharm: Hindu Consciousness in 19th - Century Punjab*（Berkeley: University of California Press, 1976）。

部的戈勒克布尔（Gorakhpur）建立了第一所 RSS 附属学校，其目标是将印度教信仰融入教育之中。[1] 正如我们在前一本关于 RSS 的书中所指出的那样，在禁令之后的时期，积极分子游说他们的领导，建立了一系列广泛的附属团体，以保持印度教民族主义思想的活力并能够渗透到教育等领域。[2] 建立更多学校的另一个动力是，在 RSS 会员人数下降之时，能够使纱卡招募工作更具有效性。这些学校有时还为被政府拒绝提供就业的 RSS 成员提供工作。根据塔尼卡·萨卡（Tanika Sarkar）的研究，这些 RSS 附属学校的印度教导向包含遵守印度教仪式和节日、瑜伽练习、梵语教学以及印度教视角下的"印度文明"和大量印度教符号的课程。[3] 虽然这些学校必须遵循规定的国家课程，但在选择教科书和课外活动时，他们有一定的自由裁量权，能够直接解决一些对他们来说重要的关切。

---

[1] 这些学校被称为 Saraswati Shishu Mandirs。使用"mandir"（寺庙）这个词引起了人们对印度文化的关注。女神萨拉斯瓦蒂（Saraswati）的选择——而不是男性等同的甘尼萨（Ganesha）——在名称中反映了 RSS 对女神力量培育的重视。同样，RSS 中女性是指国家巴拉蒂·玛塔（Bharat Mata）、奶牛（Gau Mata）和神圣的恒河（Ganga Mata）。女性的这种使用与萨瓦卡使用男性来指代这个国家形成了鲜明的对比。

[2] 有关 RSS 内部争议的讨论，参见：Walter Andersen and Shridhar Damle, *The Brotherhood in Saffron: The Rashtriya Swayamsevak Sangh and Hindu Revivalism* (Boulder: Westview Press, 1987), pp. 43 – 56。激发对 RSS 内部激进主义进行支持的是，国大党决定将 RSS 成员排除在其众多附属团体之外。虽然该决定很快被撤回，但 RSS 联系人告诉我们，该行动导致了几个 RSS 附属机构的形成。

[3] 有关这些 RSS 附属学校形成的背后动机的一个很好的讨论，参见：Tanika Sarkar, "Educating the Children of the Hindu Rashtra: Notes on RSS Schools", in Christophe Jaffrelot (ed.), *The Sangh Parivar: A Reader* (New Delhi: Oxford University Press, 2005), pp. 197 – 201。

随着 20 世纪六七十年代学校数量的迅速扩大，RSS 在 1978 年建立了一个独立的分支机构维迪亚·巴拉蒂，以管理其蓬勃发展的学校网络，当时已经大约有 700 所学校。[①] 根据维迪亚·巴拉蒂 2016 年的统计报告，自 1978 年以来，附属学校的数量迅速增长，有超过 13000 所学校，拥有 320 万名学生和 14.6 万名教师，使其成为印度最大的私立学校系统。[②] 除了这些维迪亚·巴拉蒂学校，另一个附属于 RSS 的教育机构是成立于 1986 年的艾卡尔·维迪亚拉亚（Ekal Vidyalaya），大约有 150 万名学生和 54000 名教师，每个学校都具备基础设施，主要位于偏远的农村和部落地区。[③] 由于拥有如此庞大的教科书潜在市场，RSS 的附属团体已经委托编写有关历史和道德的书籍，供施舒·曼德斯（Shishu Mandirs）以及其他 RSS 的附属学校使用。[④] 其中一些团体，如 RSS 附属的施克斯哈·萨斯克瑞提·乌特汗·尼亚斯（Shiksha Sanskriti Utthan

---

[①] 数据来源于：Christophe Jaffrelot, *The Hindu Nationalist Movement in India* (Delhi: Thomson Press, 1996), p. 531。

[②] 统计数据来源于维迪亚·巴拉蒂网站，这是 RSS 从事教育的主要附属机构。参见：http://www.vidyabharti.net/ statistics.php（accessed on 18 August 2017）。

[③] 数据来源于：https://www.ekal.org/our – schools（accessed on 24 August 2017）。教育只是爱可努力的一部分，其中包括教授现代农业方法等开发活动。爱可的任务还包括一个文化部分，似乎将当地本土风俗与印度教伟大的传统元素结合在一起，作为爱可教学中一部分歌曲和故事。这符合另一个 RSS 附属机构要保护本土问题的目标。关于 RSS 在部落的附属学校的研究，参见：Thomas Blom Hansen, "Hindu Missionaries at the Frontier", in Jaffrelot (ed.), *The Sangh Parivar*, pp. 207 – 210。

[④] 这些书籍被用作课外作业和一般阅读。除了维迪亚·巴拉蒂和爱可之外，还有其他附属教育团体经营学校，他们是在部落中工作的全印部落联合会（ABVKA）以及提供 RSS 会员和教练课程运营的私人教育信托机构，由 RSS 志愿者以服务项目运行。

Nyas），向人力资源开发部（HRD）游说，以确保向各邦推荐的教科书包含那些他们认为合适的价值取向。[1]

关于教科书内容的争议，特别是与文化和历史有关的主题，自印度独立后国大党执政以来就存在。例如，1966 年任命的议会委员会的报告指出，一些邦的教科书"印度教神话超重"，"印度教信仰以这样的方式呈现，似乎是所有印度人普遍拥有的"。[2] 1964 年联邦教育委员会在提到这个问题时说，"多宗教民主国家有必要促进对所有宗教的包容研究，以便其公民能够更好地相互理解，友好地生活在一起"。[3] 1972 年在联邦官僚机构中成立的印度历史研究理事会（ICHR），引发了右翼人士对其所委托的历史教科书中不断上升的马克思主义偏见的反应。辩论往往集中在穆斯林统治邦的宗教宽容程度、穆斯林与印度教教徒之间的社会和谐程度、印度教教徒的社会和宗教统一程度以及关于文化与经济对人类行为影响的更高层面的哲学问题。右派历史学家迪尼施·拉扎（Dinesh Raza）在对历史教学辩论的分析中写道，左派历史学家低估了文化和文明的价值，将注意力集中于阶级和经济因素。[4] 他指出，在 2004 年国大党重新掌权之后，教科书对印度历史的解释存有争议，人权事务部的一个

① 关于这些活动的报道，参见：Basant Kumar Mohanty, "Irani Backs NCERT", *The Telegraph*, 31 July 2014, https://www.telegraphindia.com/1140731/jsp/nation/story_18671675.jsp（accessed 23 August 2017）。

② 关于这一问题讨论的委员会报告，参见：Partha S. Ghosh, *BJP and the Evolution of Hindu Nationalism: From Periphery to Centre*（New Delhi: Manohar Publishers, 1999），p. 240。

③ 1964 年教育委员会的引用，同上，p. 241。

④ Danish Raza, "Saffronising Textbooks: Where Myth and Dogma Replace History", *Hindustan Times*, 8 December 2014, http://www.hindustantimes.com/india/saffronising-textbooks-where-myth-and-dogma-replace-history/story-CauM4dmmsPGrjZ3APAvNxO.html（accessed 18 August 2017）。

机构撤回了早期关于历史学家麦纳卡莎·贾尹（Meenakshi Jain）关于中世纪印度历史书的建议。作为努力"去藏红花化"教科书的一部分，也许是她认为伊斯兰教带着一种截然不同于印度本土文明的文化世界观进入了印度。① 这场关于如何解释历史的意识形态斗争使印度历史学家产生了深刻的分歧，并引发了印度几乎可以说是独一无二的政治紧张局势。两个专业历史协会的思想战线不同，印度历史大会属于左翼，印度历史与文化协会则是右翼。同盟家族甚至拥有自己的历史学家协会（Akhil Bharatiya Itihas Sankalan Yojana，ABISY）②，自 1984 年成立以来，声称已经出版了 350 本书，其网站称该组织承诺从国家视角展现历史（Bharatheeya Itihasa）。它认为这是必要的，因为：

> 英国人歪曲了巴拉特希亚历史，摧毁、歪曲了传统的英雄、文化和文学。因此，ABISY 协调爱国、大胆和不朽的学者和历史学家，在事实和证据的基础上如实地书写历史［原文如此］。③

RSS 及其教育分支机构通常每年四次审查其绩效并提出新举措，使学校发展能够契合印度不断变化的需求。一个典型的例子是 20 世纪 80 年代关于为贫民窟地区的学生建立学习中心的讨论，以解决教学质量差的问题，特别是数学、科学和英语。2000 年，增加了参加

---

① Danish Raza, "Saffronising Textbooks: Where Myth and Dogma Replace History", *Hindustan Times*, 8 December 2014, http://www. hindustantimes. com/india/saffronising-textbooks-where-myth-and-dogma-replace-history/story-CauM4dmmsPGrjZ3APAvNxO. html（accessed 18 August 2017）.

② 此组织的宗旨和目标是从民族主义的角度来重写印度的历史。

③ "ABISY: Visions and Objectives", http://itihasabharati. org/index. php? option = com_ content&view = article&id = 114&Itemid = 134（accessed 23 August 2017）.

竞争性考试的大学生辅导班。① 这些团体现在正在为印度 9000 个街区规划样板学校，重点是改善职业培训教育，以提供印度经济增长所需的技能。这一目标符合莫迪政府的创造就业目标。考虑到这一教育目标，莫迪向维迪亚·巴拉蒂学校系统（2016 年 2 月 12 日）和艾卡尔·维迪亚拉亚（2015 年 10 月 12 日、2016 年 2 月 8 日和 2017 年 5 月 18 日）的领导者发表讲话，建议他们想方设法提供与工作相关的技能，以使印度人在印度和外国就业市场上更具竞争力。②

随着 RSS 和同盟家族的扩张，特别是在印度农村和低种姓的印度教教徒中，如何恰当关注他们的教育工作已经出现了争议，这些争议尤其集中于如何满足农村和城市学生的不同需求。在城市方面，主要是大量的中产阶级群体倡导在日益发展的科技

① 参见 RSS 在德里举办的印度行政服务志愿者辅导班的报告，该组织提供模拟面试作为课程的一部分，并在培训期间提供膳食和住宿。该小组被称为 Samkalp Bhawan，位于德里 Paharganj 街区。据报道，2007 年测试的 1800 名考生中，约有 800 名参加了 Samkalp，其中约 300 名成功。Pallavi Singh，"In a Paharganj Lane，Sangh Coaches IAS Aspirants，a Third of This Year's Batch Trained There"，*The Indian Express*，19 May 2008，http：// archive. indianexpress. com/ news/in－a－paharganj－lane－sangh－coaches－ias－ aspirants－a－third－of－this－year－s－batch－trained－there/311504/（accessed 12 July 2018）。

② 关于这些会议的报道，参见：（1）Express News Service，"PM Modi Urges Vidya Bharati Schools to Aim for Excellence"，*The Indian Express*，13 February 2016，https：//indianexpress. com/article/ india/india－news－india/vidya－ bharati－akhil－bharatiya－shiksha－sansthan－pm－modi－urges－vidya－ bharati－schools－to－aim－for－excellence/（accessed 12 July 2018）；（2）"Vidya Bharti Can Be a Catalyst for Change"，*OneIndia*，12 February 2016，*https：//www. oneindia. com/ india/vidya－bharti－can－be－a－catalyst－for－ change－modi－2011205. html*（accessed 12 January 2018）；（3）Prakash Waghmare，"Ekal Vidyalaya Adopting New Methodology"，*India Post*，4 October 2016，http：// www. indiapost. com/ekal－vidyalaya－adopting－new－ methodology/（accessed 23 January 2018）。

世界中重视优秀品质和专业化教育。在农村方面，需要以技能为
基础的教育，以解决农民家庭中由于大多数印度农场规模较小而
无法以农业为生的大量学生的就业需求。尽管政治协商会议在
2008 年发布了两项与语言相关的决议，其中一项认为"教育媒
体必须使用印度语言"（Bharatiya Languages），另一项是"在政
府活动的各个领域过度重视英语的情况必须结束",① 但是在农
村地区对于方言的教育需求依然很强烈。

　　RSS 面临的两难困境是，尽管该组织本身及其附属机构在教育
方面投入了大量精力和财力，但相比而言在该国优秀文化和学术机
构的顶级人才队伍中，却很少涌现出印度教知识分子提倡者。② 这
种稀缺性导致了能够从中得到的人才非常有限，这种情况一直受
到意识形态反对者的批评。缺乏有资历的知识分子可能部分归因
于国大党的政策，在其长期执政期间，经常使用意识形态标准来
分配好处和进行任命。③ 由于前成员高德斯（Nathuram Godse）

---

① ABPS 2008, "Evolve a System of Education in Tune with National Ethos".

② 分析同盟家族在动员来自知识分子支持方面面临的困难，参见: Ashok
Chowgule, for the Hindu Vivek Kendra website, "The Hindu Right Does Not
Know How to Manage Intellectuals", http://hvk.org/2015/1115/17. html
（accessed 23 August 2017）。

③ 在一篇总体上批评莫迪政府关于任定学术和文化机构专业资格的文章中，历史
学家古哈（Ramachandra Guha）也写道，"与国会议员现在可能传达的印象相
反，统一进步联盟执政期间的学术任命（由国大党主导）经常受到政治因素
的影响。他进一步辩称，以前的联邦政府"试图破坏促进文化和学术的制度
自治"。他声称由印度人民党领导的全国民主联盟和与国大党领导的统一进步
联盟政府都参与了党派任命。他写道，"如果说这个全国民主联盟制度的任命
有什么新意，那就是他们选择了被他们的同行专业人士蔑视"。Ramachandra
Guha, "Some Thoughts on the Closing of the Indian Mind", *Hindustan Times*, 21
May 2017, http://www.hindustantimes.com/columns/some-thoughts-on-the-
closing-of-the-indian-mind/story-SuSWIqYttjOV7qCk6uLtBM.html（accessed
20 August 2017）。

参与暗杀圣雄甘地并且至少部分地对独立期间的社区骚乱负责，使得 RSS 经常遭到官方所鼓励的诽谤，被认为是法西斯主义者、独裁主义者和蒙昧主义者。RSS 中的许多人想要公开回应，以反对印度知识分子对组织的广泛负面看法，但高瓦克强烈反对 RSS 参与公开辩论。尽管如此，RSS 发表的三部作品仍然被认为具有印度教意识形态基础，包括高瓦克自己的主要哲学著作《思想集》(1966)，印度人民同盟主席乌帕德亚雅的《整体人文主义》(1968) 与劳工领袖桑格迪的英文著作《劳工政策》和《印地语中的施拉姆尼提》(Shramneeti in Hindi，1969)。高瓦克 1973 年去世后，早期的 RSS 不愿公开辩护，他的继任者德奥拉斯改变了这一观点，他鼓励出版七卷的高瓦克著作集和乌帕德亚雅关于整体人文主义概念的一系列分析文章。① 要尽可能广泛地传播 RSS 关于哲学问题的这些基本陈述，这样做的理由是，可以为其成员提供回应或者挑战批评者的论据。

当第一个由印度人民党领导的政府在瓦杰帕伊（1996 年和 1998~2004 年）领导之下执政时，新总理选出了该党最直言不讳的理论家之一穆利·马诺哈·乔希（Murli Manohar Joshi）领

---

① 出版 RSS 的印度教特性（Hindutva）意识形态的这些开创性作品的主要倡导者是苏达山——知识分子秘书长和后来的最高领导人，秘书长赛沙德里（H. V. Seshadri）和两名高级专职干部，喀拉拉邦的兰加·哈里（Ranga Hari）和泰米尔纳德邦的拉奥（Suryanarayan Rao）。这四个人都是非马哈拉施特拉（non-Maharashtrian）活动家。当时，RSS 中存在一种保守元素，主张专注于其在纱卡的"人格建设"训练计划，倾向于来自马哈拉施特拉的民族思想。乌帕德亚雅系列共七册，每册均由著名的 RSS 知识分子撰写。它首先以马拉地语发表，其次是印地语，最后是英语。我们使用的是英文版。参见：Pandit Deendayal Upadhyaya, *Ideology and Perception* (New Delhi：Suruchi Prakashan, 1988)。高瓦克的十二卷系列仅以印地语和其他印度语言提供，我们使用了印地语版本。参见：*Sree Guruji Samagra* (New Delhi：Suruchi Prakashan, 2015)。

导人权事务部并负责教育。乔希是一位理论物理学家，也是前 RSS 一名积极的专职干部，他回应了学术研究机构对过度马克思主义影响的抱怨，通过解除"左"倾学者的职务阻止了事态发展。由于它选择了非马克思主义学者而引发了一场政治风暴，许多人同情印度人民党和 RSS，许多机构包括印度历史研究委员会（ICHR）、印度社会科学研究理事会（ICSSR）、国家教育研究和培训委员会（National Council for Educational Research and Training，NCERT）向国家推荐教科书。他的反对者指责他正在"共同化"这些机构，扭曲了历史和社会科学研究，此外还破坏了印度的世俗基础。① 作为回应，迪娜·纳斯·米什拉（Dina Nath Mishra），一位同情 RSS 的记者和作家写了一篇尖锐的反驳文章，反映了这些变化所释放的原始情绪。迪娜以指控开始回应，"持卡的共产党人和同路旅行者类似于紧握八达通，越过印度历史研究理事会四分之一世纪以上，已经扭曲并给印度历史带来了意识形态色彩"。② 国家教育研究和培训委员会的新导向尤其引发了争议，因为该机构负责出版各个领域的教科书，包括历史，这是我们最重要的目的。一个常见的 RSS 的投诉是，在国大党统治时期编写的教科书缺乏"价值取向"，没有充分关注印度教文明的独特贡献。关于印度民族主义历史文本取向的争议始

① 对同情约什（Murli Manohar Joshi）的观点引发争议而评论的一个例子，参见：Rakesh Sinha, "Red Green Clubs", *The Telegraph*, 30 June 1998。可以在印度教的 Vivek Kendra 网站上找到，它是"促进印度教特性的资源中心"。该网站包含几篇文章，从印度教民族主义角度分析有关约什对 ICSSR、ICHR 和 NCERT 选择的争论。参见：http://www.hvk.org/specialarticles/ichr/0005. html（accessed 18 August 2017）。

② Dina Nath Mishra, "HRD Minister Does a Pokhran in ICHR", *The Observer*, 18 June 1998, http://hvk. org/1998/0698/0093. html（accessed 18 August 2017）.

于 2002 年，当时国家教育研究和培训委员会推荐了四本书，这些书被评论家认为创建了一个统一的印度教社会和文化的不准确历史形象。由于在印度的联邦体制中，教育是一个国家的主体，一些非印度人民党的邦政府拒绝使用这些教科书。①

当印度人民党中断了十年又重返执政之后，其对国大党寻求对所推荐教材"去藏红花化"进行干预。此时，RSS 恢复了早期与人力资源开发部部长的对话，以撤销其领导人所看到的被认为是故意诋毁印度教的内容。在印度人民党获胜的几个月内，人力资源开发部部长史密瑞提·伊拉尼（Smriti Irani）会见了 RSS 的高级官员，他们呼吁改革印度教育体系，以便将印度文化的基本要素反映在全国各地学校的课程中。② 参加会议的是 RSS 颇有影响力的联合秘书长豪萨贝尔，他在 RSS 教育问题上起了带头作用。一年之后，2015 年 9 月 6~7 日，印度人民党所控制邦的教育和文化部部长与伊拉尼和 RSS 的参加者会面，讨论各邦的统一教育政策。③ 鉴于人力资源开发部在实施 RSS 的"印度化"教育目标方面的重要性，该党于 2016 年 7 月 5 日选出了一位冉冉升起的新星普拉卡什·贾瓦德卡（Prakash Javadekar），以取代

---

① 对印度教民族主义者在印度历史上与竞争对手的争论背景下，影响印度历史文本内容努力的精彩回顾，参见：William Dalrymple，"India：The War over History"，*New York Review of Books*，7 April 2005，http：// www. nybooks. com/ articles/2005/04/07/india - the - war - over - history/（accessed 18 August 2017）。

② "RSS Leaders Meet Smriti Irani，Seek Revamp of India's Education System"，*India Today*，30 October 2014，http：//indiatoday. intoday. in/story/rss-leaders-meet-smriti-irani-revamp-of-india-education-system/1/398247. html（accessed 18 August 2017）.

③ Press Trust of India，"BJP-ruled States Discuss Education and Cultural Policy，RSS Present"，*India Today*，6 September 2015，http：//indiatoday. intoday. in/story/bjp-ruled-states-discuss-edu-andamp-cultural-policy-rss-present/1/466853. html（accessed 18 August 2017）.

备受争议的伊拉尼①担任人力资源开发部部长。他在人力资源开发部具有责任心和威望（至少在同盟家族圈内），在童年时代就积极参加了 RSS，之后担任了政治协商会议的一系列领导职务，这是印度人民党政治家的训练场。1981 年，他成为印度人民党的全职工作人员，致力于培养党的青年队伍，通过这些工作逐渐认识了印度人民党和 RSS 的上层人物。贾瓦德卡于 2008 年当选进入印度议会上院联邦院（Rajya Sabha），并在 2014 年印度人民党获胜后，被莫迪任命为环境、森林和气候变化的国务部长（独立负责人）以及议会事务的国务部长，也短期担任过国家信息和广播部部长。在 2015 年 12 月的巴黎气候大会上，他巧妙地利用该论坛为环境改革提供了印度教理念，在 RSS 圈内赢得了很高的评价。在担任新职位一个月后的 2016 年 7 月 27 日，贾瓦德卡召集了一次会议，其中包括 RSS 和印度人民党的高级官员②以及参与教育的同盟家族的其他成员，讨论伊拉尼早先发起的教育政策草案以及"在现代教育中灌输民族主义、自豪感和古印度价值观"的建议。③ 为了强调与同盟家族的其他成员之间不断发展的密切关系，2017 年 5 月人力资源开发部部长发布了为未来政治领导人

---

① 伊拉尼参与了一些有争议的文化斗争，这些斗争使新的莫迪政府感到尴尬。例如尼赫鲁大学学生关于民族主义问题的骚动，海德拉巴大学围绕研究生死亡的抗议活动，印度电影电视学院任命主席引发的争议。她被转移到纺织部长的位置。不久之后，她被提升至信息和广播部长这一非常重要的文化职位。

② 据报道，RSS 联合秘书克里希纳·戈帕尔（Krishna Gopal）——负责联络印度人民党与 RSS 和印度人民党主席阿米特·沙阿（Amit Shah）参加了 2016 年 7 月 27 日的会议。

③ Ritika Chopra, "Prakash Javadekar Meets RSS, Its Affiliates to Discuss New Education Policy", *The Indian Express*, 28 July 2016, https://indianexpress.com/article/education/prakash-javadekar-meets-rss-its-affiliates-to-discuss-new-education-policy-2939600/（accessed 12 July 2018）.

开设为期 9 个月新课程的宣传手册，活动由维纳·萨哈斯拉布迪海（Vinay Sahasrabuddhe），也是印度人民党的副主席，在孟买郊区占地 150 英亩的蕾姆波哈·姆哈格·普拉伯哈尼（Rambhau Mhalgi Prabodhini）学院举行。①

人力资源开发部部长对其管辖范围内的敏感文化和学术机构的任命，引发了一系列的批评，这类似于瓦杰帕伊担任总理、印度人民党领导的联盟期间，对穆利·马诺哈·乔希早些时候所做出的任命的反应。他采取的第一步措施是在前国大党政府期间，撤销了国家教育研究和培训委员会主任帕文·辛克莱（Parvin Sinclair），并在 RSS 内部批评了一位 RSS 的评论家和辛克莱的支持者——倡导"'去藏红花进程'，获得了广泛的好评，世俗自由主义教学法远远强于学校的教科书"。② 莫迪政府的另一个早期争议是将格加德拉·乔汉任命为印度电影电视学院的主席。乔汉虽然是演员，却因平庸的表现而受到批评，而且被认为缺乏担任这样一个职位的威望。对这项任命一则新闻评论认为，对乔汉有些令人惊讶的任命的解释，是由于人才储备薄弱，印度人民党必须在这一领域有所准备。③ RSS 对此抱怨，认为西方和非印度教主题在印度电

---

① Abid Shah, "2. 5 Lakh RSS Course to 'Train' Future Leaders", *National Herald*, 3 June 2017, https：//www. nationalheraldindia. com/campus/ indian-rupee25-lakh-rss-course-to-train-future-leaders-sangh-parivar-rss-rambhau-mhalgi-probodhini（accessed 18 August 2017）.

② Praful Bidwai, "India：How the Hindu Right Is Taking over Institutions in Education and Culture", *South Asia Citizens Web*, 31 December 2014, http：//www. sacw. net/article10301. html（accessed 18 August 2017）.

③ Sidharth Bhatia, "FTII Controversy：A Case of Very Bad Casting", *Hindustan Times*, 22 June 2015, http：//www. hindustantimes. com/ht-view/ftii-controversy-a-case-of-very-bad-casting/story-0fwS2CoyHsl1Sb7PTCSjpL. html（accessed 19 August 2017）.

影业中的影响越来越大。在乔汉一事争议一年之后，它重新启动了一个以电影为导向的分支机构奇塔拉·萨达纳（Chitra Sadhana），多位知名电影导演和演员参与合作。① 同样引发争议的事情还包括同盟家族极右翼的好战性，其在许多地区（例如，奶牛保护）都时而会引发暴力行为，经常令印度人民党甚至 RSS 的领导人感到尴尬，部分原因是对领导层怀有怨言，认为他们要么没有及时批评这些行为，要么保持沉默。一个发生在文学领域的例子是，当企鹅出版社撤回由美国学者温迪·多尼格（Wendy Doniger）出版的《印度教教徒：另一个历史》（*The Hindus：An Alternative History*）时，他们保持了沉默。②

创造具有竞争力的印度教智力叙事的一个直接战略，反映在 RSS 智库的扩张上，仅在德里地区就有 8 个智库，是印度人民党在 2004 年议会选举中意外失利之后出现的。在 2014 年印度人民党胜利之后，这些智库已成为德里智库界的主要活动者。RSS 的一名专职干部拉姆·马达夫（Ram Madhav），成为印度人民党总书记，在使这些智库成为包括国内外政策专家在内的政策辩论场所方面发挥主导作用。在德里的这些 RSS 的附属智库中，历史最悠久的是维维卡南达（Vivekananda）国际基金会，负责人是阿吉特·多瓦尔（Ajit Doval），被选为莫迪的国家安全顾问。一个近期成立的具有影响力的智库，是 2014 年成立的印度基金会（India Foundation）。其理事会成员包括铁路、商业、工业和民航部部长

---

① 合作人包括导演马德哈尔·班达卡（Madhur Bhandarkar），演员杰奇·史洛夫（Jackie Shroff）、帕莱什·拉瓦尔（Paresh Rawal）和阿努潘·凯尔（Anupam Kher）。

② 关于极右翼对教育相关问题压力的讨论，参见：Ram Puniyani，"India：What Is RSS Agenda in Education"，*South Asia Citizens Web*，16 August 2017，http：//sacw. net/article13429. html（accessed 19 August 2017）。

苏瑞什·普拉布（Suresh Prabhu），国防部部长尼尔马拉·西塔拉曼（Nirmala Sitharaman），民航部部长贾亚特·辛哈（Jayant Sinha），印度人民党外交部部长阿克巴（MJ Akbar），印度人民党总书记拉姆·马达夫和多瓦尔的儿子夏洛亚（Shaurya）。印度基金会每年举办两场国际会议，一场是在印度，聚焦于广泛的哲学问题；另一场是在国外，主要是解决战略问题。① 与这些德里智库有联系的是印度人民党和莫迪政府的人，如总理的首席秘书恩里彭德拉·米斯拉（Nripendra Misra），印度国家研究院（NITI Aayog）成员比贝克·德布鲁瓦（Bibek Debroy）和萨拉斯瓦特（V. K. Saraswat），印度人民党全国执行委员巴尔·德赛（Bal Desai），印度人民党著名的议员、前《组织者》和《潘驰加亚》（Panchjanya）报纸编辑塔伦·维杰（Tarun Vijay），印度人民党全国总书记阿伦·辛格（Arun Singh）和拉姆·拉尔（Ram Lal），印度人民党全国副主席施亚姆·贾杰（Shyam Jaju）、普拉巴特·迦（Prabhat Jha）和维纳伊·萨哈斯拉布德（Vinay Sahasrabuddhe）。也有一些成立时间较长的 RSS 附属智库，例如聚焦于经济发展的迪达雅研究所（Deendayal Research Institute），专为政治家及其员工举办培训班的蕾姆伯哈·马哈吉·普拉博迪海尼（Rambhau Mhalgi Prabodhini），集中于研究将克什米尔融入印度联盟的查谟 – 克什米尔研究中心，以及施克斯哈·萨斯克瑞提·乌特汗·尼亚斯，主要监管在印度出版的书籍，特别是那些被国家教育研究和培训委员会推荐的文本书籍。第一个附属于 RSS 的智库是 20 世纪 80 年代早期的普拉吉纳·普拉瓦哈

---

① 德里地区其他 RSS 附属智库包括综合国家安全论坛（FINS）、希亚马·普拉萨德·慕克吉（Syama Prasad Mookerjee）研究基金会、印度政策基金会（IPF）、战略与安全研究论坛（FSSS）、政策研究所（PRC）和政策研究中心（CPS）。

（Prajna Pravah），是在当时的首席专职干部德奥拉斯的鼓励下成立的。苏达山、当时的知识分子秘书布迪海克·卡亚瓦哈（bouddhik karyavah）和唐格迪（Thengadi），是与 RSS 相关的分支机构的创始人，他们为这个新机构的事业拓展奠定了坚实的基础。而且，在高瓦克和乌帕德亚雅去世后，他们被认为是 RSS 最权威的理论家。由于在历史上 RSS 一直反对宣传，声称该组织的工作本身就说明了这些人是受人尊敬的人士，在使 RSS 成员将他们的案例价值带给更大范围的公众方面，具有合法性。这些智库的主要目的是为 RSS 的专职干部提供一个论坛，以讨论印度教在现代化时期的相关性。由于 RSS 附属机构的政策活动变得更加复杂，他们中的一些机构已经建立了智库来支持他们的政策立场。劳工工会主席萨吉·纳拉雅南（C. K. Saji Narayanan）在接受采访时指出，附属机构对研究的关注是最近出现的现象，① 他们利用这项研究来游说政策制定者。② RSS 的工会、农会和右翼组织 SJM，是三个具有较大政策导向的附属机构，都已经建立了研究机构。RSS 目前出版了大量关于他们所做工作的著作，RSS 及其附属机构授权给多个出版社出版英文以及大多数为印度语的书籍和小册子，如德里的苏如史·普拉卡山（Suruchi Prakashan）、班加罗尔的拉史奥塔纳·萨赫特亚（Rashtrotthana Sahitya）以及浦那和那格浦尔的巴拉蒂亚·维查·萨德哈纳（Bharatiya Vichar Sadhana）。

---

① 2018 年 1 月 16 日在新德里的访谈。
② 劳工工会的巴德里·纳拉杨 16 日在新德里接受采访时告诉我们，2018 年 1 月该组织的研究负责人、一位农学家，参加了与官僚会面讨论肥料政策的草案。经济分支机构的阿史瓦尼·马哈杨（Ashwani Mahajan）2018 年 1 月 13 日在新德里接受采访时证实，多年来在经济分支机构开发的内部专业知识被用于游说政府官员。

关于对教育保留的承诺，写入印度宪法的是积极行动的观点，适用于选举机构、公共部门就业和高等教育机构，是为了那些被认定为历史上处于不利地位的达利特人和部落群体，现在大约占人口总数的 22.5%。在联邦层面和大多数邦，受益人仅限于印度教教徒、锡克教教徒和佛教徒，这些根植于印度的宗教。基督徒和穆斯林没有被列入到联邦一级的受益者之中，如果可以说服有关当局使他们相信，他们属于历史上处于不利地位的群体，有些邦也会提供一些积极行动，使他们能够从中获益。"宪法"被采纳 40 多年之后，就业和教育福利扩大到包括被称为"其他落后阶级"（OBC）的印度教种姓，这使允许成为受益人的比例又增加了27%。[①] 关于确定一个合适的标准，以认定哪些种姓类别符合其他落后阶级的受益人资格，一直以来都存在争议。由于他们认为被不公平地排除在外，这种种姓的抗议总是周期性地存在。虽然 RSS 至少自 20 世纪 70 年代以来就一直在积极推动取消适用于印度教种姓等级底层的限制（例如进入寺庙），[②] 但使用种姓类别来确定国家积极行动的受益者，是与其将印度教教徒统一为一个种族类别的目标背道而驰的。在

---

① 除了"落后"之外，其他落后阶级（OBC）的好处包括一个经济标准，不像列入宪法的达利特人。印度英迪拉·萨瓦尼联盟（Indra Sawhney V. Union of India）的案件证实了这样做的权利，印度最高法院认为"落后"不是 OBC 的唯一标准。然而，法院没有准确定义它的含义并将其留给各邦来决定，这一政策引起了不同群体的各种尝试。参见：*Sawhney V. Union of India*，AIR 1993 SC 477。

② 一位著名的 RSS 活动家和《潘驰加亚》的前编辑塔伦·维杰遭到一群护送一名低种姓的印度教教徒进入寺庙的暴徒袭击。参见：Press Trust of India，"Mob Attacks BJP MP Tarun Vijay outside Uttarakhand Temple"，NDTV，21 May 2016，https：//www.ndtv.com/india – news/bjp – mp – tarun – vijay – injured – in – fight – outside – uttarakhand – temple – report – 1408268（accessed 21 November 2016）。

RSS 内部运作中忽视了种姓和重要的理论家如高瓦克，他认为在
经典的印度教实践中拒绝将社会等级观念视为对信仰的歪曲。①

　　尽管对种姓作为国家利益基础持有冷漠和厌恶情绪，且积极
行动的政策几乎可以说一定会加强种姓身份认同并将种姓制度合
法化作为提供国家福利的条件，但同盟家族对于保留问题仍然保
持着中立态度。印度教团结与印度人民党的"为所有人发展"的
目标（Sabka Saath Sabka Vikas）和 RSS 的社会统一与稳定目标是
一致的。尽管如此，同盟家族的政治分支印度人民党在很大程度
上出于政治原因，将保留作为社会改革的合法工具进行辩护，并
拒绝对其实施方式进行审查。在 20 世纪 90 年代初，人们对于将包
括"其他落后阶级"在内的利益拓展存在一些犹豫不决，印度人
民党确实表达了公众对其扩张的支持，并一直致力于坚持这一观
点。由于在种姓中有超过 45% 的人口有资格获得"其他落后阶级"
资格，如果印度人民党想在政治上保持竞争力，在这个问题上就
几乎没有回旋余地。RSS 关于保留问题的最明确决议是，"内部干
扰策略"和"保留问题"在 1981 年由政治协商会议通过，反映了
RSS 在这个问题上制定政策存在两难困境。这些决议的主要建议
是，成立一个"非党派社会思想家"特别委员会，以评估应该包
括谁以及可以持续多久，② 这一立场使其能够避免对保留的是非曲
直做出具体陈述。两项决议中的第一项断言，"全国政治协商会议

---

① 高瓦克在他关于 RSS 信仰系统的主要著作中，在题为"祖国的儿童"一
章中详细阐述了平等的概念。参见：*Bunch of Thoughts*（Bangalore：Vikram
Prakashan，1966），pp. 97 - 120。

② 1950 年至 2007 年的 RSS 决议汇编，包括 1981 年关于保留的两项决议，
参见："R. S. S. Resolves：1950 - 2007：Resolutions Passed by A. B. P. S. and
A. B. K. M. of R. S. S. from 1950 - 2007"（New Delhi：Suruchi Prakashan，
2007）。1989 年、1990 年和 2005 年还有一些决议反对将贱民延伸到那些
转向伊斯兰教或基督教的达利特人或部落。

肯定了我们国家生活的基本事实，这是不可分割的，并被赋予了丰富的多样性"。但同样的决议也指出，"RSS 认为现在有必要继续保留，以便使这些几个世纪以来在教育、社会和经济领域一直落后的所有的同胞，与社会中其他人一样"。① 这些决议试图满足在这一问题上的冲突立场，并指出：

> 全国政治协商会议同意总理的观点［当时的总理英迪拉·甘地］，保留不能是一种永久性的安排，这些拐杖必须尽快拿开。并且由于这种安排，优点和效率不应该允许受到不利影响。②

但是，它没有说明关于终止保留时间表的标准，或者如何衡量福利的有效性，或者如何确保这些好处不会受到保留政策带来的不利影响。

2015 年，关于对保留政策的立场，RSS 发现经过 25 年的中断之后，自己处于防御状态，因为它避免了这个问题。关于 RSS 立场的公开辩论是由 2015 年 9 月 20 日采访 RSS 领导人巴格瓦特的编辑引发的，他们来自《组织者》和《潘驰加亚》，是 RSS 的周刊。他们使用了几乎完全相同的词语，如 1981 年全国政治协商会议关于保留的模糊决议，声称保留已被用于政治目的，并建议成立一个非政治委员会来审查谁需要保留福利以及保留多长时间。③ 这些

---

① 参见："R. S. S. Resolves: 1950－2007: Resolutions Passed by A. B. P. S. and A. B. K. M. of R. S. S. from 1950－2007" (New Delhi: Suruchi Prakashan, 2007)。

② Ibid.

③ Prafulla Ketkar, "Strengthening the Weakest Link Will Lead the Nation to Development", *Organiser*, 21 September 2015, http://organiser.org//Encyc/2015/9/21/Strengthening-the-weakest-link-will-lead-the-nation-to-Development-.aspx (accessed 23 August 2017).

言论的背景是古吉拉特邦帕特尔社区的一些成员抗议所产生的暴力，要求将他们列为有资格获得"其他落后阶级"保留的弱势群体。这是政治上的一个敏感时期，因为巴格瓦特的言论是在比哈尔立法议会选举前夕发生的，而 RSS 在印度人民党的暗示下，受到反对派的攻击，该反对派试图利用这些言论表明印度人民党和 RSS 试图结束保留政策。几周之内，RSS 的秘书长苏瑞施·约什（Suresh Bhaiyyaji Joshi）代表 RSS 发表声明说，"只要社会需要，保留就可以继续，那是我们的立场……无论巴格瓦特说了什么，都没有用恰当的词语来表达。在任何地方都没有说，应该对保留政策进行审查。"① 当维迪亚，当时的 RSS 联合总书记及其现任联合总书记于 2017 年 1 月在著名的斋浦尔文学节上发表声明时，这个问题再次浮出水面，这表明对其他落后阶级的保留鼓励了分裂主义。② 出席电影节的联合秘书长豪萨贝尔几乎立刻发表声明说，"同盟家族的观点非常清楚，根据宪法规定对在册种姓、部落和其他落后种姓所提供的保留应该继续。它仍然是需要的，且应该全面实施。这是 RSS 所授权的观点"。③ 同时，维雅达还使用非常相似的语言进行了澄清。2016 年 3 月 15 日，财政部长贾特里（Jaitley）代表莫迪政府在联邦院发表声明时向成员保证，"政府的

---

① Shyamlal Yadav, "Why RSS Changed Its Stand on Reservation", *The Indian Express*, 3 November 2015, https：//indianexpress. com/article/ explained/ why-rss-changed-its-stand-on-reservation/ （accessed 12 July 2018）.

② Mahim Pratap Singh, "RSS Quotes BR Ambedkar to Say Reservation Should Go, Clarified Not against Quota", *The Indian Express*, 21 January 2017, https：// indianexpress. com/article/india/rss-quotes-br-ambedkar-to-say-quotas-should-go-clarifies-not-against-quota-4484573/ （accessed 12 July 2018）.

③ Newsagency, "Hosabale Clarifies on RSS View on Reservations", *India Live Today*, 21 January 2017, http：//www. indialivetoday. com/hosabale - clarifies - on - rss - view - on - reservation/104091. html（accessed 24 August 2017）.

政策很明确，保留将会继续下去"。① RSS 已经承诺要继续支持莫迪政府，尽管一些成员私下对保留政策表示担忧，但它将尽力避免去做任何可能使印度人民党政府难堪或使其选举前景复杂化的公开事情。RSS 的志愿者们在公开场合还相对缺乏经验，但是他们必须不断地这样做，并且在此过程中，学习避免在政治敏感话题上发表言论的艺术。为了强调同盟家族集体对莫迪政府的承诺，被认为已经非常接近 RSS 高级领导层的公路、运输和船运部长尼廷·加德卡瑞（Nitin Gadkari）表示，莫迪政府需要十年时间来实施他的计划。②巴格瓦特对莫迪总理作为理想的志愿者赞不绝口，他的闪光点来自他在 RSS 服务时期默默无闻的付出。③ 印度人民党对政府的控制，为 RSS 及其附属机构提供了前所未有的影响政策的机会，对维迪亚·巴拉蒂和艾卡尔·维迪亚拉亚等教育附属机构尤为重要。

关于教育目标的争论在同盟家族中被进一步强化，这一发展与 RSS 及其附属机构在过去 20 年中的快速增长以适应不同利益群体的发展有关（例如，强调农村与城市所需的技能以及关于高低种姓的保留问题）。影响争论的是农村地区低种姓选民对印度人民党的支持越来越多，该党已经获得了为达利特人和部落

---

① Special Correspondent，"No Move to Review Quota Policy, Jaitley Assures MPs", *The Hindu*, 15 March 2016, http：//www. thehindu. com/news/national/no-intention-to-change-reservation-policy-jaitley-clarifies-in-rajya-sabha/article8351849. ece#（accessed 24 August 2017）.

② 加德卡瑞在 2016 年 6 月 22 日印度人民党在马哈拉施特拉邦举行的会议上发表了这一评论，请观看马拉地语频道的 YouTube 视频，IBN Lokmat，https：//www. youtube. com/ watch? v = WRncdzyLT9Y（accessed 15 August 2017）.

③ Special Correspondent，"RSS Stint Behind PM's Success：Bhagwat", *The Hindu*, 12 July 2017, http：//www. thehindu. com/news/national/ rss-stint-behind-pms-success-bhagwat/article19265379. ece（accessed 23 August 2017）.

保留的议会席位的一半，远远超过任何其他党派。① RSS 及其他
附属机构的人口构成很可能也在朝着这个方向发展，这些发展使
得印度人民党或 RSS 极不可能对保留制度进行大幅修改。与总
理莫迪一样，RSS 最初支持其自身的教育体系，主要是为了保护
文化价值观，以促进经济发展为理由而继续投资 RSS 附属学校。
随着对创造就业的日益重视，与政府合作的领域也在不断扩大。
对于 RSS 来说，困境在于政府与日益增长的 RSS 附属学校系统
之间的这些合作安排，为这些机构事务中的大量政府声音打开了
大门，这一发展可能导致 RSS 担心教育政治化，并且在历史上
一直反对。②

① 2014 年议会选举中的印度人民党赢得了为这两个组织保留的 131 个席位
  中的 66 个席位。47 个席位保留给部落，84 个席位保留给达利特人。这些
  数字仅提供了达利特和部落支持的大致图景，因为所有选民都有资格在保
  留选区投票。
② 请参阅对印度高等教育机构政治化问题的分析，Susanne H. Rudolph and Lloyd
  I. Rudolph（eds），*Education and Politics in India: Studies in Organization,
  Society, and Policy*（Cambridge：Harvard University Press，1972），pp. 25 - 34。
  2008 年政治协商会议决议解决了政府对教育的影响问题，认为"鉴于教育对
  国家发展的至关重要性，有必要让它摆脱政治局势变化和官僚控制的影响"。
  参见："R. S. S. Resolves: 1950 - 2007: Resolutions Passed by A. B. P. S. and
  A. B. K. M. of R. S. S. from 1950 - 2007"（New Delhi：Suruchi Prakashan，2007）。
  为了应对这种潜在的发展，RSS 对话者通常会提到其附属学校的财务独立性可
  以防止这种干扰。

第五章 ／ 什么是印度教特性？

　　RSS 网站上关于使命的陈述是指印度教教徒作为组织的指导原则的统一，尽管什么是印度教特性，RSS 还没有正式的定义。[①] 它表明 RSS 的目标是"按照独特的民族精神重组印度教社会"，并且"同盟家族的理想是通过组织整个社会并确保印度教法则，将国家带到荣耀的顶峰"。然而，通过印度教特性来分析 RSS 成员是非常复杂的，因为该术语对于同盟家族中不同个体和群体来说，事实上具有不同的意义。也许，宗教传统并没有统一的结构也在意料之中，也没有被普遍接受的宗教文本。随着时间的推移，这种意义也随着社会、经济和政治变化而改变。正如普拉塔普·梅塔（Pratap Bhanu Mehta）所写的那样，印度教的无定形特点使之产生了一系列运动，来创造一个单一的印度教社区概念，部分原因是国家当局采取行动来确定谁是（或不是）印度教教徒。[②]

①　参见：http://rss.org/Encyc/2015/4/7/1254694.aspx（accessed 23 February 2016）。

②　Pratap Bhanu Mehta, "Hinduism and Self-Rule", *Journal of Democracy*, Vol. 15, No. 3, July 2004, pp. 109 – 110.

在有组织的印度教中，政府代替了最高的普世合一或文化权威，在定义印度教身份和改革印度教属人法方面发挥了重要作用。19世纪英国殖民当局对人口普查的发展，导致产生了对是（或不是）印度教教徒的界定，以及确定在独立的印度，有种姓依赖的印度教的国家利益。同样，民主印度的立法机构和法院本身也大大修改了印度教属人法的各种陈述。① 这些做法使得深受打击的印度教社区同质化，正如圣雄甘地所使用的宗教性术语"拉姆·拉杰亚"（Ram Rajya）、"非暴力主义"（ahimsa）、"不合作主义"（satyagraha）和"自主"（swarajya）。

也就是说，RSS 领导层从未在狭隘的宗教意义上提到印度教。曼莫汉·维迪亚在接受电子邮件采访时说，印度是一个文明的民族国家。他指出，在这片土地上的所有居民都拥有关于个人和集体生活的共同价值体系。② 但是从未谈及将印度教作为一种国教，因为印度作为一个被公认为的世俗国家，与那些认同印度教的宗教性质的人之间存在的深刻的教派和哲学分歧，进一步使这种情况复杂化。事实上，RSS 的文献资料中赞同印度教的宗教和文化多样性。RSS 几乎没有印度的宗教图解，直到发生了 20 世纪 80 年代后期的罗摩·杰玛布胡密（Ram Janmabhoomi）运动。在 20 世纪 90 年代后期，该运动失去了大部分的情感吸引力之后，除了著名的世界印度教大会之外，RSS 及其大多数附属机构，极少在他们的计划中使用印度教的宗教符号。③ 例如，在当前 RSS 的使命宣言中，强调文化

---

① 讨论政府立法部门对印度教属人法的重要作用，参见：Donald Eugene Smith, *India as a Secular State* (Princeton：Princeton University Press, 1963), pp. 277 – 291。

② 曼莫汉·维迪亚在 2018 年 3 月 2 日的电子邮件中向我们提到了这一点，这是对他提出的一系列问题的回应。

③ 一些准宗教象征主义继续被 RSS 普遍使用，如"印度之母"（Bharat Mata，印度的女性化身）的图片和神圣的声音"om"的象征，尽管这些往 （转下页注）

和爱国主义而不是形而上学问题或宗教教义。至少在领导层面，RSS从未对任何特定的印度教派别表示偏袒（可能是多样形式印度教崇拜的必要条件）。正如维迪亚在电子邮件采访中所指出的那样，RSS认识到走向神圣有多条路径，所有这些路径都同样有效。一种更具包容性的印度教特性定义，旨在容纳非本土的信仰。①
为了强调对印度教的非形而上学的定义，最具宗教倾向的RSS领导人高瓦克这样写道：

> 人们去寺庙，并努力专注于神像，把它们视为全能的象征。但这一切并不能满足充满活力的我们……我们想要一个"活着的"上帝。②

（接上页注③）往被解释为爱国主义而非宗教的象征。在公开的RSS活动中，"印度之母"和RSS图片与另外两个领导人海德格瓦和高瓦克的图片并排出现。然而，位于那格浦尔的RSS总部的主要接待区只有两个RSS领导人的肖像被颜料画在墙壁上，墙壁的其他地方是空的。为了强化"印度之母"作为爱国和文化象征的概念，图像代表了一个不可分割的印度，就像1947年分治之前一样。在印度独立之后，RSS通常表达将印度和巴基斯坦再次统一起来的愿望，但是提议早已被取消。"统一印度"（Akhand Bharat）这个词现在具有文化而非政治含义，无论他们住在哪里，都是印度教教徒。RSS本身早已放弃了统一印度这种不切实际的呼吁。一些著名作家，如乌帕德亚雅和阿德瓦尼已经提出了印度、巴基斯坦和孟加拉国自愿联盟的想法。但即使是更有限的概念，也不是RSS或印度人民党议程的一部分。RSS的使命声明甚至没有提到将"统一印度"作为目标。

① 2018年3月2日，电子邮件采访维迪亚。
② M. S. Golwalkar, *Bunch of Thoughts* (Bangalore: Vikram Prakashan, 1966), p. 24. 另请参阅我们前一本书中关于RSS对"印度教教徒"含义的讨论, Walter Andersen and Shridhar Damle, *The Brotherhood in Saffron: The Rashtriya Swayamsevak Sangh and Hindu Revivalism* (Boulder: Westview Press, 1987), ch. 3。

他将"印度教国家"称为"活着的上帝"。[1] RSS 的现任领导人告诉我们，当他提到"印度教"一词时，他也使用了一种文化而非宗教的定义，一种适用于所有印度人，而不仅仅是那些实践印度教的人。[2] 最近，可能为了逃避与"印度教教徒主义"这一术语相关的负面含义，RSS 负责人在声称它没有使用与印度宗教相关的教条时，使用了"印度教特性"来表达包容性。[3] RSS 的社会构成的变化，特别是随着向上流动的社交群体成员的加入以及其政治分支机构存在的必要性，促使 RSS 更具包容性。值得注意的是，前面所提到的 RSS 使命陈述中，所指的也是"整个社会"的组织，而不仅仅是那些认为自己在宗教上是印度教教徒的人。在第六章和第七章中，我们将探讨在为穆斯林组建的 RSS 附属团体背景下构成"印度教教徒"的更为广泛的视野，以及与人民民主党联盟的印度人民党，这一政党在穆斯林占多数的查谟和克什米尔邦得到了穆斯林的支持。然而，这种更具包容性的努力在时间上相对较短，并不是所有的同盟家族都赞成它。也许与本研究最相关的术语是印度教特性（或印度教民族主义），因为它侧重于 RSS 如何在社会福利、劳动、教育和政治等领域推行其意识形态。

---

[1] M. S. Golwalkar, *Bunch of Thoughts* (Bangalore: Vikram Prakashan, 1966), pp. 24-25.

[2] 2015 年 7 月采访位于那格浦尔 RSS 总部的莫汉·巴格瓦特。印度教一词含糊不清，过去两个世纪以来一直在以不同的方式使用。正如我们在上一本书中所指出的那样，印度的象征主义在印度的各种文化区域中不同于 19 世纪的最后几十年，并且直到 20 世纪初，复兴主义组织才成功地将该术语作为参考。参见: Andersen and Damle, *The Brotherhood in Saffron*, pp. 16-20。

[3] Ajay Singh, "Mohan Bhagwat's 'Hinduism vs Hindu-ness' Statement Is Old Rhetoric; Does Not Signal Change in RSS' Stand", Firstpost, 16 September 2017, https://www. firstpost. com/politics/no-shift-in-rss-position-mohan-bhagwats-hinduism-vs-hindu-ness-postulation-is-old-hat-4046753. html (accessed 9 May 2018).

"印度教特性"这个词的流行源于 V. D. 萨瓦卡（Vinayak Damodar Savarkar，1888－1966）在 1923 年出版的《印度教特性——谁是印度教教徒？》一书中的定义。[①]该词最早是 19 世纪晚期孟加拉的作家查德拉纳斯·贝苏（Chandranath Basu）在其著作《古印度教的希望：建立印度教国民大会的提案》[②] 中使用的，萨瓦卡的使用是建立在此基础之上。印度教特性对 RSS 的创始人产生了非常重要的影响，其思想在 RSS 出版物中经常反复出现。[③]本质上，萨瓦卡认为印度教教徒是将"祖国"（pitrbhoomi）与"圣地"（punyabhoomi）等同起来的人。仔细阅读发现，萨瓦卡清楚地表明他的术语"圣地"指的是文化而非传统意义上的宗教。对于萨瓦卡来说，对印度教特性至关重要的是对印度教的民族认同和忠诚的主观感受，包括宗教起源于印度的群体（佛教徒、耆那教徒、锡克教徒等），因为他们很可能没有域外的忠诚，但他仍然怀疑穆斯林或基督徒，他们的宗教起源于次大陆之外，是否能够成为文化上的印度教教徒并且忠于印度教国家。然而，萨瓦卡没有将这一观点应用于印度的小帕西人和犹太人社区，也许是因为这两者都没有传播福音的信仰。通过接收穆斯林

①　萨瓦卡的《印度教特性——谁是印度教教徒？》我们使用的是 1969 年孟买的 Veer Savarkar Prakashan 出版社出版的版本。

②　C. C. Basu, *Old Hindu's Hope: Proposal for Establishment of Hindu National Congress*（Calcutta：C. C. Basu，1888）. 最初的手稿是 19 世纪晚期关于"谁是印度教教徒"的更大讨论的一部分，并涉及对该问题的不同解释。分析巴苏对这场辩论的贡献，参见：Makarand R. Paranjape，"Hindutva before Savarkar: Chandranath Basu's Contribution"，*DNA*，22 April 2017，http://www. dnaindia. com/analysis/column－hindutva－before－savarkar－chandranath－basu－s－contribution－2411145（accessed 10 December 2017）。

③　萨瓦卡对印度教民族主义认同感的重要性进行了精彩的讨论。参见：Thomas Blom Hansen，*The Saffron Wave: Democracy and Hindu Nationalism in Modern India*（Princeton：Princeton University Press，1999），pp. 77－80。

和基督徒，RSS 在 20 世纪 70 年代摆脱了排他性观点。在印度教的领土和文化方面，萨瓦卡一直以来都更加重视文化。从海德格瓦时期开始，这一重要性也体现在 RSS 的定位中。事实上，萨瓦卡是一个无神论者和建立一个发达的经济、军事和科学的印度的倡导者，而且个人蔑视印度教。与一些印度教特性批评者的观点相反，萨瓦卡积极致力于消除印度社会中的种姓等级制度。①在萨瓦卡之后，几乎所有的印度教特性的倡导者都考虑过种姓——尤其是不可接触的惯常做法——这是对印度教统一目标的阻碍。萨瓦卡一个最为真实的传记作者达南杰·吉尔（Dhananjay Keer）在报告中讲到，他组织了泛印度教的节日，重点是让所谓的贱民能够进入寺庙。②在一次公开演讲中，萨瓦卡故意挑战印度教的正统观点，他说："从今天开始，我不会相信种姓的高低，我不反对最高种姓和最低种姓之间的通婚。我会与任何印度教教徒一起吃饭，无论对方是什么种姓。我不会因出身或职业而相信种姓，从此以后我仅仅称自己为印度教教徒，而不是婆罗门、吠舍等等"。③

　　RSS 的创始人海德格瓦非常钦佩萨瓦卡，④ 将印度教教徒视

---

① 例如，苏密特·萨卡尔（Sumit Sarkar）写道，对萨瓦卡来说重要的不是内容或地位，而是古典印度（Bharatvarsha）的真正本土起源。该引述参见：Sumit Sarkar, "Indian Nationalism and the Politics of Hindutva", in David Ludden (ed.), *Making India Hindu: Religion, Community, and the Politics of Democracy in India* (New Delhi: Oxford University Press, 2005), p. 289。

② DhananjayKeer, *Savarkar and His Times* (Bombay: India Printing Works, 1950), p. 164. 他在第六章 "社会变革" 中，分析了萨瓦卡渐进的社会议程，这令拥有保守正统思想的印度教教徒不安。

③ Ibid.

④ 萨瓦卡的手稿，名为 "印度教特性"（Hindutva），用的是笔名马拉塔（Mahratta），被送给那格浦尔的印度教大斋会（Hindu Mahasabha）领导人科尔卡（V. V. Kelkar）出版。海德格瓦是该市著名的印度教活动家，他阅读了手稿。他的传记作者帕勒卡尔（H. N. Palekar）写道，海德格瓦对手稿印象深刻。据报道，他在其中发现了创建 RSS 的意 （转下页注）

为"大地之民"。在印度教教徒占多数的情况下，生活在印度的任何人最终都必须也应该采用印度教文化。他写道，"我们（印度的印度教教徒）并没有说其他人不应该住在这里，但是他们应该意识到他们住在印度教教徒的印度"。①萨瓦卡从未放弃对穆斯林或基督徒是否能成为文化印度教教徒的怀疑。海德格瓦的继任者高瓦克也认同这种怀疑态度。在他关于意识形态的重点工作中，他认为"领土概念"建议所有居住在地域上被归类为印度的人都是印度教教徒，这破坏了他所提及的"真正的印度教国家"。②他进一步解释说，"印度社会要成为一个整体，因此我们所有人都应该为此而奉献"。他写道，"甚至在今天，穆斯林无论是在政府的高级职位还是之外，都公开地参加狂热的反民族主义会议。他们的演讲也更多带有公开蔑视和反

（接上页注④）识形态理由。帕勒卡尔为海德格瓦博士写的传记，参见 Poona：Hindustan Sahitya, 1960, in Marathi。乌帕德亚雅将这本书翻译成印地语，反映了其在 RSS 界的重要性。曼莫汉·维迪亚在与我们的讨论中表示，如果想要获得对 RSS 可信的分析，应该阅读这本书。

①　这是海德格瓦在标题为"Pathey"的 RSS 汇编小册子中题为"我们的印度教国家"一章中的引用（New Delhi：Shri Vishwa Niketan, 2015, translated into English from Marathi, p. 4）。

②　Golwalkar, *Bunch of Thoughts*, pp. 142 - 143. 这本书是由一群 RSS 知识分子团队编辑的，其内容主要基于高瓦克的演讲，如前面提到的高瓦克的演讲发表于 1966 年第一版。其中一位团队成员，喀拉拉邦的高级 RSS 领导人兰加·哈里（Ranga Hari）在一封电子邮件中解释说，该书的内容中提到穆斯林和基督徒是"内部威胁"，在该书的下一版中改为"伊斯兰原教旨主义"和"传教福音"，因为这些新术语更准确地反映了高瓦克的想法。哈里解释说，这种变化是必要的，因为批评者将 RSS 称为反穆斯林和反基督教的……（这对于古鲁吉的精神人格是不公平的）。哈里还告诉我们，作为高瓦克的印地语全集的编辑，他无法在所有这些文件中找到高瓦克对任何一种宗教的任何贬义。然而，他确实说过，高瓦克批评人们的"反国家和不爱国行为"，不论他们声称是什么样的宗教信仰，但他从不批评信仰本身。

叛的口气"。① 他对于所谓的基督教威胁的描述不那么苛刻，尽管他说基督徒的活动主要关注的是皈依，而最终的结果是印度教皈依者的"世袭宗教、哲学、文化和生活方式应该被吸收到世界基督教联合会"②。

海德格瓦以萨瓦卡为榜样，倡导一种阶层仅具有边缘意义的印度教。在他的一系列讲话中，他指出："我们必须对所有印度教兄弟表现出同样的感情，没有任何自卑感或优越感。对于任何被认为是低等人的蔑视，都等同于犯罪。"③高瓦克的继任者德奥拉斯在 20 世纪 70 年代后期，通过公开攻击种姓等级而推动 RSS 进入了一个非常活跃的阶段。贾夫勒洛特（Jaffrelot）认为，RSS 从广泛的印度教教徒中招募专职干部——无论他们是什么样的种姓或宗教起源（现在包括穆斯林）——对他们过着禁欲主义生活的要求，与一个没有社会阶级的印度教修道院教派有着非凡的相似之处。它为日常的社会等级制度之外的全职工作者提供了一种出家的职业。④ 正如我们在上一本书中所解释的那样，RSS 营地有一系列活动，例如要求所有参与者选择是向其他人提供食物还是清洁厕所，目的是逐渐削弱与印度教种姓等级制度中各个层面的不同工作相关的洁净与污染的观念。⑤ 2015 年 7 月 8 日，在那格浦尔的 RSS 总部早餐时，我们作为嘉宾，由一名年轻人提供食物，他说他来自附近地区的一个部落，并告诉我们他的目标是学习工程并为国家的福祉做出贡献。他还告诉我们，他在 RSS

---

① Golwalkar, *Bunch of Thoughts*, p. 178.

② Ibid. , p. 180.

③ *Pathey*, p. 17.

④ 将 RSS 作为印度教教派的讨论，参见："The RSS：A Hindu Nationalist Sect", in Christophe Jaffrelot（ed. ）, *The Sangh Parivar：A Reader*（New Delhi：Oxford University Press, 2005）, pp. 56 – 102。

⑤ Andersen and Damle, *The Brotherhood in Saffron*, pp. 94 – 98.

总部的同事平等地对待每个人（他可能指的是自己）。这些评论让人想起海德格瓦在 1940 年发表的最后一次演讲，将 RSS 与"印度教国家（Hindu Rashtra）的缩影"进行比较，因为他认为这是一个平等主义的"家庭"。[①] 虽然一些 RSS 的成员对"无种姓"社会有所保留，但我们遇到的大多数 RSS 的高级官员（主要是婆罗门）都认为，社会和公民平等是印度社会的合法目标，因此也是 RSS 的目标。正如我们在其他地方所指出的那样，这种平等概念是乌帕德亚雅阐述的所谓"整体人文主义"的核心思想。如果有任何书被认为是对同盟家族的意识形态的陈述，那就是乌帕德亚雅关于该主题的书。他和其他人认为，没有这种平等、统一社会的目标——RSS 的指导原则将是有问题的。这种强调团结的原因在于误解了为什么当前 RSS 的领导人质疑独立期间为最为弱势的种姓所采用的配额制。《组织者》的编辑告诉我们，（和其他人一样）他们质疑的不是配额制本身，而是这些群体中的"奶油层"从配额中获得了好处，而牺牲了这些较低阶层中的群体。[②]

　　由于 RSS 的各个附属机构，尤其是同盟家族中的政治成员，开始在各自的领域开展业务，他们的一些领导人很快就明白，保持向穆斯林敞开大门是有利的（包括超过十分之一的人口），其他人并没有将自己看成是虔诚的印度教教徒。曼莫汉·维迪亚在电子邮件采访中告诉我们，RSS 与穆斯林和基督徒的对话是积极并具有持续性的。最近，RSS 及其服务附属机构组织了多项活

---

① 该演讲参见：Jaffrelot, "The RSS: A Hindu Nationalist Sect", in Jaffrelot (ed.), *The Sangh Parivar*, p. 64。

② 2015 年 3 月 28 日在德里采访《组织者》编辑普拉夫拉·凯特卡（Prafulla Ketkar）。解决这个问题的一个前瞻性方法是在种姓基础上引入经济配额，但鉴于该问题的政治敏感性，RSS 尚未正式提出。

动，试图接触东北部的基督教社区。[1]"印度教"的狭隘观点变得越来越不可行，甚至 RSS 在 1979 年开始向非印度教教徒（主要是穆斯林）敞开大门，允许他们参与纱卡。其核心民族领导层逐渐开始面向所有印度人，以此作为广泛的印度教文化的一部分，该文化适应了国家显著的多样性。[2] RSS 甚至在 2002 年成立了一个群体——穆斯林国家论坛（MRM），在穆斯林中开展工作。RSS 的附属学校中有成千上万的穆斯林学生，虽然这个群体及其文化同化议程不太可能获得穆斯林的大力支持，但 RSS 及其附属机构正在动员穆斯林这一事实表明，人们认为穆斯林无法加入印度教国家的陈旧观念正在转变。MRM 的全国召集人库马尔（Indresh Kumar）告诉我们，MRM 已通过决议，建议穆斯林支持禁止屠宰奶牛，尊重印度教对罗摩神庙的要求，并删除印度宪法第 370 条（赋予以穆斯林为主的查谟和克什米尔邦的自治地位），并且这些文化/政治问题都没有破坏作为一种信仰的伊斯兰教。他相信越来越多的穆斯林会加入他所谓的"国家文化主流"，类似于印度尼西亚穆斯林对土著印度教文化的适应。[3] 虽然 RSS 的大多数高级领

---

① Smita Gupta, "How the RSS Grew Roots in the North-East", *The Hindu Business Line*, 9 March 2018, https://www.thehindubusinessline.com/blink/know/how-the-rss-grew-roots-in-the-north-east/ article22991950. ece（accessed 9 May 2018）.

② 我们被告知，在拥有大量基督徒人口的南部喀拉拉邦，有基督教 RSS 成员，甚至还有基督教地区领导人。我们还被告知，这些基督徒成员中的大多数都属于叙利亚东统教会，这是该邦几个大型基督教教派之一。

③ 库马尔于 2016 年 3 月 28 日在德里的穆斯林国家论坛办公室接受采访时告诉我们。库马尔来自克什米尔，是一名 RSS 专职干部，而且多年来一直是克什米尔邦的专职干部。在他的办公室里有 RSS 的常用图标："印度之母"海报、海德格瓦和高瓦克的照片，以及维韦卡南达的照片。在 2015 年 7 月 1 日对库马尔的一次单独采访中，他告诉我们已经考虑过一个 RSS 联盟的基督徒组织，但 RSS 领导人觉得时机还不成熟，因为印度基督教社区的大部分人都反对 RSS，尽管 自 20 世纪 80 年代以来，RSS 一直与基督教领袖进行对话。

导人似乎已经采用了印度教更广泛的文化领域，但在不同层面仍然会有许多人以及其他的附属机构不支持这一定义。其中部分原因，正如我们在关于 MRM 的章节中所解释的那样，他们怀疑穆斯林是否会认同土著文化。这种差异在世界印度教大会中尤其如此，世界印度教大会是印度教教会机构工作的附属机构。世界印度教大会反对印度教教徒改变宗教信仰，并因此代表印度教参与福音传道——假设有组织的伊斯兰教和基督教对印度的统一和印度的安全构成威胁。

我们在 RSS 联系人中接触了关于印度教含义的各种定义。对于一些人来说，它主要涉及尊重特定的文化遗产（例如阿约提亚的罗摩神庙以及摩诃婆罗多这样的经典）；对于另外一些人来说，则是履行与佛法概念相关的社会责任；还有人认为它是对传统神灵的崇拜和对传统行为规则的坚持。然而，有一个共同的主题贯穿于这些不同的反应——民族主义与爱国主义。例如，高瓦克解释说，"这片土地上的每一粒尘埃、每一个生物或非生物、每一块岩石和石头、树木和溪流，对我们来说都是神圣的"。[1] 作为必然的结果，他提倡一种为印度教社会服务的美德："无论是种姓、教派、语言、邦或政党等其他考虑因素，都不应该成为 阻止对社会投入的考量因素。"[2] 这种公共服务的核心理念可以使印度成为一个强大的国家，并在世界舞台上受到尊重。高瓦克写道：

> 每个印度教教徒最重要的责任是建立一种神圣、仁慈和不可战胜的力量，以支持我们印度教国家的古老真理。[3]

---

[1]　Golwalkar, *Bunch of Thoughts*, p. 87.

[2]　Ibid., p. 120.

[3]　Ibid., p. 165.

　　但是在他的作品中，很少准确描述如何实现这种印度教的身份，除了 RSS 的"人格塑造"训练计划。附属群体的扩张，特别是在 20 世纪 70 年代以及 80 年代在德奥拉斯的积极领导下，为实现印度教的统一目标发挥了作用。除了与纱卡相关的"人格建设"之外，这种扩张还包括劳工罢工、游说活动和参与各种社会福利活动（例如：洪灾救济、与穷人工作相关的技能教育以及受干旱等影响的地区的食物分配），当然还有政治活动。阿蒂提亚纳特（Yogi Adityanath）从来没有成为 RSS 的成员，但他与世界印度教大会有联系。在一次采访中他告诉我们，即使那些因为其宗教色彩而不想自我认定为印度教教徒的人，也可以被认定为印度人。①

　　无论是在狭隘还是更广泛的定义中，国家的中心地位对于 RSS 的印度教概念都是必不可少的。对于印度民族主义者来说，忠于国家是所有公民的核心价值观和基本的爱国主义责任。目前 RSS 负责人巴格瓦特拓展了对国家忠诚的概念，包括对环境问题的关注，例如砍伐森林，空气与河流污染以及对贫困、文盲、健康状况不佳和社会歧视的敏感性。② 2016 年 2 月 9 日，爱国主义问题突然进入公共领域。在新德里著名的尼赫鲁大学（JNU），与左翼政治团体有关联的学生组织了一次游行，抗议阿法扎尔·古鲁（Afzal Guru）2013 年被执行死刑。③ 阿法扎尔·古鲁是一

①　2018 年 1 月 18 日，在北方邦的勒克瑙（Lucknow）采访。

②　巴格瓦特 2016 年 6 月在德里演讲时，给出了这个扩大的民族主义定义。他是第一个专门讨论将环境和社会服务作为爱国职责的 RSS 负责人。参见：https：//www.youtube.com/ watch？v = 9jQCRgx88O0（accessed 3 January 2018）。

③　阿法扎尔·古鲁作为 2001 年 12 月 13 日袭击印度议会的共犯之一，于 2001 年 12 月 18 日被判处死刑，印度最高法院于 2005 年 8 月维持了这一判决。印度和其他地方的人权组织呼吁宽大处理，认为审判 （转下页注）

名克什米尔分离主义分子，被指控为合谋参与了2001年12月对印度议会的恐怖袭击。在此过程中，尼赫鲁大学的RSS附属学生团体学联和印度青年民兵提出口号，认为此事违反了印度的颠覆法，这些法律实际上植根于殖民时期通过的立法。[①]尼赫鲁大学学生会主席库马尔（Kanhaiya Kumar）是印度的全印学生联合会的共产党成员，2016年2月12日与另外两名尼赫鲁大学的学生一起被捕。他们被指控高喊反国家口号，组织了校园游行。3月2日，德里最高法院获准了库马尔6个月的有条件保释，条件是他不得参与任何反国家活动。[②] 他和他的支持者认为，他们并没有发

（接上页注[③]）存在缺陷和不公平，但2010年6月和2011年8月的内政部建议印度总统拒绝任何怜悯请求。在进一步拖延之后，印度总统普拉纳布·慕克吉要求由国大党领导的联合政府内政部审查该决定，并再次建议执行。因此，总统于2013年2月3日拒绝了另一份怜悯请愿书，阿法扎尔·古鲁在六天后被处决。尼赫鲁大学校园爆发抗议示威活动，由查谟和克什米尔邦的学生领导，并得到印度共产党（M-L）和人民民主联盟的学生的支持。与此同时，与同盟家族有关的相关学生团体全印学生会和印度青年民兵在尼赫鲁大学校园进行反示威活动。2016年2月初被执行死刑的三周年，同一团体在尼赫鲁大学校园内举行了类似示威活动。

① 全印学生会指控游行者喊道，"我们的战争将一直持续到印度被摧毁"和"印度军队的死亡"。库马尔否认提出过任何此类反国家的言论，尽管问题至少因为一些事件的视频被明显篡改而变得复杂。关于该事件的总结，参见：Press Trust of India, "Court's Order Vindicates Our Stand: ABVP", OneIndia. com, 3 March 2016, http: //www. oneindia. com/india/ court - s - order - vindication - our - stand - abvp - 2030837. html（accessed 3 March 2016）; "Protests Paralyze India's JNU as Government Cracks Down on Dissent", DW. com, 15 February 2016, http: //www. dw. com/en/protests - paralyze - indias - jnu - as - government - cracks - down - on - dissent/a - 19049950（accessed 3 March 2016）。

② 关于德里高等法院判决的报告，参见：Scroll staff, "Delhi HC Gives Kanhaiya Kumar Bail Quoting Bollywood Song and Calling Slogans an 'Infection'", Scroll, 2 March 2016, http: //scroll. in/article/804489/delhi - hc - gives - kanhaiya - kumar - bail - quoting - bollywood - song - and - calling - slogans - （转下页注）

表煽动性言论，而且眼前的问题是言论自由而不是煽动，并进一步声称他们不认识那些高喊反国家口号的人。[1]与此同时，2016 年 3 月 16 日尼赫鲁大学行政委员会发现，游行是在未经许可的情况下举行的，确实涉及有人高喊反国家口号。关于言论自由问题，3 月 2 日德里高等法院判决时，同时向尼赫鲁大学学生会主席提供了为期六个月的临时保释，并且还强调指出，反国家的煽动性言论不能算作是受保护的言论。[2]

　　尼赫鲁大学和印度其他校区的活动激起了学联（和其他 RSS 附属团体）的关注，因为他们关注该组织的爱国主义核心问题。示威游行激起的愤怒引发了尼赫鲁大学（和其他校园）民族主义"宣讲活动"的竞争，一边是各种左派学生团体，另一边则是学联和印度青年民兵。这场辩论围绕着印度应该成为一个什么样的社会展开。库马尔回到尼赫鲁大学后发表演讲，声称他正在寻求但不是从印度获得自由，而是在印度内部的自由，并为 RSS

（接上页注②）an－infection（accessed 9 March 2016）。当时被捕的两个人巴塔查亚（Anirban Bhattacharya）和哈里德（Umar Khalid）后来被释放，条件与库马尔相同。

[1]　关于抗议领导人与尼赫鲁大学行政机构之间紧张关系的讨论，参见：Shreya Roy Chowdhury，"JNU Protest：Administration Threatens Student Union President of Disciplinary Action"，*The Times of India*，2 January 2017，http：//timesofindia. indiatimes. com/city/delhi/jnu－protest－students－union－president－receives－letter－and－police－presence－sought－for－ec－meeting－on－tuesday/articleshow/56297058. cms（accessed 10 January 2017）。

[2]　关于德里最高法院决议的讨论，参见：Press Trust of India，"JNU Row：Delhi High Court Dismisses Plea for Action against Kanhaiya Kumar"，India. com，15 March 2016，http：//www. india. com/news/india/jnu－row－delhi－high－court－dismisses－plea－for－action－against－kanhaiya－kumar－1033415/（accessed 6 January 2017）。

贴上了"反对派"的标签。① 《组织者》在这场争论中集中于民族主义案例而发表了一系列的文章。《新印度快报》主编普拉博赫·查拉（Prabhu Chawla）的一篇社论分析认为，尼赫鲁大学的游行活动实际上是为了"摧毁印度的观念"，"民族主义的核心是不允许讨价还价"的。② 3 月 6 日的专栏文章认为，学生们要求言论自由和教育自主实际上是一个烟雾，把反对莫迪政府与保卫反国家活动以及支持阿法扎尔·古鲁以保护弱势群体混为一谈。③ 该问题的其他文章呼吁加强尼赫鲁大学的学术标准，质疑为什么这位 29 岁的库马尔仍然还在学生名单上。莫迪政府认真地处理了尼赫鲁大学的问题，因为当时人民民主党首席部长穆弗蒂·穆罕默德·赛义德（Mufti Mohammad Sayeed）去世后，正寻求重新使印度人民党与以穆斯林为主的人民民主党结盟。人民民主党反过来又在很大程度上依赖克什米尔的穆斯林支持，那里的人对阿法扎尔·古鲁抱有相当多的同情（人民民主党的领导人过去甚至对反对他的证据表示怀疑）。在赛义德去世之后，人民民主党和印度人民党在 RSS 的支持下重新谈判联盟一事。2016 年 4 月 4 日，赛义德的女儿迈赫布巴·穆弗蒂（Mehbooba Mufti）宣誓就任查谟和克什米尔首席部长。在查谟和克什米尔

---

① 关于库马尔的演讲，参见：http：//www.ndtv.com/indi a - news/full - speech - kanhaiya - kumar - out - on - bail - speaks - of - azad i - on - jnu - campus - 1283740（accessed 9 March 2016）。

② 2015 年 6 月 27 日在新德里采访时，前印度人民党发言人、印度人民党总书记拉姆·马达夫（Ram Madhav）提供了印度人民党和人民民主党（PDP）之间联盟的理由。莫迪总理任命马达夫制定联盟的方式。这不是印度人民党与该邦主要穆斯林党之间的第一次联盟，它还于 1998 年与查谟和克什米尔国家会议党结成联盟。在最近的联盟成立之前，马达夫一直在与国家会议党和人民民主党进行谈判。

③ 参见：http：//organiser.org//Encyc/2016/2/29/ Editorial—Different-Layers-of-Anti-Nationals. aspx（accessed 9 March 2016）。

（印度唯一的穆斯林占多数的邦），政治联盟对 RSS 非常重要，因为它被认为是既能加强民族团结又能证明同盟家族并不反对穆斯林的一个举措。一个类似的理由是，印度人民党和阿卡利达尔（Akali Dal）之间的近半个世纪的联盟，这个党代表锡克教教徒在旁遮普邦的利益，这是另一个非印度教教徒占多数的边境邦。① 这些联盟的民族主义理由符合 RSS 的核心目标，即确保独立印度的领土完整以及国家不同宗教团体的文化同化。

2016 年 2 月 9 日，尼赫鲁大学的游行引发的矛盾，在各方媒体的大量报道下，迅速地扩展到了全国各地。RSS 与包括印度人民党和学联在内的几个分支机构热情地加入到了这一争论之中，通过迎合爱国主义而博得民众普遍支持，以解决民族主义的核心问题。

关于那些拒绝使用"巴拉特·玛塔（印度母亲）万岁"（Bharat Mata ki Jai）口号的当选官员是不是不尊重宪法，这引起了争议，因为印度人民党的全印执行委员会认为他们正处于 2016 年 3 月的政治决议中。② 关于"印度母亲万岁"决议的部分内容始于以下论断：

> 民族主义、国家统一和完整是印度人民党的信条。今天，这个国家中一个非常小的微观少数群体沉迷于蛊惑人心，这违背了宪法的本质。我们的宪法保障每个公民的言论

---

① 然而，RSS 认为锡克教教徒是大印度教社区的一部分。
② 关于 2016 年 3 月 20 日印度人民党全国常务会议通过的关于民族主义问题的第 2 号政治决议全文，参见：http://www.bjp.org/media - resources/press - releases/ political - resolution - passed - in - bjp - national - executive - meeting - at - ndmc - convention - centre - new - delhi - 20 - 03 - 2016（accessed 12 January 2018）。

自由，但只有在其框架之内，自由才是愉快的。谈论巴拉特的毁灭，不能以言论自由的名义来支持。①

印度人民党在这份法律声明中划清了界限，这一言论没有被包含在宪法保护之中，该主张与德里最高法院在 2016 年 3 月 2 日关于尼赫鲁大学事件的决议是一致的。

不久之后，2016 年 3 月 7 日至 15 日，RSS 的国家决策机构——政治协商会议（ABPS）和全印执行委员会（Akhil Bharatiya Karyakari Mandal，ABKM）举行了年度秘密会议，集会地点在拉贾斯坦邦的纳高尔（Nagaur）②。在那里提出的三项决议之一，间接地提到了"印度教教徒之间的社会和谐"这一民族主义辩题。③ 该决议指出，印度是一个拥有自己独特风俗和哲学理念的"古老国家"，其核心哲学基础是世间所有存在的"统

---

① 参见：http：//www.bjp.org/media – resources/press – releases/ political – resolution – passed – in – bjp – national – executive – meeting – at – ndmc – convention – centre – new – delhi – 20 – 03 – 2016（accessed 12 January 2018）。

② 政治协商会议是 RSS 的年度全国大会，它宣布了 RSS 的政策，并且每三年选举一次 RSS 总秘书，后者又任命各部门负责人。它拥有来自 RSS 和每个附属组织的约 1500 名代表以及一些特邀代表。全印执行委员会由 RSS 的区域和邦分支的 52 个领导组成，包括 RSS 的最高领导人、秘书长和五个联合秘书长组成的国家"核心组"以及 RSS 各部门的负责人。全印执行委员会为政治协商会议制定决议。这些小组的会议顺序从 3 月 7 日开始，核心小组与高级邦和区域 RSS 领导人之间举行首次会议。3 月 8 日，核心小组与国家 RSS 领导人会面。3 月 9 日是审核向全印执行委员会提交问题的核心小组会议。3 月 10 日，全印执行委员会会议准备将于 3 月 11 日至 13 日向 RSS 大会提交的决议。会议从秘书长关于 RSS 的发展报告开始，接下来是一些选定数量的高级全职 RSS 工作人员，提出正式的审议决议，然后进行强有力的讨论，最后进行投票（通常是一致的）。此外，各个附属组织的代表也会就自己的组织提交报告。

③ 资料来自 RSS 关于政治协商会议的官方网站，http：//samvada.org/2016/ news/rss – abps – begins/（accessed 22 March 2016）。

一性"，包括所有人类的"统一性"。它进一步指出，印度衰落的根源在于日益严重的社会不平等以及诸如像"不可接触性"这样的"不人道习俗"。它还强调了社会和谐的重要性，这是RSS一以贯之的观点，也许是乌帕德亚雅在《整体人文主义》中最好的分析，并且接近他所谓的"民族灵魂"。然而，该决议并没有具体说明如何实现这些崇高的美德。

RSS总书记在2016年3月的国民议会的年度报告中①，对于尼赫鲁大学游行以及所提出口号的批评非常具体。年度报告指出：

> 我们希望中央和地方政府严肃处理这种反国家和反社会的势力，不要让我们的教育机构成为政治活动的中心，以确保神圣和文化氛围。

报告进一步指出：

> 在言论自由的名义下，如何能够容忍呼吁破坏和摧毁国家的口号，那些策划阴谋想摧毁议会的罪犯如何能够被尊为殉道者？

然而，在这种对民族主义的肯定中，无论是决议还是总书记的报告都没有提到像阿约提亚的罗摩神庙这样重要的印度教

---

① 总结报告，参见：Mahim Pratap Singh, "RSS Calls for Strict Action against 'Anti-National' Forces in Universities", *The Indian Express*, 12 March 2016, https://indianexpress.com/article/india/india-news-india/govt-should-check-anti-nationals-in-universities-rss/ (accessed 12 July 2018)。

问题①，取消了宪法第370条和制定统一的国家民法（也许是因为那样会削弱莫迪总理的坚定主张，即印度人民党在同盟家族的暗示下，将注意力集中在经济发展）。② 通过将经济发展描述为至少与这些通常的印度教问题同等重要，总理似乎正在将发展作为形成他对印度教民族主义观的关键因素，③ 这一原则远没有传统印度教教徒的纲领那么具有争议性，而且更具有包容性。巴格瓦特在一次向企业家发表演讲时声明，商业和繁荣的扩张应该被视为一个人的教法的一部分，这可以视为是对此观点的支持。④ 曼莫汉·维迪亚在接受电子邮件采访时补充说，虽然印度教允许物质财富的积累，但与弱势的共同公民分享财富是个人的义务（教法）。然而，困境仍然存在。许多同盟家族中的活跃分子，尤其是在世界印度教大会中的活跃分子，以传统的方式看待印度

---

① 阿拉哈巴德高等法院解决了罗摩神庙的争端。2010年9月30日裁定的证据表明，争议的地点曾经有一座寺庙。正因如此，RSS确信在这个问题上的最终决定将有利于印度教教徒，因此在印度最高法院裁定之前，该问题引发持续的骚动是没有必要的。尽管如此，世界印度教大会继续谈论了这个问题，其中一些领导人甚至游说政府通过立法将土地归还给罗摩神庙信托机构（Ram Janmabhoomi Trust）。请参阅世界印度教大会网站，该网站详细介绍了有关寺庙争议问题上世界印度教大会的政策。http://www.vhp.org/wp-content/uploads/2010/10/rjb-hc-verdict.pdf（accessed 28 July 2016）。

② 据报道，2016年3月19日至20日印度人民党全国执行会议期间，莫迪总理告诉党员不要卷入批评者提出的任何争议，要关注发展。然而，在同一次会议上，该党提出了一项政治决议，建议印度人民党专注于民族主义问题和达利特人的就业，因为它准备在即将到来的五个邦议会选举中扩大支持。参见：*The Economic Times*（New Delhi），21 March 2016，p. 2。

③ 莫迪总理在2013年与我们会晤时表示，经济发展是他对印度民族主义观点的核心。

④ Press Trust of India，"Business Should Be Considered a Dharma，Says RSS Chief Mohan Bhagwat at BSE"，*News*18，25 January 2018，http://www.news18.com/news/business/business-should-be-considered-a-dharma-says-rss-chief-mohan-bhagwat-at-bse-1641929.html（accessed 25 January 2018）.

教。现在感到有权对此发表言论，但所使用的方式通常又会让总理及其政府感到尴尬。总理一直受到批评，包括一些在同盟家族中的人，因为他没有像在 2014 年议会选举时那样迅速而有力地发表讲话，反对那些主张采取强硬路线的激进言论或使用暴力应对穆斯林和基督徒的观点。①

　　在拉贾斯坦邦的政治协商会议组织秘密会议之后不久，各种 RSS 的附属机构的官员和受邀专家于 2016 年 3 月 22 日至 23 日在新德里举行会议，论证民族主义作为动员工具的重要性。在其他问题上，还讨论了解决民族主义议题的策略。正如一位参与者所说，在秘密会议上发言的那些成员似乎相信，这个问题是"为我们解决的一个问题"。② 其他人补充说，"左倾的尼赫鲁大学"是一个泡沫，"那里表达的反民族情绪"并不代表绝大多数印度人的观点，甚至也不是大多数印度学生的观点。但在这些会议结束后不久，巴格瓦特在 2016 年 3 月 28 日的一次会议上说，迫使其他人高唱"印度母亲万岁"是错误的。他说，"生活在这个国家的所有人都是我们自己人，不能将我们的意识形态和想法强加于他们"。③ 为了进一步证明这一观点被 RSS 的高层所接受，当时的全印度

---

①　第一阶段的竞选活动，请参阅他对强硬派印度教民族主义声明的批评的讨论。我们听到了一些理由，让总理不愿更迅速、更有力地说出来。对我们而言最有说服力的是，他考虑到如果采取严厉的回应，可能会失去核心印度教信徒的支持。也许，另外一个原因是一位 RSS 高级人物向我们提到的，RSS 处理内部分歧的方法是私人协商，目的是改变行为，而不是公开谴责。

②　我们在 2016 年 3 月 23 日新德里会议结束时与几位代表进行了交谈。一些 RSS 高级官员如联合秘书长豪萨贝尔参加了那次会议。

③　关于强迫人们唱"印度母亲万岁"的评论报告，参见：Rajiv Srivastava, "Chanting of 'Bharat Mata Ki Jai' Can't Be Forced on Others: RSS Chief", *The Times of India*, 28 March 2016, https://timesofindia. indiatimes. com/ india/Chanting – of – Bharat – Mata – Ki – Jai – cant – be – forced – on – others – RSS – chief/ articleshow/51585274. cms（accessed 9 May 2018）。

联合总书记曼莫汉·维迪亚表示，"RSS 领导人所说的并不新鲜。我们是一个民主国家，我们不能强迫任何人喊口号"。[1] 尽管巴格瓦特的声明与印度人民党的决议存在明显的矛盾，但一个党派发言人断言，RSS 和印度人民党的观点并没有差别。但也同时强调该党"一再表示关于对'印度母亲万岁'的辩论是不可妥协的，且该党坚持其主张"。[2]

3 月 22 日至 23 日会议讨论的另一个问题是如何防止达利特人（贱民）失去支持的战略。考虑到 RSS 在 2015 年比哈尔大会选举期间，对基于种姓的保留制度进行重新评估的建议以及 2016 年 1 月海德拉巴大学一个达利特积极分子的自杀事件引起的争议，这一问题显得尤为重要。同盟家族批评者指责学联引发了骚乱。除非小心处理，否则这些事件可能会在即将举行的选举中对印度人民党产生负面影响。这在政治上尤为重要，因为印度人民党最近在议会选区中为表列种姓（如达利特人）和部落在保留制度方面做得非常好，而且它不想失去印度选民中这一数量庞大群体的支持。RSS 的批评者们试图利用这两个问题来证明，同盟家族基本上是由高种姓的印度教教徒控制的，他们并不关心达利特人的社会和经济福祉。在基本层面，RSS 工作努力，研究表明在达利特人和部落之间实施广泛的社会福利活动方面已经取得了一些成功。[3] 在政治层面，印度人民党主席阿米特·沙阿

---

[1]　参见：Rajiv Srivastava, "Chanting of 'Bharat Mata Ki Jai' Can't Be Forced on Others: RSS Chief", *The Times of India*, 28 March 2016, https://timesofindia. indiatimes. com/india/Chanting – of – Bharat – Mata – Ki – Jai – cant – be – forced – on – others – RSS – chief/ articleshow/51585274. cms（accessed 9 May 2018）。

[2]　Ibid.

[3]　研究同盟家族关于达利特人、部落和其他弱势群体之间的活动，参见：Tariq Thachil, "*Elite Parties, Poor Voters*"（London: Cambridge University Press, 2014）。

（Amit Shah）在2016年3月的政治协商会议上发布公告并向党员发出命令，每年庆祝比姆拉奥·拉姆吉·安贝德卡尔（Bhimrao Ramji Ambedkar）的生日，这位达利特学者主持了印度宪法的起草工作，并且今天仍然是达利特人（不可接触者）的标志性人物。[1] 根据2016年3月的新闻报道，莫迪总理出席了十次庆祝安贝德卡尔的活动，包括2016年4月14日出现在安贝德卡尔的出生地，纪念其诞辰125周年。[2] 在2016年政治协商会议上，RSS通过决议，呼吁反对所有形式的贱民制，并在安贝德卡尔命名的场所这样做。[3]

　　巴格瓦特意识到要保持印度人民党执政的优势，对于RSS所采取的会破坏总理或政党在民众中地位的措施需持谨慎态度。例如，回顾巴格瓦特和RSS传统上对基于种姓利益的批评，[4] 这种利益在2015年比哈尔邦议会选举中给印度人民党带来了麻烦，维雅塔告诉记者（几乎可以肯定地得到巴格瓦特的批准），"只要我们的社会中存在社会歧视，保留就应该继续"。[5] 至少就目前而言，接受保留似乎是我们在同盟家族战略会议的结论中，代

---

① 关于同盟家族努力将安贝德卡尔纳入印度教民族主义崇敬人物中的报告，参见：*The Economic Times*（New Delhi），24 March 2016，p. 2。

② Ibid.

③ Ibid.

④ 2015年9月27日，在接受RSS附属《潘驰加亚》和《组织者》编辑采访时，巴格瓦特表示，他建议专家委员会重新评估预留的基础。他还提请注意这样一个事实，即目前的受益者不成比例地来自"奶油层"（即达利特人中具有社会和经济优势的部分）。

⑤ Smriti Kak Ramachandran, "We Never Thought of RSS as a Custodian of Religion: RSS ' Manmohan Vaidya", *Hindustan Times*, 20 March 2016, https://www. hindustantimes. com/india/we-never-thought-of-rss-as-a-custodian-of-religion-rss-manmohan-vaidya/story-VLN01dCxL09MDJbnvBS1WM. html（accessed 9 May 2018）。

表们所达成的一个共识。

2016 年初，长期持保守观点的高级人物的质疑，证明了同盟家族内部意识形态的摆动。据报道，曼莫汉·维迪亚表示 RSS 没有规定饮食习惯，东北地区的 RSS 成员依然吃牛肉，① 一位颇有影响力的内阁部长加德卡利（Gadkari）在讲政府不应该干涉饮食习惯时，也重申了这一点。② 豪萨贝尔在推特上写道，"同性恋不是犯罪，而是社会中的不道德行为"。③ 关于"印度母亲万岁"，巴格瓦特说，"我们不想强迫任何人"。④《组织者》的编辑普拉弗拉·凯特卡告诉我们，这些立场是现有观点的演变，并不能代表新的政策方向，这似乎是 RSS 的标准解释。⑤ 关于看起来更自由的立场，哪怕至少是部分谨慎，也可能是一种"试

① DNA web team，"Even Beef-Eaters Can Be RSS Members，Says Senior Leader Manmohan Vaidya"，*DNA*，10 December 2015，http：//www. dnaindia. com/india/report-even-beef-eaters-can-be-rss-members-says-senior-leader-manmohan-vaidya-2154163（accessed 28 July 2016）.

② DNA web team，"Dadri Lynching：Govt Can't Decide What People Should Eat，Says BJP Leader Nitin Gadkari"，*DNA*，4 October 2015，https：//indianexpress. com/article/india/ india-news-india/dadri-lynching-govt-cant-decide-what-people-should-eat-says-bjp-leader-nitin-gadkari/（accessed 12 July 2018）.

③ Speed News Desk，"Homosexuality Is Not a Crime. It Is Socially Immoral，Psychological Problem"，*Catch News*，14 February 2017，http：//www. catchnews. com/national – news/homosexuality – not – a – crime – requires – psychological – treatment – rss – 1458291055. html（accessed 28 July 2016）. 2015 年 12 月 28 日在中央邦的印多尔（Indore）采访中，豪萨贝尔告诉我们，RSS 既没有谴责也没有宽恕同性恋。

④ Express News Service，"Mohan Bhagwat：Don't Force Anyone to Say 'Bharat Mata Ki Jai '"，*The Indian Express*，29 March 2016，https：//indianexpress. com/article/india/india – news – india/no – need – to – force – anyone – to – chant – bharat – mata – ki – jai – focus – on – building – great – india – mohan – bhagwat/（accessed 12 July 2018）.

⑤ 2016 年 3 月 29 日在德里的《组织者》办公室采访了凯特卡。

水"，以观察 RSS 成员和更广泛的社会层面如何做出回应。我们还认为，这种谨慎的自由化可能是由于 RSS 同盟家族更加纷繁的社会多样性，其积极成员包括新兴城市中产阶级的重要部分。我们无法想象，即使是在不远的过去，同盟家族中的高级人物也会公开表达这种非传统的观点。

　　印度教特性的基本要素似乎是一种相对简单的爱国主义，这种爱国主义近乎于是对祖国的崇拜，并以巴拉特·玛塔的形象直观地表现出来。存有一系列著作（最为典型的是乌帕德亚雅的整体人文主义），它提供了一整套连贯的叙述，并对意识形态做了基本的解释。但是 RSS 的大多数成员，或者印度人民党或其他附属机构，很可能不会对这些意识形态术语进行思考，但当他们使用这些术语时，就缺乏与理论家和高级领导者在使用上的连贯性和一致性。例如，大多数成员几乎肯定接受种姓是一种社会建构，也是一种种姓等级制度，尽管 RSS 的意识形态拒绝二者，因为这与他们所寻求的社会统一目标相悖。群众的支持常常反映了在生活中人们认为是重要的非意识形态线索，例如社会稳定和经济发展，甚至可能是"危险的印度教"或"从孟加拉国来的非法移民"。自 20 世纪 90 年代初以来，RSS 和其他附属机构的快速增长，很可能是因为它们在快速变化的时代，对于社会稳定有着类似的渴望。他们在吸引民众支持方面的持续成功，有赖于他们提供了一种叙事，相比于其他竞争手段，该叙事与印度人民更加相关。

第六章 ／ 穆斯林国家论坛——一个适应穆斯林的尝试

2015 年 7 月 2 日下午，新德里一个独特的开斋晚宴的简单新闻发布会很快升级为一场媒体风暴。这样的聚会，是虔诚的穆斯林打破了他们规定的为期一天斋戒后的晚宴庆祝活动，这是穆斯林斋月节期间印度政治议程中的固定活动。在新德里，这一最具政治性的印度城市，开斋节晚宴是政治家、官僚、外交官和记者交流政治八卦和享受丰盛的莫格莱（Mughlai）美味佳肴的场合。但是这个提议的开斋节晚宴在很多方面都显得不同寻常，也许最值得注意的是它是由穆斯林国家论坛组织的，它将自己描述为一个在 RSS 的支持下建立的组织，目的是未来弥合印度的印度教和穆斯林社区之间日益扩大的差距。① 对这个开斋节聚会的愤怒是因为当时的巴基斯坦驻印高级专员阿卜杜勒·巴斯特（Abdul Basit）被邀请参加晚宴，他是被邀请参加晚宴的来自穆斯林占多数国家的几位外交领导人之一。使这一邀请如此具有争

---

① http：//muslimrashtriyamanch. org/Encyc/2016/1/13/About-us. aspx（accessed 15 February 2017）.

议的原因是，早在几天前巴基斯坦恐怖组织虔诚军（Lashkar-e-Taiba）在查谟—克什米尔的帕姆浦（Pampore）发起了一次恐怖袭击，造成 8 名印度准军事人员丢了性命。当巴斯特在巴基斯坦高级委员会的一个不相关的开斋节被问及这次袭击事件时，据说他（漠然地）敦促聚集的记者"举办开斋节晚宴并享受"。①

　　巴斯特的不敏感性感知所引发的争议促使穆斯林国家论坛将他从开斋节聚会中开除。由于这次邀请在 RSS 内部引发了牢骚和怨言，几个 RSS 的领导人认为有必要澄清同盟家族与穆斯林国家论坛之间的关系。为了进一步解释这两个群体，RSS 的宣传负责人维迪亚告诉记者，主办开斋节聚会的 RSS 媒体报道"事实上是不正确的"，并且穆斯林国家论坛——所描述的独立的穆斯林组织"努力创造民族意识"——是唯一的组织者。② 关于穆斯林国家论坛与 RSS 之间关系的模糊性，源于 2002 年在 RSS 的帮助下建立的事实，并且从那时起就受到 RSS 专职干部尹德拉斯·库马尔（Indresh Kumar）的指导，③ 他以前是查谟和克什米

① Charu Kartikeya, "RSS Is Lying: Muslim Rashtriya Manch Is as Much an RSS Outfit as BJP", *Catch News*, 15 July 2016, http://www. catchnews. com/politics-news/rss-is-lying-muslim-rashtriya-manch-is-as-much-an-rss-outfit-as-bjp-1467992819. html（accessed 12 July 2018）.

② 2015 年 7 月 1 日《印度教》（金奈）报道，维迪亚于 2015 年 7 月 10 日在那格浦尔接受采访时解释说，穆斯林国家论坛（最初名为 Rashtravadi Muslim Andolan）于 2002 年 12 月 24 日应几位接触 RSS 的穆斯林领导人的要求正式启动。在几个发起的重要穆斯林中，有全印度伊玛目委员会主席和法塔赫普里清真寺的沙希·伊玛目（Shahi Imam）。RSS 当时的负责人苏达山参加了就职活动并明确表示了他的支持。RSS 的第一发言人维迪亚也是如此。参见：http://muslimrashtriyamanch. org/ Encyc/2016/1/13/About － us. aspx（accessed 27 February 2017）。

③ 关于 2002 年穆斯林全国论坛的形成，参见：http://muslimrashtriyamanch. org/Encyc/2016/1/13/ About － us. aspx（accessed 28 January 2017）。该组织于 2005 年更名为现在的名称。

尔邦的 RSS 组织者。并且，荒谬的是，他是一个印度教教徒。他在穆斯林国家论坛中的正式头衔是指导者（margdarshak）。库马尔还是一个非常有影响力的全印执行委员会——RSS 中央执行委员会的成员。2016 年 3 月 25 日，我们到他在新德里的办公室时，注意到前两位最高领导人（sarsanghchalaks）海德格瓦和高瓦克的照片，以及他桌子上方墙上的"印度母亲"的大型石版画。虽然那里有文化上的印度教氛围，但他的大型办公大楼却充满了寻求各种援助的穆斯林。

尽管 RSS 与穆斯林国家论坛有关联，但后者从未被列入任何 RSS 附属机构的官方名单中。① 尽管如此，RSS 的高层领导依然是其成立的催化剂，自 2002 年成立以来，他们一直在支持它。② 当时的最高领导人苏达山参加了当年 12 月 24 日的正式启动仪式，自此他参加了每一个国家层面的穆斯林国家论坛大会，直到 2012 年去世。然而，RSS 在支持穆斯林国家论坛方面能走

---

① 曼莫汉·维迪亚和豪萨贝尔都告诉我们，穆斯林国家论坛是由 RSS 成员发起的几个组织之一，但它独立于同盟家族。官方的穆斯林国家论坛叙述有所不同，声称几位有影响力的穆斯林人物向 RSS 寻求帮助而成立了该组织。大多数其他非附属组织都位于印度境外，我们将在另一章分析这些问题。2015 年 7 月 10 日在德里与维迪亚面谈，2015 年 7 月 21 日与豪萨贝尔面谈。

② 虽然 RSS 负责人苏达山参加了每年的穆斯林国家论坛年会，从 2002 年成立到 2012 年去世，但他的继任者巴格瓦特却没有参加任何年度会议。豪萨贝尔参加了 2009 年至 2016 年的会议。然而，巴格瓦特于 2016 年 12 月 2 日参加了在勒克瑙举行的穆斯林国家论坛会议，会议上有大量穆斯林知识分子讨论穆斯林和印度教教徒如何弥合目前将他们分开的文化差距。2017 年 1 月 11 日，帕查波尔（Virag Pachpore）在一封电子邮件中向我们提供了有关本次会议的信息。他还告诉我们，另外两名 RSS 高级领导人出席了 2016 年 12 月的会议：RSS 秘书长约什（Suresh Bhaiyyaji Joshi）和助理秘书长、联络员戈帕尔（Krishan Gopal）。他们表示，RSS 领导强烈支持穆斯林国家论坛在穆斯林中推进民族主义信息的努力。

多远以及它应该如何公开承认其关联，已经成为 RSS 所面临的一个反复出现的困境。一方面，同盟家族不想冒犯那些对印度穆斯林和伊斯兰教存在负面看法的大量印度教教徒。另一方面，它真正的希望是让穆斯林能更接近它所认为的民族主流，这既是出于政治稳定的原因，也是为了帮助印度人民党获得占人口比例14%的穆斯林的政治支持。至少就目前而言，它已经确定了支持穆斯林国家论坛的进程，同时通过强调穆斯林国家论坛的独立性与其保持一定距离。

　　那么，RSS 和穆斯林国家论坛之间的真正关系是什么？该问题的答案根植于 RSS 对穆斯林社区在印度不断发展的场所的争论。RSS 对印度穆斯林和伊斯兰教的认知并不是一成不变的。20 世纪 60 年代，高瓦克试图恢复战前海德格瓦针对某些伊斯兰宗教领袖的 RSS——穆斯林的提议，但与海德格瓦一样，这些努力实际上并没有取得成功。高瓦克公开指责穆斯林政治领导人缺乏魄力，并得出结论认为唯一有效的方法是让 RSS 及其附属机构直接在穆斯林中工作。① 政治机构印度人民同盟和劳工工会所采取的第一步措施，是向包括穆斯林在内的所有具有宗教背景的人开放会员资格。这两个附属机构的措施甚至更加具体，建立了专门针对穆斯林的单位，以解决他们感兴趣的问题，尽管效果微乎其微。② 这些单位中相对具有影响力的是印度人民同盟（后来重组为现在的印度人民党）的少数民族单位（后来称为少数民族团体），少数民族团体（Minority Morcha）

---

① 高瓦克关于他对外扩展失败原因的想法的信息，参见：*Sree Guruji Samagra* (New Delhi: Suruchi Prakashan, Hindu year 5016), p. 157 (in Hindi)。高瓦克在 1971 年接受一名伊朗记者采访时，表达了他向穆斯林扩展的原因。

② 印度人民同盟针对的穆斯林是"穆斯林抗议"，成立于 20 世纪 60 年代中期。劳工工会是成立于 1994 年的 Sarva Panth Samdar Manch。

的首要目标是动员穆斯林在选举中支持印度人民党的候选人。相比而言，穆斯林国家论坛则从事更为广泛的宣传活动。然而，穆斯林国家论坛确实在 2014 年议会选举中为印度人民党工作，并且有报道说它也分别在 2015 年和 2017 年的比哈尔邦和古吉拉特邦议会选举中为该党工作。[①] 少数民族团体与穆斯林国家论坛的不同之处还在于，其办公室工作的承担者全部来自少数民族社区，包括基督教徒。鉴于这两个群体之间的组织联系各不相同，即使他们有着重叠的目标，例如动员穆斯林选民，但他们的工作还是相互分开的。事实上，2014 年在 427 名印度人民党议会候选人中仅有 7 人是穆斯林，这表明这两个群体在推动党内穆斯林代表权方面的影响力有限。事实上，无论如何，这 7 名候选人全部失败了。[②] 似乎党主席阿米特·沙阿设定的提名标准是赢得选举的能力，无论宗教背景如何。因此，根据穆斯林国家论坛和少数民族团体所掌握的对穆斯林的信息，他们似乎相信来自印度人民党的印度教候选人比来自另一党派的穆斯林候选人，更能有效地代表他们的利益。长期以来，印度人民党的领导人一直认为，与国大党和左派政党不同，它并没有"怂恿"穆斯林社区获得选票，而是采用了 RSS 的策略，通过创造就业机会和提供更好的治理来改变穆斯林对同盟家族的看法。克斯提（M. K. Chisti）强调了这一信息，他是古吉拉特

---

① 有关在古吉拉特邦为印度人民党工作的穆斯林国家论坛的报告，参见：Tanvir Siddiqui，"Gujarat Assembly Elections 2017：RSS – backed Muslim Outfit to Seek Votes for BJP"，*The Indian Express*，22 November 2017，https：// indianexpress. com/elections/gujarat – assembly – elections – 2017/rss – backed – muslim – outfit – to – seek – votes – for – bjp – 4948804/（accessed 12 July 2018）。

② 在 7 名印度人民党穆斯林候选人中，有 3 人来自克什米尔山谷，2 人来自西孟加拉邦，1 人来自拉克沙（Lakshadweep）群岛。

邦少数民族团体的召集人和 2017 年古吉拉特邦议会选举中穆斯林占主导地位的印度人民党（印度教）候选人。据报道，克斯提告诉他的穆斯林选民，"你们是我的家人，而不是我的选民"。这意味着印度人民党致力于照顾他们的利益，就好像他们是家庭成员一样。①

同盟家族除了专门为穆斯林开展宣传活动建立了这些团体之外，还有联邦少数民族事务部。自印度人民党执政以来，由著名的印度人民党穆斯林领导人纳吉姆·赫普杜拉（Najma Heptulla）② 负责，她是 2014 年印度人民党胜利后的首位部长，两年后由该党在联邦院的高级穆斯林领导人穆克塔·阿贝斯·纳克维（Mukhtar Abbas Naqvi）取代。该部的网站声称，它的任务是通过教育和健康计划改善少数民族的生活，所有政府计划中有 15% 专门用于少数民族，该部门在邦和联邦层面招募公务员时，会"对少数民族给予特别关照"。③

1979 年，在其附属机构的带领下，RSS 正式对穆斯林（和基督徒）开放其成员资格。目前，在 RSS 以及几乎所有的附属机构，穆斯林学生参加国民志愿服务团的附属学校，并且有许多穆斯林成为 RSS 所赞助的健康和技能培训服务项目的受益者。

---

① Tanvir Siddiqui, "In Muslim-dominated Jamalpur, BJP Candidate Says： 'You Are My Family, Not My Voters'", *The Indian Express*, 20 November 2017, https：//indianexpress. com/elections/gujarat-assembly-elections-2017/in-muslim-dominated-jamalpur-bjp-candidate-says-you-are-my-family-not-my-voters/ （accessed 12 July 2018）.

② 赫普杜拉来自一个非常著名的印度穆斯林家庭。她是毛拉纳·卡拉姆·阿扎德（Maulana Abul Kalam Azad）的侄女，前内阁成员、国大党主席和印度反殖民主义者圣雄甘地的同事，出身于一个著名的伊斯兰学者家庭。

③ 关于该部门目标的讨论，参见：http：// minorityaffairs. gov. in/sites/default/files/pm15points_ eguide. pdf （accessed 25 November 2017）。

在 RSS 中，甚至还有一些穆斯林经历了为期三年的培训计划，该计划是为了培养专职干部队伍。但是，整个同盟家族仍然存在着对穆斯林（以及在较小程度上的基督徒）的怀疑，正如我们在下面所分析的。

根据 RSS 所描述的历史，1000 年来穆斯林对次大陆的统治是外部入侵的结果。同样，穆斯林统治阶级总是被描绘成外国帝国主义者，虽然不是指被承认为皈依者的穆斯林群众。这种区别使得 RSS 声称穆斯林实际上是"大地之子"，这一定义最终成为开放成员资格的正当理由。然而，巴基斯坦的存在被认为是非法的，并且在 1947 年分治之后的数十年来，RSS 圈内广泛接受了取消分治和统一印度，即被称为大印度（Akhand Bharat）的概念。当时留在印度的穆斯林通常被描绘成第五纵队，他们同情巴基斯坦。高瓦克在《思想集》一书中写道：

> 自欺欺人地相信他们（穆斯林）在巴基斯坦成立后一夜之间变成了爱国者，无异于自杀。相反，自巴基斯坦成立以来，穆斯林的威胁已经增加了百倍，而巴基斯坦已经成为他们未来在我国进行侵略性设想的跳板。①

这几乎可以说不是第一次表达这种情绪。1939 年，高瓦克曾写道，"印度教教徒中的非印度教教徒必须采用印度教文化和语言，必须学会尊重和保持印度宗教，如果他们想要留

---

① Madhav S. Golwalkar, *Bunch of Thoughts* (Bangalore: Vikram Prakashan, 1966), pp. 167 – 177.

在这个国家"。[1]

这种对于穆斯林对印度忠诚度的怀疑可追溯到 RSS 的形成期。该组织成立于 1925 年，成立的部分初衷是回应印度中部发生的印度教教徒和穆斯林的骚乱。[2] 其成立的目标是团结破碎的印度教社区以保护印度教教徒，此外印度教的团结被视为独立的必要前提条件——穆斯林则被视为实现这个更大国家目标的障碍。分治以及随之而来的印度教和穆斯林的教派暴力冲突，不仅蹂躏着印度，也加深了人们对穆斯林不忠诚的普遍看法。诺拉尼（A. G. Noorani）在对印度穆斯林的研究中写道，"印度的穆斯林发现自己正面临着同样的创伤变化，这种创伤在 90 年前，也就是 1857 年的暴乱时期，他们的祖先也曾遭遇过"。他进一步指出，"与 1857 年一样，他们对新国家的忠诚是可疑的"。[3] RSS 在组织印度教教徒从巴基斯坦移民和在印度安置印度教难民方面发挥了重要作用，他们一直是质疑穆斯林忠诚度的最重要的人——当时 RSS 从来没有认真考虑过在 RSS 的纱卡中接受穆斯林。1948 ~ 1949 年禁令之后，高瓦克回应了那些要求 RSS 向穆斯林开放的人，他认为 RSS 与作为一种

---

① Madhav S. Golwalkar, *We or Our Nationhood Defined* (Nagpur: Bharat Prakashan, 1947, 4th edition), pp. 55 –56. 需要声明的是，本书中任何涉及高瓦克作者身份的内容，人们普遍认为他没有全部写出来。例如，前《潘驰加亚》编辑阿加瓦尔教授写道，高瓦克只写了本书的第一章和最后一章。他认为其余部分是 1934 年达莫达尔·萨瓦卡在马拉地所写的书 *Rashtra Mimansa* 的英文译本。阿加瓦尔的印地语书参见：*Sangh Beej se Vriksh* (Delhi: Prabhat Prakashan, 2017)。

② 参见：Walter Andersen and Shridhar Damle, *The Brotherhood in Saffron: The Rashtriya Swayamsevak Sangh and Hindu Revivalism* (Boulder: Westview Press, 1987), pp. 26 –40.

③ A. G. Noorani, *The Muslims of India: A Documentary Record* (New Delhi: Oxford University Press, 2003), p. 1.

宗教的伊斯兰教或与印度的穆斯林（他声称在种族上与印度的印度教教徒是一样的）之间没有问题。但是，他怀疑加入像同盟家族这样的民族主义组织的任何穆斯林。① 这里未说明的是，RSS 成员也坚决反对接受穆斯林，许多人甚至反对现在就这样做。

　　独立之后，花了四分之一世纪的时间才让分治的记忆逐渐消失。重要的是，RSS 需要考虑允许穆斯林加入。1973 年，高瓦克选择德奥拉斯作为第三代最高领导人，标志着从 1948 年至 1949 年毁灭性禁令之后的内向型重建阶段到德奥拉斯倡导的更加外向的激进主义阶段的重大转变。显然，高瓦克在去世之前曾质疑 RSS 在继任者的领导之下，能够改变和应该改变多少。根据我们获得的消息，他的两位主要候选人是站在这个问题的对立面的。② 重建阶段的重点是重建印度教的会员基础，该战略的一部分是为印度教特性的激进重心增加印度教的精神元素。③ 有几个 RSS 的上层人物可能

---

① 高瓦克关于这个问题的讨论，参见：*Sree Guruji Samagra*，Vol. 9，pp. 105 – 110，182 – 184，186 – 195。

② 北方邦的一名宣教士纳伦德拉吉特·辛格律师告诉我们，在选择继任者时，根据 RSS 章程要求，高瓦克需要咨询 RSS 全印执行委员会（ABKM）的成员。根据辛格的说法，最后两位候选人是德奥拉斯和前任 RSS 秘书长雷纳德。雷纳德是典型的组织者。辛格告诉我们，他建议高瓦克从实际情况和组织角度看，德奥拉斯是一个更好的选择。该建议的有趣之处在于，辛格将意识形态问题作为新的选择最高领导人的标准。我们于 1991 年 3 月 23 日在坎普尔对他进行了访谈。

③ 高瓦克所做的一项重大举措是为印度教特性增添一种精神元素，使其更符合斯瓦米·维韦卡南达（Swami Vivekananda）的思想，即代表人类无私地行善的行为构成了哲学印度教的本质。高瓦克在 1953 年对 RSS 国家层面的专职干部的演讲中提到了维韦卡南达的观点。高瓦克所搜集的信息，参见：*Sree Guruji Samagra*，Vol. 2，pp. 111 – 121。

更适合高瓦克内向型的印度教整合工作，① 如果 RSS 再次被禁，他很可能选择活动家德奥拉斯作为真正能发挥作用的领导人。② 在德奥拉斯升为领导人仅仅两年之后，英迪拉·甘地总理宣布进入紧急状态，这无意中促使 RSS 在他的领导下，行动远远超出重建阶段。结果，他采取了更为激进的社会计划和更具包容性的成员政策，以适应穆斯林和基督徒的参加。许多组织参与了抗议甘地总理的活动，包括 RSS 在紧急状态时被禁止，包括德奥拉斯在内的许多 RSS 高层领导人被捕。在监狱中，德奥拉斯和其他 RSS 领导人与被禁止的伊斯兰阵线（Jamaat-i-Islami）的著名人物进行了交流，这是一个颇有影响力的穆斯林组织，他们也批评英迪拉·甘地越来越独裁的政权。③ 这就使得 1977 年新的人民党（Janata Party）政府不可能得到 RSS 和伊斯兰阵线的支持。为了减少（如果不能消除）新的联合政党中印度教原旨主义的耻辱，几个著名的人民党人士④敦促 RSS 为

---

① 致力于继续重建阶段的人包括雷纳德、约什（最早的专职干部之一，对印度南部 RSS 发展发挥了实质性作用）和穆利（早期的 RSS 专职干部，负责旁遮普、德里和克什米尔）。这三个人最初都是由 RSS 创始人海德格瓦培养的。

② 德奥拉斯两兄弟以及其他积极的专职干部在 1953～1957 年间从 RSS 组织中退出，以抗议他们认为的高瓦克过分强调内部为导向的重建，希望 RSS 能够采取更积极的立场来解决社会中的各种问题。信息来自 1983 年 7 月 12 日在那格浦尔与高哈尔·卡勒（Golhar Kale）、高沃克·卡勒（Golwalk Kale）的交谈。高哈尔·卡勒是高瓦克《我们或我们定义的邻居》一书的出版商（1983 年 7 月 12 日于那格浦尔）。卡勒告诉我们，他向德奥拉斯兄弟提出了高瓦克的请求，以恢复他们的组织工作。在高瓦克对另一项禁令的恐惧中，有人讨论了 1969 年国大党分裂成两派之后可能产生的第二次禁令，其中一派由英迪拉·甘地领导。

③ 伊斯兰阵线特别反对英迪拉·甘地政府的非自愿绝育政策以及贫民窟清除计划，二者都对穆斯林造成了不同程度的影响。

④ 主张一个更开放的 RSS 的三个重要人物是贾耶普拉卡希·纳拉扬（Jayaprakash Narayan，人民党的一个主要理论家）、查格拉（M. C. Chagla，前内阁成员、法官）以及克里帕拉尼（J. B. Kripalani，前国大党主席）。

穆斯林和基督徒开放成员资格，这为 RSS 领导人最终向穆斯林开放提供了背景。[①] 为了证明这一转折，德奥拉斯声称，海德格瓦本人曾表示他"很乐意与穆斯林和基督徒一起生活，他们都是印度母亲的孩子，拥有兄弟般的情谊"。[②] 他还引用高瓦克的话说，"印度任何不要求特殊少数民族权利的团体，如犹太人和帕西斯人，都应该被视为印度教文化的一部分"。[③] 《组织者》的编辑马尔卡尼（Malkani）进一步引用高瓦克的话说，"造成印度教与穆斯林之间紧张局势的主要原因，是印度的穆斯林尚未完全认同印度、印度人民及其文化"。让印度的穆斯林感到并认可这是他们的国家，则（印度教和穆斯林紧张局势）问题将不复存在。这是改变他们的（穆斯林）心理学问题。[④] 在1977 年紧急情况结束两年后，德奥拉斯向穆斯林（以及其他非印度教教徒）正式开放 RSS 纱卡，以便能够使穆斯林的"心理"进行上述所提到的改变。25 年之后，他的继任者苏达山利用这种观点证明了 RSS 对穆斯林国家论坛的支持。然而，这遭到了来自同盟家族更加保守意义上的严厉抵制。例如，根据一个可靠的消息来源，一名由海德格瓦任命的马哈拉施特拉邦的前首领莉梅雅（K. B. Limaye）在给德奥拉斯的信中写道：

> 你曾在海德格瓦博士负责的 RSS 任职［原文如此］。请

---

① 关于这一压力的讨论，参见：L. K. Advani, *My Country*, *My Life*（New Delhi：Rupa Publications, 2008）。

② 引述来自：Narayan H. Palkar, *Dr. Hedgewar*（Pune：Bharatiya Vichar Sadhana, 1960），p. 219。这本书由乌帕德亚雅从马拉地语翻译成印度语。

③ Golwalkar, *Sree Guruji Samagra*, Vol. 9, pp. 105 – 120。

④ K. R. Malkani, *The RSS Story*（New Delhi：Impex India, 1980），p. 139。

运行同盟家族并尝试促进其发展。不要试图改变它。如果您认为有必要进行更改，请启动新的 RSS。将海德格瓦博士的 RSS 留给我们印度教去整合。如果您对 RSS 做出改变……我将无法与同盟家族建立任何关系。①

这种对现状至高无上的要求，反映了高瓦克自身没有意愿利用自己的立场去改变他从海德格瓦继承来的组织。鉴于吸引穆斯林加入 RSS 或者其附属机构取得的成功有限，RSS 领导层将其重点转向建立一个独立的穆斯林活跃组织，该组织将与印度的穆斯林直接互动。这是穆斯林国家论坛作为一个旨在在穆斯林中直接传播印度教意识形态组织的起源。2003 年，穆斯林国家论坛第一次会议通过了一项要求全面禁止屠宰奶牛的决议。② 2004 年的第二次全国大会增加了一项要求，即除了宣布谴责恐怖主义和要求平等权利的宣言之外，废除印度宪法第 370 条（使穆斯林占多数的查谟和克什米尔成为自治邦），以促进民族统一事业。此外，宣称谴责恐怖主义并要求穆斯林妇女享有平等权利。2012 年的第十届大会上，在报道了穆斯林国家论坛活动人士在斯利那加（Srinagar）升起印度国旗之后，全国召集人穆罕默德·阿夫扎尔（Mohammed Afzal）向印度总统提交了一份备忘录，其中包含一百万穆斯林的签名，要求结束对奶牛的屠杀。③ 穆斯林国家论坛为印度人民党 2014 年的议会活动提供了工作人员，并在随后的查谟和克什米尔以及比

---

① 此信息是 2017 年 1 月 19 日维拉格·帕查波尔（Virag Pachpore）通过电子邮件提供的。他是穆斯林国家论坛的共同召集人和前 RSS 专职干部。

② http：//mrm. testbharati. com//Encyc/2016/7/12/National-Conventions. aspx（accessed 15 February 2017）.

③ Ibid.

哈尔邦的邦议会选举中，为印度人民党候选人提供了类似的帮助。①

如上所述，RSS 对穆斯林的态度转变开始于 2002 年穆斯林国家论坛形成之前，甚至在 1979 年 RSS 正式向穆斯林开放之前。1951 年，高瓦克支持印度人民同盟的创始人慕克吉（Mookerjee）的政策，向所有不同信仰的人开放他的全印度政党。他还建议慕克吉避免在新党的名字中使用"印度教教徒"，以便明确区别于教派性质的印度教大斋会（Hindu Mahasabha）。② 少数穆斯林在慕克吉的新党派中成了议会候选人，但他们都没有在印度人民同盟的标签下获胜。少数人在邦议会和大都市议会竞选中获胜，其中一人甚至成了德里市长。③（人民同盟的）继任者印度人民党成立于 1980 年。在邦一级和中央层面也有一些穆斯林候选人，还有几个人在瓦杰帕伊和莫迪的内阁中任职。这些部长有娜吉玛·海普图拉（Najma Heptulla）、阿瑞弗·贝格（Arif Beg）、斯克德尔·贝克赫特（Sikander Bakht）、穆克赫塔·阿巴斯·纳科维（Mukhtar Abbas Naqvi）、斯亚德·莎赫纳瓦兹·胡塞尹

---

① Heena Kausar, "Muslim Rashtriya Manch to Help BJP in Wooing Muslims in Poll Bound Jharkhand and J and K", *India Today*, 19 November 2014, https：//www. indiatoday. in/india/story/mrm-to-woo-muslims-to-see-lotus-bloom-227727 – 2014 – 11 – 19（accessed 19 February 2017）.

② 莫汉·巴格瓦特（Mohan Bhagwat）在 2015 年 7 月 7 日在那格浦尔接受采访时，向我们提到了高瓦克对慕克吉的建议。

③ 乌尔都语作家伊姆达·萨布里（Imdad Sabri）成为德里大都会委员印度人民党市长。此外，一名穆斯林候选人于 1952 年在拉贾斯坦邦的阿杰梅尔竞选（并失去）邦议会席位。20 世纪 60 年代初，还有穆斯林在德里担任国家层面印度人民同盟的副主席，另一名穆斯林则担任查谟—克什米尔邦的主席。信息来源于《组织者》网站，参见：http：//organiser. org//Encyc/2017/1/9/A – Page – From – History – Jana – Sangha – Muslims. asbx（accessed 26 February 2017）。

（Syed Shahnawaz Hussain）和阿克贝尔（M. J. Akbar），他们是联邦院的六名成员。2014 年，印度人民党的竞选宣言以其对穆斯林的让步而著称，例如提高穆斯林社区的教育质量，增强穆斯林慈善委员会的权力以及建立国家支持的宗教间的对话机制。该文件涉及穆斯林问题的部分说明如下：

> 令人遗憾的是，即使在独立几十年之后，仍有大部分少数民族，特别是穆斯林社区陷入贫困。现代印度必须是一个机会均等的国家。①

据估计，2014 年议会选举中印度人民党及其联盟的穆斯林投票份额从 2009 年的 4% 上升到 2014 年的 8%，增加了一倍。② 然而，只有少数印度人民党穆斯林候选人被提名进入人民院（Lok Sabha）而参选总理。但他们都没有胜选。在随后的比哈尔邦和北方邦两个大邦的邦议会选举中，也没有任何穆斯林被提名，尽管每个邦都有大量的穆斯林少数民族，尽管穆斯林已在其他邦的邦议会选举中被提名。也许最有趣的一个案例是在古吉拉

---

① 信息来自 2014 年印度人民党大选宣言，参见：*Ek Bharat Shreshtha Bharat：Sabka Saath Sabka Vikas*（New Delhi：Bharatiya Janata Party，March 2014），p. 42，available at，https：//www. bjp. org/images/ pdf _ 2014/full _ manifesto_ english_ 07. 04. 2014. pdf（accessed 10 January 2015）。

② 这些数据来自社会发展研究中心主任桑杰·库马尔（Sanjay Kumar）撰写的一篇文章，该文章可能是印度投票统计数据最可靠的来源。参见：Sanjay Kumar，"Who Did Muslims Vote for in General Election?"，BBC，30 May 2014，http：//www. bbc. com/news/world－asia－india－27615592（accessed 25 November 2017）。库马尔告诫说，印度人民党及其联盟在 1998 年、1999 年和 2004 年获得了相当的比例。他补充说，然而在北方邦和比哈尔两个邦的印度人民党有一个决定性的转变，在人民院国会议员占 20% 左右——包括低种姓印度教教徒和达利特人。

特邦，莫迪担任首席部长，他与商业导向的什叶派的次级教派如波拉斯（Bohras）和伊斯梅利斯（Ismailis）建立了密切的关系。在最近的选举中，议会选举层面都没有穆斯林候选人，但在该邦2015 年地方选举中，印度人民党提名了约 450 个穆斯林席位（总共 4778 个席位，约占 10%，与古吉拉特邦的穆斯林百分比大致相同）。其中一些提名是在穆斯林占主导地位的地区，在这些地区印度人民党支持就业增长举措，似乎是一个激励因素。①

20 世纪 80 年代，在罗摩神庙运动的宗教紧张局势中，RSS重点发展与穆斯林的深度联系。②苏达山在担任 RSS 智囊团负责人时，主动与穆斯林宗教人士就相关话题展开对话，完全绕过了穆斯林政治领袖和学术界。他可能得出的结论是，这些宗教领袖对穆斯林群众的影响力更大，对他们的关注有了更好的认识。他所接触的穆斯林领导人有全印度伊玛目委员会主席莫拉纳·贾米勒·伊利亚西（Maulana Jameel Iliyasi），法塔赫普里（Fatehpuri）清真寺的夏希（Shahi）伊玛目毛拉纳·瓦希德丁·汗（Maulana Wahiduddin Khan）以及穆弗蒂·穆克拉姆·艾哈麦德（Mufti Mukarram Ahmed）。③这些宗教人物都是在 2002 年下半年穆斯林国家论坛诞生之时产生的。

那么，为什么 RSS 仍然不愿意接受穆斯林国家论坛作为其

---

① Syed Kahlique Ahmed, "Gujarat Local Body Polls: Over 200 Muslim BJP Candidates Victorious", *The Indian Express*, 5 December 2015, https://indianexpress.com/article/cities/ahmedabad/gujarat-local-body-polls-over-200-muslim-bjp-candidates-victorious/ (accessed 12 July 2018).

② 2016 年 3 月 9 日，维迪亚（M. G. Vaidya）在那格浦尔接受采访时告诉我们，RSS 高级领导人关心稳定印度教教徒和非印度教教徒之间的关系，特别是穆斯林。

③ Tarun Vijay, "KS Sudarshan: A Leader Who Broke Barriers", *Samvada*, 17 September 2012, http://samvada.org/?p=12241 (accessed 25 February 2017).

附属机构呢？RSS 的矛盾心理反映了同盟家族内部关于如何接近印度穆斯林社区，一直存在观点上的分歧。最能够捕捉到的持怀疑态度的观点可能来自浦那的一个内分泌学家施瑞朗·戈德博尔（Shreerang Godbole）博士，他是 RSS 前城市基层的负责人。① 在他看来，印度的穆斯林被印度化的概念，充其量是不切实际的。他承认，包括贝尔拉吉·玛德豪克（Balraj Madhok）和乌帕德亚雅在内的一些同盟家族知识分子，是印度穆斯林印度化（或Bharateeyakaran）的支持者。但是，他认为伊斯兰教的悠久历史表明，社区和宗教认同总是优先于民族认同。

根据戈德博尔博士的说法，另一种选择是让印度的穆斯林成为印度教教徒，而不是印度化。路径应该是皈依（回家）（ghar wapsi）而不是同化。② 他写道，他个人认为参与穆斯林国家论坛无助于甚至会阻碍皈依。事实上，穆斯林国家论坛的存在保留了穆斯林的既得利益，并且"如果穆斯林国家论坛失败了，我也不会感到遗憾；事实上，如果成功了，我会感到担心，因为这实际上可能会损害皈依"。③戈德博尔坚持认为，印度的大多数穆斯林（和基督徒）都保留着印度教的种姓身份和祖先习俗。穆斯林国家论坛与这些社区的联系可以劝阻他们不要成为印度教教徒，从而放弃他们作为少数民族的身份。此外，他担心 RSS 的宣传机器对于穆斯林国家论坛有利的公开宣传，在很大程度上可能会导致印度教 RSS 得出相对多的人是"好穆斯林"的结论。这根本不是事实。④ 然而，穆斯林国家论坛的这种负面观点并不

---

① 2016 年 11 月 21 日，来自施瑞朗·戈德博尔的邮件。
② RSS 倾向于将"回家"（ghar wapsi）翻译为"皈依"，认为印度的大多数穆斯林都是印度教皈依者的后代。
③ 2016 年 11 月 21 日，来自施瑞朗·戈德博尔的邮件。
④ Ibid.

是当前 RSS 的政策，解释如下。

2016 年 6 月 26 日，穆斯林国家论坛共同召集人维拉格·帕克包尔（Virag Pachpore）在《组织者》杂志中，阐述了通过穆斯林国家论坛机构进行 RSS 的社会扩张的论点。他认为，穆斯林国家论坛代表了将穆斯林纳入民族主义主流的有效的中立观点，两种令人不满意的选择是绥靖和拒绝。关于绥靖，他写道：

> 虽然国会的绥靖政策导致了我们（印度的）"Madar-e-Vatan"的瓦解，但"仇恨穆斯林"政策进一步扩大了两个兄弟［社区］之间已经存在的差距。①

他辩称，在自由运动期间，国会"纵容"穆斯林作为实现印度教—穆斯林统一的手段。他说，穆斯林国家论坛提供了第三种方式，因为：

> 印度的穆斯林与他们的印度教兄弟拥有相同的祖先、文化、传统、语言和习俗。由于某些历史和社会的强迫因素，他们前一段时间才改变了他们的礼拜方式。但改变礼拜方式并没有让他们放弃过去，完全脱离他们祖先的历史和遗产。②

---

① Virag Pachpore, "Muslim Rashtriya Manch: Rekindling Hindu Muslim Synergy", *Organiser*, 27 June 2016, http://organiser.org// Encyc/2016/6/27/Muslim-Rashtriya-Manch—Rekindling-Hindu-Muslim-Synergy. aspx（accessed 19 February 2017）.

② Ibid.

在穆斯林国家论坛网站上发表的另外一篇文章中，帕克包尔认为：

> 在印度的穆斯林是印度社会的一个组成部分，与印度教教徒拥有共同的祖先、文化和祖国。需要使他们认识到这种多样性统一是当下的潮流……①

在古吉拉特邦的一个印度教寺庙参加会议时，穆斯林和印度教教徒所赞成的提案是，他们庆祝奶牛保护活动。提到了当地的穆斯林领导人，据说他们敦促他们的穆斯林同胞不吃牛肉，大概是为了表现出与他们的印度教邻居之间的共同文化亲和力。②

穆斯林国家论坛网站报道了一系列广泛的节目，包括：阿约提亚的无牛肉开斋活动以促进奶牛保护；1月26日（共和国日）在全国各地的清真寺和伊斯兰宗教学校举行的升旗仪式；RSS领导人和穆斯林知识分子之间的定期会议以及制定统一的民法典。在更大范围内，穆斯林国家论坛在2007～2008年组织了庆祝活动，纪念1857年反抗活动150周年（在民族主义圈子中被称为第一次独立战争）。2009年，穆斯林国家论坛组织了一次印度教和穆斯林神职人员之间关于在阿约提亚的罗摩神庙争议的对话。③ 随着RSS越来越多地参与服务活动，穆斯林国家论坛开始了一项宣传穆斯林社区教育的活动，其口号是"我们只吃半餐，（节省成本）以教育我们的孩子"（Aadhi Roti Khaayenge，Bachchon ko Padhayenge）。2016年，还

---

① http://muslimrashtriyamanch.org/（accessed 12 July 2018）.

② Ibid.

③ 穆斯林国家论坛网站对这些活动进行了广泛报道，http://muslimrashtriy amanch.org/Activity.aspx（accessed 19 August 2017）.

成立了阿玛·赛海德·阿施法库拉（Amar Shahid Ashfaqullah）国家纪念学校，以贯彻这一教育目标。此外，它还为克什米尔学生举办了有关他们获得政府奖学金资格的研讨会。[①] 2017 年，穆斯林国家论坛的共同召集人告诉媒体，该组织有 10000 名正式成员，分布在 22 个邦，并有一个由 24 名成员组成的全印执行委员会。该委员会每月举行一次战略会议，并定期与在德里的 RSS 办公室联系。[②]

　　穆斯林国家论坛不仅从事与穆斯林的联系活动，而且还要消除 RSS 本身所感知的对印度穆斯林的误解。例如，为了解决 RSS 成员普遍认为所有穆斯林都吃牛肉的问题，穆斯林国家论坛出版了一本小册子，发表观点认为无论是穆罕默德（伊斯兰教的创始人）还是《古兰经》，都没有指示穆斯林屠宰牛或消费牛肉。该小册子是几位穆斯林神职人员的文章汇编，书中进一步指出，穆斯林管理着 100 多个牛棚，[③] 强调了母牛在伊斯兰教中的重要性。2015 年 9 月 13 日，穆斯林国家论坛在哈里亚纳邦组织了第一次关于牛棚的会议。哈里亚纳邦首席部长马诺哈尔·拉尔·哈塔尔（Manohar Lal Khattar）和全印度伊玛目委员会领导人艾哈迈德·伊利西亚（Umer Ahmed Ilyasi）参加了会议，会议计划在未来将开辟其他此类牛棚。为了保持 RSS 对印度人民党日益增长的支持，穆斯林国家论坛在 2017 年的北方邦大会选举之前，与当地

[①] Kedar Nagarajan, "Scholarships, Nationalism and Peace: Scenes from the RSS's Event for Outreach to Kashmiri Students", *Caravan*, 8 January 2017, http://www.caravanmagazine.in/vantage/rss-kashmir-muslim-wing-students（accessed 22 February 2017）.

[②] Raza, "The Saffron Muslim", *Hindustan Times*, 19 January 2014, http://www.hindustantimes.com/india/the-saffron-muslim/story-sxdXyHOdasvoBCnV858EWL.html（accessed 15 November 2017）.

[③] *Gaay aur Islam*（Cow and Islam）（New Delhi: Goraksha Prakosth, 2016）.

的伊斯兰神职人员联系，纠正了穆斯林占近五分之一人口的北方
邦对 RSS 的误解。① 然而，印度人民党并未提名一名穆斯林候选
人参加 2014 年议会选举，包括随后在印度人口最多的邦举行的
邦议会选举。

穆斯林国家论坛的形成，突显了自从分治以来 RSS 对伊斯
兰教和印度穆斯林的看法发生了多大的变化。在此期间，同盟
家族关于"不忠诚的穆斯林"这一陈词滥调，实际上是编纂
的。穆施瑞·哈森（Mushirul Hasan）在对印度穆斯林的分析
中写道：

> 分治期间，与前所未有的暴力规模相伴随的是本世纪最
> 大规模之一的迁移。巴基斯坦的印度教教徒和锡克教教徒被
> 迫流离失所或者被残酷屠杀。1947 年 8 月至 1948 年 3 月期
> 间，大约有 450 万印度教教徒从西巴基斯坦迁移到印度，大
> 约 600 万穆斯林则朝着相反的方向移动。②

在接下来的几年里，两国之间的这种迁移依然很频繁。印度
教和穆斯林文化在 1100 多年的互动中逐渐融合，但现在经过努
力已经被明确分化为两个社区了。许多印度教教徒（当然是 RSS
中的那些人）将分治之后的穆斯林视为伟大的"他者"的一部
分。当然，他们淡化或忽略了他们的文化相似性。然而，RSS 面

---

① Mohammad Ali, "RSS Muslim Affiliate to Hold Clerics' Meet", *The Hindu*, 31 October 2016, http：//www. thehindu. com/news/national/ other-states/ RSS-Muslim-affiliate-to-hold-clerics% E2% 80% 99-meet/article16085423. ece （accessed 22 February 2017）.

② Mushirul Hasan, *Legacy of a Divided Nation：India's Muslims since Independence* （Delhi：Oxford University Press, 1997）, p. 167.

临着这种新的二分法的两难境地。一方面，RSS 从未质疑过一点，那就是印度教教徒和穆斯林基本上都是"大地的儿子"。然而，由于他们的宗教，也因为巴基斯坦，穆斯林在印度也被天然地认为是非印度的。有一些因素已经被侵蚀，但并未消除，这种有关穆斯林的观点是存在偏见的。在这些因素中，分治已经逐渐消逝在历史中，而印度大量穆斯林人口显示出政治上的重要性。

　　RSS 对印度穆斯林政策的变化是渐进的而非革命性的。作为一个强调凝聚力和共识重要性的组织，RSS 随着社会规范和经济环境的演变而缓慢变化。尽管如此，其缓慢转变立场的一个标志是 2017 年，邀请一位著名的穆斯林在那格浦尔的 RSS 总部的都瑟拉节（Dussehra）庆祝活动中发表演讲，这是 RSS 仪式日程中的重大活动之一。穆纳瓦尔·约瑟夫（Munawar Yusuf）博士是一个著名的博赫拉（Bohra）穆斯林的类似疗法医师，是沙斯特·拉普扬（shastra puja）活动的主要嘉宾。该活动是针对年轻志愿者（swayamsevaks）的盛大活动，标志着穆斯林首次在 RSS 的重要聚会上获得这样的荣誉。[①] 2017 年初，巴格瓦特拜访了赛义德·穆法德尔·萨夫丁（Syedna Mufaddal Saifuddin）位于孟买的住所，这是达沃迪·博赫拉（Dawoodi Bohra）一个富裕的穆斯林社区的第 53 代精神领袖。赛义德的父亲是第 52 代领袖，在他担任古吉拉特邦的首席部长时，与莫迪建立了密切的联系。古吉拉特邦是大多数博赫拉穆斯林祖先的家乡。赛义德本人支持莫迪总理的重大举措，例如他的反腐运动、"印度制造"和"清洁

---

① Nilanjan Mukhopadhyay, "Muslim as Chief Guest at RSS Function: Political Compulsion or a Paradigm Shift", *The Economic Times*, 25 September 2017, https://economictimes. indiatimes. com/news/politics-and-nation/muslim-as-chief-guest-at-rss-function-political-compulsion-or-a-paradigm-shift/articleshow/60820620. cms (accessed 1 October 2017).

印度"（Swachh Bharat）倡议。① 他升迁后，在苏拉特的博赫拉社区的第一次群众聚会中，第53代领袖呼唤上帝保佑新宣誓就职的莫迪："万能的上帝保佑他实施所有的倡议，并请给予他巨大的成功和良好的身体。"② 2014年9月28日，众多的达沃迪·博赫拉参加了莫迪在纽约市举办的活动。当晚的晚宴上，莫迪可能花了很多时间与他们交谈，而不是与任何其他团体交流。③博赫拉是什叶派穆斯林的一个分支，估计在印度拥有3000万成员（什叶派本身占印度穆斯林人口的20%以上）。④ 对2014年议会投票模式的一项研究表明，印度人民党在穆斯林中的支持率越来越高（从4%上升至8%），这主要是源于什叶派穆斯林支持率的增加。⑤ 什叶派对印度人民党日益支持的另一个迹象是，2018年5月成立了印度什叶派人民联盟——一个对印度人民党有好感的组织。

---

① Nilanjan Mukhopadhyay, "Muslim as Chief Guest at RSS Function: Political Compulsion or a Paradigm Shift", *The Economic Times*, 25 September 2017, https://economictimes.indiatimes.com/news/politics-and-nation/muslim-as-chief-guest-at-rss-function-political-compulsion-or-a-paradigm-shift/articleshow/60820620.cms（accessed 1 October 2017）.

② Kamal Saiyed, "Dawoodi Bohra Head Praises PM Modi in Muharaam Speech", *The Indian Express*, 30 October 2014, https://indianexpress.com/article/india/gujarat/dawoodi-bohra-head-praises-pm-modi-in-muharaam-speech/（accessed 12 July 2018）. 尽管博赫拉在2002年的古吉拉特邦骚乱中也遭受了伤亡，但其领导层已经清楚地知道与莫迪相处要谨慎，并且可能意识到他也在向他们伸出援助之手。

③ 我们参加了这些活动，并对莫迪和博赫拉代表团之间真正友好的互动而感到震惊。

④ 这些数据由什叶派慈善信托基金（Alimaan）提供，参见：http://www.alimaan.org/whyindia.html（accessed 27 November 2017）。

⑤ Shreyas Sardesai, "Lok Sabha 2014: A Further Marginalisation of Muslims", *The Hindu*, 9 June 2014, http://www.thehindu.com/opinion/op-ed/lok-sabha-2014-a-further-marginalisation-of-muslims/article6100764.ece#（accessed 29 November 2017）.

全印度什叶派人事法律委员会发言人莫拉纳·亚苏布·阿巴斯（Maulana Yasoob Abbas）表示，"如果印度人民党能确保为穆斯林妇女提供更好的教育和就业机会，什叶派社区将继续支持它"。①

　　但是，即使是这些穆斯林外展服务工作也必须谨慎进行，因为一些 RSS 数据表明这种活动可能会破坏日益多样化的成员之间的组织团结。为了回应外展服务引发的褒贬不一的评论，RSS 领导层采取了中间立场，即同盟家族资助了穆斯林国家论坛，但不会给予其正式的附属机构身份。2016 年 12 月，巴格瓦特在任职期间首次参加了穆斯林国家论坛的年度全国秘密会议，之后发表声明，强调了许多志愿者对印度穆斯林持续矛盾的心理。巴格瓦特对 RSS 的强硬派进行了毫不掩饰的批评，他说："没有人有权力衡量另一个人的爱国主义"。② 然而不久之后，他重复了他的争议性论点，即"穆斯林是有国籍的印度教教徒"。③ 穆斯林国家论坛的目标是缩小穆斯林与 RSS 的爱国主义烙印之间的差距，这一目标得到了 RSS 领导层的大力支持，从而重申了 RSS 准备适应穆斯林，但仅按照自己的条件。尽管在奠定组织基础方面取得了一些成功，但这一目标仍在进行之中。穆斯林国家论坛尚未证明它将对印度的穆斯林社区产生相当大的影响，甚至是在 RSS 内部具有重大影响力。

---

① Our correspondent，"Shias Inch Closer to BJP"，*The Sunday Guardian*，10 September 2017，https：//www. sundayguardianlive. com/news/ 10800-shias-inch-closer-bjp（accessed 10 November 2017）.

② Suchandana Gupta，"No One Has a Right to Measure Other's Patriotism：Mohan Bhagwat"，*The Times of India*，12 February 2017，http：//timesofindia. indiatimes. com/city/bhopal/no-one-has-a-right-to-measure-others-patriotism-mohan-bhagwat/ articleshow/57103204. cms（accessed 22 February 2017）.

③ Press Trust of India，"Muslims Are Hindus by Nationality，Says RSS Chief Mohan Bhagwat"，India TV，9 February 2017，https：// www. indiatvnews. com/politics/national-muslims-are-hindus-by-nationality-says-rss-chief-mohan-bhagwat-368215？HPT = 1（accessed 23 February 2017）.

第七章 ／ 查谟—克什米尔的窘境——战术与战略

拉姆·马达夫（Ram Madhav）是印度人民党总书记，在2015 年协商与人民民主党（People's Democratic Party）结盟，该党几乎受到查谟—克什米尔的穆斯林人口的完全支持，但却在2018 年 6 月 19 日宣布终止联盟。①这一消息令许多人，包括当时的人民民主党首席部长梅赫博芭·穆夫提（Mehbooba Mufti）都深感惊讶。据报道，该邦的管理者沃赫拉（M. N. Vohra）称首席部长告诉她，印度人民党决定在拉姆·马达夫新闻发布会公开宣布此举之前的几分钟撤回支持。②马达夫所给出的官方理由是，克什米尔政府没有能力遏制激进主义暴力，无法为该

---

① 关于拉姆·马达夫宣布解散联盟的印度人民党新闻发布会，参见：https：//www. youtube. com/watch？ v = kQMIr8jIuwY （accessed 20 June 2018）。

② Press Trust of India，"Afternoon Call from Governor Vohra That Ended Mehbooba Mufti's CM Tenure"，*ABP News*，19 June 2018，http：// www. abplive. in/ india-news/afternoon-call-from-governor-vohra-ended-mehbooba-mutis-cm-tenure-713002 （accessed 20 June 2018）.

邦所有地区提供公平的发展，这些发展对印度人民党构成了挑战，并且 RSS 声称这是推进国家融合的更大战略目标。据报道，虽然有点不情愿但已经同意最初形成联盟的决定，并达成了协议支持退出决定，即使其中的许多人一直认为联盟是不可能的，很可能是短暂的。①2015 年，RSS 之所以对提出的联盟建议持怀疑态度，是出于更大的战略原因，例如，加强国家融合（即将印度唯一的穆斯林占多数的邦更紧密地拉入到印度联盟）并使印度教更具包容性（即包括该邦的穆斯林，甚至包括印度所有的穆斯林）。RSS 还希望突出一个更具包容性的形象，一个可以使该组织能够吸引成员向更好的社交群体移动的形象。2015 年，一个分裂的邦议会似乎提出了在战术上能够推动联盟实现上述更大战略目标的正确建议。2018 年 6 月，马达夫和其他印度人民党的高层人物认为，不断变化的情况使得克什米尔的联盟战术变得不可行，尽管国家融合的更大战略目标仍然存在。② 克什米尔的包容性尝试植根于当时的 RSS 负责人德奥拉斯和印度人民同盟领导人瓦杰帕伊在 20 世纪 70 年代中期，努力与其他反对英迪拉·甘地总理 1975～1977 年紧急状态的团体联合起来，以支持与那些政党合并并形成人民党，然后加入人民党政府，赢得了解除紧急状态时举行的议会

---

① Vasudha Venugopal, "Past 2 BJP-RSS Meets Focussed on Worsening Kashmir Situation", *The Economic Times*, 20 June 2018, https://economictimes. indiatimes. com/news/politics-and-nation/past-2-bjp-rss-meets-focussed-on-worsening-kashmir-situation/articleshow/64656955. cms（accessed 21 June 2018）.

② Prashant Jha and Kumar Uttam, "Why BJP Pulled the Plug on PDP: Rainbow Alliances Are Short Lived, Says Ram Madhav", *Hindustan Times*, 21 June 2018, https://www. hindustantimes. com/india-news/why-bjp-pulled-the-plug-on-pdp-it-was-a-rainbow-alliance-rainbows-don-t-last-says-ram-madhav/story-JtuX ifiLC8n934q6CkQC3N. html（accessed 21 June 2018）.

选举。①当印度人民同盟退出人民党联盟时，这一尝试为印度人民党随后与其他各党派的战术联盟以及最终在克什米尔的联盟提供了一个意识形态基础。

2015 年在克什米尔允许进行战术体验的有利条件是什么？最近，在 2014 年全国大选后以多数票赢得上台执政的印度人民党，对其是否有能力实现莫迪总理所承诺的"好时光"表示乐观。此外，2014 年 11 月至 12 月在查谟和克什米尔举行的选举导致一个悬而未决的议会，引发了几个掌握大多数票的政党争夺席位。印度人民党支持的是该邦印度教教徒占多数的查谟地区，他们心照不宣地支持 RSS 与传统上代表克什米尔穆斯林在该邦利益的政党一起创建一个执政联盟。莫迪似乎喜欢人民民主党负责人穆夫提·穆罕默德·赛义德，他早期曾担任国会内阁部长并在新德里印度人民党政府工作，包括担任首位穆斯林联盟内政部长（1989~1990 年）。② 在 2015 年支持联盟时，查谟和克什米尔的 RSS 被迫在该邦印度教少数群体的狭隘利益与将克什米尔纳入印度联盟的战略需求之间进行平衡，隐含的战略目标是努力减

---

① 瓦杰帕伊当时提议用"巴拉蒂亚语"代替意识形态而不是印度教，因为巴拉蒂亚所传达的意义更具包容性。有关瓦杰帕伊使印度人民党更具包容性的努力，参见：Sudheendra Kulkarni, "What Made Bharat Ratna Vajpayee an Extraordinary Leader", *NDTV*, 27 March 2015, https://www.ndtv.com/opinion/what–made–bharat–ratna–vajpayee–an–extraordinary–leader–750011（accessed 20 June 2018）。

② 赛义德在同盟家族中受到尊敬，可以从他 2015 年被邀请在果阿的印度思想会议上发表演讲看出，此次会议由支持 RSS 的印度基金会（IF）组织，其中拉姆·马达夫扮演着重要角色。我们参加了那次演讲，目睹了赛义德受到的激动人心的接待。他题为"Kashmiriyat, Jamhuriyat, Insaniyat"（克什米尔民族精神、民主、人道）的演讲获得了热烈的掌声。他在演讲中赞扬了查谟和克什米尔的复合文化，并将其与印度文化进行了比较。关于此次演讲，参见：https://www.youtube.com/watch? v = dRFA6uP1zIQ（accessed 20 June 2018）。

少克什米尔穆斯林的异化。曾经神圣不可侵犯的印度教民族主义学说——例如废除第 370 条（授予查谟和克什米尔邦的自治权力）——被搁置，施政最低纲领（CMP）同意继续将第 370 条纳入印度宪法之中。①

因此，RSS 支持联盟的决议中，要求扩大"印度教"一词的定义，而不仅仅是一个被认定为宗教意义上的印度教社区。扩大概念需要将印度教文化民族主义这一陈旧而具有局限性的概念与适用于生活在印度所有人的更具包容性的领土式民族主义融合在一起。② 因此，无论宗教信仰如何，都可以证明使用"印度教教徒"作为"印度公民"的同义词是正确的。印度教教徒之间广泛的社会与文化多样性已经迫使印度教民族主义者提出，无论彼此之间文化上有多大不同，印度的印度教教徒实际上是一个独特的族群，通过血缘关系和文化联系在一起。③ 虽然推广"印度教教徒"这一术语的理论家萨瓦卡（Savarkar），基本上接受了这种亲密关系的观点，但他主张穆斯林和基督徒——虽然与其他印第安人在很大程度上拥有共同的血统——并不等同于他们

---

① 在过去的几年中，RSS 领导层已经走得相当远，接受了妥协，支持印度人民党组建能够保持政权的政府的努力。瓦杰帕伊领导下的印度人民党政府也在一系列印度民族主义问题上进行了妥协，例如第 370 条。但当时对于许多人认为背叛印度教民族主义的核心要素存在相当大的公开抱怨。

② RSS 在过去曾拒绝用领土民族主义的概念来定义什么是"印度教教徒"。随着印度人民党上台，RSS 开始在印度控制的领土范围内看待印度教的种族划分。RSS 在更广泛的国际背景下定义了印度文化和哲学，并认为它具有普遍适用性。

③ 印度民族主义的亲属关系和文化关系的概念，创造了一个在普拉塔普·巴努·梅赫塔（Pratap Bhanu Mehta）《印度教和自治》中所讨论的一个独特的印度族群。参见：*Journal of Democracy*（Vol. 15，No. 3，July 2004），pp. 108 – 121。

的同胞，因为他们具有不同的文化传统。① 1940～1973 年的 30
多年以来，RSS 的领导人高瓦克也持有相似的观点。许多志愿
者尤其是世界印度教大会中的那些人也是这样。特别是自 20
世纪 70 年代后期以来，RSS 已经开始改变其在这个问题上的
立场，实施旨在促进穆斯林、基督徒和其他没有将印度教作为
宗教的那些人的文化同化计划。非印度教教徒被接纳为纱卡，
也有穆斯林专职干部，RSS 的附属学校还招收大量非印度教教
徒。由克什米尔专职干部负责的穆斯林国家论坛包含各种各样
的节目，旨在说服穆斯林放弃吃牛肉，练习瑜伽，② 接受伟大
的史诗（摩诃婆罗多和罗摩衍那）作为他们自己文化遗产的一
部分，并将罗摩（Ram）作为文化偶像来尊重。③ 除了鼓励在
克什米尔（及其他地方）进行文化同化外，RSS 还支持莫迪总
理利用基础设施发展的互联互通来增强共同的印度公民观念。④

在与印度人民党结盟之后，赛义德于 2015 年 3 月 1 日宣誓成
为查谟和克什米尔的首席部长。虽然愿意提供机会来进行这一尝
试，但 RSS 中的许多人认为联盟是违反常理的，因此也可能是短

---

① 萨瓦卡的论点在他的《印度教特性》一书中有所阐述，我们参考了第六
卷，*Samagra Savarkar Wangmaya*：*Hindu Rashtra Darshan*（Pune：
Maharashtra Prantik Hindusabha，1964），pp. 1 - 91。也可参阅：Walter
Andersen and Shridhar Damle，*The Brotherhood in Saffron*：*The Rashtriya
Swayamsevak Sangh and Hindu Revivalism*（Boulder：Westview Press，1987），
pp. 33 - 34。

② 穆斯林国家论坛出版了一本小册子，主张瑜伽是穆斯林传统的一部分，并
使用了"namaz"的例子。参见：Dr Imran Chaudhry and Abhijit Singh
（eds），*Yoga and Islam*（Delhi：Muslim Rashtriya Manch，2015）。

③ RSS 作者经常指出，穆斯林占多数的印度尼西亚继续使用印度教文化元
素，例如改编经典史诗，以解释他们希望在印度大型穆斯林社区中实现的
文化同化。

④ 莫迪总理在 2017 年 8 月 15 日的独立日演讲中，提到了基础设施发展与克
什米尔人与印度联盟更紧密的情感融合之间的关系。

暂的，毕竟两个政党在克什米尔自治和武装部队特别权力法案（AFSPA）等核心问题上存在广泛的政策分歧，该法案赋予该邦印度武装部队广泛的权力。印度人民党获得的支持几乎全部来自该邦印度教教徒占多数的查谟地区，过去他们坚决反对该邦自治，并赞成保留武装部队特别权力法案。人民民主党的支持基础主要在穆斯林占多数的克什米尔山谷地带，其对两者都持反对的立场。然而，RSS 的办公室高级负责人虽然对联盟的可行性有所保留，并高度批评新的人民民主党首席部长的一些初步行动，愿意对这些以及其他传统问题保持相对沉默（例如，声称歧视查谟地区），却一定程度上更加努力地支持印度人民党并推进民族主义议程。由于邦议会选举结果（2014 年 12 月 23 日公布）产生了一个无多数党的议会，需要广泛协商以形成一个新的联盟，致使管理者需要使用强制性管理这一临时性措施。总共 87 个席位的议会选举中，两个最大的政党人民民主党拥有 28 个席位，印度人民党拥有 25 个席位，两个月的秘密会谈之后，两党之间产生了施政最低纲领。该计划的核心要素是承诺审查武装部队特别权力法案并维护第 370 条，这是 RSS 长期反对的立场。① 2016 年 1 月 7 日，首席部长赛义德去世后，这笔交易幸存下来，他的女儿梅赫博芭·穆夫提（Mehbooba Mufti）接替他当选首席部长。然而，由于赛义德的缺席，也带来了一些不同。他的女儿既没有 RSS "家族"中重量级人物的声望，也没有她已故父亲的政治敏感性。拉姆·马达夫在联盟垮台后的一次新闻采访中甚至说，"如果他（穆夫提·

---

① 关于施政最低纲领（CMP）的广泛报道，请参阅："查谟和克什米尔人民民主党—印度人民党政府议程的 15 个重点"。*India Today*, 1 March 2015, http://indiatoday.intoday.in/story/pdp – bjp – government – jammu – and – kashmir – common – minimum – programme – afspa – article – 370/1/421696.html（accessed 4 August 2017）。

穆罕默德·赛义德）能够活得更久些，我们可能会成功地把它
（联盟）向前推进"。①

　　代表印度人民党参加联盟谈判的是拉姆·马达夫②，一名
RSS 的专职干部，也是 RSS 全国媒体发言人。他在 2014 年选举
之后不久被任命为印度人民党总书记。他由莫迪总理亲自挑选，
以协商联盟。在 RSS 中，马达夫作为一个精明的谈判者而声名
鹊起，他经常与国内外那些常常对立的个人和团体进行交流，给
他们解释 RSS 对问题的看法，这个角色与同盟家族传统上的厌
恶宣传有些不一致。③ 凭借他注重细节和耐心排除障碍的声誉且
愿意倾听别人的声音，和蔼可亲的马达夫是代表莫迪政府的明智
选择，毕竟众所周知谈判很艰难。克什米尔面临的挑战尤为艰
难，因为马达夫必须赢得四分之三的同意，所有各方都持有不同
的目标：RSS（居住在查谟的印度教教徒的代表，长期以来他们
认为自己被代表克什米尔山谷中绝大多数穆斯林利益的政府排除
在外）、人民民主党以及几个月前刚刚上台的莫迪政府的高级人
物，他们渴望获得政策上的胜利，特别是在像克什米尔这样的激
烈战场上。促使马达夫的工作变得更为复杂的是，人民民主党和

---

① Jha and Uttam, "Why BJP Pulled the Plug on PDP: Rainbow Alliances Are
Short Lived, Says Ram Madhav", *Hindustan Times*.

② 协助马达夫的是印度人民党主席阿米特·沙阿（Amit Shah）和财政部长
阿伦·贾特里（Arun Jaitley）。很可能穆斯林国家论坛的全国召集人、克
什米尔专职干部库马尔（Indresh Kumar）也参与其中，他同时也是克什米
尔 RSS 智库的负责人。

③ 拉姆在 RSS 中的独特作用，体现在他于 2003 年被选为 RSS 第二位媒体发
言人。第一位媒体发言人是曼莫汉·维迪亚（M. G. Vaidya）教授。维迪
亚是两个儿子的父亲，他在当代 RSS 中扮演了重要角色。维迪亚是早期
的 RSS 联合总书记（prachar pramukh）和现在的联合秘书长（sah
sarkaryavah）。拉姆·维迪亚（Ram Vaidya）是印度教教徒志愿团助理世
界协调员。

该邦的其他"世俗"政党可能会联合起来反对印度人民党组建政府。① 但是，在经常持怀疑态度的同盟家族中，他努力与人民民主党协商达成协议，在国家领导层面上越来越多地支持将领土民族主义作为"印度教特性"的一部分来接纳。印度领土和文化的融合甚至还有自己的准宗教偶像——印度之母（Bharat Mata），经常被放置在 RSS 的特色中，通常被描绘成一个穿着印有藏红花并被印度地图所环绕的女人。②

RSS 领导需要审查协议以达成共识，并减少来自同盟家族更多怀疑分子公开反对的可能性。在新政府宣布组建之后，就在 2015 年 3 月 13 日至 15 日举行的 RSS 国家决策机构会议前夕，政治协商会议、印度人民党主席阿米特·沙阿（Amit Shah）会见了 RSS 领导人莫汉·巴格瓦特和其他几位重要人物，复审了一系列国家问题，其中最主要的是克什米尔的人民民主党—印度人民党联合政府。尽管沙阿显然得到了 RSS 核心领导层对克什米尔协议的支持，但是 2015 年政治协商会议的年度报告反映了 RSS 对联合政府的担忧，严厉批评了人民民主党首席部长上任后的声明，他似乎对激进的哈里亚特会议（Hurriyat Conference）的和平选举和巴基斯坦给予信任支持。报

---

① 谈判的焦点可能是三个所谓的世俗政党的联盟：人民民主党拥有 28 个席位，查谟和克什米尔全国会议有 15 个席位，国大党有 12 个席位。前两个领导人之间激烈的竞争阻止了这种联盟的形成。

② 巴拉特·玛塔（Bharat Mata）在 19 世纪末成了民族主义偶像，并引发了反对英国殖民者的运动。它不是女神的传统代表，但是 1936 年圣雄甘地在贝纳雷斯（Benares）建造了一座巴拉特·玛塔寺庙，其中只有一块印有大理石浮雕印度地图。RSS 本身捍卫了它在印度作为印度教教徒团结的象征，并越来越多地成为所有印度人团结的象征。2016年，一名穆斯林议员拒绝将其用到爱国圣歌（印度母亲胜利）中，引发争议。

道如下：

　　在所有方面都是不受欢迎的。在查谟和克什米尔和平选举的信誉应该只给予爱好和平的国家公民、政党、防御［原文如此］和安全部队、行政官员和选举委员会。①

　　在这个全国秘密会议的第一天，RSS 联合秘书长豪萨贝尔觉得有必要断言“RSS 对第 370 条的立场没有改变，我们永远不会妥协”②，尽管“议定书”缔约方会议同意将第 370 条纳入宪法。虽然他承认新联合政府存在“初期问题”，并且“国家对某些人民民主党的立场感到愤怒”，但出于战略原因，他仍然补充说，“如果联盟能够成功，那就好了。民族主义政党有必要在执政期间，努力在查谟和克什米尔这样的问题上拨乱反正，而且应该向国内和我们的邻国传递这样的信息”。③ 他进一步强调了印度人民党参与的重要性，并表示愿意为了国家融合而妥协，声称“查谟和克什米尔问题不是联盟中的两个政党之间的问题……它属于民族情绪问题”。④ RSS 支持该联盟的决定，再次证明了它支持印度人民党代表整个国家的野心，包括印度唯一的穆斯林占多数的邦，并使该邦的穆斯林更接近国家的主流。根据 2011 年的

---

① 参见："RSS Annual Report Akhil Bharatiya Pratinidhi Sabha 2015", http：//rss. org//Encyc/2015/3/13/rss-annual-report-2015. html（accessed 6 August 2017）。

② "RSS Says No Change in Stand on Article 370; Wants Jammu and Kashmir Experiment to Succeed", India. com, 13 March 2015, http：//www. india. com/news/india/rss-says-no-change-in-stand-on-article-370-wants-jammu-and-kashmir-experiment-to-succeed-315108/（accessed 8 August 2016）。

③ Ibid.

④ Ibid.

人口普查，查谟和克什米尔大约 1400 万居民中有三分之二以上是穆斯林，其余人口几乎全部是印度教教徒或佛教徒。这些种族界限既有领土方面的也有文化方面的，其中在查谟地区约有三分之二的公民是印度教教徒，而在克什米尔山谷中 96% 的居民是穆斯林。拉达克（Ladakh）的人口规模相对较小，穆斯林和佛教徒基本均匀分布。①

尽管他对联盟的幸存寄予厚望，但豪萨贝尔在全国秘密会议期间曾警告说，"如果情况没有改善，那么我们将做出决定（是否继续支持联盟）"。② 毫不奇怪，该联盟面临接二连三的危机，这些危机测试了 RSS 继续支持它的决心。首席部长赛义德在上任的第一周，指示该邦的警察局长考虑释放没有面临刑事指控的政治犯。第一个被释放的囚犯是查谟和克什米尔穆斯林联盟主席、全党派哈里亚特会议（自由会议）秘书长玛莎拉特·阿拉姆·巴特（Masarat Alam Bhat）。他由于领导抗议活动被判违反了邦公共安全法案，一直处于保护性监护之下。这引发了在联邦和邦一级印度人民党的批评，以及 RSS 和查谟的印度教教徒关于联盟要素的第二次思考。巴特的释放还未通过该邦印度人民党或联盟内政部的批准。无论是在邦还是在联邦层面，愤怒的印度人民党都要求做出解释，并且对首席部长给出的理由不满意。该

① 2011 年印度人口普查报告称，68.31% 的人口为穆斯林，28.44% 为印度教教徒（如果将锡克教徒和耆那教徒列入该计算中，则略高于30%）。这一地区的统计数据，参见：http://www.censusindia.gov.in/2011 – prov – results/prov_ data_ products_ J&K.html（accessed 15 May 2017）。查谟和克什米尔山谷的语言也不同，旁遮普语在查谟占主导地位，而克什米尔语在山谷中占主导地位。在人口稀少的拉达克，"Bhoti" 是一种藏语。

② Press Trust of India, "RSS Says No Change in Stand on Article 370; Wants Jammu and Kashmir Experiment to Succeed", India.com.

部长认为他是遵守邦法院的命令以及这样做是为了促进与持不同政见者团体的谈判，而且未经协商不会释放其他分离主义领导人。[1] 然而，这些压力主要与镇压分离主义者的问题有关，但是只要需要，联盟就能幸存下来，因为印度人民党和 RSS 的领导人希望它继续下去。[2]

2016 年 1 月 7 日，首席部长赛义德去世之后，他的女儿，同时也是他的政治继承人的梅赫博芭·穆夫提在坚持了三个月之后才同意担任其父亲的职位。她的延迟可能是为了确定她是否可以从莫迪政府那里获得让步。印度人民党早些时候在施政最低纲领之外没有承认任何事情，更加不会在新的选举中冒可能导致失去席位的风险。她最终于 2016 年 4 月 4 日宣誓就职，成为印度人民党联盟的负责人。就在几个月之后的 7 月份，一名 23 岁激进分子、被印度政府定义为恐怖分子的圣斗士党（Hizb-ul-Mujahideen）领导人布尔汗·瓦尼（Burhan Wani）去世后，她的政府面临了一场在山谷爆发的大规模公众抗议活动。这种长期暴力事件引发了人们对梅赫博芭·穆夫提邦政府处理激进抗议和反击印度恐怖主义的武装袭击能力的质疑。一年后，当分离主义领导人要求在瓦尼死亡一周年之际举行为期一周的大规模抗议活

[1] "No Separatist Will Be Released without Consultation: Sayeed to Rajnath", *Zee News*, 10 March 2015, http: //zeenews. india. com/ news/jammu-and-kashmir/ no-separatist-will-be-released-without-consultation-sayeed-to-rajnath _ 1559023. html (accessed 4 August 2017).

[2] 压力的细节，参见：Muzamil Jaleel, "PDP-BJP Alliance Govt Turns Three in J-K: A Look at What Keeps Them Together", *The Indian Express*, 25 March 2018, https: // indianexpress. com/article/india/jk – delhi – tightrop e – narendra – modi – mehbooba – mufti – india – pakistan – bjp – pdp – allianc e – 5076885/ (accessed 12 July 2018)。

动时,这些担忧再次得到体现。① 抗议活动恰逢 2017 年 7 月 10
日,印度朝圣者徒步前往位于斯利那加首都以北约 80 英里的喜
马拉雅山脉的阿马尔纳特(Amarnath)圣地的石窟神庙,在那里
他们受到了恐怖袭击(该地在 6 月下旬至 8 月上旬的朝圣期间从
印度各地吸引了数十万印度教教徒)。② 这次袭击导致 7 人死亡,
这只是过去 25 年来新近发生的此类事件。据报道,印度内政部
长汉斯拉杰·阿希尔(Hansraj Ahir)说,自 1990 年以来已有 36
起袭击朝圣者的恐怖事件。③

　　人民民主党领导要求结束这种攻击,但收效甚微。因为武
装分子认为,人民民主党与印度民族主义政党如印度人民党结
盟,出卖了克什米尔穆斯林的利益。为了应对这些对印度教朝
圣者的袭击,世界印度教大会发布了一则通告,表面上要求对
暴力采取严厉的严肃法纪的态度,实际上也是对印度教的广泛
概念的批评。该通告包括几个引人注目的强硬要求:"停止巴
拉特和查谟与克什米尔的任何安全部队招募克什米尔穆斯林青
年";"所有邦政府都应关闭克什米尔穆斯林在旅游目的地/朝
圣地/市场/酒店/车站等地的商店/企业";"中央政府(应该)
废除[原文如此]关于克什米尔的第 370 条款,并获得巴基斯
坦占领的克什米尔,而不是浪费时间与巴基斯坦就此问题进行

① 巴基斯坦主要的英语日报《黎明》的报道,是对这种暴力一个很好的回
　顾。参见:"Clashes as Kashmir Marks Burhan Wani's Death Anniversary",
　Dawn, 8 July 2017, https://www.dawn.com/news/1344017 (accessed 5
　August 2017)。

② 在 20 世纪 90 年代,RSS 在向阿马尔纳特洞穴推广宗教旅游方面发挥了重
　要作用,这种行为结合了奉献和爱国主义。

③ 《印度快报》(*Indian Express*)的报道,参见:http://trueviralnews.com/
　36-attacks-on-amarnath-yatra-in-27-years-53-pilgrims-killed
　(accessed 6 August 2017)。

对话";"政府必须给予军队完全的自由，以便按照自己的方式处理局势，而不是被宣传闪电战和反国家行动主义所吓倒"。① RSS 和印度人民党领导都没有支持这些强硬要求，尽管许多志愿者无疑都支持。尽管存在施政最低纲领，但是同盟家族和人民民主党在几个问题上存在很大分歧，这些分歧来源于对任何一方的核心意识形态原则的不妥协。这些问题中最具争议的是宪法第 370 条款和第 35A 条（后者维持了该邦独特的穆斯林人口的取向）。第 35A 条通过允许该邦决定哪些居民可以投票、担任公职和拥有财产，来解决查谟和克什米尔独特的教派性质问题。1954 年通过第 35A 条之后，印度人民同盟和 RSS 批评该条款授权查谟和克什米尔邦定义谁有资格成为"永久居民"以及"永久居民"能够享有的特权，似乎以某种方式歧视印度教教徒，破坏了印度人的全国范围概念，似乎支持真纳（Jinnah）提出的为巴基斯坦进行辩护的具有争议性的"两个民族"理论。1956 年 11 月 17 日通过的查谟和克什米尔宪法规定，"永久居民"是 1954 年 5 月 14 日成为该邦国民的人，或者成为该邦居民至少十年。②查谟和克什米尔立法议会后来规定，投票权、担任公职和拥有财产的权利仅限于"永久居民"，从而保证该邦保持穆斯林占多数。2015 年中，位于德里的一家智库——查谟和克什米尔研究中心对同盟家族颇有好感，在支持德里高等法院对第 35A 条是否符合宪法提出质疑方面起了重要作用。随

---

① 世界印度教大会通告的标题为：《在克什米尔打击圣战恐怖主义的最强行动时间到了》，并于 2017 年 7 月 11 日在新德里发布。

② 参见《查谟和克什米尔宪法》第三部分（永久居民），http：//www. jklegislativeassembly. nic. in/Costitution _ of _ J&K. pdf（accessed 9 August 2017）。

后，这个问题被印度的最高法院接纳了。① 最高法院提出的请愿书声称，印度总统在 1956 年至 1957 年间错误地绕过议会，将第35A 条列为印度宪法的一部分，并且还违反了第 14 条规定的"法律面前人人平等"原则。②

由于 RSS 强烈反对第 370 条和第 35A 条，当邦政府的法律部长赛义德·巴哈拉特·艾哈迈德·布哈里（Syed Basharat Ahmed Bukhari）被报道于 2015 年 10 月 6 日向查谟和克什米尔立法议会保证"我们在此防范和保护第 370 条和第 35A 条"时，印度人民党发现自己陷入了困境。③ 为了警告印度人民党（可以扩展到RSS），2017 年 7 月 28 日首席部长梅赫博芭·穆夫提在德里演讲时讲到，取消第 35A 条的政治后果是会减少像她这样效忠印度联盟的克什米尔政治家的政治空间。④ 首席部长的讲话要点似乎就是新德里的印度人民党领导下的政府以及克什米尔的印度人民党所提出的主张，该党在联合政府反对第 35A 条做任何变更方面保持相对沉默。印度总检察长韦努戈帕尔（K. K. Venugopal）告诉最高法院的一个法官，莫迪政府并不热衷于在现有的请愿书中提交自己的宣誓书，质疑第 35A 条是否符合宪法。他承认请愿书是一个"非常敏感"的问题，需要进行"更大的辩论"，他说由于涉及重

---

① 查谟和克什米尔中心的网站：http：//www. jkstudycentre. org。

② 关于针对第 35A 条的法律诉讼，参见：Ishfaq-ul-Hassan，" Mufti Mohammad Sayeed Government Vows to Protect Article 370"，*DNA*，7 October 2015，http：//www. dnaindia. com/india/report – mufti – mohammad – sayeed – government – vows – to – protect – article – 370 – 2132281（accessed 9 August 2017）。

③ Ibid.

④ Vinod Sharma，"Mehbooba's Message Deserves Reciprocation Not Belligerence"，*Hindustan Times*，2 August 2017，http：//www. hindustantimes. com/opinion/mehbooba-s-message-deserves-reciprocation-not-belligerence/story EMoUpzOjFp CbFrJt2yZDNL. html（accessed 10 August 2017）。

大的宪法问题，政府倾向于将此事提交给更大的法官。① 这种继续
进行法律讨论的谨慎举措将推迟做出决定，从而使问题脱离政治舞
台并将其限定在法律分析的范畴之内。将这个问题以及其他有争议
的问题诉诸法律制度，已经证明是推迟决定的一种便利的策略。

　　莫迪政府准备妥协，以便争取时间让联盟合并，并为政府的基
础设施项目提供时间，为该邦躁动不安的年轻人提供大量的就业机
会，从而使他们更接近印度人的身份。联邦部长加德卡里
（Gadkari）于2017年4月2日在查谟和斯利那加的钦纳尼—纳希里
（Chenani-Nashri）隧道贯通时发表演讲称，该邦批准了72个新项目，
其中包括另一条通往列城（拉达克东北部主要城市）的连接隧道，
以及在奇纳布河上修建一座桥（接近360米高，完工后将成为世界
上最高的桥梁），以此提升邦内的互联互通以及与印度其他地区连接
起来。② 莫迪总理致力于连接查谟和斯利那加的隧道，重视这些基
础设施项目的一个主要政治目标是，"克什米尔青年在两种路径中选
择一种，一种是旅游，另一种是恐怖主义。流血的道路并没有帮助
任何人，也永远不会帮助任何人"。③ 印度人民党控制查谟和克什米
尔联合政府所有与基础设施相关的部门，这可能并非巧合。控制这

① HT Correspondent，"'Larger Debate' Needed on Constitution's Article 35A：
Govt Tells Supreme Court"，*Hindustan Times*，17 July 2017，http：//www.
hindustantimes. com/india-news/larger-debate-needed-on-constitution-s-article-
35a-govt-tells-supreme-court/ story-wL93eMNNAC6w8vSyYmbmkL. html（accessed
10 August 2017）.

② 关于克什米尔基础设施项目的报道，参见：FE Online，"After Chenani-Nashri
Tunnel，Here Are Narendra Modi's Top Infrastructure Projects for Jammu and
Kashmir"，*The Financial Express*，3 April 2017，http：//www. financialexpress.
com/india－news/after－chenani－nashri－tunnel－her e－are－narendra－
modis－top－ infrastructure－projects－for－jammu－an d－kashmir/612847//
（accessed 11 August 2017）.

③ Ibid.

些部委的一个重要政治优势是，它们为印度人民党的各邦部长提供了决定承包商的自由裁定权，使该党有机会加强其在克什米尔山谷的穆斯林商人的支持基础。① 基础设施发展解决了长期以来该邦青年失业率居高不下以及相对缺乏就业机会这一重要问题。该邦2016 年经济调查将此问题主要归因于四分之一个世纪以来的动乱，这是对私人和公共投资的不利因素，也是对教育和存在潜在丰厚利润的旅游业的阻碍因素。在 18~29 岁年龄组中，约有 24.6% 的人口失业，几乎是全国平均水平的两倍，该年龄组失业妇女和男子的比例分别为 45.1% 和 17.8%。② 缺乏机会的结果之一是越来越多的年轻人在国外寻找工作，他们的汇款大大推动了经济发展。

2017 年 7 月，由于袭击阿马尔纳特朝圣者而导致群情激愤，RSS 举行了年度全国性的专职干部沙龙（Pracharak Baithak），这是来自查谟的 RSS 和附属机构大约 200 名高级专职干部和领导人的秘密会议。会议的目的有三个：讨论同盟家族面临的挑战，评估最近结束的对潜在专职干部③第三年训练营的出席情况以及制定即将到来的 RSS 领导人巡回访问的时间表。虽然此类会议是 RSS 日程表中的常规年度专题节目④，但

---

① 遵循建立服务活动的模式以支持东北地区的同盟家族，RSS 可以使用相同的在山谷中的战术，以增加在穆斯林中的支持。
② 数据来源于查谟—克什米尔邦政府的"2016 年经济调查报告"。
③ 第三年的军官训练营（OTC）被称为"Sangh Shiksha Varg"，是 RSS 培训专职干部的重要组成部分。它在那格浦尔的 RSS 总部举行，是三套训练营中最长和最具实质内容的训练营。被选中的参与者是那些成功完成第一年和第二年训练营并具备领导能力的人员。RSS 全国领导人出席并密切关注这些潜在的未来领导者。
④ 国家高级年度审议的顺序是：ABKM（RSS 的执行机构，大约有 50 名代表参加的秘密会议，正式向 ABPS 提交决议），每年举办一次，接近印度排灯节；ABPS（一种由大约 1400 名代表组成的议会会议，讨论国家层面的问题），每年举行一次，通常在 3 月举行。

这次会议的独特之处在于它的地点选择在克什米尔的查谟地区。这是该组织自 1925 年成立以来首次在该邦举行会议。为了强调大会的重要性，一些全国领导人出席了会议，其中包括RSS 的领导人莫汉·巴格瓦特、总书记苏雷什·乔希（Suresh Joshi）以及四位联合秘书长豪萨贝尔（Dattatreya Hosabale）、克里斯纳·格帕尔（Krishna Gopal）、苏雷什·索尼（Suresh Soni）和巴哈格哈（V. Bhagaiah）。这些领导人提前到达参加核心小组讨论，这些讨论将确定关于特别关键问题的议程，例如克什米尔恶化的安全局势，这些问题通过袭击阿马尔纳特朝圣者而得以显现。伊德瑞施·库马尔的关键角色，是前克什米尔的专职干部以及 RSS 支持的穆斯林国家论坛的意识形态指导者。当时的克什米尔专职干部阿伦·库马尔（现在是 RSS 联合总书记）的关键角色是组织秘密会议，指出商议克什米尔问题的重点。根据记者兼学者拉克沙·库马尔所说，同盟家族对阿马尔纳特朝圣的重视表明，努力的结果是将该地变成一个印度的耶路撒冷，"将宗教和民族情绪混合在一起，将有争议的领土变成神圣的土地，永不投降"。[1] 库马尔有说服力的观点是，宗教旅游已被用来加强印度对查谟和克什米尔的主张。[2] 为了表明宗教旅游与爱国主义的联系，印度政府运营的新闻信息局于 1999 年——印度与巴基斯坦卡吉尔战争后不久——发表了一篇文章称：

> 今年，阿马尔纳特永恒的朝圣中心受到了控制线［划

---

[1] Raksha Kumar, "India Is Weaponizing Its Spiritual Tourists", *Foreign Policy*, 9 August 2017, http://foreignpolicy.com/2017/08/09/ india – is – weaponizing – its – spiritual – tourists/（accessed 10 August 2017）.

[2] Ibid.

分印度和巴基斯坦克什米尔］的威胁。因此，这是信徒们展示他们对湿婆神的持久信仰的特殊场合……通过参观在克什米尔更高地方的圣洞……①

世界印度教大会 20 世纪 90 年代在动员对阿马尔纳特节（Amarnath Yatra）的支持方面发挥了作用，继续在该邦组织自己的朝圣，并且在国家一体化问题上经常提到阿马尔纳特。②世界印度教大会主要负责将当地的朝圣地变成国家朝圣中心。为了表明世界印度教大会在官方支持朝圣方面取得了成功，查谟和克什米尔总督在职权上被指定为阿马尔纳圣地委员会的主席，该邦和中央政府都在圣地提供住宿和医疗设施，并负责朝圣者的安全。2017 年，朝圣者人数估计为 26 万人，他们可以获得免费食品和医疗服务。③

在查谟的高级专职干部秘密会议上，讨论的一个重要议题是 RSS 在穆斯林占多数的克什米尔地区的存在，该地区目前还没有

---

① Raksha Kumar, "India Is Weaponizing Its Spiritual Tourists", *Foreign Policy*, 9 August 2017, http：//foreignpolicy. com/2017/08/09/ india － is － weaponizing－its－spiritual－tourists/（accessed 10 August 2017）.

② 前世界印度教大会国际工作主席普拉文·托加迪亚（Pravin Togadia）说，"Yatra"非常像一个精神的爱国朝圣和山地冒险。它加强了国家统一和领土完整。长达两个月的朝圣活动动员了全国各地的人们，从而加强了民族团结。有关细节，参见："Amarnath Yatra：A Militarized Pilgrimage", *Equitable Tourism*, 10 June 2017, https：//www. equitabletourism. org/files/ fileDocuments5925 _ uid32. pdf（accessed 10 February 2018）.

③ 有关对每年朝圣实质性支持的详细信息，请参阅 Amarnath Shrine 网站，http：//shriamarnathjishrine. com/DarshanFiguresYatra2016. html（accessed 10 August 2017）。2017 年朝圣季的数据来自该网站。2015 年有超过 352000 名朝圣者，这个数字在 2016 年下降到 220000，可能是由于担心激进分子的攻击，但在 2017 年又增加了约 20%。

纱卡。相比之下，查谟和拉达克地区则大约有 300 个。[①] 2017 年
1 月 7 日，在德里召开的穆斯林国家论坛会议上表明了在该邦
动员穆斯林支持的目标，该会议由伊德瑞施·库马尔主持。据
报道，该会议旨在反对激进分子说服克什米尔穆斯林青年，使
他们认为暴力是解决问题的方法。[②]这次会议试图通过重视穆
斯林的受挫性、严重的腐败问题和在各邦实施贫困项目，并提供
教育和工作，以使穆斯林远离好战性。这项努力得到了 RSS 的
明确支持，这是印度教教徒转向传统目标的另一个例子，这与
RSS 在该邦存在的原始动机相比，发生了彻底的变化。

　　1942 年，RSS 领导人高瓦克将该组织一名最具活力的年轻
专职干部贝拉吉·马德赫克（Balraj Madhok）送到了土邦，[③] 在
查谟地区的印度教教徒中建立了纱卡，目标是组织印度教教徒，
使他们能够集体捍卫他们的利益免受多数穆斯林的侵害。[④] 1947

---

① 关于为期三天的秘密会议的新闻报道，参见：Arvind Sharma，"RSS Meet
　　Discusses Plans to Set Up Base in Kashmir"，*Greater Kashmir*，19 July 2017，
　　http：//www. greaterkashmir. com/news/jammu/ rss – meet – discusses – plans
　　– to – set – up – base – in – kashmir/255128. html（accessed 11 August 2017）。

② Kedar Nagarajan，"Scholarships，Nationalism and Peace：Scenes from the
　　RSS's Event for Outreach to Kashmiri Students"，*Caravan*，8 January 2017，
　　http：//www. caravanmagazine. in/vantage/rss-kashmir-muslim-wing-students
　　（accessed 11 August 2017）。

③ RSS 指定克什米尔是旁遮普地区的一部分，直到 1947 年，它成为一个单
　　独的行政单位。

④ 一个对早期查谟和克什米尔 RSS 的政治活动的出色分析，参见：Navnita
　　Chadha Behera，*State，Identity and Violence：Jammu Kashmir，and Ladakh*
　　（Delhi：Manohar Publishers，2000），pp. 84 – 87。关于马德赫克在克什米
　　尔的活动分析，参见：Craig Baxter，*The Jana Sangh：A Biography of an
　　Indian Political Party*（Philadelphia：University of Pennsylvania Press，1969），
　　p. 59。马德赫克于 1948 年被全国会议党驱逐出邦，因为他在组织抗议克
　　什米尔自治的过程中发挥了作用。他被迫搬到德里，这个充满活力的组织
　　者找到了一个协调新印度人民同盟的角色。

年以后，查谟和克什米尔地区的宣教士潘迪特·多格拉（Pandit Prem Nath Dogra），他是查谟—克什米尔地区一名具有影响力的印度教领导人，独立后与马德赫克合作建立公民联盟（Praja Parishad），促进在印度联盟内国家的全面融合。并且引申开来，反对任何关于邦自治的宪法条款。[1] 然而根据第370条，印度为查谟和克什米尔提供了特殊地位。在其他方面，只允许印度议会在该邦的国防、外交和通信方面立法，并允许克什米尔拥有自己的权力象征，如邦旗和邦宪法。[2] 公民联盟在克什米尔现有的RSS网络上建立了自己的组织，并成为慕克吉新的印度人民同盟的国家附属机构。RSS和公民联盟的民族主义热情主要受两个因素的影响：巴基斯坦反复要求克什米尔作为穆斯林占多数的邦应该被纳入巴基斯坦，而1947～1948年的第一次印巴战争则是结束于联合国决议下的停火协议。[3] 穆斯林占多数的克什米尔人加入印度联盟非常重要，因为它强调了该国的世俗主义，印度议会通过立法声称所有查谟和克什米尔包括巴基斯坦占领的克什米尔地区（PoK）的居民，都是合法的印度人。

公民联盟解决了查谟印度教教徒的挫败感问题，这些印度教教徒对印度独立之后集中在山谷中的穆斯林族群克什米尔人的政治主导地位表示抵触。此外，公民联盟反对任何形式的克什米尔自治，而不是要么支持完全融入印度，要么对查谟地区的自治。

---

[1] 公民联盟的第一任总书记马德赫克在他的书中提供了对其形成的权威性描述。参见：*Kashmir: Centre of New Alignments*（New Delhi: Deepak Prakashan, 1963），pp. 37-39。

[2] 关于印度将查谟和克什米尔邦作为印度一个自治邦的法律、政治和战略举措的讨论，参见：Behera, *State, Identity and Violence*, ch. 4, "Dreams Gone Sour"。

[3] 与大多数印度统治王公不同，印度教王公哈里·辛格独立时没有加入印度。但独立后不久，来自巴基斯坦的穆斯林战士对他的部队的攻击促使他向印度寻求援助，并同意查谟和克什米尔加入印度。

公民联盟也表达了对少数族裔多格拉人（Dogras）的不满，以前
该地区最初是由印度教王公统治，后来迫使他们将权力交给了谢
赫·阿卜杜拉（Sheikh Abdullah）和他的全国会议（National
Conference），长期反对君主秩序以及很大程度上由印度教土地所
有者占主导地位的封建土地制度。① 根据贝希拉（Behera）的说
法，约有 800000 英亩土地被无偿转让给 247000 个农户，许多印
度教教徒担心此举将极大地改变该邦的社会秩序。② 在 RSS 和其
他印度教组织的全力支持下，1952 年年底公民联盟发起了一场
骚动，其主要目标是废除第 370 条款，使该邦完全融入印度联
盟。它还要求将印度教教徒占多数的查谟从克什米尔中分离出
来。这种对自决的要求基于克什米尔穆斯林作为大多数人想主导
该邦政治的现实。抗议活动得到了新印度人民同盟及其主席慕克
吉的全力支持，克什米尔被列入了同盟家族议程的首位。③ 慕克
吉重视克什米尔政府的要求，即从印度来到该邦的人们在越过边
境之前必须获得克什米尔当局的许可。为了引起公众对这一问题
的关注，1953 年 5 月 11 日，他在没有经过许可的情况下越过克
什米尔，并被迅速逮捕。就在一个多月后的 6 月 23 日，政府宣
布他在拘留期间因心脏病发作而死亡。印度人民同盟因此而有了
一个民族主义事业的殉道者（RSS 一直在纪念慕克吉烈士）。贝
赫拉认为，慕克吉的死"加剧了印度总理尼赫鲁和阿卜杜拉之

---

① 贝希拉报告说，独立时期绝大多数重要的官僚干部都是印度教的克什米尔
　　潘迪特人（Pandits），这是一个主要居住在山谷中的小型高种姓社区，由于
　　受到皇家教育的支持而受到不同程度的影响。她还注意到全国会议从 Dogra
　　Maharaja 手中接管邦时发生的种族权力的重大转变，实际上将查谟地区排
　　除在政府之外，通过操纵机器，赢得了具有争议性的 75 个席位中的 73 个。
② Ibid. , p. 84.
③ 关于 1952 年至 1953 年的克什米尔抗议活动的分析，参见：Craig Baxter,
　　Jana Sangh, pp. 116－128.

间的政治分歧，导致他在 1953 年被解雇和逮捕"。[1] 将克什米尔纳入印度联邦的过程成为联邦政策，使得其与政府的关系类似于印度的其他邦。然而，这种对自治的侵蚀伴随着对国家政治的相当大的中央干预，更不用说许多克什米尔穆斯林认为他们正在失去对自己邦事务的控制能力——尽管山谷继续在政治上统治着该邦，并获得了大量的国家资源和公共部门的工作。这种偏袒认知引发了民众对印度人民同盟及其继承者印度人民党在查谟的印度教教徒中的持续支持。印度人民党在查谟印度教教徒中取得成功的另一个原因是伊斯兰分离主义团体日益增加的暴力行为，这些团体在 20 世纪 80 年代后期发生了重要的转折，并一直持续到新世纪。山谷中的暴力事件促成了几乎所有 15 余万在克什米尔潘迪特的离开，这是曾经占主流的克什米尔印度教婆罗门群体的残余。大多数潘迪特最初逃往查谟地区，许多人仍居住在那里，有些人住在难民营。20 年后发生了一连串的激进暴力事件，其中一些事件得到了整个控制线（LoC）一带的支持，导致与印度安全部队的武装冲突，这进一步造成了与该谷中大部分穆斯林人口之间的敌意。这种暴力行为甚至导致 RSS 支持对该邦的武装分子采取强硬措施。然而，或许更重要的是，这也使 RSS 敏感地意识到需要对印度教民族主义有更为全面的了解，而不是对该邦印度教宗教少数群体的特定利益进行传统意义上的支持。

更具包容性的目标使得克什米尔的政治实验成为 RSS 愿意接受宗教少数群体认同问题的一个测试案例。可能出于选举原因，印度人民党为果阿的基督徒就英语基督教学校的国家财政支持问题就这样做了。虽然 RSS 支持母语教育，但它与果阿执政的印度人民党的语言政策一致。在克什米尔，穆斯林爆发的周期性暴力

---

[1]　Behera, *State*, *Identity and Violence*, p. 100.

行为，凸显了他们对未来产生的严重不安全感，如果要恢复稳定，必须解决问题。因此，人民民主党在 2015 年施政最低纲领中坚持认为第 370 条的自治条款必须继续下去。[①] 以武装部队特别权力法案（AFSPA）授权的印度安全部队为代表的国家重型军队的出现，使得克什米尔穆斯林认为他们是自己所在邦的二等公民。施政最低纲领通过承诺联合政府重新审查在被定义为"受干扰"的地区继续实施武装部队特别权力法案的必要性来认识这一问题。[②] 施政最低纲领还有一项规定要求政府在所有利益攸关方之间开展对话，不论其意识形态如何，这为联邦政府提供了解决穆斯林不满情绪的机会。莫迪总理建议在 2017 年的独立日演讲中提出这个问题，默许承认军事力量是恢复国家稳定的一种钝器。[③] 也许是考虑到这一点，莫迪政府在这种情况下遵循前任总理瓦杰帕伊于 2001 年设定的先例，选择了一位身材魁梧的人，印度情报局前负责人迪尼施瓦·夏尔马（Dineshwar Sharma）与该邦所有利益相关者展开对话。[④] 2017 年 10 月 24 日宣布这一消息的内政部长表示，夏尔马

---

① 20 世纪 50 年代以来，邦的自治权逐渐削弱，现在克什米尔就像印度一个普通的邦。

② 只要来自巴基斯坦境内的武装威胁仍然存在，克什米尔的安全问题就可能持续下去。

③ 关于任命克什米尔对话者的审查步骤，参见："Can Dineshwar Sharma End the Violence?", Rediff. com, 6 November 2017, http：//www. rediff. com/news/special/ can－dineshwar－sharma－end－the－violence－in－kashmir/20171106. htm（accessed 28 December 2017）。

④ Bharti Jain, "Govt Restarts Kashmir Dialogue with Former IB Chief at the Helm", *The Times of India*, 24 October 2017, https：//timesofindia. indiatimes. com/india/govt－appoints－former－ib－director－dineshwar－sharma－as－special－interlocutor－on－kashmir/articleshow/61187478. cms（accessed 30 December, 2017）. 2001 年，瓦杰帕伊总理任命了计划委员会副主席潘特（K. C. Pant）负责谈话。潘特是后来被选中进行此类谈话的几个人中的第一个，尽管夏尔马是第一个有克什米尔工作经验的人，他也是首位情报官员。

将决定哪些个人或团体参与他的讨论。① 夏尔马用了很少的时间准备并几乎立即开始了他的交流，包括与具有分离主义动机的人讨论。然而，2018 年的一系列具有挑战性的环境，使得印度人民党（以及已经持怀疑态度的 RSS）确信这种姿态是徒劳的。2018 年初在印度教教徒占多数的查谟的卡图瓦（Kathua），一名年轻穆斯林女孩遭受了悲惨的强奸和谋杀，大规模的抗议活动和反抗议活动显示了该邦持续的社区分裂。随后，联盟伙伴就延长 2018 年 5 月 16 日宣布的印度政府拉姆赞停火（Ramzan ceasefire）问题以及 2018 年 6 月 14 日在斯利那加（Srinagar）的一位著名克什米尔记者舒哈特·布哈里（Shujaat Bukhari）在光天化日之下被谋杀的事件发生了分歧。拉姆·马达夫断言，持续的暴力事件包括对军队车辆的袭击，致使莫迪政府得出结论，"我们（政府）是时候将行政管理交给地方长官一段时间了"。②

对克什米尔的任何讨论都必须解决国际上的关切，因为克什米尔既是国内问题，也是国际问题。它与巴基斯坦接壤，印度声称该邦之于他们是合法的。并且打了两场战争（如果算上 1971 年战争，也就是与东巴基斯坦，现在的孟加拉国之间的战争，是三场），还有几场冲突也接近战争。在我们看来，克什米尔任何可能实现长期稳定的关键取决于两个方面的发展：为克什米尔提供更大的自治权（这可能需要克什米尔境内印度教教徒占多数的查谟实现自治权），并确保经济强劲增长，从而创造就业机

① Bharti Jain，"Govt Restarts Kashmir Dialogue with Former IB Chief at the Helm"，*The Times of India*，24 October 2017，https：//timesofindia. indiatimes. com/india/govt - appoints - former - ib - director - dineshwar - sharma - as - special - interlocutor - on - kashmir/articleshow/61187478. cms（accessed 30 December，2017）.

② Jha and Uttam，"Why BJP Pulled the Plug on PDP：Rainbow Alliances Are Short Lived，Says Ram Madhav"，*Hindustan Times*.

会，该邦的失业率一直居高不下。如果没有前者，后者几乎可以
肯定是不可能的。但关键的进展还取决于两国关系的改善，因为
目前的双边弊病促使巴基斯坦鼓励武装抵抗印度在克什米尔的存
在，它经常利用反印度激进组织的活动。①

因此，需要为巴基斯坦、印度和克什米尔人提供一个三方共
赢的解决方案。在1999年印度和巴基斯坦之间的卡吉尔战争之
后，人们试图进行几次逆向渠道讨论，重点是如何达成所有主要
方都能接受的解决方案。② 在2006年的一项提案中公开提出了
一种可能性，大致概括了逆向渠道谈判的性质，建议不改变克什
米尔双方的合法主权，而印度和巴基斯坦撤回其安全部队，并以
富有想象力的方式制定措施，为法治、秩序和活力等治理问题提
供克什米尔的声音。③

我们的中心论点是，RSS 对待克什米尔的方法包括战略目标

---

① 有关克什米尔争端有大量文献。一些比较好的书包括：Robert G. Wirsing,
Kashmir in the Shadow of War：*Regional Rivalries in a Nuclear Age*（Armonk：
M. E. Sharp, 2003）；Ashutosh Varshney, "Three Compounded Nationalisms：
Why Kashmir Has been a Problem", in Raju Thomas（ed. ）, *Perspectives on
Kashmir*：*The Roots of Conflict in South Asia*（Boulder：Westview, 1992），
pp. 192–234。

② 从巴基斯坦的角度讨论这些努力可参见："Pakistan, India Almost Sign
Win-Win Kashmir Deal in 2007", *Express Tribune*, 16 June 2018, https：//
tribune. com. pk/ story/973934/pakistan – india – almost – signed – win – win –
kashmir – deal – in – 2007 – ex – envoy/（accessed 4 January 2018）。关于秘
密谈话的综合分析，参见：Steve Coll, "The Back Channel：India and
Pakistan's Secret Kashmir Talks", *New Yorker*, 2 March 2009, https：//
www. newyorker. com/magazine/2009/03/02/the – back – channel（accessed 3
January 2018）。

③ 关于审查双方从未正式讨论过的提案条款，参见："Musharraf Pushes
Shared Kashmir Sovereignty Proposal", *Voice of America*, 31 October 2009,
https：//www. voanews. com/a/a – 13 – 2006 – 12 – 05 – voa22/324253. html
（accessed 31 December 2017）。

和战术之间的平衡。战略目标（国家统一和包括穆斯林在内的印度教教徒特性的定义）是坚定的，而实现它们的策略将根据具体情况而有所不同。关于是否修改或改变战术的关键考虑，很大程度上取决于该邦印度教人口的反应。在克什米尔不断升级的暴力事件，以及对穆斯林占多数的克什米尔山谷的偏见认知，正在削弱着印度教教徒对梅赫博芭·穆夫提政府的信心。RSS 的信息收集机构将会对印度教社区不断上升的抗议活动产生影响，这可能会引发其对克什米尔政府的持续批评。随着大选的快速临近，国家领导层与 RSS 以及其他人协商，决定退出联盟并实施地方长官的统治。这使得中央政府有空间斡旋并恢复稳定，重建印度教教徒的信心，并在印度其他地区的印度教选民中彰显党的民族主义信誉。印度人民党仅在查谟地区得到支持，只能通过与一个政党建立另一个联盟来重新掌权，该政党从该邦的穆斯林占多数的地方获得了大多数（如果不是全部）支持。宣布印度人民党退出的拉姆·马达夫表达了他的观点，认为印度人民党—人民民主党之间的联盟是当时正确的战术，联盟取得了一些重大成就。他打开了与该邦所有利益相关者进行谈判的大门，表明政治对话将有利于安全措施。虽然 RSS 的战略要求没有改变，但战术可能会改变或者被修改，就像在这种情况下发生的那样。

第八章 ／ 经济自给自足的争议——调节 同盟家族内部冲突的观点

　　莫迪总理的印度人民党政府，2016 年 6 月 20 日宣布了"印度制造"运动，通过放宽一系列领域包括国防、民航、多品牌零售贸易和药品等规则而鼓励投资，这一举措被称为是对印度的外商直接投资（FDI）制度实行"激进的自由化"。2018 年达沃斯世界经济论坛的全体会议上，莫迪强调了政府为实现对外商直接投资自由化和改善营商环境所采取的措施。在向全球商业精英发表演讲时，莫迪劝说他们在印度投资，称之为"对未来的投资"。① 外商直接投资的逐步自由化似乎得到了回报，因为外商直接投资流入量从 2013～2014 财年的 360 亿美元几乎增加到 2016～2017 财年的 600 亿美元，翻了近一番，高于 2016～2017

---

① Express Web Desk，"Full Text: PM Narendra Modi's Keynote Speech at Plenary Session of WEF in Davos"，*The Indian Express*，24 January 2018，https: //indianexpress. com/article/india/full-text-pm-modis-keynote-speech-at-plenary-session-of-davos-wef-5036533/（accessed 12 July 2018）.

财年的任何其他国家。① 然而，并非所有的同盟家族成员都同意莫迪对激增外商直接投资热情的做法。20 世纪 90 年代初在 RSS 领导人的支持下成立的工会（BMS），是 RSS 一个附属劳工组织，以及 RSS 附属的右翼组织经济分支机构（SJM），是一个倡导经济自给自足的国家游说团体，它抨击 2016 年外商直接投资自由化是一种"背叛信任"和"反国家"行为。② 该经济分支机构全国会议召集人阿施瓦尼·马哈詹（Ashwani Mahajan）发表声明说，"经济分支机构对政府关于外商直接投资将带来经济增长并在该国创造就业的论点有质疑"，并进一步断言，"印度经济在过去 25 年的全球化令人非常失望，就业增长率已经放缓，减贫率下降，不平等现象扩大，普通人的贫困生活并没有缓解"。③ 他劝告印度消费者避开外国商品，后来澄清这种抵制应该从贸易扩大到商业，包括中国投资的印度公司，如移动支付平台（Paytm），这是一家由中国电子商务巨头阿里巴巴投资的印度公司。莫迪总理在达沃斯举行的 2018 年世界经济论坛的演讲中，称印度支持全球化，批评所谓的"不断增长的贸易保护主义"。莫迪模仿中国国家主席习近平在上一届论坛上的开幕式演

---

① Report taken from Raj Kumar Ray，"India's FDI Inflows at a Record ＄60. 1 Billion in 2016 – 17"，*Hindustan Times*，19 May 2017，http：//www. hindustantimes. com/business-news/india-s-fdi-inflows-at-a-record-60-1-billion-in-2016 – 17/story-7a8pt2u7e8IJttptDQcwhO. html（accessed 29 August 2017）.

② Express News Service，"RSS-Affiliated BJS, SJM Term FDI Reforms 'Betrayal' of Trust"，*The Indian Express*，21 June 2016，https：//indianexpress. com/ article/business/economy/rss-affiliated-bjs-sjm-term-fdi-reforms-betrayal-of-trust-2865487/（12 July 2018）.

③ SJM Press Release，"Put on Hold the Decision to Ease FDI Norms, Demands SJM"，http：//www. swadeshionline. in/press-release-eng/put-hold-decision-ease-fdi-norms-demands-sjm（accessed 30 August 2017）.

讲，建议印度可以为推进全球贸易自由化发挥领导作用。①

然而，莫迪总理对经济全球化的赞扬以及他对自由化的浮夸承诺，与他的政府政策有些不一致。2018 年预算增加了一系列进口产品的关税，包括手机、汽车零件、电子产品、食用油和电视零件。②在财政预算演讲中，财政部长贾特利（Jaitley）宣布"在过去 20 年中根据偏离（减少关税）的基本政策进行了调整"。③改造印度国家研究院（NITI Aayog）前负责人帕纳格瑞亚（Arvind Panagariya）批评了增加关税的决定，以恢复"许可证为王"的日子。④巴格瓦特在 2017 年的"十胜节"（Vijayadashami）演讲——出于对 RSS 的忠实，有点类似于美国总统的国情咨文，推动莫迪政府经济政策的民粹主义转向。就在巴格瓦特演讲的四天之后，政府削减了对汽油和柴油的征税，以缓冲原油价格上涨对消费者的影响。⑤ 同一天，三

① YouTube 上提供了以印地语（带有英语翻译）发表的演讲，https：//www. youtube. com/watch？v = dGJd9Jl1mOE（accessed 24 January 2018）。

② Kirtika Suneja, "Customs Hike to Hit ＄65 Billion Imports, May Lead to WTO Dispute", *The Economic Times*, 5 February 2018, https：//economictimes. indiatimes. com/news/economy/indicators/ customs-hike-to-hit-65-billion-imports-may-lead-to-wto-dispute/ articleshow/62784304. cms（accessed 25 April 2018）.

③ Arun Jaitley, "Budget 2018 – 2019 Speech, Ministry of Finance, Government of India", 1 February 2018, https：//www. indiabudget. gov. in/ub2018 – 19/bs/bs. pdf（accessed 25 April 2018）.

④ Arvind Panagariya, "Return of Protectionism：Panagariya Sounds Alarm over Modi's New Trade Template for India", *The Economic Times*, 12 February 2018, https：//economictimes. indiatimes. com/ news/economy/policy/budget-2018-has-ensured-the-return-of-protectionism/articleshow/62876012. cms（accessed 25 April 2018）.

⑤ Anurag Joshi, "India Cuts Levy on Fuel to Ease Inflation after Oil Prices Surge", *Bloomberg*, 3 October 2017, https：//www. bloomberg. com/news/articles/2017 – 10 – 03/india-cuts-levy-on-fuel-to-ease-inflation-after-oil-prices-surge（accessed 25 April 2018）.

个印度人民党统治的邦——古吉拉特邦、马哈拉施特拉邦和中央邦，削减了邦的燃油税。[1]

商品和服务税（GST）改革委员会——一个法定的国家机构，联邦财政部长负责决定税率和有争议的商品及服务税结构，所公布的变更大大减轻了小企业规则上的限制，例如允许他们每季度而不是每月报税。商品和服务税改革委员会还降低了低收入和中等收入家庭常用的几种物品的税率，如皮凉鞋、薄煎饼、塑料、橡胶和纱线。受古吉拉特邦选举结果的影响，分析者将农场苦难[2]列为印度人民业绩低于预期的原因之一，2018 年预算宣布为农民提供了几项小小的举措。政府宣布了提高农产品支持价格的政策，宣称打算将所有农作物的最低支持价格（MSP）设定为生产成本的 1.5 倍。[3]

也许是因为公众对莫迪政府经济纪录的不满，特别是在创造就业问题上的反馈，巴格瓦特一再劝告政府继续其民粹主义政策导向。2018 年 4 月 16 日，巴格瓦特在孟买证券交易所（BSE）向来自印度金融之都的商界精英发表演讲时表示，经济政策制定者应该特别关注农民和小企业的需求。[4] 他在孟买证券交易所的演讲可能是最清晰的 RSS 经济哲学，他重申了 RSS 并不拘泥于任何经济"主义"。他认为，对意识形态标签的争论

---

① Press Trust of India, "Just 4 States Cut VAT on Petrol, Diesel: Dharmendra Pradhan", *The Economic Times*, 5 February 2018, https: //economictimes. indiatimes. com/industry/energy/oil-gas/just-4-states-cut-vat-on-petrol-diesel-dharmendra-pradhan/ articleshow/62791588. cms（accessed 25 April 2018）.

② Himanshu Upadhyaya, "Anger over Agrarian Distress Is behind BJP's Poor Performance in Saurashtra", *The Wire*, 20 December 2017, https: // thewire. in/206694/saurashtra-gujarat-bjp-agrarian-distress（accessed 25 April 2018）.

③ Jaitley, Budget Speech, https: //www. indiabudget. gov. in/ub2018 – 19/ bs/ bs. pdf（accessed 25 April）.

④ Bhagwat's Speech, https: //www. youtube. com/ watch? v = Tr3NfnaPQT8.

是适得其反的，而且判断经济政策的标准应该是它的利益是否延伸到了社会阶层中那些最底层的利益，类似于甘地著名的经济法典。由于相信自下而上的社会变革的功效，RSS 已经非常强调将个体放在了重要位置。RSS 的当务之急是通过灌输纪律并将同盟家族的意识形态社会化以培训个体。如此，巴格瓦特认为虽然印度教不是一种禁止财富创造的禁欲主义信仰，但个人的经济行为应该由佛法（正义）来调节。因此，个人生活中的主要目标不应该是财富积累或享乐主义消费。

一系列由其主要政策制定机构发布的 RSS 决议可追溯到 20 世纪 50 年代，强烈反映了其在未来 50 年内对抵制外国货（swadeshi）的支持。20 世纪 90 年代，以拉奥为总理的国大党政府出台了一系列旨在减少国家对经济控制的深远政策，并开放了外部投资市场，这一举措引发了 SJM 的形成，此类决议在 20 世纪 90 年代变得更加频繁。SJM 的首次公开活动是组织抗议活动，以反对安然公司的参与，这是一家美国公司，负责在孟买以南建造发电设施，该公司被控告贿赂公职人员和政客。在印度人民党领导的瓦杰帕伊联盟（1998～2004 年）期间，对政府自由改革政策的批评也在继续，该联盟接受了许多必要的市场改革以刺激经济增长。在那些最直言不讳地支持抵制外国货的人中，就有 RSS 的最高领导人（sarsanghchalak）。苏达山与瓦杰帕伊的关系时常紧张，并且是政府对外直接投资方式的关键监督者。他对这个问题的公开批评也很好地与党内意识形态强硬派分子例如理论家穆利·马诺哈尔·乔希（Murli Manohar Joshi）和高维达查亚（K. N. Govindacharya）① 的

---

① 瓦杰帕伊迫使高维达查亚（Govindacharya）下来担任党的秘书长。后者据说只是一个表面上有智慧的人。尽管他声称自己被误导，但瓦杰帕伊并没有心情对党内这位强硬的印度教教徒批评者表示宽容。

观点相呼应，他们特别担心外国投资对国家产生的文化和社会影响。1998 年 3 月，瓦杰帕伊上任几个月后，SJM 于 1998 年 9 月初组织了一次抗议新政府经济政策的集会。普拉雷·凯南格（Pralay Kanungo）报告称，当时担任 RSS 联合秘书及其与印度人民党指定为联络人的苏达山参加了抗议游行的指导委员会计划，并将 SJM 骚动称为"几乎是对政府的反抗"。① RSS 最高决策机构（ABKM）于 1998 年发布了一项关于自力更生的决议，该决议接近瓦杰帕伊政府的演讲。决议指出：

> 众所周知，RSS 一直赞成抵制外国货，这意味着自力更生和经济独立。因此，RSS 最高决策机构认为中央政府决定对保险业开放外商直接投资是不恰当的。②

同年，RSS 的"议会"政治协商会议（ABPS）通过了一项决议，对世界贸易组织的政策"开始对当地农业和工业，特别是小型、中型和农产品加工业产生的负面影响"表示"严重担忧"。③ 它呼吁政府实施一项六点计划，包括组织发展中国家站起来反对世贸组织、G7 国家、跨国公司、世界银行和国际货币基金组织的经济帝国主义，修改 1970 年印度专利法以确保"不应该剥夺农民的传统知识、作物、植物和动物……"，并且审查关税降低到"仅 30%"的平均水平，据称这对印度的几个行业

---

① Pralay Kanungo, *RSS's Tryst with Politics: From Hedgewar to Sudarshan* (Delhi: Manohar Publishers, 2002), pp. 260 – 261.

② " 'Swadeshi', A. B. K. M.: 1998, in *R. S. S. Resolves 1950 – 2007: Resolutions Passed by A. B. P. S. and A. B. K. M. of R. S. S. from 1950 to 2007*" (New Delhi: Suruchi Prakashan, 2007).

③ "Resolution on WTO (World Trade Organization)", in *R. S. S. Resolves*.

产生了不利影响。① 第二年，政治协商会议通过了一项决议，认为印度提出了对世贸组织的修正案，这表明"发达国家有一个阴谋"，要建立一种对杂交植物和种子的垄断，"以使发展中国家在农业上完全服从它们"，并且他们正在利用信息技术"通过高调的宣传创造一种适应其商业利益的思维方式"。② 尽管一些有影响力的卫生组织公开反对促进印度的贸易和投资政策自由化，但是瓦杰帕伊选择了非 RSS 成员亚施旺特·辛哈（Yashwant Sinha）担任财政部长，一项 RSS 反对的决定表明，新政府打算继续推行拉奥（Rao）设定的经济改革目标。③ 但是，党内和更大的同盟家族内许多人对自由化承诺的批判性回应，需要对重要支持群体的影响进行谨慎审查。例如，当辛哈宣布继续实施允许外国投资电力和电信部门的政策时，他同时澄清说，他不会允许外商直接投资进入消费者非耐用品行业。该行业具有直接的利益，是印度人民党联盟（小规模交易者）的重要因素。

负责建立经济分支机构和劳工工会的人是桑格迪（Thengadi，1920~2004），目的是塑造偏左的经济导向政策。他是一个在 RSS 内部被视为三个最具有影响力的意识形态人物之一的专职干部，另外两个是乌帕德亚雅和高瓦克。桑格迪坚信，一个真正独立的印度必须避免依赖西方资本主义和共产主义阵营国家，以及受他们的影响，因此他们承诺将抵制外国货作为其经济学观点的核心要素。因此，他和高瓦克都对共产主义在印度工会

---

① 关于印度人民党内部对于 FDI 争议的评论，参见：Partha S. Ghosh, *BJP and the Evolution of Hindu Nationalism: From Periphery to Centre*（New Delhi: Manohar Publishers, 1999），pp. 279 – 312。

② 回顾 WTO 的条款，A. B. P. S.：1999, in *R. S. S. Resolves*。

③ 印度人民党内部对外国直接投资辩论的评论，参见：Partha S. Ghosh, *BJP and the Evolution of Hindu Nationalism: From Periphery to Centre*（New Delhi: Manohar Publishers, 1999），pp. 279 – 312。

运动中的强大存在感到震惊，这种担忧使他为一个具有竞争性的印度教意识形态的工会奠定了基础。在高瓦克的支持下，桑格迪于1955年建立了劳工工会，并采用 RSS 的组织方式，依靠当地 RSS 网络的支持，最初建立一个由 RSS 成员组成的独立于地方工会的基地，并于1967年建立了国家劳工工会。①这个工会与传统工会的区别在于，它对工人福祉以及印度文化和社会遗产的承诺，至少那部分遗产与印度教教徒的社会统一思想相符。作为劳工领域独特的印度遗产的一部分，他拒绝将阶级作为一种概念而破坏社区和社会团结的意识，这是 RSS 意识形态的核心原则。取而代之的是，他呼吁将经济过程的各个部分联合起来，以便拥有这一法人团体和促进产业部门的运作，并用"劳动国有化、产业劳动化和国家工业化"的口号解释这一目标。② 拉吉夫·甘地（Rajiv Gandhi）总理执政时期，采取了一种温和的方式开始实施市场化改革，而拉奥总理则提倡更加积极地进行市场改革，包括将吸引外国投资作为一个主要目标。在1994年第十届全国会议上，印度劳工工会宣布"反对西方帝国主义的经济独立战争"，以此作为对这些倡议的回应。③ 印

---

① 请参阅我们对印度劳工工会形成及其意识形态的详细分析，Walter Andersen and Shridhar Damle, *The Brotherhood in Saffron*: *The Rashtriya Swayamsevak Sangh and Hindu Revivalism* (Boulder: Westview Press, 1987), pp. 129 – 133。

② 桑格迪劳动哲学的最佳来源并且目前仍然存在于同盟家族中被认为非常具有权威性的书籍，请参阅: *Labour Policy* (Nagpur: Bharatiya Mazdoor Sangh, 1968), *Focus on Socio-Economic Problems* (New Delhi: Suruchi Prakashan, 1972)。《劳工政策》最初是1969年向印度第一个劳工委员会提交的，并作为一本书重新发行。

③ 关于劳工工会针对外国参与印度经济而产生"危险"的反对活动的评论，参见: "Multi-faceted Achievements of BMS", BMS. org. , http: //bms. org. in/pages/Achievements. aspx (accessed 2 September 2017)。

度劳工工会的网站进一步指出，"20 世纪 90 年代，当发达国家扩张其经济帝国时，经济分支机构成立，印度劳工工会参与了许多煽动性的计划"①。该网站指出，即使在印度人民党政府中，独立的劳工工会"在全国民主联盟（NDA）政府任期内（印度人民党领导的联盟）也是如此"……其中有劳工工会的"朋友"。印度劳工组织必须反对反劳工政策。2001 年 4 月 16 日，在瓦杰帕伊总理任期内，新德里举行大规模集会，其中一个主要思想是要求政府推动建立由"所谓的第三世界国家"组成的组织，来替代世界贸易组织。②

　　尽管受到经济分支机构和印度劳工组织等一些附属机构对莫迪政府全球化政策的严厉批评，但自从 2014 年中期印度人民党重新执政以来，RSS 对于外国直接投资和抵制外国货一直保持相对沉默。巴格瓦特领导下的 RSS 与其前身的不同之处在于，它在很大程度上避免了对印度人民党政府经济政策公开的严厉批评，尽管 RSS 往往在经济问题上采取比莫迪政府更为民粹主义的立场。经济增长和创造就业机会似乎越来越成为莫迪政府衡量政策的标准，谨慎而更加老练的态度给了同盟家族中的印度人民党的批评者以空间，使他们提出自己的观点并成为政府政策的监督者。它还保护巴格瓦特与莫迪政府的工作关系，使得家族内的协调委员会（samanvay samitis）③ 成为一个论坛，让参与者可以在闭门会议上公开发

---

① 参见："Multi-faceted Achievements of BMS", BMS. org., http://bms. org. in/pages/Achievements. aspx（accessed 2 September 2017）。

② Ibid.

③ 协调委员会是以同盟家族为代表的论坛，并在不同层级召开会议。在城市一级，它每月召开一次会议，在邦一级每季度召开一次，在国家层级每年至少召开三次会议。这不同于联邦部长及其工作人员与参与部长所涉问题的同盟家族组织人员的磋商。在邦一层级也是这样。

表不同观点并彼此做出妥协，而不是将他们的分歧告诉媒体和传到大街上去。与前任印度人民党总理瓦杰帕伊相比，莫迪还拥有与 RSS 打交道的更强大的政治基础。莫迪的印度人民党在 2014 年的议会选举中赢得了绝大多数支持，其竞选活动促进了经济增长和就业。瓦杰帕伊不得不依靠联盟伙伴继续执政，并在全国民主联盟政府内部和他自己的党内在经济改革的优点上面临争议。莫迪凭借民粹主义民族主义"人人参与，共同发展"（Sabka Saath Sabka Vikas）的口号以及他所在党无异议的领导获胜，其在党内的争议非常小，而且他成为总理还基于多年来在邦一级层面的执政经验。他曾担任古吉拉特邦首席部长 12 年，在那里他成功地吸引了外国投资。莫迪在该邦的成功表明，自 2003 年以来每隔一年举行的充满活力的古吉拉特邦全球峰会，使他有机会与印度国内一级外国投资者建立联系，这些投资者在后来他担任总理之后，继续与之开展合作。印度人民党对外国直接投资的热情凸显了该党自 1980 年回归以来所取得的成就，当时它与甘地社会主义保持一致，甘地社会主义被视为对自给自足的承诺，并吸引了 RSS 中的许多人，因为它被视为与乌帕德亚雅的"整体人文主义"学说相兼容。具有讽刺意味的是，RSS 领导层一直默默接受印度第一任总理尼赫鲁（Nehru）所采取的自力更生政策。

在乌帕德亚雅看来，资本主义和社会主义存在社会不稳定的缺陷，因此与印度教的社会团结的核心目标存在不一致。取而代之的是，他提出了一种"不可或缺"的方法，旨在创造一个有意识地保护环境的和谐社会。他认为印度的传统要求其政治家能够设计出建立和维持社会团结的制度。不二论吠檀多（Advaita Vedanta）的印度教概念（在所有生命中对自己的认可），为这种观点提供了哲学基础。为了将这一完整的哲学付诸实践，乌帕德亚雅进一步认为，社会团结需要民众参与决策过程。在经济方面，他建议工人控制生产资料，以更大的合作性组织的方式运作。虽然他接受民主是一种合法的政府形式，但认为除非公民在社会和经济上相对平等，否则民主进程将是一种骗局。[①]经济分支机构在其网站的"目的和目标"声明中，试图阐明这种平等在现实中是一种什么样子。它建议缩小贫富差距，使前 20% 的高收入者和后 20% 的低收入者不超过 10∶1 的比例。[②] 它进一步提出，国家要保障作为每个人基本权利的食品、服装、住房、教育、健康、饮用水、能源、运输和就业。[③] 这类方法应该对"左"派政治团体更有吸引力，但印度教特性计划就是一种诅咒，他们与经济分支机构保持着距离。

当拉奥政府在 20 世纪 90 年代初引入市场化改革时，印度人民党已经用乌帕德亚雅的"整体人文主义"取代甘地社会主义[④]作为党派意识形态的陈述。并且党内关于外国直接投资的好处已经出现了争论，至少在高科技领域，有着"计算机芯片而不是薯片"的口号。关于外商直接投资，该党似乎正在向

---

① 乌帕德亚雅关于社会和经济平等的重要性讨论，参见："Walter Andersen, Political Philosophy of Deendayal Upadhyaya", in Raje Sadhakar（ed.）, *Destination*（Delhi：Deendayal Institute, 1978）, pp. 43 - 48。

② 请参阅经济分支机构网站的"哲学"部分, http：//www. swadeshionline. in/content/philosophy（accessed 30 August 2017）。

③ Ibid.

④ RSS 中许多人对"甘地社会主义"一词感到不舒服，因为他们认为这是一个外国概念（社会主义），同盟家族的思考是基于印度经济。社会主义在 RSS 界被广泛解释为政府对工业和集体农业的控制。当时，RSS 接受了"混合经济"的意识形态，使政府能够控制大规模的工业和基础设施。

右转移，宣布支持强劲的经济发展，伴随着最初旨在使国内制造业和零售业更具竞争力的逐步改革，转向允许来自国外的竞争和外商直接投资。[①] 这一内部辩论出现在 1992 年发布的印度人民党政策声明中，其中该党试图说明抵制外国货和自由主义改革的概念之间不一定是矛盾的。该文件断言，"没有抵制外国货，就没有真正的独立。但一个内向型国家不抵制外国货，担心会面对一个日益复杂和侵略性的世界……基于平等"。[②] 然后，该文件提出了修改其对抵制外国货看法的理由，并补充道，"外国资本的作用自然会受到限制，尽管它在某些阶段和特定的国家目标中可能至关重要"。[③] 印度人民党在 1999 年议会竞选宣言中关于抵制外国货的讨论认为，采用外商直接投资必须是渐进的，政府支持印度工业向更加全球化的经济转型，既要保护它，又要使其更具竞争力。关于抵制外国货陈述部分的第一句话是，"我们将继续改革进程，给予抵制外国货以强有力的推力，以确保国民经济在'印度将由印度人建设'的原则上发展"，并进一步解释，"它（抵制外国货）意味着我们将促进国内产业获得足够的力量，与当地和全球市场的跨国公司竞争"。[④] 与此同时，该宣言强调了继续使用外商直接投资的理由，指出"该国不能没有外商直接投资，因为除了资本存量之外，它还带来了技术和新的市

---

① 关于印度人民党内部关于经济改革的辩论，参见：S. Ghosh, *BJP and the Evolution of Hindu Nationalism*, pp. 306 – 312。

② Bharatiya Janata Party, *Economic Policy Statement*, *1992*: *Our Commitment to Antyodaya—Human Approach to Economic Development* (*A Swadeshi Alternative*) (New Delhi, 1992), pp. 10 – 11.

③ Ibid.

④ National Democratic Alliance, *For a Proud*, *Prosperous India*: *An Agenda*, Election Manifesto, Lok Sabha Elections, 1999.

场惯例，最重要的是就业"。①

关于 RSS 中经济自给自足的风险相对缺乏讨论，与其挥之不去的疑虑有关，即大规模的商业在某种程度上是贪婪的外国公司的代理人，并且其扩张通过忽视工人的福利以实现利润最大化，使享乐主义文化永存。大规模的企业与 RSS 认可业务模式的小规模企业形成对比，小型企业被视为家庭的延伸，其对个体工人福祉的关注至少与其利润动机相当。在更高的哲学层面上，RSS 关于抵制外国货的决议，警告了西方消费主义的危险及其对印度文化的影响（例如，最为显著的是，弱化家庭纽带和追求以自我为中心的享乐主义），以及威胁通过对外部利益的经济支配来统治国家主权，有时暗指英国殖民国家通过英国跨国公司和英国东印度公司来到印度的事实。经济分支机构网站发布了经济学家巴拉特·琼亨瓦拉（Bharat Jhunjhunwala）的一封信，反映了人们对现代商业中固有的消费主义的所谓腐败影响的深切疑虑：

> 这位商人提倡消费文化，以实现他内心的赚钱愿望。他将社会其他人转变为消费机器。他制作的广告和电视节目确保了店员在河岸上行走的心愿受到抑制，他开始渴望去迪斯科舞厅。②

为了代表和游说保护小规模的家庭企业以及与之相关的更为严峻的精神生活方式，RSS 甚至建立了另一个附属机构（Laghu

---

① National Democratic Alliance, *For a Proud*, *Prosperous India*：*An Agenda*, Election Manifesto, Lok Sabha Elections, 1999.

② Bharat Jhunjhunwala, "Dealing with Harmful Consumption", Swadeshi Jagran Manch, http://www.swadeshionline.in/article-author/dealing-harmful-consumption (accessed 1 September 2017).

Udyog Bharati）。

随着 2009 年巴格瓦特被选为最高领导人，RSS 对诸如外商直接投资等有争议性的经济问题发表了评论，在该党经历了全国议会选举中连续两次失败之后，转而重点关注如何巩固印度人民党。2013 年 11 月 2 日，巴格瓦特在德里向印度商界和知识界精英发表讲话时表示，同盟家族已经缓和了过去坚决反对自由化、私有化和外国投资的态度。①巴格瓦特表示，同盟家族"不受教条约束"。②同时，巴格瓦特认为，全球经济的变化意味着其观点也需要"随着时间的推移而发展"，从而减缓了对同盟家族对所谓的陈旧观念的担忧。③巴格瓦特的评论，正如他们在 2014 年人民院选举中所做的那样，RSS 决定利用其网络来帮助印度人民党的竞选活动，这表明 RSS 的经济方向与莫迪的政策议程之间更加一致。在此之前，RSS 一直是经济自给自足的直言不讳的支持者。事实上，经济分支机构于 1991 年 11 月 22 日在 RSS 总部那格浦尔（Nagpur）成立，得到了 RSS 核心领导的支持以及代表工人、农民、合作社和学生的 RSS 附属团体的支持，他们担心他们的工作将会受到印度经济开放的威胁。④抵制外国货组织还服务于 RSS 的核心支持小组的利益——城市小规模企业家反对

---

① Rahul Kanwal, "RSS Views Now More Aligned with Modi's? Mohan Bhagwat Says Sangh Not Opposed to FDI, Liberalisation", *India Today*, 2 November 2013, https：//www. indiatoday. in/india/story/ rss-mohan-bhagwat-narendra-modi-fdi-bjp-216245－2013－11－02（accessed 28 April 2018）.

② Ibid.

③ Ibid.

④ 参与经济分支机构组建的这些团体是劳工工会、农民协会、全印学生联合会、消费者保护协会和联邦合作社。有很多人加入，经济分支机构网站声称有 15 个支持机构，几乎所有支持机构都隶属于 RSS。参见："Introduction", https：// www. swadeshionline. in/content/ introduction （accessed 29 August 2017）。

外国商品的竞争以及他们担心受外国商业大量参与印度所带来的外国价值观影响。

印度人民党内部对抵制外国货的强烈辩论，在 RSS 或大多数附属机构中没有类似的情况，当然在经济分支机构中同样也没有。印度人民党和 RSS 之间在一系列关键的政治和经济问题上将继续存在分歧，例如国家在经济活动中的作用、全球化和外商直接投资的优点、劳动和土地法以及联邦制。这里仅举几例，但分歧的强度很可能会减弱，因为 RSS 在处理同盟家族内部分歧时，采取了更为独断的调解手段。将 RSS 的城市核心成员从中下层阶级（包括小规模交易者）转移到受过教育的专业人员，已经缓和了曾经对全球化不可抗拒的反对，并鼓励其在广泛的社会和经济问题上更加开放。同盟家族特别是印度人民党的快速增长，创造了更加广泛但也时常不同的利益，这使得 RSS 能够对政策细节进行更精确的分析，而不是早先针对私有化、外国直接投资和外国阴谋的陈词滥调。此外，RSS 的年轻领导似乎比老一代更加愿意妥协。对于前者，民族主义的目标是通过向外看而实现的，而后者则是通过向内看和向过去看而实现的。此外，印度人民党和 RSS 之间的权力平衡似乎逐渐转向有利于印度人民党。这种转变的一个因素几乎肯定是 RSS 担心由于2006～2007 年的一系列炸弹爆炸所引发的对印度教恐怖主义的指控可能导致另一项禁令，因此它必须依靠印度人民党来保护它免受禁令。[1] 特别

---

① 虽然这些指控（需要第一信息报告）从未在针对它的正式法律诉讼中提出，但 RSS 及其附属机构担心不友好的政府可能会试图将其领导人牵连到爆炸案中。古吉拉特邦首席部长莫迪同样被指控在 2002 年古吉拉特邦发生的社区骚乱中引发暴力事件，尽管受到法律审查，但他被指控玩忽职守。这使得他得到了印度全民的认可和印度民族主义者的大力支持，他们认为他是一个受害者，能够克服他们所认为的政治诽谤动机。

是，令 RSS 和印度人民党不安的是，当时的内政部长辛德（Sushilkumar Shinde）指控 RSS 在 2013～2014 年竞选前夕参与了"藏红花恐怖主义"事件。国大党秘密会议引用他的话，"在调查期间，印度人民党和 RSS 开展恐怖训练营来传播恐怖主义的报道已经出现……"，并进一步补充说，"我们必须认真思考，必须保持警惕"。①印度人民党发言人赛义德·沙纳瓦兹·侯赛因（Syed Shahnawaz Hussain）回应称，这些言论不负责任，会造成社会分裂。②虽然辛德撤回了这一声明，但此类公开指控强调了印度人民党获胜对 RSS 的重要性，以保护自己免受不友好政府对其计划的另一套限制。推动这种转变的另一个因素是莫迪总理的受欢迎程度，他在 RSS 干部中备受推崇。《今日印度》的"民族心情"调查，包括 2018 年 5 月的民意调查显示，莫迪受欢迎程度有所下降，但民调显示他的支持率仍然超过他的政治对手。③ 在 2014 年 3 月的政治协商会议上，RSS 领导有效地支持了莫迪，而联合秘书长豪萨贝尔告诉记者，"莫迪是一位强有力的领导者，他是一名 RSS 成员，我们为此而感到自豪。这个国家需要改变。他在古吉拉特邦证明了自己的价值，我们为他作为我们的'卡拉卡塔'

---

① "BJP and RSS Are Promoting Hindu Terrorism: Home Minister Shinde", *India Today*, 20 January 2013, http://indiatoday. intoday. in/story/bjp-and-rss-are-promoting-hindu-terrorism-home-minister-shinde/1/243040. html（accessed 5 September 2017）.

② Ibid.

③ 在调查中，34% 的人更喜欢纳伦德拉·莫迪总理，而 24% 的人选择了拉胡尔·甘地。这表示莫迪的支持率略有下降，拉胡尔·甘地的支持率略有上升。参见："Narendra Modi's Popularity as PM Dips to 34%, Rahul's Rises to 24%", *The Indian Express*, 25 May 2018, https://www. indiatoday. in/india/story/narendra – modi – rahul – gandhi – prime – ministerial – popularity – 1241741 –2018 –05 –25（accessed 26 May 2018）。

（karyakarta，党内成员）而感到自豪"。① 然而，就在这一支持
承诺的几天之后，巴格瓦特也认为有必要提醒成千上万的 RSS
成员在竞选活动中，为了"国家利益"而支持印度人民党掌
权，"我们并不参与政治活动，我们的工作不是高唱'纳伦德
拉·莫迪'，我们必须努力实现自己的目标"。② RSS 一直特别
批评政府中的个人崇拜，这显然也适用于莫迪担任总理，这是
莫迪和印度人民党在政治上有所提升的时候，RSS 领导人在
2017 年"十胜节"演讲中提出的一个问题。③ RSS 的目标是长
远计划，而总理及其政府的目标却是暂时的。

由印度人民党选择拥有商业友好基础的莫迪领导其2013～
2014 年议会竞选活动，标志着该党中对抵制外国货支持的下降，
其后续的议会胜利在很大程度上归功于创造就业机会的承诺。由
此，呼吁一个越来越有抱负的群体，越过种姓甚至教派界线。④

---

① Press Trust of India, "RSS Proud of 'Strong Leader' Modi's *Swayamsevak* Background", *The Hindu*, 7 March 2014, http://www. thehindu. com/news/ national/rss – proud – of – strong – leader – modis – swayamsevak – background/ article5760884. ece# (accessed 4 September, 2017). 一些 RSS 领导人告诉 我们，该组织已经订购了莫迪的画布，显示出他作为党的领导者和下一任 总理得到了强有力的支持，这是领导层决定转向支持他的一个因素。

② "Bhagwat Cautions RSS Cadres against Crossing Limits for BJP, Says Can't Chant 'Namo Namo'", *The Indian Express*, 11 March 2014, https:// indianexpress. com/article/india/politics/bhagwat-cautions-rss-cadres-against- crossing-limits-for-bjp-says-cant-chant-namo-namo/ (accessed 12 July 2018).

③ "Read Full Text of RSS Chief Mohan Bhagwat's Vijaya Dashami Speech", *News*18, 4 October 2017, http://www. news18. com/news/india/read-full- text-of-rss-chief-mohan-bhagwats-vijaya-dashami-speech-1532625. html (accessed 4 October 2017).

④ 有关印度人民党促发展战略的分析，参见：Walter Andersen, "The Bharatiya Janata Party: A Victory for Narendra Modi", in Paul Wallace (ed.), *India's 2014 Elections* (New Delhi: Sage Publications, 2015), pp. 46 – 63。

2014 年，印度人民党竞选的宣言中有一节专门针对外商直接投资，与 2009 年的宣言相反，除了禁止外国投资零售业这一条之外，并没有提及其他方面。2014 年宣言中有以下陈述：

> 除了多品牌零售部门外，外商直接投资将被允许用于工作和资产创造、基础设施以及特定技术和专业知识获取所需的部门。印度人民党致力于保护中小零售商的利益。外国投资促进委员会的运作应提高效率和促进友好投资。

RSS 领导的同盟家族内部磋商缓和了他们之间的分歧，也减少了公众的言论。但如果没有促进达成共识，莫迪政府管理下的印度劳工工会、经济分支机构和其他以劳工为导向的分支机构①，对政府的经济政策进行选择性反对将会继续。努力达成共识的一个很好的例子是，印度劳工组织对最初提交给曼莫汉·辛格领导的国大党政府对劳动力需求悬而未决的回应。2014 年 5 月，印度人民党获得议会胜利之后，印度劳工工会几乎立即加入了其他工会，包括附属于印度共产党和国大党的团体，迫使政府解决劳工的要求。一年之后，它与其他工会（包括那些隶属于国大党和印度的两个主要共产党的工会）联系，计划联合工会抗议莫迪政府对这些要求不采取行动。据报道这一事件的有趣之处在于，RSS 在阻止印度劳工工会参与抗议活动中发挥了调节作用，这些抗议活动将使莫迪政府在其成立一周年之际感到难堪，依赖于其幕后"家族"内部通过协

---

① 劳工工会和其他附属机构描述其与政府就政策问题达成共识努力的短语是"响应性合作"。

商，产生一种可接受的妥协。这一努力之所以引人注目，是
2015 年 9 月 2 日印度劳工工会退出了全国罢工。据报道，劳
工工会主席雷（B. N. Rai）说，"同盟家族正试图继续努力作
为'家族'负责人，以确保家族内部没有对抗，我们希望保
持这种状态。但是，由于存在意识形态问题，我们不能有悖于
劳动法和工人的利益"。① 然而，在与财政部长贾特利讨论之
后，印度劳工工会最终决定退出 9 月 2 日的全印度罢工
（Bharat Bandh），印度劳工工会秘书长乌帕德亚雅宣布，将给
政府更多时间来回应工会的要求。② 像这样的争议事项，通常
会在同盟家族内部进行磋商，以设法防止对印度劳工工会和
印度人民党政府之间的关系造成影响。但是，此次调解总体
上好坏参半。国内劳工问题取得了进展，例如最低工资和社
会安全网。但是，就莫迪政府支持外商直接投资以实现其经
济增长和创造就业的核心目标的分歧而言，协商机制的成功
率较低。莫迪政府决定建立一个更加自由的外商直接投资制
度，包括多品牌零售贸易。因此，他忽视了 2014 年选举宣言
中的一项特定外商直接投资禁令。外商直接投资这种不断上
升的自由化表明，RSS 的调解努力尚未就同盟家族内部的经
济问题的许多分歧达成共识，部分原因是许多职能实际上是
相互分离的。莫迪政府提出的劳动和土地立法领域可能最好

---

① Mohua Chatterjee, "Saffron Trade Union Snubs RSS, to Join Protest against Govt", *The Times of India*, 20 May 2015, http：// timesofindia. indiatimes. com/india/Saffron-trade-union-snubs-RSS-to-join-protest-against-govt/articleshow/47350063. cms （accessed 2 September 2017）.

② Archis Mohan and Somesh Jha, "Sept 2 Strife: BMS Breaks Ranks with Other Unions", *Business Standard*, 29 August 2015, http：//www. business-standard. com/article/current-affairs/in-a-first-bms-breaks-trade-union-ranks-115 082900615_ 1. html （accessed 2 September 2017）.

地证明了这一根本性分歧，二者都旨在促进经济增长，但遭到劳工工会和农民工会等附属机构的反对，因为有可能对他们的核心支持团体的利益造成潜在伤害。劳动立法将使解雇工人变得更加容易，土地立法将使政府更容易利用土地征用权而获取土地用于发展目的。

煤炭非国有化、劳动立法和转基因（GM）种子使用费的案例，说明了同盟家族对印度人民党政府政策影响力的差异。与印度媒体部分流行的断言相反，同盟家族并没有在诸如经济发展等重要问题上塑造政府政策的关键要素。煤炭非国有化问题说明了RSS 附属机构影响力的局限性。1973 年，英迪拉·甘地总理将煤炭产业国有化。该产业在 20 世纪 90 年代实施了部分自由化（即允许私营公司为自己开采煤炭）。但是，向私营公司分配煤矿的过程是不透明的。根据印度审计长的说法，该国的国家审计员导致私人公司赚得"盆满钵满"，收入达到 1. 86 万亿卢比（约合300 亿美元）。[1] 2014 年，印度最高法院以随意性为由取消了煤矿的分配，并指示中央政府制定拍卖煤矿的政策框架。[2] 2014 年，政府颁布了一项法规，将煤炭行业国有化，结束了煤炭印度有限公司对印度煤炭开采的垄断。印度劳工工会与其他工

---

① Comptroller and Auditor General of India, "'Conclusions and Recommendations', Performance Audit of Allocation of Coal Blocks and Augmentation of Coal Production", *Ministry of Coal*, 11 May 2012, pp. 43 – 44, http://www. cag. gov. in/sites/default/files/ audit _ report _ files/Union _ Performance _ Commercial_ Allocation_ Coal_ Blocks_ and_ Production_ Ministry_ Coal_ 7_ 2012_ chapter_ 6. pdf（accessed 28 August 2017）.

② Krishnadas Rajgopal, "Supreme Court Quashes Allocation of 214 Coal Blocs", *The Hindu*, 24 September 2014, http://www. thehindu. com/ news/national/ supreme-court-quashes-allocation-of-all-but-four-of-218-coal-blocks/article64418 55. ece （accessed 10 September 2017）.

会一起反对立法，称其为"反国家"。^①当时，煤炭行业一个主要
工会（Akhil Bharatiya Khadan Mazdoor Sangh）的副总书记辛格
（Y. N. Singh）表示，能源部长皮尤什·戈亚尔（Piyush Goyal）
"不了解与煤炭行业相关的问题"。^②通过 RSS 领导的调解，为印
度劳工工会建立了一个与政府谈判的反向渠道。^③RSS 附属的印度
劳工工会与政府之间的初步谈判未能取得突破，导致工会集体呼
吁从 2015 年 1 月 6 日开始进行为期五天的罢工。^④在政府向有关
各方保证无意将印度煤炭产业私有化之后，罢工被取消，但它没
有对向私营部门开放煤炭开采的政策做出让步。^⑤随后，政府宣布
将拍卖煤矿的"煤炭商业开采"（没有最终用途限制）。^⑥RSS 领
导层在调解其附属机构之间的政策分歧方面的作用，在印度人民

① Express News Service，"BMS Joins Other Trade Unions to Oppose Coal Bill"，*The New Indian Express*，15 December 2014，http：//www. newindianexpress. com/states/odisha/2014/dec/15/BMS-Joins-Other-Trade-Unions-to-Oppose-Coal-Bill-694402. html（accessed 26 September 2017）.

② Gangadhar Patil，"Battle for Coal：It's RSS vs Modi Sarkar"，*Newslaundry*，5 January 2015，https：//www. newslaundry. com/2015/01/05/battle-for-coal-its-rss-vs-modi-sarkar（accessed 27 September 2017）.

③ Ibid.

④ Indo-Asian News Service，"Coal India Unions on Four Day Strike from Tuesday"，*The Hindu*，5 January 2015，http：//www. thehindu. com/business/Economy/coal-india-unions-on-five-day-strike-from-tuesday/article6757194. ece（accessed 29 September 2017）.

⑤ Manish Basu，Ruchira Singh and Utpal Bhaskar，"Coal India Workers Call off Strike"，*Mint*，8 January 2015，http：//www. livemint. com/ Companies/LMCxATYqfRLqcy5DOxHOyI/Coal-India-strike-said-to-shut-off-half-of-output-shipments. html（accessed 26 September 2017）.

⑥ Shreya Jai，"Cabinet Ends Coal India Monopoly，Allows Commercial Mining by Private Firms"，*Business Standard*，20 February 2018，http：//www. business-standard. com/article/economy-policy/cabinet-ends-coal-india-monopoly-allows-commercial-mining-by-private-firms-118022000501_ 1. html（accessed 25 April 2018）.

党政府修改征地立法的努力中也非常明显。获得土地的成本和难度是工业化的障碍，这是实现莫迪政府创造就业机会的关键。RSS 对公平的土地征用政策也很敏感，作为其努力动员印度农村支持的一部分。这两个目的有时是矛盾的，这就是为什么很难在同盟家族内部就这个问题达成共识。在 2013 年之前，政府的土地征用权受殖民时代法律的制约，政治家和官僚有权决定征地的位置和对非自愿征地的补偿。这些自由裁量权经常被滥用，特别是当农民的土地被用于私人目的时。由于法规的过时，印度农村的大部分土地被指定为农田。因为分区规定阻止土地被用于更具生产性的目的，例如建造工厂或住房，土地的市场价值被人为压低。政治关系密切的投机者与当地政界人士一起，人为压低价格而购买农地。然后对土地进行重新划分，使其价格倍增。由于各种猜测和强烈反对任人唯亲，促使国大党政府总理曼莫汉·辛格通过了一项新的土地法，禁止政府利用土地征用法为私人目的获取土地。

很明显，到了 2014 年，土地征收法案中引入的保障措施造成了程序上的繁琐，增加了为基础设施和工业获得土地的时间和成本。2014 年底，政府颁布了一项法令，加快五类项目的土地收购：国防、农村基础设施、低成本住房、工业走廊和基础设施。① 该修正案通过免除项目的详细社会影响评估和放宽政府在收购前获得80% 土地所有者同意的要求，加速了

① Mandira Kala and Prachee Mishra, " Legislative Brief: The Right to Fair Compensation and Transparency in Land Acquisition, Rehabilitation and Resettlement (Second Amendment) Bill, 2015 ", PRS Legislative Research, Institute for Policy Research Studies, 17 July 2015, http://www. prsindia. org/administrator/uploads/ media/Land% 20and% 20R% 20and% 20R/Brief% 20 – % 20LARR% 20 Bill_ 2015. pdf (accessed 29 September 2017).

土地征用。① 印度农民工会威胁要去街头举行抗议活动，以表
示不赞成其所谓的与农民利益背道而驰的立法。其他劳工导
向的 RSS 附属机构——印度劳工组织和经济分支机构也反对
他们认为倾向于有利于工业规模的立法。豪萨贝尔表示，RSS
附属机构应该本着协调而非对抗的精神弥合他们的分歧。② 由
于认识到莫迪政府必须确保经济增长和快速创造就业机会，
RSS 一名领导人说，印度人民党的整体发展承诺取决于土地征
用。如果该党无法推动它，它最终会以出洋相告终。更为重要
的是，如果问题是由同盟家族自己的组织提出的。③ 印度农民
工会的代表们会见了阿米特·沙阿（印度人民党主席）、拉
姆·雷尔（Ram Lal）（RSS 专职干部，是印度人民党总书记以
及印人党和 RSS 的联系人）和拉姆·马达夫（由总理莫迪带
来的 RSS 专职干部，被任命为印度人民党总书记），确定是否
可以达成妥协。④ 政府随后对其土地征用立法进行了九项修
订，其中许多修订吸收了印度农民工会和其他 RSS 附属机构

---

① Mandira Kala and Prachee Mishra, "Legislative Brief: The Right to Fair
Compensation and Transparency in Land Acquisition, Rehabilitation and
Resettlement (Second Amendment) Bill, 2015", PRS Legislative Research,
Institute for Policy Research Studies, 17 July 2015, http://www. prsindia.
org/administrator/uploads/ media/Land% 20and% 20R% 20and% 20R/Brief%
20 – %20LARR%20 Bill_ 2015. pdf (accessed 29 September 2017).

② Vivek Deshpande, "Amid Protests over Land Bill, Amit Shah Meets RSS Chief
Mohan Bhagwat", *The Indian Express*, 17 May 2015, https://indianexpress.
com/article/india/india-others/amid-protests-over-land-bill-amit-shah-meets-rss-
chief-mohan-bhagwat/ (accessed 12 July 2018).

③ Ibid.

④ "Land Bill Reprieve from Farmer Wing", *The Telegraph*, 12 June 2015,
https://www. telegraphindia. com/1150612/jsp/frontpage/ story _ 25285. jsp
(accessed 30 September 2017).

的建议。① 在其建议纳入后，印度农民工会淡化了对土地征用立法的反对意见。② 然而，面对国大党和反对党的无情抵抗，政府在议会上院缺乏多数支持，不得不放弃通过国家立法以加快征地的努力。但莫迪政府找到了解决这个问题的方法，以实现它认为对经济增长和创造就业机会所必需的东西。"印度宪法"中的一项规定允许各邦在获得中央批准的情况下，在邦和中心负责的领域（如土地）通过立法。泰米尔纳德邦、古吉拉特邦、拉贾斯坦邦和特伦甘纳邦等四个邦已通过立法，以加快获得工业用地。尽管莫迪政府没有就此问题达成其所希望的联邦法律，但RSS 领导层已经成功地在印度人民党与各种以劳工为导向的分支机构之间进行了调解以达成妥协，即同盟家族内部的每个重要参与者都可以接受。

对于莫迪政府的经济政策，最公开批评的附属机构是经济分支机构，在通过价格控制让政府对转基因种子施加监管限制方面取得了较大的成功。作为古吉拉特邦的首席部长，莫迪对转基因技术充满热情。作为总理，他断言，"印度有可能成为转基因水稻和几种改良的转基因或有特殊要求蔬菜的主要生产国"。③ 经济

① Smita Mishra, "8 Reasons Why Modi Needs to Worry about RSS Post Delhi", BhupendraChaubey. com, http://www. bhupendrachaubey. com/news/8-reasons-why-Modi-needs-to-worry-about-RSS-post-Delhi（accessed 30 September 2017）.

② Ravish Tiwary, "Land Bill Gets a Bharatiya Kisan Boost: Dilutes Opposition to Social Impact Assessment and Consent Clause", *The Economic Times*, 11 June 2015, http://economictimes. indiatimes. com/ news/politics-and-nation/land-bill-gets-a-bharatiya-kisan-sangh-boost-dilutes-opposition-to-social-impact-assessment-and-consent-clause/articleshow/47622127. cms（accessed 30 September 2017）.

③ Somesh Jha, "Modi's 'Make in India' Bats for GM Food Crops", *Business Standard*, 29 November 2014, http://www. business-standard. com/article/economy-policy/modis-make-in-india-bats-for-gm-food-crops-114112800933 _ 1. html（accessed 29 September 2017）.

分支机构的共同召集人马哈杨建议政府,不要盲目跟随"跨国公司推广的转基因作物"。①经济分支机构和印度农民工会加入印度种子公司(Nuziveedu Seeds),反对转基因作物专利持有人孟山都(Monsanto)公司的定价政策。印度农民工会副主席普拉巴卡尔·凯尔卡(Prabhakar Kelkar)说,"我们所有人团结起来,开展一场反对孟山都的战争是很重要的……为了更大的利益"。②农民工会游说印度农业部长拉达哈·莫汉·辛格(Radha Mohan Singh)对孟山都采取行动,因为它"对种子所有权构成了威胁"。③ 莫迪政府将转基因棉花种子的特许权使用费减少了74%,无视孟山都公司重新评估印度商业机构带来的威胁。④ 在当时的美国商务部长彭尼普利兹克(Penny Pritzker)和当时的美国驻印度大使理查德维玛(Richard Verma)的干预下,莫迪政府暂停了该命令。⑤ 尽管孟山都威胁要审查其在印度的业务,但该公司仍决定限制转基因种子的特许权使用率,这表明了 RSS 及其分支机构在其具有直接利益的支持领域所具有的影响力。

---

① Ashwani Mahajan, "Don't Follow MNC-Promoted GM Crop Science Blindly", Swadeshi Jagran Manch, https://www.swadeshionline.in/ content/% E2% 80% 98don% E2% 80% 99t-follow-mnc-promoted-gm-crop-science-blindly% E2%80%99 (accessed 20 September 2017).

② Mayank Bhardwaj, Rupam Jain and Tom Lasseter, "Seed Giant Monsanto Meets Its Match as Hindu Nationalists Assert Power in Modi's India", *Reuters*, 28 March 2017, http://www.reuters.com/ investigates/special-report/monsanto-india/ (accessed 21 September 2017).

③ Ibid.

④ Sayantan Bera and Shreeja Sen, "Govt Cuts Cotton Royalty by 74%", *LiveMint*, 10 March 2016, http://www.livemint.com/Politics/ NdDYRxsayfh2655qOq y7mI/Centre-notifies-Bt-cotton-seed-prices-slashes-royalty-fees.html (accessed 21 September 2017).

⑤ 截至 2017 年 10 月撰写该草案时,该问题尚待司法审查。

经济分支机构对依赖外国援助产生了民族主义厌恶情绪，不仅在经济政策方面，还涉及外国非政府组织，这一立场在同盟家族内部得到了广泛支持。例如，比尔和梅林达·盖茨基金会的慈善活动受到了来自经济分支机构的批评，因为它涉嫌与制药公司有关。马哈杨甚至称盖茨基金会在印度的慈善工作是"白人负担"的现代版本。[1] 为了回应来自经济分支机构的投诉，政府切断了印度最高免疫咨询机构、国家免疫技术咨询小组和盖茨基金会之间的财务关系。[2]经济分支机构甚至进一步建议政府禁止盖茨基金会"更大的社会利益"。[3] 经济分支机构还批评了那些寻求外国专业知识以获取政策建议的人，他们认为印度"不应该指望哈佛和哥伦比亚制定政策"。[4] 这种对外国投入决策过程的怀疑，在巴格瓦特 2017 年的"十胜节"演讲中得到了回应。这种立场类似于印度左翼在前任曼莫汉·辛格政府

[1] Aditya Karla, "Ban on Foreign Funds for Non-Profit May Hurt India Health Programs", *Reuters*, 30 May 2017, https://www.reuters.com/article/us-india-health-ban/ban-on-foreign-funds-for-non-profit-may-hurt-india-health-programs-idUSKBN18Q1DK (accessed 2 November 2017).

[2] Anubhuti Vishnoi, "Centre Shuts Health Mission Gate on Bill and Melinda Gates Foundation", *The Economic Times*, 9 February 2017, https://economictimes.indiatimes.com/news/politics-and-nation/centre-shuts-gate-on-bill-melinda-gates-foundation/articleshow/57028697.cms (accessed 2 November 2017).

[3] Marya Shakil, "RSS-Affiliate Wants Government to Ban Gates Foundation in India", *CNN-News*18, 6 June 2016, https://www.news18.com/news/india/rss-affiliate-wants-government-to-ban-gates-foundation-in-india-1252971.html (accessed 3 May 2018).

[4] Atul Chaurasia, "We Shouldn't Look to Harvard and Columbia to Formulate Policy for India: Swadeshi Jagran Manch Snubs Panagariya", *Newslaundry*, 3 August 2017, https://www.newslaundry.com/2017/08/03/harvard-columbia-policy-india-swadeshi-jagran-manch-snubs-arvind-panagariya-resignation-niti (accessed 6 November 2017).

期间的坚决主张，即来自世界银行和国际货币基金组织的专家不应就政策问题进行咨询。

中国对印度经济的参与正在从早期对商品贸易的关注，迅速扩大到包括投资和技术转让的领域。虽然 RSS 的核心领导层似乎认识到中国公司的资本和技术知识，能够使他们在印度可再生能源和各种形式的电子商务的发展中发挥重要或许是不可或缺的作用，但关键的经济分支机构仍坚定不移地反对大多数的中国投资。如果没有中国进口，莫迪政府的可再生能源和电动汽车目标（仅举两个）将很难实现，而这些地区的印度企业也有来自阿里巴巴、腾讯、携程、复星和高瓴资本集团（Hillhouse Capital Group）等中国企业的投资。虽然 RSS 已经调解了农民工会和印度人民党之间在土地收购方面的分歧，农民工会和印度人民党在煤炭非国有化和劳动法方面以及他们在转基因种子方面，并没有支持农民工会让政府停止中国投资的要求，或者对印度公司的运营以及不断增加的中国投资（例如，Paytm 和 Flipkart）设置监管障碍。尽管在 2017 年秋季的对峙期间，莫迪政府为保护国家的安全利益而与中国对立，但它努力避免破坏中印双边经济关系，中国和印度的私营企业在印度的发展中发挥着重要作用。

这些案例说明了当政府经济政策的核心要素之间发生矛盾时，RSS 及其附属机构对莫迪政府影响力的局限性。无论多么强烈的观点，同盟家族的组织都不会决定政府政策的轮廓，但可以对不破坏政府核心目标的政策问题产生影响，例如转基因种子的特许权使用费率和中国的高科技投资。当印度人民党政府与家族不同的组织之间出现分歧时，巴格瓦特领导下的 KSS 领导层会努力调解分歧并达成共识。一位 RSS 的高级官员告诉我们，如果不能达成共识，政府将要么稍后解决这个问题，要么就像土地和劳动立法一样，将问题转交给各邦。与早期的瓦杰帕伊政府不同的是，巴格瓦特领导下的 RSS 更加倾向于在公众视线之外，关起门来解决分歧。但有些情况与外商直接投资一样，问题往往对政府的经济发展和创造就业机会的目标非常重要，即使面对来自同盟家族成员的公众批评，它也会绕过反对派。尽管内部紧张局势在一个更加复杂的组织网络中比 20 年前 RSS 及其附属机构开始迅速扩张的情况更为严重，但这种政策并没有使同盟家族分裂，也不可能那样做。多年来，对所有附属机构中受过 RSS 培训的领导人的思想灌输，使他们保持了一种不会自主破坏民族团结的信念，并且这种团结胜过所有不那么重要的经济问题。相比历史上 RSS 所能接受的方式，莫迪政府在贸易和投资方面采取了更具全球主义的方式。因此，RSS 内部许多成员及其分支机构中的一些成员，仍然对政府推进全球化持批评态度。

第九章 ／ 回家（*Ghar Wapsi*）—— 政治与意识形态

拉杰施瓦·辛格（Rajeshwar Singh）是一名 RSS 专职干部，专门在北方邦西部负责将穆斯林和基督徒皈依为印度教教徒的高调宣传活动。2014 年底，他被撤职。[1]北方邦的 RSS 领导人告诉他，他可以无限期休病假，因为他的工作正在通过媒体的关注来破坏"回家"（Ghar Wapsi）——将非印度教教徒皈依为印度教教徒的更大目标。辛格是 DJS 的一名工作人员，该组织的成立是为了转变非印度教教徒——被称为"回家"的过程——该术语强调了印度的非印度教教徒回归其

---

① 辛格告诉记者，他的离开是他自己的决定，主要是由于生病。关于这一报道的评论，参见：Piyush Srivastava, "Conversion Row: Dharm Jagran Samiti Chief Rajeshwar Singh Goes on Leave", *India Today*, 2 January 2015, http://indiatoday. intoday. in/story/rajeshwar – singh – dharm – jagran – samiti – djs – hindu – rashtra – love – jehad – reconversion – rss – vhp/1/410923. html（accessed 3 April 2017）。

最初的本土文化。①反对派将辛格的活动视为对世俗印度的威胁，并以此为理由来阻止莫迪总理的重要立法计划。辛格活动的政治影响是极右翼行动的另一个例子，它可能威胁到印度人民党的动员工作及其立法议程。它还反映了同盟家族内部的分歧，因为 RSS 试图调节有时相互冲突的意识形态和政治目标。

　　关于围绕辛格的部分争议，是他在北方邦西部的相关运动，以结束他所谓的"爱情圣战"（love jihad），即所谓的穆斯林男子通过婚姻转变年轻印度女孩的做法。用他的话说，"这样的运动是需要时间的。因为与印度教教徒相比，特定社区（穆斯林）的人口在增长，因为在西部北方邦经常出现'爱情圣战'"。②"回家"的皈依活动和"爱情圣战"被视为限制伊斯兰在印度传播的策略。根据 2011 年人口普查，估计穆斯林人口占总人口的 14.23%，占北方邦人口的 19.26%。与 1991 年的 11.7% 相比，过去三次人口普查比全国人口增长约 2.5%，而同期印度教比例从 82.4% 下

---

①　事实上，在同盟家族中有两个组织参与了"回家"。其中一个是由 RSS 发起的半自治组织 Dharma Jagran，另一个被称为 Dharma Jagran Samiti，是世界印度教大会的一部分。RSS 的 Dharma Jagran 是所谓的"有计划的社会运动"（gati vidhi）的一部分，它的目标是促进家庭的融合，并且通过扩展改善那些被重新皈依的人的社会融合，这被认为是社会稳定的基石。半自治组织的"有计划的社会运动"包括家庭咨询（kutumb prabodhan）与社会和谐（samajik samrasta），通过与不同种姓的领导者合作，减少种姓差异和紧张。此外，还有村庄发展和奶牛保护。对于 RSS 来说，这些团体的活动非常重要，因为它们解决了实现社会团结的必要条件以及对印度教教徒的主要目标——统一性的认知。

②　Lalmani Verma, "RSS Wing Launches Rakhi Crusade against 'Love Jihad'", *The Indian Express*, 11 August 2014, https://indianexpress. com/article/cities/lucknow/rss-wing-launches-rakhi-crusade-against-love-jihad/ (accessed 12 July 2018).

降到 79.8%。① 然而，穆斯林年平均人口增长率从 1991～2001 年的 3% 下降到 2001～2011 年的 2.2%，而同一时期印度教的年增长率从 1.8% 下降到 1.6%。② 在他被解职之前，据说辛格告诉媒体，"我们的目标是在 2021 年建立一个印度教国家（Hindu Rashtra），穆斯林和基督徒没有任何权利留在这里。所以他们要么皈依印度教，要么被迫逃离这里"。③ 他声称为数万人进行了"回家"指导，④ 2014 年 12 月 8 日在阿格拉，举行了近百名穆斯林的皈依仪式，该仪式成为头条新闻，致使他在本月底被开除。

"回家"的工作已经持续了很长时间，并且仍然是世界印度教大会的主要活动。前世界印度教大会强硬派领导人托加迪亚（Togadia）在 2018 年被一个不那么强硬的人取代为世界印度教大会的国际工作主席，⑤ 2016 年初，他告诉媒体说，平均皈依人

① 以上数据来自 2011 年印度的人口普查，参见：http://censusindia.gov.in/ Census_And_You/religion.aspx（accessed 10 April 2017）。穆斯林在这十年间的增长率低于过去十年。令一些印度民族主义者最感不安的数字是 2011 年印度教教徒比例已下降至 80% 以下。事实上，自 1951 年的 84.1% 以来，每次人口普查都有所下降。

② Ibid.

③ Piyush Srivastava, "'We Will Free India of Muslims and Christians by 2021': DJS Leader Vows to Continue 'Ghar Wapsi' Plans and Restore 'Hindu Glory'", *Mail Today*, 19 December 2014, http://www.dailymail.co.uk/indiahome/indianews/ article-2879597/We-free-India-Muslims-Christians-2021-DJS-leader-vows-continue- ghar-wapsi-plans-restore-Hindu-glory.html（accessed 3 April 2017）.

④ FP Politics, "Bye, Bye Ghar Wapsi? RSS Dumps Rajeshwar Singh after Modi Meet", *Firstpost*, 2 January 2015, http://www.firstpost.com/politics/bye- bye-ghar-wapsi-rss-dumps-rajeshwar-singh-after-modi-meet-2026443.html（accessed 3 April 2017）.

⑤ 托加迪亚在失去世界印度教大会主席候选人资格后，退出了世界印度教大会。2018 年 4 月 15 日，托加迪亚宣布退出。他在世界印度教大会中所处的边缘地位可能源于他的强硬立场以及他对总理莫迪的无情反对。

数已经从每年15000人次上升到2015年的40000人次。[①] 印度的历史充满了种族再皈依的例子。例如，在8世纪穆斯林统治建立之后，许多以前的印度教信徒使用一套被称为"（制裁）净化"（devalsmriti）的仪式。另一个最近的例子是，20世纪20年代生活在果阿海岸的几千个天主教高德——低种姓马拉提（Marathas）的再皈依。[②] 因此，并不是"回家"本身违背了辛格的意愿，而是他的高调宣传和具有挑衅性质的活动。这对于印度人民党和RSS来说，尤其令人尴尬。我们在RSS中发现了一个类似的情况，对一个反叛派别抗议印度人民党政府语言政策的反应（有关果阿危机的讨论，请参见第十二章）。

　　辛格高调宣传的皈依活动，不仅对印度人民党提出了政治挑战，而且还揭示了文化分支机构（如世界印度教大会）与政治导向机构（如印度人民党）之间对印度教重新皈依问题的意见分歧。与RSS或印度人民党相比，前者更愿意接受再皈依的宣传，就像在这种情况下发生的那样。相比之下，RSS的重新皈依工作的指南告诉我们，该组织认为这种宣传既不必

---

① 关于"回家"的统计报道，参见：Press Trust of India，"7.5 Lakh Muslims, Christians Re-converted to Hinduism in Last 10 Years：Praveen Togadia"，*Zee News*，8 January 2016，http：//zeenews. india. com/news/india/7 – 5 – lakh – muslims – christians – re – converted – to – hinduism – in – last – 10 – years – praveen – togadia_ 1843165. html（accessed 10 April 2017）。

② 关于高德 – 低种姓马拉提皈依的报道，参见：*Sanskrutik Vartapatra*，December 2010，p. 112。关于旨在对8世纪后皈依为伊斯兰教的辛迪斯再皈依的"净化"（devalsmriti）仪式描述可以在 *Ithihas* 期刊上找到，https：//ithihas. wordpress. com/2013/09/10/dharma – shastras – legal – literature – of – ancient – india/（accessed 13 April 2017）。

要具有挑衅性，也不利于正在被讨论的有关皈依的利益。① 除了战术问题，宗教问题对世界印度教大会而言比对印度人民党更为重要。印度人民党需要动员来自印度多元化社会的大量人选投票给他们的候选人，并且对印度国家的世俗基础以及在广泛的社会范围内招募人才的需要更为敏感。世界印度教大会没有这样的强烈欲望，因为它们几乎对印度教教徒完全具有吸引力。② RSS 在同盟家族中的一个重要功能，是在其成员组织内部或之间仲裁这些分歧。当 RSS 的宣传负责人曼莫汉·维迪亚在新闻发布会上回应辛格的活动时，这个问题出现了。他拒绝接受"回家"关于皈依的观点，并强调它不是一个"让那些有自然冲动的人重新联系他们的祖先"。③ 或许是认识到这样一种差别的弱点，似乎声称没有皈依的穆斯林和基督徒不认为自己是印度人。他补充说，RSS 并不寻求改变参加 RSS 纱卡的穆斯林和基督徒，因为"我们的祖先也是同样的（种族），所以我们相信所有人都是印度教教徒"。④维迪亚的评论假设大多数穆斯林和基督徒都是南亚本土宗教皈依者的后裔。因此，使用术语"回家"来表示回归的原始状态，这种状态通常使用复合术语"印度教"来定义，并被描述为幸福的黄金时代——虽

---

① 2015 年 7 月 27 日我们在孟买采访了 RSS 的向导达摩·贾格兰（Dharma Jagran）和穆昆德·潘史卡尔（Mukundrao Panshikar）。他们告诉我们，再皈依是一种非常私人的行为。如果处理不当，可能会产生不良社会反应。因此，他批评宣传"回家"的努力。

② RSS 已明确表示，在同盟家族内部，世界印度教大会的任务是解决印度教的社会宗教问题。

③ Press Trust of India, "'Ghar wapsi' Is Natural Process, RSS Leader Vaidya Says", *The Times of India*, 3 January 2015, http://timesofindia.indiatimes.com/india/Ghar-wapsi-is-natural-process-RSS-leader-Vaidya-says/articleshow/45743075.cms（accessed 5 April 2017）.

④ Ibid.

然掩盖了印度深刻的社会和文化分歧，包括一种层级秩序，但证明了社会停滞的合理性（虽然一个共同的反驳是，在穆斯林和英国入侵之后，这种僵化是保护印度教教徒免受外界攻击的一种方式）。[①]

种族与印度教的融合符合 RSS 领导人巴格瓦特的重复声明，即忠于这个国家的所有印度人，无论他们的宗教信仰如何，都是印度教教徒。然而，印度教的这种广义定义与"回家"的概念不一致。印度宪法中印度教教徒一词的使用也更加独立，其中包括耆那教徒、锡克教徒、佛教徒和部落，但不包括穆斯林、基督徒、帕西人和犹太人。此外，1952 年的印度教法典法案定义了仅适用于印度教教徒作为宗教团体的民法典，印度议会尚未通过适用于所有印度人的民法典法案，尽管同盟家族要求制定统一民法典。在印度任何与印度教有长期家庭关系的皈依都被定义为曾经是印度教教徒，所以"回家"一词适用于他们。鉴于印度教作为一种宗教存在巨大的教义差异，目前的 RSS 领导层认为印度教作为一个广泛的种族范畴，使得 RSS 并不处于印度教内部深刻的教派争议以及有关哪些群体应该被称为"印度教"的争论性辩论之中。

独立前著名的印度民族主义者萨瓦卡——一个公认的反种姓无神论者——定义的印度教教徒，狭义上认为印度既是他们的祖国（领土）又是圣地（宗教），这个定义排除了基督徒和穆斯林。这个狭隘的定义是大多数印度教民族主义者在高瓦克时代的

---

① 在穆斯林和基督教的权力进入次大陆之前，对极乐时代的这种信念的分析，参见：Alok Rai, "Religious Conversions and the Crisis of Brahmanical Hinduism", in Gyanendra Pandey (ed.), *Hindus and Others: The Question of Identity in India Today* (New Delhi: Penguin Books India, 1993), pp. 225 – 237。

主要观点，并且现在仍然是许多印度民族主义者持有的观点。高瓦克通过将"印度教教徒"作为一个民族/国家与"印度教"作为一种宗教分开，为更为广泛地定义印度教教徒奠定了基础。被视为宗教的印度教不包括穆斯林和基督徒，但印度民族主义肯定会将印度穆斯林和基督徒包括在印度国家之中。然而，高瓦克和萨瓦卡所达成的共识是，统一分裂的印度教社区是稳定政治秩序的先决条件，因为它会创造一种统一感和认同感。① 在针对种姓问题的正统印度教讲话中，萨瓦卡讲道：

> 从今天起，我不相信高种姓或低种姓。我不反对最高和最低种姓之间的通婚。无论种姓如何，我都会和任何印度教教徒一起吃饭。我不相信种姓出生，从此以后我称自己为印度教教徒，不是婆罗门、吠舍等。②

作为 RSS 创始人，海德格瓦的组织指导原则是，培训那些在印度教教徒中工作的人，以实现许多印度教改革者认为是印度复兴之先决条件的社会团结。虽然海德格瓦和他的继任者寻求一个消除种姓和教派障碍的社会，但他们并没有非常具体地指出实现理想的社会统一或如何使非印度教教徒融入印度的普遍的种姓制度。这种模糊性至少部分是由于他们认识到种姓长期以来一直是印度身份的一个关键因素，因此难以消除。前 RSS 领导人德奥拉斯告诉我们，虽然无种姓社会需要很长时间才能成为现实，但

---

① 关于 20 世纪早期，印度民族主义者萨瓦卡尔如何将印度教与国籍联系起来的讨论，参见：Pralay Kanungo, *RSS's Tryst with Politics*: *From Hedgewar to Sudarshan* (Delhi: Manohar Publishers, 2002), pp. 104 – 112。

② Dhananjay Keer, *Savarkar and His Times* (Bombay: India Printing Works, 1950), p. 164.

RSS 同时会采取措施消除高低种姓的概念，以及随之而来低种姓的印度教教徒面对的社会歧视。① 另一位高级 RSS 领导人告诉我们，低种姓印度教教徒和部落之间的种姓认同，事实上对这些群体中的个人的自豪感做出了一些积极贡献，往往为他们提供了强大的社会、文化和经济基础，以更好地面对严酷的现实日常生活。此外，这一消息来源补充说，种姓自豪感可能是阻碍基督徒和穆斯林皈依的主要因素。他认为，实现印度教团结的最实用方法是，确保这些低种姓的人们获得教育和经济机会，同时也谴责高种姓印度教教徒中鼓励社会歧视和阻碍印度教团结的种姓意识。②

高瓦克是 RSS 独立后的第一位领导人，他基本同意萨瓦卡的观点，即印度教的种姓差别妨碍了印度教的统一。在高瓦克《思想集》一书中，他编纂了他的讲座——认为印度教教徒中的宗派和文化多样性并不是印度教团结的不可逾越的障碍。更确切地说，高瓦克声称存在一种共同的佛法（生活伦理原则），它数千年以来将一个多元化的印度社会聚集在一起——间接地解释了皈依者和那些寻求提升种姓等级的人所面临的社会问题。尽管他认为佛法的实践已经恶化，需要以适当的形式复活，才有可能实现更加平等的社会制度。③

---

① 1988 年 2 月 25 日在马哈拉施特拉邦那格浦尔采访了 RSS 高级领导人德奥拉斯。

② 2015 年 7 月 27 日在马哈拉施特拉邦孟买举行的 "Dharma Jagran Samiti" 指导活动时，采访了 RSS 高级专职干部穆昆德·潘史卡尔（Mukundrao Panshikar）。

③ M. S. Golwalkar, *Bunch of Thoughts* (Bangalore: Vikram Prakashan, 1966), pp. 192 - 193. 2016 年，一名 RSS 高级知识分子兰加·哈里（Ranga Hari）告诉我们，他是《思想集》的编辑之一，这本书实际上是高瓦克讲座的汇编。编辑们编辑了各个章节的标题，并且正在考虑在下一版中更改标题，使得这些标题不那么具有争议性。

虽然对于实现这种理想的印度教统一所需的具体政策步骤仍存在一定的模糊性，但高瓦克对于民族和谐的危险非常清楚。《思想集》分别将伊斯兰教、基督教和共产主义作为单独章节，分析了印度社会所面临的最严重的三大危险，并进而扩展到印度独特的文化属性——佛法。① 在第一点上，他警告说，分治之后留在印度的那些穆斯林继续存在分裂主义的野心。② 他指出，在基督徒中有些人倾向于利用他们庞大的社会服务机构来转变印度教教徒并推进使印度成为基督教国家的目标。③ 最后，他认为印度共产党人强调的是一种对印度历史文化来说是陌生的唯物主义。④ 在高瓦克看来，所有这些所谓危险的治疗方法都是民族主义的，而这种复兴伟大国家的重要议程包括 RSS 的"人格塑造"活动。⑤ 然而，他并没有要求否认非印度教教徒的公民身份，或者将他们驱逐出境或让他们集体重新转变为印度教信仰者。高瓦克关于吸收少数民族，让他们完全参与印度国民生活的一个迹象是他坚持认为，在 20 世纪 50 年代早期由 RSS 支持形成的新政治机构——印度人民同盟向信仰所有宗教的人开放，并且其名称使用更加中立的宗教术语"巴拉蒂亚"（Bharatiya）而不是"印度教"（Hindu）。⑥ RSS 在 20 世纪 70 年代后期开始向基督徒和穆斯林开放成员资格，并且在 21 世纪初的时候建立了一个特定的组

---

① M. S. Golwalkar, *Bunch of Thoughts* (Bangalore: Vikram Prakashan, 1966), chs. 11 and 12.

② Ibid. , pp. 168 – 173.

③ Ibid. , pp. 184 – 185.

④ Ibid. , pp. 192 – 193.

⑤ 《思想集》中超过四分之一的内容集中于 RSS 的"人格构建"活动，远远超过了对任何其他主题的关注。

⑥ 除世界印度教大会外，所有 RSS 附属机构（以及 RSS 本身）都对印度的所有宗教团体开放。

织，即穆斯林国家论坛，向穆斯林社区传播其民族主义信息。同时正在考虑为基督徒建立一个类似的组织。[①]

在一些活动中，RSS 的运作看起来就好像没有种姓或宗教差别。它不鼓励使用种姓名称，它的营地混合了跨越种姓障碍的工作任务，以展示所有工作的同等价值。它拒绝纯洁和污染的概念，同时谴责社会主义和共产主义的唯物主义。高瓦克及其继任者的作品以及 RSS 培训系统支持一个平等的社会。[②] 例如，在印度的种姓制度中，高瓦克在《思想集》中提出了一个可疑的主张，即原始形式的种姓是一种基于功绩的分工，没有任何纯洁和污染的概念。他写道：

> 已经悄悄进入瓦尔纳系统的高低不平等感觉，相对来说是最近的起源。但在其原始形式中，社会秩序的区别并不意味着其成员之间存在大和小、高或低的任何歧视。另外，梵歌（Gita）告诉我们，以无私服务的精神在生活中履行其指定职责的个人，只能通过这种表现来敬拜上帝。[③]

追求这种思路，高瓦克进一步写道：

> 社会团结的工作是真正意义上的国家实现——上帝只能在此基础上进行…… 一种身份的精神，使我们无论在街上

---

① 在 20 世纪 80 年代中期，RSS 为印度锡克教徒建立了 "Rashtriya Sikh Sangat" 组织，世界印度教大会为印度佛教徒建立了一个同等的组织。

② 请参见我们 RSS 著作中对这种平等主义暗流的讨论，Walter Andersen and Shridhar Damle, *The Brotherhood in Saffron*: *The Rashtriya Swayamsevak Sangh and Hindu Revivalism* (Boulder: Westview Press, 1987), pp. 79 - 83。

③ Golwalkar, *Bunch of Thoughts*, p. 107.

看到一个乞丐还是一个伟大的学者，都拥有平等的爱和兄弟情谊。①

虽然 RSS 及其附属机构认识到种姓为其所寻求的社会统一带来的危险，但种姓仍然是大多数印度教教徒生活中的一个主要因素，特别是对于居住在印度农村地区的三分之二的人口。因此，皈依/再皈依所带来的实际问题是非印度教皈依，要与普遍的印度教种姓制度融为一体。已经采取了一些策略来缓解这种社会转型。例如，基因·瑟斯比（Gene Thursby）注意到 20 世纪 20 年代净化（提升）社会运动（Rajput Shuddhi Sabha）的兴起，旨在建立印度教拉吉普特人与皈依了的穆斯林拉其普特人（Malkanas）之间的共生和婚姻关系。② 在印度城市中，皈依可能不会造成问题，因为重建自己的可能性比在农村更容易。但在婚姻伴侣、食物、姓名、宗教习俗等方面，种姓仍然在这些方面具有重要性。但是，底层社会阶层的皈依仍然存在被他人接受的问题，这样的人肯定不希望自己被视为印度教社会等级制度的底层。出于这个原因，一些在达利特人和部落间工作的 RSS 活动家已经提出，皈依者可能会转向佛教。这至少在哲学层面上不存在种姓制度，可以作为摆脱这种困境的一种方法。③ 该提案是 RSS 内部一个重要的主题：要消除低种姓印度教教徒的重要障

---

① Golwalkar, *Bunch of Thoughts*, p. 401.

② 参见：Gene Thursby, *Hindu-Muslim Relations in British India: A Study of Controversy, Conflict and Communal Movements in North India: 1923 – 1928* (Leiden: E. J. Brill, 1975)。

③ 这个建议是吉里什（Girish Prabhune）2014 年在 *Marathi Weekly* 中针对孟买排灯节问题而提出的。他是 RSS 积极分子，曾在低种姓游牧群体中工作。该提案引发了 RSS 内部的激烈争论，但由于缺乏共识，尚未正式对此提案采取行动。

碍，肯定所有印度教教徒的基本平等。RSS 至少自 20 世纪 70 年代以来，一直坚持主张取消禁止低种姓进入寺庙和朝圣中心的禁令。这种对礼拜场所的包容性肯定是在 1989 年，当时达利特人被用来为罗摩神庙奠基。RSS 还支持种姓内部通婚和种姓内部用餐，以此作为打破种姓障碍和推进印度教巩固目标的手段。[①] 此外，它还试图将低种姓印度教教徒的文化元素（有些人称之为印度教的"小传统"）融入大量印度教教徒的广泛文化之中。

　　关于印度教民族主义者之间的皈依辩论有两个方面：印度教教徒转向其他宗教和其他人皈依/重新转变为印度教教徒［最初由 19 世纪印度文艺复兴时期的倡导者称为使命（shuddhi）或净化］。毫不奇怪，皈依的第一个方面遭到印度教民族主义者的强烈反对，比如 RSS；[②]第二个方面往往被视为支持国家统一的另一个步骤。皈依在谈到身份的基本问题时会引发非常强烈的情绪。

　　19 世纪晚期出现了几个改革印度教的团体，它们的主要目标之一是巩固印度教社会。在这些改革运动中，更有影响力的是阿里亚·萨玛吉（Arya Samaj），他们通过选择或胁迫将皈依视为其使命（shuddhi）的重要组成部分。[③] 它的哲学受

---

①　2010 年，巴格瓦特成为 RSS 负责人之后告诉媒体，种姓内结婚在 RSS 成员中非常普遍，他认为这是一个积极的发展。反对皈依佛教的一个观点是，它实际上会导致一个新的佛教达利特群体的出现，但没有带来真正的社会地位变化。

②　RSS 中的一个常见叙述是，过去的大多数皈依，特别是在穆斯林统治期间，都是由于力量或社会和经济利益的诱惑所致。

③　对阿里亚·萨玛吉及其创始人达耶南陀·萨拉斯瓦蒂（Dayanand Saraswati）的一项很好的研究，参见：Charles H. Heimsath, *Indian Nationalism and Hindu Social Reform* （Princeton：Princeton University Press, 1964），ch. V。

古代文本德瓦尔·斯米提（Deval Smriti）的指导，提供了允许进入印度教的规则。[①] 其创始人达耶南陀·萨拉斯瓦蒂的门徒在全国和国外传播了社会改革和巩固印度教的信息，包括前面所提到的皈依为完全印度教状态的方面。它还积极反对让印度教教徒皈依为其他信仰。RSS 的创始领导者从改革派的达耶南陀哲学传统中获得灵感——皈依印度教一直被认为是一项有效的活动，部分是为了反对基督徒和穆斯林的传教活动，部分是为了巩固印度教社区。在独立之前，RSS 与阿里亚·萨玛吉密切合作，处理与巩固印度教、印度的地理统一和印度教教徒的安全有关的问题。在独立之后，RSS 的成长有点远离大多数城市的阿里亚·萨玛吉，并且更加直接关注传统的农村印度教教徒，而对萨玛吉社会改革议程和对神像使用的位置不太感兴趣。根据这种新方法，高瓦克领导下的 RSS 开始关注诸如奶牛保护和历史悠久的寺庙（特别是在阿约提亚、贝纳勒斯和马图拉的寺庙）的传统文化问题，从而与印度宗教领袖建立融洽关系。

相反，RSS 认为印度教教徒向伊斯兰教和基督教的皈依是印度的印度教文化优势的潜在威胁，并且更广泛地说是对民族团结的威胁。关于穆斯林皈依为印度教教徒的努力，RSS 倾向于将这种行为解释为努力增加印度的穆斯林人口以加强伊斯兰的影响，甚至创造旨在打造独立的穆斯林邦的运动。这些努力引发了周期性的呼吁，认为所有形式的皈依都是非法的，作为限制皈依的殖民法先例，这种法律存在于几个土邦。[②] 印度独立之后，早期最

---

① 参见：Pandey（ed.），"Which of Us Are Hindus"，in *Hindus and Others*，for discussion of the "discovered" text，the *Deval Smriti*，p. 254。

② 在印度关于皈依限定的讨论，参见：Laura Dudley Jenkins，"Legal Limits on Religious Conversion in India"，*Law and Contemporary Problems*，Spring 2008，Vol. 71，pp. 109 – 127。

著名的限制皈依的一个案例也许是，1968 年中央邦颁布了达摩公爵宗教皈依法律（Dharma Swatantrya Adhiniyam），禁止通过武力或诱导或欺诈手段将一种宗教转变为另一种宗教。[1] 它还要求企图皈依的主体在规定的时间内向地方法官报告并可能存在被监禁的风险。印度最高法院以公共秩序为由维持了中央邦法律以及奥利萨邦一个类似的法律，并对传教的合法权和皈依权进行了区分，同时允许设定限制。[2] 其他邦如古吉拉特邦，已经对参与非法皈依的妇女、达利特人和部落的人实施了更高的罚款和监禁措施。古吉拉特邦的立法要求事先通知地方法官有关皈依和裁判官的判决，即皈依不能使用武力或诱导。[3] 到目前为止，这些法律仅在邦一级通过，尽管 RSS 也呼吁在国家层面立法。对低种姓印度教教徒皈依的法律抑制因素是，低种姓皈依基督教或伊斯兰教会失去印度宪法赋予印度教教徒的经济和政治利益。该法律提供了一种叙述，认为国家应该保护被视为受害人的皈依者。

1981 年 2 月，在泰米尔纳德邦蒂鲁纳尔维利（Tirunelveli）区的米纳格希普拉摩（Meenakshipuram）村，大约 180 个印度教达利特家庭皈依伊斯兰教，被 RSS 和其他人解释为不仅是低种姓印度教教徒日益脆弱的一个标志，而且是整个印度教。[4] 北部旁遮普邦的锡克教分离主义者当时瞄准该邦的印度教少数民族，杀死一些人并驱逐了其他人。同时有报道称，从人口稠密的孟加

---

① Laura Dudley Jenkins, "Legal Limits on Religious Conversion in India", *Law and Contemporary Problems*, Spring 2008, Vol. 71, p. 114.

② 詹金斯（Jenkins）指出，关于传教活动的报告，最高法院的判决与 1956 年的关键问题相呼应。报告严厉地将皈依视为对公共秩序和国家统一的威胁。Ibid., pp. 114 – 115。

③ Ibid., pp. 120 – 122.

④ 关于印度教教徒脆弱性认知的精彩分析，参见 Christophe Jaffrelot, *The Hindu Nationalist Movement in India*（Delhi: Thomson Press, 1996），ch. 10。

拉国涌入印度东北部地区的穆斯林人数激增，以及印度教教徒从克什米尔山谷被迫流亡。印度教的这种危险感来自 RSS 和许多其他团体为了加强印度教团结而开展的全国运动，部分是为了解决达利特人的抱怨。当时 RSS 总书记赛沙德瑞写道，穆斯林行动委员会计划在全国范围内让数百万达利特人皈依，以确保"穆斯林百分比变得足够高，使他们能够首先开辟出独立的巴拉特（印度）的伊斯兰邦，最后是整个巴拉特的伊斯兰教"。① 印度人民党领导人瓦杰帕伊在访问米纳格希普拉摩村期间表示，皈依是"阴险阴谋"的一部分……破坏国家的人口和世俗的构成，并把它变成像巴基斯坦和伊朗这样的神权国家。② 然而，弗兰克·范塞洛（Frank Fanselow）的一项人类学研究认为，这种皈依"不再是对现有社会秩序的抗议，而是存在于种姓结构之外弱势社群通过正式与强大的团体结盟来寻求改善其在现有秩序中的地位的机会主义行动"。③ 关于质疑为什么这些皈依在印度教教徒中会产生这种国家危机感，他补充说，"他们不是成为旨在颠覆印度教社会的战略性穆斯林复兴的先锋，而是（皈依）处于长期建立战术皈依模式的历史尽头［原文如此］"。④米纳格希普拉摩创造的紧迫感，是导致 RSS 在 20 世纪 80 年代早期支持世界印度教大会复兴的主要因素之一。1984 年 4 月召开了第一届达摩议会（Dharma Sansad），这个议会的重点是提升低种姓印度教教徒的社会地位并保护他们免受"异族人"信仰皈依的影响。

---

① Christophe Jaffrelot, *The Hindu Nationalist Movement in India* (Delhi：Thomson Press，1996）, p. 342.

② Frank Fanselow, "The Rise of Communalism in Tamilnadu", *Eastern Anthropologist*, Vol. 43, October 2000, p. 9, http：//www. academia. edu/1346645/The_ Rise_ of_ Communalism_ in_ Tamilnadu, pp. 23 (accessed 15 April 2017).

③ Ibid.

④ Ibid.

这次聚会提出了 12 项活动，旨在使印度教社会变得强大，以信仰和佛法推动为导向。[1] 这些活动包括：

> （1）从现代的角度，规定印度教社会中一体化进程的达摩指导方针……（2）通过唤醒社会中的劳动尊严感，为我们被忽视和落后的弟兄们提供平等和正直的经验……（3）为了欢迎那些由于某种原因而皈依异族信仰的弟兄们，如果他们愿意回归印度教，就吸收他们进入印度教社会，并制定指导方针……（4）通过各种手段挫败异教信徒减少印度教人口的阴谋诡计，促使政府保证印度教教徒的利益。[2]

第一届达摩议会有来自印度各地的 76 个印度教派别中的 500 多名领导人参加。首届活动由印度教的一位重要人物主持，在乔提施·彼斯（Jyotish Peeth）的商羯罗阇利耶（Shankaracharya）举行，这是八世纪在印度各地建立的旨在宣传对印度教信仰的更系统研究的四个寺庙之一。这个宗教会议是在米纳格希普拉摩（Meenakshipuram）皈依之后不久，在印度南部首次举行的几次团结会议的延续，然后拓展到全国各地。[3] 在召开这些团结会议的同时，世界印度教大会组织了一个名为曼荼罗（Margdarshak Mandals）的审议小组，代表不同的印度教派，其目的是为印度教面临的关键问题提供建

---

[1] http：//vhp. org/conferences/dharmasansads/dharma-sansad-1/（accessed 10 April 2017）.

[2] Ibid.

[3] 团结会议还得到了几位著名国会议员的支持，比如吉尔扎里·拉尔·南达（Gulzari Lal Nanda）——两次充任临时印度总理（1964 年和 1966 年）以及查谟和克什米尔的前王公卡兰·辛格（Karan Singh），他们在 RSS 支持下建立了"Virat Hindu Sammelan"，反对非印度教信仰的皈依。

议。主要议题包括如何结束"不可接触"以及如何将"贱民"和部落融入印度社会。①世界印度教大会组织成功的很大一个原因是出现了一位出色的协调员阿肖克·辛格哈尔（Ashok Singhal），一名 RSS 专职干部，他于 1982 年加入世界印度教大会并担任联合秘书长，后来于 1986 年成为总书记。在他的领导下，世界印度教大会开展了一系列活动，帮助吸引了相当一部分印度教教会领导人，从而成功地为世界印度教大会和同盟家族提供了大量的合法性，成为印度教统一的捍卫者和催化剂。

由于受世界印度教大会支持的 DJS 成员如拉杰什瓦·辛格（Rajeshwar Singh）的广泛宣传，"回家"仍然是一个有争议的政治问题。RSS 本身反对宣传其自身对于皈依的努力，而是在寻求印度宗教少数群体支持的印度人民党与世界印度教大会之间发挥其仲裁员的角色。RSS 运行得很好，只有当宣传破坏了自己的活动和其他同盟家族成员的活动时，它才有可能这样行事。它应对这些分歧的首选方法是保持沉默，并在受影响群体的领导者之间进行幕后谈判，以在成员组织的基本目标不相容的情况下达成妥协。在这种情况下，辛格的撤职（以及他为印度人民党和 RSS 制造问题的高调宣传活动的终止）以及"回家"实践的持续，似乎是协商解决问题的结果。

---

① 关于第一个由世界印度教大会管理的宗教议会的组织背景，参见：Jaffrelot, *The Hindu Nationalist Movement in India*, pp. 346 - 355。

第十章 ／ 保护奶牛——在虔诚与亵渎之间

1952 年，RSS 为请求全国禁止奶牛屠宰，在请愿书上收集了大约 1700 万个签名，这是独立后的首次大规模公共行动。[1] 该行动经过精心组织，是在 RSS 被指控涉嫌参与暴力行动并于 1948～1949 年被实施毁灭性禁令之后，为恢复自我所作的努力的一部分。[2] 奶牛保护仍然是 RSS 的一个核心问题，尽管它随后提出了一种更加细致入微的政策，这种政策威胁到了数百万工人的就业、利润数十亿美元的牛肉和皮革产业，给许多农民带来了经济问题，尤其在东北部和南部印度人中不受欢迎。我们还将研究它在处理右翼自卫事件爆发的问题时所面临的两难困境，而不会对那些涉嫌吞食牛肉或将奶牛运送到市场以进行屠宰的人采取

① 这是 RSS 奶牛保护群众运动的第一例。然而，RSS 鼓励一位颇受欢迎的印度教宗教领袖普拉布达塔·布拉哈马查里（Prabhudutta Brahmachari）竞争 1952 年在阿拉哈巴德（普拉亚格）议会的席位，反对总理贾瓦哈拉尔·尼赫鲁。普拉布达塔在 RSS 领导人以及许多印度教神职人员的鼓励下，将奶牛保护作为其竞选活动的主题。

② RSS 发现在这场运动中，奶牛保护是一个受欢迎的政治问题，特别是在农村地区。

暴力行为。

作为一种主张印度教身份的策略，保护奶牛具有深厚的根基，尤其是在 19 世纪下半叶的印度教改革组织中，例如阿里亚·萨玛吉。① 在独立后通过限制或禁止屠宰奶牛的法律之后，它在执政的国大党和几个国大党统治的邦中得到了广泛的支持。在这种屈辱性禁令之后，RSS 专注于奶牛保护的决议，这为高瓦克及其自身带来了一些好处：加强了高瓦克在 RSS 中的地位；与印度教宗教机构建立了良好的关系；在部分敬畏奶牛的群体中提升了 RSS 的吸引力。由于在 1951 年至 1952 年的议会选举和同时举行的邦议会选举中表现不佳，RSS 的一个政治附属机构印度人民同盟将奶牛保护问题作为一个核心问题，反映出奶牛保护是具有政治潜力的问题。②它所追求的这一目标使其与两个印度教导向的政党分离，这两个政治组织拉姆·普拉沙德（Ram Rajya Parishad）和印度教大斋会（Hindu Mahasabha），也支持全国禁止屠宰奶牛。不同于印度人民党，年轻的印度人民同盟的领导层认为他们都过于偏狭，代表了高种姓的利益，但最重要的是两者都与 RSS 及其领导者关系不佳。③RSS 对于保护奶牛的努力，因没有动员印度教教会团体走向这个事业而让

① 对印度独立前奶牛保护运动的出色分析，参见：Sandra Freitag，"Sacred Symbol as Mobilizing Ideology: The North Indian Search for a Hindu Community"，*Comparative Studies in Society and History*，October 1980，vol. 22，no. 4，pp. 597 – 625。

② 在 1951 ~ 1952 年的议会竞争中，印度人民同盟仅赢得了 94 个有争议席位中的 3 个席位（总共 489 个席位）。它还赢得了有争议的 727 个邦议会议席的 35 个席位（共计 3283 个）。

③ 年轻的印度人民同盟实际上与印度教大斋会和拉姆·普拉沙德之间几乎没有关系，原因分析参见：Bruce Graham，*Hindu Nationalism and Indian Politics: The Origins and Development of the Bharatiya Jana Sangh*（Cambridge: Cambridge University Press，1990），pp. 26 – 27。

人感到失望。印度教的神职人员，不习惯政治活动，害怕与处于主导地位的国大党对抗，他们并没有以自己的形式游说以提倡禁止屠宰奶牛。最终在 1964 年，RSS 寻求通过其自己的附属机构世界印度教大会组织牧师进行奶牛保护和解决其他文化问题。

今天，奶牛保护问题虽然仍然获得了 RSS 的支持，但比过去更加谨慎，可能是因为这个问题引发了激进右派的暴力行为，破坏了 RSS（和 BJP）的努力，传递了印度民族主义的一种温和形象。①瓦杰帕伊或莫迪的印度人民党政府没有做出任何认真的努力，来改变印度宪法，将这个问题从各邦转移到联邦政府，这是一项宪法运动，需要通过立法来从国家层面禁止。2017 年 5 月莫迪政府提出了一项有争议的监管措施，以阻止为了屠宰而从事的牛的运输活动。因此，印度留下了关于奶牛保护的一项拼凑的邦法律，从禁令到完全禁止。关于如何从政治上推进，许多 RSS 对话者的反应不一。一些人认为，国家层面的行动必须等到印度人民党控制议会两院和大多数邦政府，以便满足宪法修正案的严格法律要求。还有一种观点认为，修正案所需要的政治能量可能会破坏党的经济发展战略，因此它继续将问题留给了各邦。在一些保守的印度教倡导者称解决这种问题的方法不够充分的情况下，2017 年 5 月 23 日，联邦环境、森林和气候变化部门发布了一项禁止在全国公开市场进行以屠宰为目的的牛的销售，②包括强制要求销售记录的复杂规则以及包括公牛、水牛、阉牛、小母牛、小牛和骆驼在内的关于牛的广义

---

① 关于同盟家族如何试图避免对奶牛保护问题的激进主义的讨论，参见：Bruce Graham, *Hindu Nationalism and Indian Politics：The Origins and Development of the Bharatiya Jana Sangh*（Cambridge：Cambridge University Press, 1990），pp. 147 - 157。

② 该条例是 1960 年在议会法案授权下发布的防止虐待动物（PCA）法案。

定义。①当时负责世界印度教大会的工作主席托加迪亚
（Togadia）迅速发表声明，声称新的条例只是部分解决了屠宰
牛的问题，认为它实际上只适用于禁止以屠宰为目的出售牲畜，
而且并不是世界印度教大会倡导的国家禁令。②这一命令在东
北部和南部引起了愤怒，泰米尔纳德邦高等法院在该邦继续执
行该条例。2017 年 7 月 11 日，最高法院下令联邦环境部修改
其命令。它将泰米尔纳德邦高等法院的裁决延伸到整个国家，
直到该部恢复通过宪法要求的原状，并从名单中删除可能受到
监管的水牛和骆驼。③当时的最高法院首席大法官贾格迪什·辛
格·克哈尔（Jagdish Singh Khehar）表示，运输禁令对许多人的
生计造成了毁灭性的打击。④

　　鉴于这种反应，RSS 避免重复世界印度教大会对新法规的描
述不充分，而采取了低调的方法，反映了 RSS 对奶牛保护的态
度在不断变化，这种态度不那么具有对抗性。这种转变清晰地表
现在 Go-Vigyan Anusandhan Kendra 机构网站的最新"目标"部
分，这是 RSS 附属的一个奶牛保护组织，其重点是利用科学来

① 参见：Praveen Shekhar and Reema Parashar，"Government Bans Sale of Cows for
　　Slaughter at Cattle Markets, Restricts Trade"，*India Today*，26 May 2017，
　　http：//indiatoday. intoday. in/story/sale-of-cattle-for-slaughter-banned-at-markets-
　　across-the-country-environment-ministry/1/963683. html（accessed 30 May 2017）。
② 托加迪亚还提倡对于那些从事奶牛屠宰的人，强制执行终身监禁的法律。
　　参见：Press Trust of India，"VHP Demands Nationwide Ban on Cow Slaughter"，
　　Hindustan Times，19 July 2017，http：//www. hindustantimes. com/india -
　　news/vhp - demands - nationwide - ban - on - co w - slaughter/story -
　　N4Il6neJ1CYeHhXV7fT19J. html（accessed 30 May 2017）。
③ Mayank Bhardwaj and Suchitra Mohanty，"India's Top Court Suspends Ban on
　　Trade in Cattle for Slaughter"，*Reuters*，12 July 2017，https：//in. reuters.
　　com/article/cow-cattle-trade-slaughter-rules-india/supreme-court-suspends-ban-
　　on-trade-in-cattle-for-slaughter-idINKBN19X0HA（accessed 12 July 2018）。
④ Ibid.

改善印度奶牛及其经济实用性，并为奶牛提供住所。① 同一份文件也反对使用暴力，现引用高瓦克的一次讲话内容：

> 作为爱国和冷静的公民，我们不能沉溺于无法无天和暴力的行为。不幸的是，这是过去我们政府的似乎理解和屈身的唯一语言。我们不能堕落到去胁迫政府投降，因为它会削弱我们认为属于我们自己的政府的必要威望。那我们该怎么办？在目前的设置下，骚动、示威显然是公认的实现任何目标的手段……但是，还有一种非常受尊重和普遍接受的手段，即表明我们的认可或反对……（并且是）通过投票箱。②

但是，现实仍然是许多人不愿意依赖投票箱，而是选择将奶牛保护活动作为神圣职责或个人利益——或两者兼而有之。宗教保卫组织（Vigilante）在独立之前就已存在，但在社交媒体和数字网络时代，相关的暴力行为已进一步成为一个政治问题。③现在越来越多的人意识到什么是严重的法律和秩序问题。2015 年 9 月 28 日，在德里以东约 50 英里的一个达德里的村庄，一个目前似乎所引发的关于治安活动的辩论是，一位穆斯林因涉嫌储存和食用牛肉而被施以私刑。此外，还有数十例警察缉获的奶牛被运往市场出售。公众对与奶牛自卫活动相关的暴力行为的关注使得 RSS（和 BJP）陷入了两难境地——如何支持奶牛保护，同时远离相

---

① 关于"Go-Vigyan Anusandhan Kendra"的目标描述，参见网站中"关于我们"的部分，http://govigyan.com/pages/about – us（accessed 29 May 2017）。
② 对奶牛问题政治化的评论参见：Aravindan Neelakandan, "Hindutva and the Politics of Beef", *Swarajya*, 30 October 2015。
③ 有关奶牛问题政治化的评论可参见：Aravindan Neelakandan, "Hindutva and the Politics of Beef", *Swarajya*, 30 October 2015。

关的暴力。2017 年 4 月 1 日，由印度人民党统治的拉贾斯坦邦的一名穆斯林被奶牛治安委员会施以私刑。RSS 领导人巴格瓦特谴责这种暴力行为，称："当保护奶牛伤害了一些人的信仰的时候，什么都不应该做。暴力更是不应被提倡，它只会损害奶牛保护的努力。"①与此同时，他重申了长期以来 RSS 对所有邦禁止屠宰奶牛的建议。② 几个月前，在另一起与屠宰奶牛有关的暴力事件发生之后，莫迪总理也表示赞成全国禁止屠宰奶牛。他声称大多数自发组织的团体都是不合法的——其中许多是冒充奶牛保护者的"反社会"团体——尽管他因为事后很久才谴责暴力而受到了广泛的批评。③ 2017 年 4 月 28 日，新任命的北方邦警察局局长苏克汗·辛格（Sulkhan Singh）表示，印度人民党首席部长约吉·阿蒂提亚纳特（Yogi Adityanath）严格要求打击任何沉迷于犯罪活动的人，包括那些以奶牛保护为名参与"道德警察"活动的人。④苏

---

① ET Bureau, "Mohan Bhagwat Condemns Violence by Cow Vigilantes", *The Economic Times*, 10 April 2017, http：//economictimes. indiatimes. com/news/politics – and – nation/mohan – bhagwat – pitches – for – all – india – law – against – cow – slaughter/ articleshow/58092540. cms（accessed 20 April 2017）. 据新闻报道，2017 年 4 月 1 日，约 200 名的奶牛治安维持者袭击了拉贾斯坦邦的 6 辆载牛车辆（该邦禁止屠宰奶牛），并殴打司机，其中一人是奶农，因被殴打而在几天后死去。死者的家人说，奶牛只是为了卖而不是屠宰。

② Ibid.

③ Ellen Barry, "Narendra Modi, India's Leader, Condemns Vigilante Cow Protection Groups", *The New York Times*, 7 August 2016, https：//www. nytimes. com/ 2016/08/08/world/asia/narendra-modi-indias-leader-condemns-vigilante-cow-protection-groups. html（accessed 12 July 2018）.

④ Aloke Tikku, "Endgame：New UP Police Chief Sulkhan Singh's Message for Criminals, Gau Rakshaks", *NDTV*, 22 April 2017, http：// www. ndtv. com/india-news/endgame-new-up-police-chief-sulkhan-singhs-message-for-criminals-gau-rakshaks-1684607？pfrom = home-lateststories（accessed 22 April 2017）. 这是解决该邦恢复法律和秩序这一更大问题的声明的一部分。这项特别命令还包括反对在皈依问题上采取强硬行动。

克汗·辛格的指示包括注册 FIR（第一次信息报告）、启动警方调查的报告、反对此类治安委员会以及准备档案。[①]

引发这些对奶牛治安委员会批评性的反应，几乎可以肯定是公众对此类攻击的意识激增，以及这种暴力背后的动机通常是盗窃和敲诈，而不是保护奶牛。例如，据《今日印度》报道，2017 年 4 月 7 日，在哈里亚纳邦和北方邦的两个有组织的大型奶牛自卫团体的活动，一个共同的行动模式是封锁道路、使用恐吓手段，有时也参与暴力从卡车上抓牛，然后把奶牛分发给他们自己——所有这些都是以保护神圣奶牛的名义。[②] 在此类暴力事件发生之后，印度最高法院于 2017 年底开始讨论，建议各邦采取严厉措施，通过在每个地区任命一名高级警官，以奶牛保护的名义制止暴力，并进一步指示首席秘书提交一份状况报告，说明采取了哪些行动来阻止以暴力方式保护奶牛。[③]

在不断公布的奶牛保护暴力事件的背景下，一些印度人民党和 RSS 高级领导人甚至质疑政府是否真的应该参与牛肉消费问题，而不是打击违法者。据报道，在批评达德利（Dadri）私刑的声明中，与 RSS 领导人关系非常密切的工会部长加德卡里（Gadkari）

---

① Express News Service，"Control Illegal Activities in Name of Cow Protection, Religious Conversion: UP DGP"，*The Indian Express*，5 May 2017，http://epaper. indianexpress. com/1196989/Indian-Express/May-06， - 2017 # clip/18841217/64725d77-9e2e-4d9c-a01d-a4d2804f6189/613. 3333333333333: 469. 1488469601677/topclips（accessed 6 May 2017）.

② Syed Masroor Hasan and Md Hizbullah，"Cow Vigilante Attacks Are Anything but Spontaneous, Reveals India Today Sting"，*India Today*，20 April 2017，http://indiatoday. intoday. in/story/cow-vigilante-gau-rakshak-attacks-india-today/1/934085. html（accessed 23 April 2017）.

③ "Supreme Court Asks States to Curb Violence in Name of Cow Protection"，*DD News*，6 September 2017，http://www. ddinews. gov. in/national/supreme-court-asks-states-curb-violence-name-cow-protection（accessed 15 December 2017）.

说，"我个人认为政府不应该在决定人们应该吃什么方面发挥任何作用"。① 这一言辞几乎与最高法院 2017 年 7 月的裁决相同，即联邦政府在其 2017 年 5 月的监管行动中没有宪法授权来确定人们可以吃什么，即使印度的一些邦自独立以来就已经制定了禁止奶牛屠宰的法律。当时，RSS 全印联合总书记曼莫汉·维迪亚，在 2015 年 12 月 9 日回应媒体关于 RSS 牛肉消费政策时说，"我们 (RSS) 不会告诉人们吃什么"，然后进一步补充说，吃牛肉的人可以加入 RSS。② 新当选的东北部阿萨姆邦的印度人民党联合政府财政部长希曼塔·比斯瓦·萨尔玛 (Himanta Biswa Sarma) 告诉新闻界，"我们党对东北各邦非常敏感。我们知道它们有不同的文化和习俗。具体来说，我们的想法是发展东北地区，促进经济发展，因此我们不希望陷入一个没有经济、政治和文化后果的问题 (牛肉消费)"。③ 阿萨姆邦有一项禁止屠宰牛的法律，但如果政府颁发"适合屠宰"证书，则允许这样做。当被问及穆斯林占多数的克什米尔地区的奶牛屠宰问题时，RSS 农民联和会 (BKS) 总书记表示，虽然"有机农业需要基于牛粪和牛尿来获得大丰收"，但

① Express News Service, "Dadri Lynching: Govt Can't Decide What People Should Eat, Says BJP Leader Nitin Gadkari", *The Indian Express*, 4 October 2015, https://indianexpress.com/article/india/india-news-india/dadri-lynching-govt-cant-decide-what-people-should-eat-says-bjp-leader-nitin-gadkari/ (accessed 12 July 2018).

② Ranju Dodum, "RSS Warms to Beefeaters", *The Telegraph*, 9 December 2015, https://www.telegraphindia.com/1151209/jsp/northeast/story_57428.jsp#.WPvTW4WcHSE (accessed 21 April 2017).

③ Ratnadip Choudhury, "BJP Okays Beef on Meghalaya's Political Platter for Now", *NDTV*, 10 April 2017, http://www.ndtv.com/india-news/bjp-okays-beef-on-meghalayas-political-platter-for-now-1679270 (accessed 20 April 2017). 萨尔玛是印度人民党在阿萨姆邦 (Assam) 东北民主联盟 (NEDA) 的主席。

他不愿发表禁止屠宰奶牛的评论。据报道，他说，"你最好向印度人民党和当时的联盟伙伴人民民主党提出这个问题"，并且补充说牛肉禁令问题并不是他的组织关心的问题。①

关于奶牛屠宰问题，RSS（和BJP）的困境在于，虽然奶牛对许多印度教教徒具有特殊的精神或情感意义，但印度东北部和南部各邦以及全国低种姓阶层中的一些潜在支持者都吃牛肉，当然还有许多基督徒和穆斯林以及一些城市中产阶级的印度教教徒。而且，屠宰运输的监管禁令对利润丰厚的数十亿美元的肉类和皮革产业造成了打击。路透社的一份报告指出，仅2016年印度的肉类和皮革出口额就超过160亿美元。② 最高法院从名单中删除了水牛，对皮革和肉类行业来说是一大福音，因为这类出口的很大一部分来自水牛。同盟家族对这种更严厉的联邦措施和各邦奶牛保护问题的批评的反应是：（1）强调研究的价值，并使活牛更加重要；（2）鼓励将流浪牛放置在奶牛保护中心（gaushalas），其中许多从邦政府获得资金。但由于担心运输非生产性动物以销售肉类和皮革，农民会释放出成千上万的流浪牛，这对小农来说是一种经济损失。③ 此外，流浪牛对作物、林业和牧场的生产性牛都是一种威胁。在印度人民党统治的中央邦情况尤其严重。据报道，该邦奶牛保护委员会执

---

① M. Aamir Khan, "In Valley, Kisan Sangh to Focus on Cow-Based Organic Farming", *The Tribune*, 19 October 2015, http：//www. tribuneindia. com/news/jammu-kashmir/community/in-valley-kisan-sangh-to-focus-on-cow-based-organic-farming/147745. html（accessed 22 December 2017）.

② Bhardwaj and Mohanty, "India's Top Court Suspends Ban on Trade on Cattle for Slaughter", *Reuters*.

③ Amy Kazmin, "Modi's India：The High Cost of Protecting Holy Cows", *Financial Times*, 21 November 2017, https：//www. ft. com/content/63522f50-caf3-11e7-ab18-7a9fb7d6163e（accessed 20 December 2017）.

行委员会主席斯瓦米·阿希莱施瓦兰（Swami Akhileshwaranand）说，"我们想对放弃奶牛的业主实行处罚"。[①]

东北部的奶牛保护问题是 RSS 适应南亚前沿文化的一个研究案例。印度教民族主义融合了种族和文化，面临着在一系列印度教民族主义核心问题上融入各种区域文化的挑战，如对母牛的崇拜。至少从第二次世界大战后的那个时期开始，RSS 就已经优先考虑在东北部建立组织，这在很大程度上是为了反对该地区大量部落人口中的基督教传教活动以及该地区大部分地方纳入当时统一的巴基斯坦东部的可能需求。[②] 为了在东北地区建立一个以印度教为导向的共同身份，RSS 一直在寻求创造一个将印度教经典传统与当地宗教活动联系起来的区域叙述，并通过一系列福利活动加以巩固支持。[③] 在基督教占多数的那加兰邦（Nagaland），这种对传统英雄人物"挪用"的一个例子是，同盟家族宣传纳迦精神领袖盖丁里乌（Gaidinliu1，1915－1993），因为她反对英国统治和皈依基督教。[④] 在这项工作中特别重要的是 RSS 附属学校，这些学校以当地语言教学，并将当地传统与经典印度教的传

---

① Rakesh Dixit，"Battle of Bovines"，*India Legal*，14 November 2017，http：//www. indialegallive. com/commercial-news/states-news/anti-cow-slaughter-law-in-madhya-pradesh-battle-of-bovines-39146（accessed 20 December 2017）.

② 印度在赛尔赫特（Sylhet）举行的公民投票中强调了印度失去这个东北边境地区的一部分，这让 RSS 担忧。这是一片与孟加拉国接壤且穆斯林占多数人口的领土。

③ 分析东北地区印度民族主义的挑战，参见：Malini Bhattacharjee，"Tracing the Emergence and Consolidation of Hindutva in Assam"，*Economic and Political Weekly*，16 April 2016，Vol. LI，No. 16，pp. 80－87。

④ 同盟家族在东北地区的这项努力，是通过当地英雄人物来推进印度教特性的事业。参见：V. Bijukumar，"Politics of Counter-Narratives and Appropriation"，*Economic and Political Weekly*，6 May 2017，Vol. LII，No. 18。

统联系起来。① 第二次世界大战后不久，RSS 开始向东北部渗透。最近，开始为该组织及其附属机构特别是印度人民党带来红利。②

从 2016 年开始，印度人民党（与地区盟友联盟）在东北部的阿萨姆邦、曼尼普尔邦和特里普拉邦等邦的选举中取得了重大进展，在这些邦中形成了自己的政府。印度人民党也是那加兰邦和梅加拉亚邦执政联盟的一部分。除了曼尼普尔之外，其他所有邦都允许在某些情况下屠宰奶牛，而且这些邦的印度人民党领导人在这个问题上几乎保持沉默，当地的 RSS 也一样谨慎。然而，在第一次报道的阿萨姆邦的奶牛自卫活动发生后的 2017 年 4 月 30 日，一群暴徒杀死了两名偷牛的男子。③

RSS 首先进入了东北部的阿萨姆邦，并且在该地区保持了最强的力量。④ 该邦的组织秘书告诉媒体，2016 年该邦有 903 个纱卡，423 个各种服务项目和 500 个维迪亚·巴拉蒂学校，共有

① 参见：V. Bijukumar，"Politics of Counter-Narratives and Appropriation"，*Economic and Political Weekly*，6 May 2017，Vol. LII，No. 18，p. 82。比朱库马尔（Bijukumar）指出，RSS 的教育机构设立的学校放置了当地传统宗教人物的照片以及印度民族主义者的图像，如"印度之母"（Bharat Mata）。

② 在行政上，RSS 将东北部七个邦的六个邦作为一个"prant"（单位），第七个邦阿萨姆邦分为两个"prant"。

③ Zeeshan Shaikh，"Assam: Two Cattle Thieves Killed in Nagaon District by Cow Vigilantes"，India. com，30 April 2017，http://www. india. com/ news/ india/assam-two-cattle-thieves-killed-in-nagaon-district-by-cow-vigilantes-2085669/（accessed 12 May 2017）. 从报道中还不能判断小偷偷牛的意图。

④ RSS 在东北部发展的评估参见：Simantik Dowerah，"Rise of Hindutva in North East: RSS, BJP Score in Assam, Manipur but Still Untested in Arunachal"，*Firstpost*，21 April 2017，http:// www. firstpost. com/politics/rise – of – hindutva – in – north – east – rss – bjp – make – a – mark – in – assam – manipur – but – poll – waters – still – untested – in – arunachal – 3391504. html （accessed 3 May 2017）。

140000 名学生。在 RSS 的 32 家分支机构中，共有 21 家在该邦运营。[①] 印度人民党也成为该邦的一支政治力量：它在 2014 年选举中赢得了阿萨姆 14 个议会席位中的 7 个。然后，在 2016 年阿萨姆邦议会选举中赢得了 129 个席位中的 66 个（86 个包括地区盟友），为它在东北部其他地方的扩张铺平了道路。

　　东北部的三个基督教占多数的邦包括梅加拉亚邦、米佐拉姆邦和那加兰邦，印度人民党也在寻求进一步的选举收益。在这三个邦中，对牛屠宰或牛肉消费没有限制。虽然梅加拉亚邦几乎三分之二是基督徒，但 RSS 自 1972 年获得完全建邦以来一直在该邦运作，并为包括 BJP 在内的同盟家族的扩张奠定了服务基础。根据一份报告，2016 年 RSS（和附属组织）在梅加拉亚邦有超过 6000 个志愿者，在该邦所有 11 个地区开设了 50 所学校，并管理着大约 1000 个村庄的医疗营地。[②] 为了回应基督教对印度教民族主义者的怀疑，它在 2016 年为教师举办了“认识 RSS”活动，据报道其中一些人是基督教神职人员。[③] RSS 的国家组织秘书采用普世的术语进行陈述，“无论我们在国内遵循什么样的宗教信仰，我们对外都是印度人，”并且进一步说，“来自不同宗教、不同年龄群体和不同收入水平的人，逐渐加入了这个组织（RSS）”[④]。那加兰邦和米佐拉姆邦几乎 90% 的人都是基督徒，但

---

① 参见：Simantik Dowerah, "Rise of Hindutva in North East: RSS, BJP Score in Assam, Manipur but Still Untested in Arunachal", *Firstpost*, 21 April 2017, http: // www. firstpost. com/politics/rise – of – hindutva – in – north – east – rss – bjp – make – a – mark – in – assam – manipur – but – poll – waters – still – untested – in – arunachal – 3391504. html（accessed 3 May 2017）。

② Ibid.

③ Ibid.

④ Ibid.

RSS 的存在比梅加拉亚邦弱得多。RSS 的一个附属机构 ABVKA 是一个致力于部落文化与经济提升的组织，它在这些邦都设有办事处，就像在整个东北地区一样。RSS（和 BJP）试图避免让奶牛屠宰问题为其带来一个反基督教的形象，甚至是反对当地饮食习惯的形象，在很大程度上停留在该地区此类敏感话题的边缘。这一点在 1967 年阿萨姆邦古瓦哈提的世界印度教会议上得到了极大的证明，当时 RSS 领导人高瓦克讲道，构成东北部大部分人口的实际上是印度教教徒，他们的牛肉消费是基于脱离主流印度教和经济必需品的需要。① 虽然提议应该努力使部落更加符合传统的印度教习俗，但他并没有坚持放弃牛肉消费。事实上，他在会议上宣布他已经与部落参与者分享了他的素食。② 为了符合当地部落的宗教习俗，RSS 鼓励当地的风俗和本土宗教信仰，部分原因是为了减少皈依基督教的机会。甚至还有一个总部设在那格浦尔，由高级 RSS 成员创办的组织（国际文化研究中心），其目的是保护和复兴印度境内外的本土文化。③ 重新唤起对 20 世纪女性活动家盖丁里乌的记忆，该活动家试图将本土的哈拉卡（Haraka）宗教团体与基督徒占多数的那加兰邦的基督教传教活动隔离开来，这是

---

① Noted in Bhattacharjee, "Tracing the Emergence and Consolidation of Hindutva in Assam", *Economic and Political Weekly*, p. 84. The food at the conference was, however, vegetarian in conformity with traditional Hindu food practices.

② 关于对饮食习惯的容忍问题，高瓦克告诉 RSS 工作者，"我们的价值体系不是一套坚硬而快速的规则，在我们的多元社会中，有不同种类的人有不同的饮食习惯"。参见：*Sree Guruji Samagra*（New Delhi: Suruchi Prakashan, Hindu year 5016），Vol. 9, p. 120。

③ 有关保护和加强本土文化活动的描述可参见国际文化研究中心（ICCS）网站，http://iccsglobal.org/? page_id = 26（accessed 6 May 2017）。该网站指出，ICCS 支持"帮助赋予当地和当地社区权力，保护世界文化和传统的项目，以及通过古老的智慧帮助人们重新融入自然环境"。在基督教和伊斯兰教出现之前，它的活动往往集中在文化上。

RSS 想要在印度东北部进行文化投射的一个例子。然而，本土文化遗产有时包括牛肉消费。RSS 对这一文化问题的回应越来越多地是通过榜样和教育，而不是强制性的法律来改变行为。

除东北部各邦之外，在某种情况下，喀拉拉邦和西孟加拉邦也允许屠宰奶牛，这两个邦拥有大量少数民族人口。尽管过去印度人民党在这两个邦几乎没有影响力，但自 2009 年以来，它已经演变成一个在全国和地方选举中占据十分之一选票的政党，并有希望变得更加强大。然而，RSS 在两个邦都有相对强大的存在，尤其是喀拉拉邦。罗佩什（O. M. Roopesh）认为，自 20 世纪 90 年代初以来，喀拉拉邦寺庙数量的激增以及他们对各种社会活动的广泛参与已经导致"某种同质化过程，其中这些社区开始将寺庙视为'印度教'拜神场所（而不是谨慎的社区活动)"。[1] 他进一步辩称，RSS 正在利用这一发展来推进其文化思想以及一个更大的同盟家族。[2] 喀拉拉邦拥有约 5000 个纱卡，是印度各邦日常会议最多的地区之一，甚至超过印度人民党统治的马哈拉施特拉邦的四个 RSS 行政区域，那里累计拥有大约 4000 个纱卡。[3] 记者

---

① O. M. Roopesh, "Temple as the Political Arena in Kerala", *Economic and Political Weekly*, 22 April 2017, Vol. 52, No. 16。RSS 组织了一个名为"奉献者的神殿"运动，其主旨是反对政府和私人参与寺庙的运作，强调寺庙治理和活动的选择应由实际在寺庙敬奉的人决定。它还有一个对所有社会群体开放的牧师培训系统，并提供一种教育，使他们成为有影响力的社区领袖。

② 同上。RSS 的一个关键主题是，各种印度教社区实际上是一个单一的社区，喀拉拉邦的寺庙有助于推进这一观点。

③ Press Trust of India, "RSS Strengthening Base in Kerala, Number of Shakhas Rising", *Financial Express*, 14 February 2017, http://www.financialexpress.com/india-news/rss-strengthening-base-in-kerala-number-of-shakhas-rising/550827/ (accessed 12 May 2017)。北方邦和中央邦拥有更多的人口，也拥有比喀拉拉邦更多的纱卡。然而，这篇文章错误地提到印度各地有 45000 个纱卡；2017 年 RSS 总秘书报告指出，有 78000 种各种各样的纱卡（包括约 58000 个日纱卡）。数据参见 RSS 网站。

乔治（Varghese K. George）在对同盟家族以牺牲长期以来强大的左翼势力为代价而获得喀拉拉邦支持的各种因素进行了独特的分析，认为不断上升的支持与印度教种姓范围内日益上升的关注有关。他们在经济和人口方面正在失去不断增长且日益繁荣的穆斯林和基督徒人口，他们现在大约形成40%以上的人口。① 来自喀拉拉邦的RSS专职干部告诉我们，该组织在喀拉拉邦的大部分参与者来自其他落后阶层（OBC）。相对而言，较少人来自该邦颇有影响力的高种姓南布底里婆罗门（Namboodiri Brahmin）和奈尔（Nair）社区。他还说，该邦的RSS强调经济条件而不是奶牛保护等文化问题。② 喀拉拉邦的印度人民党开始在政治上显示其存在，并在2016年议会选举中首次赢得席位，累计总票数略高于民众投票的10%，与2014年议会选举中的比例大致相同，民意调查在2009年议会选举中上升至6%。考虑到人们对吃牛肉普遍赞成的观点，该邦的党派和RSS在奶牛保护问题上采取了相当低调的立场。为了澄清该党派对饮食限制方面的中立性，2015年初印度人民党领导的全国领导层向新闻界表示，党不反对人们吃什么。③ 这项努力是喀拉拉邦抗议对在新德里的喀拉拉食堂进行突袭，声称是为了检查在一个禁止销售牛肉的司法管辖区提供牛肉的说法之后发生的（事实证明是错误的）。④

---

① Varghese K. George, "Red Fades to Saffron in Kerala", *The Hindu*, 29 August 2015, http：//www. thehindu. com/opinion/op-ed/red-fades-to-saffron-in-kerala/article7591378. ece（accessed 12 May 2017）.

② 1983年6月15日在孟买采访了帕斯卡·拉奥·卡拉姆比（Bhaskar Rao Kalambi）。我们见到他时，他是RSS在喀拉拉邦的专职干部。后来他成了全印部落联合会（ABVKA）的组织秘书，并在印度各地的部落地区扩大了影响力。

③ M. B. Rajesh, "The BJP, Beef and the Battle of Kerala House", *The Wire*, 1 November 2015, https：//thewire. in/politics/the-bjp-beef-and-the-battle-of-kerala-house（accessed 12 May 2017）.

④ Ibid.

　　在西孟加拉邦，自 2009 年以来左翼和国大党的存在大幅缩水，为印度人民党和其他附属组织的发展创造了空间。政治学家比斯瓦纳斯·查克拉伯提（Biswanath Chakraborty）认为，印度教教徒和大量穆斯林少数民族（约占人口的 30%）之间的两极分化正在使印度人民党受益，穆斯林从政治左派转向区域崔纳木国大党（Trinamool），印度教教徒逐渐转向印度人民党——证明了拉玛节（Ram Navami）和哈奴曼诞辰节（Hanuman Jayanti）等印度教节日的吸引力越来越大，这些节日在西孟加拉邦早些时候并不流行。[①] 根据一位 RSS 官员的说法，RSS 的规模从 2013 年的约 900 个纱卡增加到 2016 年的约 1800 个。[②] 2014 年 RSS 将专职干部迪里普·高什（Dilip Ghosh）借调给印度人民党，他在 2015 年成为该邦的 BJP 主席，负责构建组织架构。[③]

　　该邦的印度人民党在 2009 年的选举中增加了议会代表席位，从无席位且仅拥有大约 6% 的普选投票，到 2014 年的 42 个席位中的两个，占全民投票的 17.02%，投票率略低于之前占主导地位的印度共产党（马克思主义）（22.9%），远远超过国大党（9.6%）。[④] 两年

---

① Suhrid Sankar Chattopadhyay, "West Bengal—Disturbing Rise of Religion-based Nationalism", kractivist. com, 7 May 2017, http：// www. kractivist. org/west-bengal-disturbing-rise-of-religion-based-nationalism/（accessed 12 May 2017）.

② Milinda Ghosh Roy, "Now, RSS Hopes to Storm Mamata's Stronghold West Bengal", *The Quint*, 12 April 2017, https：// www. thequint. com/india/2017/04/12/rss－bjp－growth－west－bengal（accessed 12 May 2017）. 西孟加拉邦一位 RSS 高级官员吉史努·巴苏（Jishnu Basu）向新闻界提供的信息。参加每日纱卡活动的年轻人数量约为 90000（假设每个纱卡约有 50 名参与者）。

③ 2016 年 9 月在芝加哥接受我们采访时，高什（Ghosh）告诉我们，印度人民党需要进行积极的运动，以确立自己是一个准备上台的强大政党，而不是持续调整政策（与地区政党），导致在 2015 年比哈尔议会选举中没有获得多数选票。

④ 数据来自印度选举委员会，参见：http：//eci. nic. in/eci _ main1/ElectionStatistics. aspx（accessed 3 May 2017）.

之后，印度人民党在议会选举中赢得了 294 个席位中的三个席位，从 2011 年的无席位（普选票的 4.6%）到 2016 年的民众投票的 10.7%。然后，在 2017 年举行的著名的议会补选中，在占据主导地区的崔纳木国大党之后排名第二，淘汰了原先占主导地位的印度共产党（马克思主义）和国大党，① 促使国家层面印度人民党派遣高级人物帮助进一步筹备 2018 年地方选举和 2019 年全国选举。印度人民党现在将自己视为区域崔纳木国大党的主要政治竞争者，以取代印度共产党和国大党。印人党主席阿米特·沙阿访问该邦期间，在回答有关印度人民党关于奶牛暴力事件所持观点的提问时说，"没有人将法律掌握在自己手里。我们强烈地向他们传达了这些思想，已经登记了案件并且还进行了逮捕"。② 当被问及政治上敏感的问题，印度人民党如果上台执政是否会禁止在西孟加拉邦的奶牛屠宰时，沙阿给出了一个非常谨慎的答案以避免偏袒一方，"这是由当选政府决定的事"。③

有关屠宰奶牛，RSS 的观点植根于 19 世纪印度教改革运动中使用奶牛敬奉作为一种象征，以创造一个有助于统一的印度教社区的界标。④ 19 世纪末，印度教大师萨拉斯瓦蒂（Dayanand Saraswati）因建立印度教团体"圣社"（Arya Samaj）而为众人

---

① 崔纳木国大党以 95369 票赢得了 Dakshin Kanthi 补选，而印度人民党获得了 52843 票，印度共产党和国大党远远落后。印度人民党声称它已经成为该邦的主要反对党。

② Indo-Asian News Service，"Action Being Taken against Cow Vigilantes：Amit Shah"，*Zee News*，26 April 2017，http：//zeenews. india. com/india/action-being-taken-against-cow-vigilantes-amit-shah-1999604. html（accessed 10 May 2017）.

③ Ibid.

④ 从综合的历史角度看有关奶牛保护问题，友好的观点参见：Neelakandan，"Hindutva and the Politics of Beef"，*Swarajya*。从海德格瓦时代起，RSS 领导人就将奶牛保护视为印度教的职责，因此也是印度教特性的核心要素。然而，并非所有人都认为奶牛是神圣的（例如，Vinayak D. Savarkar 和 B. R. Ambedkar）。

所知。同时，他还建立了一个奶牛保护协会高克·拉希什尼·萨布哈（Gauk Rakshini Sabha），目的是在社区的基础上动员印度教教徒，这是"圣社"的核心目标，也是穆斯林经常出现紧张局势的根源。[①] 为了鼓励对印度教民族主义的支持，建造了数百个奶牛保护中心（gaushalas）。[②] 在莫罕达斯·甘地（Mahatma Gandhi）的支持下，奶牛保护在独立后的很长一段时间内得到了当时主导印度政治的国大党的支持。[③] 在"宪法"第48条规定奶牛保护是印度联邦制度中的一个主要内容之后，一些国大党统治的邦迅速通过了禁止屠宰奶牛的法律，现在印度的36个邦和联邦领土大部分都存在某种形式的奶牛保护。[④] 根据宪法第48条，印度最高法院于1958年维持了禁止屠宰奶牛、牛犊和水牛的邦法律，但第48条不能用于强制保护奶牛，因为它只是一个以立法为目的的指导原则。[⑤] 在这些禁止屠宰奶牛的邦中，有四

---

① 19世纪"圣社"关于奶牛保护运动的讨论，参见：Peter van der Veer, *Religious Nationalism*：*Hindus and Muslims in India*（Berkley：University of California Press，1994），pp. 83-94。

② 19世纪奶牛保护问题的努力，参见：*Report of the National Commission on Cattle*（Government of India：Ministry of Agriculture，2002），ch. 1。本章由国家牲畜委员会代理主席古曼·马尔·劳德哈（Guman Mal Lodha）法官撰写。

③ 印度宪法中关于奶牛保护的规定被视为国家政策的指令性原则，而不是支持者所要求的基本权利。这反映在与自由派总统贾瓦哈拉尔·尼赫鲁就这一问题进行的辩论，他成功地游说使奶牛保护问题只是一个咨询问题，并为各邦而不是中央提供立法权。据报道，在反对立法禁令时甘地说："至于我，甚至不能赢得斯瓦拉吉，我是否要宣布放弃我的奶牛保护原则。"参见：*Report of the National Commission on Cattle*，ch. 1。

④ 关于在执政的国大党内部广泛支持奶牛保护的讨论以及唐纳德·尤金·史密斯使其成为联邦主题的努力的讨论，参见：*India as a Secular State*（Princeton：Princeton University Press，1963），pp. 483-489。

⑤ *M. H. Quareshi v. State of Bihar*，S. C. J.，1958. 该裁决还证明完全禁止水牛、繁殖类公牛和工作类公牛，但没有适用奶牛保护的相同的有用性裁决。

分之三的罪行是可识别的，而其中一半是不可保释的罪行。而在一半的邦则是不可控制的犯罪行为。根据颁布不同的"适合屠宰"证书，各邦法律目前差别很大，从完全禁止屠宰和牛肉消费到允许邦当局屠宰奶牛。处罚也存在很大差异。而且，有几个邦没有关于牛屠宰和吃牛肉的禁令。自印度人民党在 2014 年议会选举中获得压倒性胜利以及随后的邦选举胜利以来，一些邦在这个问题上加强了它们的法律。例如，在印度人民党统治的古吉拉特邦，2017 年 3 月修订了 1954 年的古吉拉特邦动物保护法案，该法案将奶牛屠宰以及运输奶牛用于屠宰和拥有牛肉作为不可挽回的罪行。延长了奶牛屠宰的最高刑期，从七年到终身监禁，使其成为最严格的奶牛保护法。印度人民党控制的马哈拉施特拉邦和哈里亚纳邦的立法机构也加强了奶牛保护立法。①

在同盟家族内，世界印度教大会及其附属机构尤其是印度青年民兵和女性组织，在奶牛屠宰方面采取了最强硬的路线。世界印度教大会在战略上与 RSS（和 BJP）在奶牛保护方面的区别在于，它似乎比 RSS 或其他附属机构更愿意参与鼓动和可能的暴力行为，以实施禁止奶牛屠宰和消费牛肉。2017 年 4 月 14 日，托加迪亚在新闻发布会上说，奶牛治安活动的飙升是由于各邦未能制定法律来制止非法屠宰奶牛，以及暴力发生在奶牛自卫队员寻求保护奶牛的时候。② 大约一年前，印度青年民兵的全国召集人拉杰什·潘迪（Rajesh Pandey）曾回应称，由于政府对奶牛屠宰的松

---

① 关于莫迪当选以来更为严厉的邦立法的审查，参见：Saptarishi Dutta, "Where You Can and Can't Eat Beef in India", *The Wall Street Journal*, 6 August 2015, https：//blogs. wsj. com/ indiarealtime/2015/08/06/where－you－can－and－cant－eat－beef－in－ india/（accessed 1 May 2017）。

② Agencies, "VHP Demands National Level Law to Ban Cow Slaughter", *The Echo of India*, http：//echoofindia. com/jamshedpur-vhp-demands-national-level-law-ban-cow-slaughter-126144（accessed 13 May 2017）.

懈，他的组织将"不得不制造某种恐惧和压力，因为即使是一头牛也不应该落在屠宰者的手中"。他甚至引用了达德利的私刑作为强烈抵制奶牛屠宰继续发生的一个例子。① 2017 年 4 月 16 日，世界印度教大会全国秘书雷德哈·克里希纳·曼努里（Radha Krishna Manori）告诉媒体，世界印度教大会的附属机构印度青年民兵和女性组织两年后"将停止在果阿邦（Goa）吃牛肉。此外，它们这样做不需要该邦印度人民党的帮助"。② 这种威胁表明，在世界印度教大会内部确认果阿邦的印度人民党政府依赖有四分之一基督徒邦的基督徒支持，可能会反对世界印度教大会的要求，就像它不愿意与那些想要终止对使用英语作为教学语言的基督教学校援助的那些人交往一样。使用印度青年民兵和女性组织进行威胁，有时会采取强硬手段对付反对者，可能会在果阿邦制造法律和秩序危机，使同盟家族内部两个最重要的成员彼此对立。如果由于对奶牛保护等重要问题采取不同的方法而导致危机发生，那么 RSS 可能会悄悄地在公众面前寻求谈判以获得某种双方都满意的解决方案，就像在北方邦的"回家"问题上所做的那样。令果阿邦局势进一步复杂化的是，印度人民党政府的主要盟友之一马哈拉施特拉邦戈曼达克党（MGP）也希望完全禁止该邦的奶牛屠宰，③ 其前任盟友 RSS

---

① Press Trust of India, "Those Involved in Cow Slaughter Will Not Be Spared, Dadri Incident Is an Example: Bajrang Dal", *DNA*, 5 August 2016, http://www. dnaindia. com/india/report-those-involved-in-cow-slaughter-will-not-be-spares-dadri-incident-is-an-example-bajrang-dal-2241614 （accessed 14 May 2017）.

② Press Trust of India, "VHP Will Ban Cow Slaughter, Beef Consumption in Goa in 2 Yrs", *Hindustan Times*, 16 April 2017, http://www. hindustantimes. com/india-news/vhp-will-ban-cow-slaughter-beef-consumption-in-goa-in-2-yrs/story gXGsdBbf1tZ7NSIhBy3PXp. html （accessed 20 April 2017）.

③ Nidhi Sethi, "Now BJP's Coalition Partner MGP Wants Ban on Cow Slaughter in Goa," *NDTV*, 12 Aril 2017, https://www. ndtv. com/goa-news/now-bjps-coalition-partner-wants-ban-on-cow-slaughter-in-goa-1680411 （accessed 12 July 2018）.

反叛者苏伯哈什·维琳卡（Subhash Velingkar）重申了这一要求。果阿邦有惩罚奶牛屠宰的法律，但这些法律也有"适合屠宰"证书的条款，允许该邦进口用以消费的牛肉。

自20世纪90年代末以来，经济发展成为印度人民党议程中的首要问题。因此，由于自愿活动而大量宣传的奶牛保护问题变得不那么重要了，因为经济发展已成为印度人民党工作的重中之重，尤其是工人和农民分支机构。然而，文化附属机构特别是世界印度教大会，继续将奶牛保护作为优先事项。当相关附属机构之间存在不同的政策取向时，RSS 声称会发挥平衡作用。可能是为了恢复公众对该问题的兴趣，世界印度教大会于2006年3月组织了一次"2006 牛—梵学"（Gau-Sanskriti-2006）会议。出席会议的有数百名来自全国各地的奶牛保护机构的代表和印度教组织，以及一百多位科学家和医生，目的是为奶牛生产的研发中心铺平道路。[1] 或许是为了反映国家对该问题进一步政治化的努力，世界印度教大会网站上关于本次会议的报告"成就"，不是关于游说国家立法或更好地遵守现有的奶牛保护法，而是关注其经济利益。[2]

虽然 RSS 一直呼吁采取法律行动以在全国范围内结束奶牛屠宰，但自20世纪90年代末以来，它一直采取低调的方式解决这一问题。在前面所提到的2017年4月的一系列奶牛暴力事件发生之后，巴格瓦特表示，"必须在完全遵守法律和宪法的情况下，由各邦实施禁止屠宰奶牛"。[3] 他致力于对该问题采取法律

---

① 相关信息采自世界印度教大会网站，参见：http://vhp.org/vhp-glance/dimensions/cow-protection/（accessed 24 April 2017）。

② Ibid.

③ Times News Network, "RSS Chief: Violence Only Defames Effort of Cow Protectors", *The Times of India*, 10 April 2017, http://timesofindia.indiatimes.com/india/rss-chief-calls-for-all-india-ban-on-cow-slaughter/articleshow/58099954.cms（accessed 20 April 2017）.

方式，并补充说在 RSS 政治家掌权的国家，针对奶牛屠宰的法律已经收紧。① 简而言之，他重复了高瓦克之前的建议——投票箱，而不是激动，是通向根本变革的最佳途径。随着印度人民党在政治上的不断发展，它对奶牛措施中将印度教民族主义描绘为一种温和力量而产生的负面影响变得更加敏感。虽然继续支持停止奶牛屠宰，但该问题并没有进入政策议程，同时，努力避免与一些地方将牛肉消费作为一种常规饮食的群体之间的冲突，就像印度东北部一样。但是，RSS 并不希望印度人民党使用口号"与所有人一起，为了所有人的发展"（Sabka Saath Sabka Vikas），以追求选票以及引发对经济发展的关注，而是将奶牛保护问题边缘化。正如罗摩神庙问题所引发的考量。考虑到这一点，RSS 默认接受了世界印度教大会在奶牛问题上的激进主义。②世界印度教大会的激进主义也可以检查这些印度教文化项目的政治边缘化问题，同时保持 RSS 的道德立场以调解同盟家族内部的分歧。关于同盟家族的内部分歧，为了统一而妥协一直以来都是 RSS 决策坚持的原则。这同样也适用于奶牛屠宰的问题。但是像所有虔诚的问题一样，危险在于以虔诚的名义激励了右翼以挑衅性的方式行动，这将考验印度人民党和 RSS 的能力——或者将限制它们的能力。

---

① 如果印度人民党在东北部各邦继续增长，可能会证明巴格瓦特是错误的。其中许多邦都有大量的基督徒人口，而且缺乏禁止屠宰牛的立法。

② 世界印度教大会高度批评瓦杰帕伊政府拒绝解决罗摩神庙和奶牛保护等问题，以及利用联盟政治迫使其采取这种方法的论点。

第十一章 ／ 阿约提亚罗摩神庙的困境

　　奈保尔（V. S. Naipaul）在他的著作《印度：受伤的文明》一书中，写到了几个世纪以来穆斯林和英国统治造成的印度教心灵的深刻创伤，例如殖民历史学家将印度教教徒描绘为懦弱和缺乏军事美德。[①] 罗摩神庙运动，指的是罗摩神庙（罗摩神的出生地），至少在19世纪后期，就被用来创造一种旨在恢复印度教社会各阶层的印度教意识和自豪感并宣称印度教集体身份的叙事。其目标是激活大量的印度教知识分子，否则他们对忏悔的印度教信仰几乎没有耐心。[②] 当2004年拜访印度人民党（BJP）而问及巴布里清真寺（Babri Masjid）拆除一事时，奈保尔说，"阿约提亚是一种被鼓励的激情，激情激发了一部分公众的创造力"。[③]同盟家族的困境

---

① 对于罗摩神庙运动的学术分析，参见：Ashis Nandy, Shikha Trivedy, Shail Mayaram and Yagnik Achyut, *Creating a Nationality*：*The Ramjanmabhumi Movement and Fear of the Self*（Delhi, Oxford University Press, 1995）。

② 有关罗摩神庙运动的学术分析，参见：Ashis Nandy, Shikha Trivedy, Shail Mayaram and Yagnik Achyut, *Creating a Nationality*：*The Ramjanmabhumi Movement and Fear of the Self*（Delhi, Oxford University Press, 1995）。

③ William Dalrymple, "Trapped in the Ruins", *Guardian*, 20 March 2004, https：//www. theguardian. com/books/2004/mar/20/india. fiction（accessed 12 January 2018）.

在于，虽然罗摩神庙运动可能给印度的多数人灌输印度教意识，并可能有效激发印度教教徒的情感，但它是穆斯林宣称属于自己的地方，任何在此建造寺庙的举动都可能引发种族暴力，从而对印度人民党自身对经济增长有利于所有人的元叙事产生负面影响。[①] 问题是，如何在不破坏另一方的情况下推进二者的元叙事。

44 岁的约吉·阿蒂提亚纳特（Yogi Adityanath）是一个极具煽动性的宗教人物，他在 2017 年议会选举之后，被印度人民党选为印度人口最多的北方邦的首席部长。2017 年 3 月 20 日，在他所在的政党取得压倒性胜利之后举行的第一次新闻发布会上，他试图推进两种元叙事。[②] 他几乎没有谈到对他来说一个标志性的（也是有争议的）谈话要点，即在 16 世纪的穆斯林宗教建筑遗址上（通常被称为圣城阿约提亚的巴布里清真寺）建立一座献给罗摩神的寺庙。RSS 也对罗摩神庙问题采取了类似的低调方法，该问题以前一直是其印度教特性议程的关键点之一。然而，当时机成熟时，谁能怀疑一位印度教僧侣会将寺庙建筑放在他的议事日程之上——RSS 高级人物也经常表达他们对在阿约提亚建一座宏伟寺庙的支持，但什么时候修建却同样模糊不清。

巴布里清真寺建于 1528 年，根据莫卧儿将军米尔巴奇（Mir Baqi）的命令建造。许多印度教教徒认为，这是一座献给罗摩神的历史悠久的印度教寺庙遗址。这个地址的争议可以追溯到 19 世纪，并且在独立之后继续存在。1992 年 12 月 6 日，巴布里清

---

① 关于曼迪尔清真寺（mandir-masjid）问题的穆斯林观点，参见：Harsh Narain, *The Ayodhya Temple-Mosque Dispute*：*Focus on Muslim Sources*（Delhi：Penman Publishers，1993）。

② 首次会议情况参见："Exclusive：Yogi Adityanath's First Press Conference as the New CM of UP"，Aaj Tak，19 March 2017，https：// www. youtube. com/watch? v = 9y2AEqhx53k（accessed 29 January 2017）。

真寺被一群印度教暴徒拆除。从那时起，被拖延但最终到达了印度最高法院的法律程序，延迟了穆斯林和印度教团体对该地址合法拥有者冲突诉讼的任何行动。①

首席部长阿蒂提亚纳特在与 RSS 的周刊《组织者》的第一次访谈中，重复了他的善治和经济发展优先的政策，将他对罗摩神庙的评论限制在一个简短的声明中，说政府不是法律案件的当事方和争议方，应通过对话解决问题。② 然而，一位负责邦政府的高级印度教僧侣发表声明称，印度教的身份问题如同在罗摩的诞生地点建造一座寺庙这样的事实一样不能被忽视。事实上，许多印度教教徒想立即开始建造一座寺庙的想法，仍然在议事日程之上。首席部长阿蒂提亚纳特在接受我们采访时说，在阿拉哈巴德高等法院（Allahabad High Court）审理的法律案件中，没有一个原始当事人试图分割具有争议的财产。他进一步指出，最高法院的最终决定应该解决罗摩神庙建筑物是否存在于有争议的地点上，并且在他看来，案件已经确定该地点有一座罗摩寺庙。③

罗摩神庙运动是 1984 年由世界印度教大会带头开启的。作为泛印度教民族主义的一种表现形式，要求在现有穆斯林建筑遗址巴布里清真寺建造一座罗摩寺庙，并建议将清真寺重新安置到附近的法扎巴德（Faizabad）镇。世界印度教大会联合总书记查姆帕特·雷（Champat Rai）在解释有争议产权的宗教重要性时写道："这是罗摩

① 在拆除清真寺后不久，印度教信徒在该地点建造了一座临时寺庙，其中包含罗摩的婴儿神像。从那时候起一直全天开放。

② "Interview: We Strive for Corruption-Free UP", *Organiser*, 3 April 2017, http://www. organiser. org//Encyc/2017/4/3/Interview – We – Strive – for – Crime – and – Corruption – free – UP – Yogi. html（accessed 10 April 2017）. 在回答关于他作为首席部长关注的重点问题时，阿蒂提亚纳特回应是"善治"，使社会"无腐败"，并以莫迪政府的政策为榜样。在他的优先事项声明中没有提到印度教问题。

③ 2018 年 1 月 18 日，约吉·阿蒂提亚纳特在勒克瑙接受我们的采访。

神所在的地方（出生地），具有特殊意义，这个地方本身不是财产但却是神圣的；本身就是一个神，值得敬奉……"①为了证明拆除巴布里清真寺是正当的，他写道，"这是一个 450 多年的奴隶制路标，自尊的巴拉特（印度）想要消除这种对国家来说是羞辱和耻辱的说法"。②进一步关注支持罗摩神庙的民族主义理由，一个亲 RSS 的智库出版了一本小册子，声称被提出的寺庙问题是"我们国家民族文化及其荣誉的体现，是国家身份、民族精神和统一的核心，是自由和活力的推动力"。③该运动在 20 世纪 80 年代末和 90 年代初，在情感上达到了高潮，以游行、抗议和偶尔的暴力为特征。

首席部长阿蒂提亚纳特也是北方邦东部乔罗迦陀（Gorakhnath）寺院颇具影响力的大祭司，他对罗摩神庙的支持与他的两位前任的支持一致，他们是在阿约提亚修建罗摩神庙最热心的倡导者。④ 马哈特·迪格维杰·纳斯（Mahant Digvijay Nath, 1894 – 1969）是一位激进的印度教民族主义者以及印度教大会的政治家。1949 年 12 月，他组织了为期一周的罗摩衍那（Ramayana）诵读，以巩固他在与罗摩相关的城市的支持基地，这一行动无意中创造了在罗摩

---

① 查姆帕特·雷对罗摩神庙一案的广泛分析，参见："Verdict of Lucknow Bench of Allahabad High Court on Sri Rama Janma Bhumi Based on Facts"，http://vhp.org/wp – content/uploads/2010/10/RJB – HC – Verdict.pdf（accessed 22 March 2017）。在撰写此分析时，查姆帕特·雷是世界印度教大会的联合总书记，现在是世界印度教大会的副主席。

② Ibid.

③ 该引述来自一个小册子——《阿约提亚判决：信仰与法律》（New Delhi：Indida Foundation, 2010, p. 5）。

④ 过去几十年来独木庙（Gorakhnath Math）工作者为罗摩神庙所做努力的评论，参见：Christophe Jaffrelot, "The Other Saffron: Adityanath Belongs to a Distinct Ideological Tradition that Is Growing More Assertive", *The Indian Express*, 6 October 2014, http://indianexpress.com/article/ opini on/ column/the – other – saffron/（accessed on 28 March 2017）。

出生地建造一座寺庙的强烈民意支持。[①] 这一事件引起了人们对罗摩神出生所在地被穆斯林的宗教建筑所占用的关注，并且在几天内，罗摩神（罗摩作为一个孩子）的雕像出现在巴布里清真寺中。此举引发了 1949 年 12 月 24 日当地政府将巴布里清真寺锁了起来，作为防范印度教教徒—穆斯林对抗的一种安全措施。[②] 两个最有能力的 RSS 专职干部，包括北方邦东部分区的专职干部昌迪卡达斯·阿米瑞特奥（Chandikadas Amritrao，又名 Nanaji）·戴施穆赫（Deshmukh），以及北方邦专职干部穆拉利达尔（Muralidhar D.，又名 Bhaurao）·德奥拉斯（Deoras），自 20 世纪 40 年代以来，就努力培育 RSS 和马哈特·迪格维杰·纳斯（Mahant Digvijay Nath）之间的亲密关系。寺庙被锁不久后的 1949 年 12 月，戴施穆赫就在罗摩神庙所在地，组织不间断地唱拜赞歌（bhajans）（虔诚地祷告），给北方邦的宗教领袖留下了深刻印象，其中包括迪格维杰·纳斯。1953 年，当高瓦克发起他的大规模签名活动以禁止屠宰奶牛之时，迪格维杰·纳斯就是他最热心的支持者之一。这场活动在提交给印度总统的请愿书中，共收集了超过 1700 万人的签名，并帮助建立了高瓦克在印度教教会阶层中的信誉。通过这些事件，宗教领袖更倾向于接受高瓦克作为同僚，这帮助他在 1964 年发起的世界印度教大会期间，获得了他们的支持。[③] 迪格维杰·纳斯与

---

① 有关 1949 年神像出现情况的信息，参见：Krishna Pokharel and Paul Beckett，"Ayodhya，the Battle for India's Soul：The Complete Story"，*Wall Street Journal*，31 March 2017。该文首次出现在 2012 年 12 月 3 日至 8 日的《华尔街日报》。

② 它一直被锁到 1986 年 2 月 1 日，当地一名地方法官命令它在罗摩神庙运动时开放。

③ 根据我们于 1983 年 6 月 25 日在德里与戴施穆赫进行的访谈，RSS 和迪格维杰·纳斯之间的关系日益紧密。这些拜赞歌（bhajans）一直持续到 1986 年锁被打开时。这种复杂的安排表明，RSS 能够在北方邦东部的印度教普通人群中开展令人印象深刻的社交网络。

RSS 密切合作的另一个标志性事件是，1951 年在恰蒂斯加尔（Gorakhpur）建立了第一所由 RSS 支持的学校，这所学校是印度最大的私立学校的典范。① 前印度人民党总理瓦杰帕伊于 1957 年在北方邦东部巴尔拉姆布尔（Balrampur）选区首次进行议会竞选，得到了迪格维杰·纳斯的积极支持，当时迪格维杰·纳斯已经确立了自己在该地区的政治势力。② 迪格维杰·纳斯的继任者阿维迪亚纳斯（Avaidyanath）（1921～2014）与 1964 年成立的世界印度教大会发展了密切的关系，它开始为印度教特性议程包括罗摩神庙组织印度教神职人员。同时，他致力于利用政治来推进印度教教徒的事业——代表印度议会中他所在的地区，首先成为印度教大斋会（Hindu Mahasabha，1989 年）的成员，之后成为印度人民党（BJP，1991 年和 1996 年）的成员。③ 阿蒂提亚纳特当选担任继承人十年之后，于 2014 年 9 月担任独木庙（Gorakhnath Math）的大师。跟随他前任的政治脚步，阿蒂提亚纳特竞争（并赢得）印度人民党的议会席位，成为议会中最年轻的议员，这是在他的两个前任的同一选区所获得的五场胜利中的第一场。④ 建造罗摩神庙是阿蒂提亚纳特及其两位前任者竞选宣言的核心。同时，他努力与国家层面的印度教教会领导建立密切关系，这些联系增强了他作为国

---

① RSS 的教育附属机构维迪亚·巴拉蒂（Vidya Bharati）指出，从小学到中学后层级的学校共有 300 多万学生，这是迄今为止印度最大的私立学校系统。统计数据参见："Statistics"，http：//www.vidyabharti.net/statistics.php（accessed 8 December 2017）。

② 在那些选举中，瓦杰帕伊从三个不同的席位中竞争，只赢得了北方邦的巴拉曼普尔议会席位。其中，迪格维杰·纳斯是一位有影响力的政治人物。

③ 在印度议会任职之前，阿维迪亚纳斯在北方邦的高拉克哈普尔（Gorakhpur）区赢得了五次邦议会选举。

④ 然而，印度人民党在 2018 年的议会补选中失去了这个席位，输给了社会党（Samajwadi Party）候选人。RSS 对话者告诉我们，在一个安全的选区中的失败，反映了当地印度人民党内部的过度自信和内斗。

家政治人物追随者的潜力。自从成为北方邦首席部长以来，他已经加强了与这些民族的交往。

　　建造罗摩神庙的运动在 20 世纪 80 年代末和 90 年代初期达到了顶峰。当国大党控制的北方邦政府和联邦政府都没有采取行动反对 1986 年 2 月 1 日会议法官的决定时，政府对群众支持罗摩神庙的敏感性的表现尤为引人注目。自 1949 年以来，政府首次命令北方邦打开巴布里清真寺的大门，从而使印度教教徒能够在巴布里清真寺建筑物之内进行祷告。[①] RSS 本身在 20 世纪 80 年代也利用了罗摩神庙问题来激励印度教社区。1980 年，它指望借调给世界印度教大会的一个高级专职干部莫罗潘特·平乐（Moropant Pingle）成为托管人，对其提供战略指导包括罗摩神庙的使用问题，以动员泛印度教教徒的支持。平乐与支持印度教的国大党领导人一起支持罗摩神庙的建设，并策划了北方邦的"马车之旅"（1983～1984 年的政治游行），将罗摩描绘为在监狱服刑的囚犯。他在执政的国大党中获得了亲印度教政治家的支持，例如克什米尔的前土邦王卡兰·辛格（Karan Singh），他曾是一系列在中央的国会政府内阁成员；古尔扎里·拉尔·南达（Gulzari Lal Nanda）曾两次担任印度临时总理，以及著名的北方邦国大党领导人达乌·达亚尔·汗纳（Dau Dayal Khanna）。[②] 为

---

① 关于执政的国大党与不断上升的罗摩神庙情绪之间的政治关联，参见：Jaffrelot, *The Hindu Nationalist Movement in India*（Delhi：Thomson Press, 1996），ch. 11。

② 面对泰米尔纳德邦的低种姓印度教教徒皈依伊斯兰教、锡克教分离主义者在旁遮普邦的运动以及克什米尔的反印度暴力事件的激增，当时国大党的担忧日益增长，无论从邦层面还是中央层面，都决定出于政治原因而打印度教这张牌。与此同时，许多 RSS 领导人对人民党政府（1977～1979 年）的反 RSS 情绪感到失望，并对新印度人民党持有的一些观点 （转下页注）

罗摩神庙做准备的第一项主要工作是，为了促进 1986 年被上锁的巴布里清真寺的开放以允许印度教朝圣者在有争议的建筑内做礼拜，由总理拉吉夫·甘地打着印度教这张牌以回应有关亲穆斯林偏见的指控这一拙劣的行为。① 随后，由于腐败指控而受到越来越多的批评，随着 1989 年全国大选的临近，他再次转向打印度教这张牌。1989 年，他与 RSS 负责人一起秘密地工作，以促进世界印度教大会的组织功能，为拟议的罗摩神庙奠基仪式（shilanyas）的举行奠定了坚实基础。以此作为开始修建的信号，以换取 RSS 支持国大党候选人即将举行的议会选举。很明显，这是在国大党窜通开启清真寺之后，RSS 开始在民意调查中表达支持国大党的可能性。② 高级 RSS 官员和拉吉夫·甘地政府代表之间的这些谈判产生了一项交易，RSS 将在 1989 年的议会选举中支持国大党候选人，以换取它可以开始建立罗摩神庙。在那格浦尔的国大党一名高级政治家巴瓦瑞拉尔·普鲁黑特

（接上页注②）感到担忧，特别是该党采用甘地社会主义而不是乌帕德亚雅亲印度教的整体人本主义和在党的旗帜中包含绿色条带。北方邦国大党人卡纳（Dau Dayal Khanna）在 1982 年的印度教会议上提出了罗摩神庙的建议，南达也出席了此次会议。如果没有总理英迪拉·甘地的默许支持，这些国大党高级官员是不可能出席的。

① 拉吉夫·甘地总理未能为拉姆神庙做出努力的全面回顾，参见："How Rajiv Gandhi Set the Ball Rolling for Ayodhya Temple-President Mukherjee Recalls in His Memoirs"，*Nagpur Today*，21 March 2017，http：//www. nagpurtoday. in/how – rajiv – gandhi – set – the – ball – rolling – for – ayodhya – temple – president – mukherjee – recalls – in – his – memoirs/03212006（accessed 30 March 2017）。甘地在 1986 年为印度教朝圣者开放巴布里清真寺的说法，部分归功于普拉纳布·慕克吉总统第二卷回忆录所提供的信息。参见：*The Turbulent Years*：*1980 – 1996*（Delhi：Rupa，2016）。这一开放为世界印度教大会的罗摩神庙活动注入了活力，大力推动人们从印度各地向争议地捐款。

② 关于 20 世纪 80 年代后期更加同情印度教事业的国大党对 RSS 影响的讨论，参见：Jaffrelot，*The Hindu Nationalist Movement in India*，pp. 370 – 375。

（Banwarilal Purohit）在这些严格保密谈判中，声称拉吉夫·甘地要求他安排前内阁成员巴努·普拉卡什·辛格、纳尔辛格加尔（在中央邦）的土邦王与 RSS 领导人德奥拉斯秘密会面。据普鲁黑特称，如果开始施工，德奥拉斯将考虑这项交易。① 据报道，在国大党面临穆斯林强烈抵制的情况下，这项协议在报道的交易中从第二部分（允许建设开始）撤回后，就已经失败了。无论这个设计糟糕的计划带来的影响是什么，拉吉夫·甘地的国大党都失去了由印度人民党支持的外部联盟。随着印度人民党在 1989 年议会选举中的出色表现，RSS 支持国大党的讨论结束了。不久之后的 1990 年，在印度教教徒为一座寺庙举行集会的高峰期，钱德拉·谢卡尔（Chandra Shekhar）总理尝试解决争端但没有成功。② 紧接着，1990 年 11 月 7 日，议会就争议中的寺庙/清真寺的命运进行激烈辩论之后，印度人民党撤回了支持，政府在国大党的脆弱支持中幸存下来，最终于 1991 年 3 月 13 日倒台。③

这种日益增长的支持寺庙的情绪促使印度人民党在 1989 年议

---

① 谈判细节来自 2016 年 3 月 5 日在那格浦尔对普罗希特的采访。普罗希特告诉我们，在德里内政部长布塔·辛格（Buta Singh）与高级 RSS 工作人员拉杰德拉·辛格（Rajendra Singh，他跟随最高领导人德奥拉斯）进行了第二次会面，RSS 和甘地政府之间的交易最终确定。几年后，普鲁黑特公开这笔拙劣交易的细节，并向我们提供了新闻文件，其中最重要的是两篇《那格浦尔日报》中的文章。*Lokmat Times*，26 April 2007，and *The Hitavada*。

② 几起政府未能成功的调解，参见：Jagdeep Chokkar，"Sentiment and Justice"，*The Indian Express*，27 March 2017，https：//indianexpress. com/article/opinion/columns/ayodhya – dispute – supreme – court – babri – masjid – ram – janmabhoomi –4586845/（accessed 12 July 2018）。

③ 对导致钱德拉·谢卡尔政府倒台的复杂细节的记述，参见：Barbara Crossette，"India Disbands Parliament：Vote in May Seen"，*The New York Times*，14 March 1991，http：//www. nytimes. com/1991/03/14/world/india – disbands-parliament – vote – in – may – seen. html（accessed 15 December 2017）。

会选举前夕，在喜马偕尔邦（Himachal Pradesh）帕拉姆普尔（Palampur）举行的年度全国会议上，正式接受罗摩神庙的概念，并使罗摩神庙成为其竞选活动中的核心问题。由于其强有力的议会表现（将其议会代表席位从 2 个增加到 85 个席位），印度人民党主席阿德瓦尼（Advani）于 1989 年 9 月发起了一场全国性的游行，以推动罗摩神庙事业。1989 年，平乐还设法推进了世界印度教大会与 RSS 之间的密切合作，将印度各地数千个村庄的砖块搬到了阿约提亚的罗摩神庙建筑工地。这项努力遭到了北方邦和比哈尔邦执政的人民党政府的反对，这两个邦政府努力阻止游行者到达阿约提亚。1991 年 6 月，印度人民党控制了北方邦的邦政府，并为世界印度教大会提供了一块位于罗摩神庙遗址旁边的土地，以便开始施工。1992 年 12 月 6 日，该问题被激发而达到了一个情感高度，世界印度教大会在阿约提亚组织了一次群众集会，向拉奥总理的国大党联邦政府施加压力，以促进罗摩神庙的建设。当天的计划是搞一个建筑开工的印度教仪式（bhoomipujan），其中朝圣者象征性地清洁土壤，以便在法律允许的情况下开始施工。然而，那个早晨，前来参加的人数远多于预期，人群失控而导致清真寺被拆毁，并将神像移开以保管。第二天，为神像建造了一个临时的寺庙——并且在"临时寺庙"的祷告活动一直延续至今。[①] 随着安全部队撤离现场，RSS 声称其志愿者试图阻止破坏活动，甚至世界印度教大会的总书记和负责罗摩神庙工作的领导人阿肖克·辛格哈尔

① 印度人民党对巴布里清真寺被毁的分析，参见：*BJP's White Paper on Ayodhya and the Rama Temple Movement*（New Delhi：Bharatiya Janata Party, 1993）。2009 年 11 月 24 日，印度政府、内政部发布的政府任命利伯汉委员会报告提供了更为中立的解释，全文参见：http://www.thehindu.com/news/Report – of – the – Liberhan – Ayodhya – Commission – of – Inquiry – Full – Text/article16894055.1ece（accessed 10 December 2017）。

（Ashok Singhal）也被愤怒的人群粗暴对待。① 这一事件的直接后果是对 RSS（和 VHP）实施的短期禁令，② 撤销了印度人民党在该邦的权力，并且在中央统治下，1993 年在北方邦失去了邦选举权。RSS 开始重新考虑同盟家族的内部策略。

　　在 2009 年大选进行的时候，罗摩神庙问题使其失去了大部分情感上的支持。随后 2014 年的民意调查显示，印度人民党在国家层面恢复权力。在巴布里清真寺被摧毁之后，同盟家族的机构——除了表现突出的世界印度教大会之外，其他已经把他们的工作重点集中在其他地方，因为在法律系统中产权拥有的合法性情况受到了损害。③ 例如，2015 年，在莫迪的印度人民党政府成立一周年之际，内政部长拉杰纳特·辛格（Rajnath Singh）告诉记者，政府已将发展作为其优先事项。因此，罗摩神庙的问题虽然重要，但并非主要关切。④ 大约在同一时间，RSS 总书记乔希（Bhaiyyaji Joshi）

---

① 关于当天暴力事件的报道，参见："That Day, That Year"，*India Today* 26，December，1992，http：//indiatoday. intoday. in/gallery/ babri - masjid - demolition - 1992/4/5982. html（accessed 10 December 2017）。

② 该禁令于 1993 年 6 月 4 日撤销，依据法律成立立法委员会以调查非法活动并取消所有指控的 RSS。关于解除禁令的分析，参见："Since Inception，RSS Banned Thrice"，*The Times of India*，31 August 2009，http：//www. epaper. timesofindia. com/Repository/getFiles. asp? Style = OliveXLib：LowLevelEntityToPrint _ TOINEW&Type = text/html&Path = CAP/2009/08/31&ID = Ar01302（accessed 10 December 2017）。

③ 关于罗摩神庙问题复杂的法律历史的综合评论，参见：Koenraad Elst，*Ram Janmabhoomi vs. Babri Masjid. A Case Study in Hindu-Muslim Conflict*（Delhi：Voice of India，1990）and Vijay Chandra Mishra and Parmanand Singh（eds），*Ram Janmabhoomi Babri Masjid，Historical Documents，Legal Opinions and Judgements*（Delhi：Bar Council of India Trust，1991）。

④ Bharti Jain，"Ram Temple Not Priority Development"，*The Times of India*，30 May 2015，http：//timesofindia. indiatimes. com/india/ Ram - temple - not - priority - development - is - Rajnath - Singh - says/ articleshow/47476835. cms（accessed 28 March 2017）。在新闻发布会上，内政部长辛格还（转下页注）

用类似于内政部长所说的话告诉媒体， RSS 并不赞成对罗摩寺庙使用煽动性策略。① 2014 年的选举结果和随后在邦的胜利表明，目前发展被视为保持权力的主要手段，尽管支持罗摩寺庙被用来动员具有泛印度教基础的选民。显然，对于许多构成印度人民党支持基础的印度教教徒来说，发展和意识形态并不是相互排斥的，人们可以支持发展和印度教特性（在此情况下的罗摩神庙）。但这两个因素仍然对 RSS 提出了一个根本性的考验：印度人民党的治理要求和统一印度教社会的目标之间的平衡，它的任务是确保后者不破坏前者。如果首席部长阿蒂提亚纳特在他担任古吉拉特邦首席部长期间，成功地模仿莫迪的案例，将经济发展与温和的印度教思想结合起来，那将有助于提升他作为未来国家领导人的前景。如果阿蒂提亚纳特失败，国家可能陷入种族暴力，这将破坏经济增长，并最终削弱对印度人民党和 RSS 的支持基础。阿蒂提亚纳特作为首席部长的就职演说表明，他计划遵循莫迪的经济发展与温和的印度教特性的模式。

　　莫迪总理和首席部长阿蒂提亚纳特将经济发展与温和的印度教特性结合在一起的任务，因强大的结构性力量而变得更加复杂，这种力量推动了印度政治中的右翼势力，该过程可以从 2014 年以来印度人民党在中央和邦层面所取得的胜利中得到显现。印

（接上页注④）指出，修改印度宪法第 370 条，为穆斯林占多数的查谟和克什米尔邦提供自治权力并不是一个优先事项，表明这可能不是政治上解决这一问题的好时机。因为印度人民党刚刚在该邦组建了一个联盟，其中一个党的核心基地是克什米尔的山谷地带，那里居住着大量穆斯林。

① 他的评论是在 2015 年年度政治协商会议秘密会议结束时做出的，这是 RSS 的最高决策机构。参见：Ramu Bhagwat, "RSS Confirms Ram Temple Is on the Back Burner", *The Times of India*, 16 March 2015, http：//timesofindia. indiatimes. com/india/RSS - confirms - Ram - temple - is - on - the - back - burner/ articleshow/46577067. cms（accessed 28 March 2017）。

度人民党可能尚未成为独立后国大党一样的支配性政党，但它在2014 年大选之后的演变中被拉齐尼·科塔里（Rajni Kothari）称为"国大党体制"（Congress System）的元素，这是一个能够容纳各种群体的大帐篷政策。① 一些评论员已经开始提到，"国大党——印度人民党的化身"。② 在国家层面和越来越多的邦，有能力的竞争者的弱点导致许多雄心勃勃的政客涌入印度人民党。因此，印度人民党（和 RSS）已经变成了一个包含各种主张的百叶窗式的伞形组织——中间、右翼和极右派。RSS 的这种迅速的变化，表现在同盟家族的高级人物关于"回家"、同性恋和种姓保留等问题的矛盾陈述以及关于如何深入参与政治过程的争论之中。

2014 年之后，国大党和左派的政治衰落意味着对印度人民党的最大挑战可能来自其右翼势力。罗摩神庙是一个强有力的问题，使得这些右翼势力普遍地以此组织并挑战印度人民党以及 RSS 的务实领导。同盟家族的成员，特别是在世界印度教大会中的成员，可能对他们的文化议程缺乏进展而感到失望，试图通过共同支持罗摩神庙问题并要求联邦政府和北方邦首先采取具体措施，以消除建造寺庙的障碍；然后，管理这座印度教最受尊敬的人物之一的寺庙建设——对于许多印度教民族主义者来说，这也是该国的一个有力象征。越来越多的罗摩神庙的拥护者希望立即开始建设，如果谈判失败，他们将寻求法律途径以授权开始建设。这种需求符合右翼的挑战模式，印度教民族主义组织湿婆神军（Shiv Sena）的行动证明了这一点。据报道，2017 年 3 月 29

① 参见：Rajni Kothari, "The Congress 'System' in India", *Asian Survey*, December 1964, Vol. 4, No. 12。

② 参见：Rajdeep Sardesai, "The Congress-ification of the BJP", http://www.rajdeepsardesai.net/columns/congress-ification-bjp（accessed 10 December 2017）。

日，在世界印度教大会的青年翼支持下，强迫关闭餐馆包括外国
连锁店肯德基等，在古鲁葛拉姆（Gurugram）神圣的印度教
"九夜节"期间供应肉类。古鲁葛拉姆是德里西部拥有约200万
人口的繁华郊区，代表着印度的经济增长，在闪闪发光的高层建
筑中许多在印度经营的财富500强企业设有办公室。① 纳夫拉特
节（Chaitra Navratri）是一个为期9天的庆祝活动（2017年3月
28日至4月5日），许多印度教教徒为杜尔加（Durga）女神斋
戒，最后一天罗摩诞辰节（Ram Navami）是庆祝罗摩神的生日。
与其他地方挑战莫迪的极右势力类似，他们集中关闭了屠宰场，
向出版社施加压力以迫使其出版物被认定为具有攻击性，并停止
诸如像情人节这样的"外来"节日或具有"侮辱性"的电影帕
德玛瓦蒂王后（Padmaavat），据说该电影以一种贬损的方式描绘
了一个印度教女王（虽然这个故事是虚构的）。在围绕该电影的
骚动中，RSS的前新闻发言人曼莫汉·维迪亚代表RSS公开谴责
暴力，抗议违反民主道德。② 他还使自己与来自西北部地区的
RSS宣教士保持距离，他将这部电影描述为企图伤害公众情感并
扰乱社会和谐。③

在2018年或更长时间内建造罗摩神庙，虽然比过去少了一

---

① "Shiv Sena Forces 300 Gurgaon Meat Sellers, Including KFC, to Close for
Navratras", *Wionews*, 29 March 2017, http://www. wionews. com/south-
asia/shiv-sena-forces-300-gurgaon-meat-sellers-including-kfc-to-close-for-navratras-
13931 (accessed 2 April 2017). 据报道，抗议者还要求餐馆在每个星期二关
闭，印度北部的许多印度教教徒在这一天斋戒。

② Rumu Banerjee, "Violence Can't Be Condoned: RSS Speaks out against
Fringe", *The Times of India*, 26 January 2018, https://timesofindia.
indiatimes. com/india/violence-cant-be-condoned-rss-speaks-out-against-fringe/
articleshow/62658299. cms (accessed 30 January 2018).

③ Ibid.

些情绪化，但在整个印度教的种姓范围内仍然很受欢迎，并且已经被 RSS 用来吸引团结多元化的印度教社区，并创建一个在种姓、地区、阶级甚至宗教之上的印度教票仓，始终是 RSS 的目标。现在，类似于 1992 年末拆除巴布里清真寺之前的时期，在寺庙问题上缺乏一个自身服务于工具主义目的的解决方案，以建立起泛印度教的情感支持，反对穆斯林的不妥协态度。贾夫勒洛特（Jaffrelot）在对罗摩神庙运动的分析中认为，1992 年底破坏有争议的建筑剥夺了同盟家族一个强有力的象征——动员广泛的印度教群体的支持。[①] 正如他指出的那样，随后的选举结果表明，动员印度教教徒"反对巴布里清真寺比其他事情更容易"。[②] 关于何时在阿约提亚建造罗摩神庙的辩论，仍然存在困境。

当同盟家族判断呼吁建造罗摩神庙的情况已经足够成熟的时候，它几乎肯定能寻求一种最大限度地减少社会混乱的解决方案。授权建设寺庙要通过法院判决、议会法案、相关政党之间的协商或得到中央政府高级官员的支持声明。如同 20 世纪 50 年代初古吉拉特邦历史悠久的索姆纳特（Somnath）寺所发生的那样，这是印度教的一个主要朝圣地，依靠大量的私人捐助得以重建。[③]

[①]　Jaffrelot, *The Hindu Nationalist Movement in India*, ch. 13.

[②]　Ibid., p. 458.

[③]　支持被摧毁了多次的古代索姆纳特寺庙的建设，是独立后印度复兴印度教民族主义的一部分。它被认为是湿婆神采取光柱的物理形式并因此具有宗教重要性的十二个地方之一。它的重建也反映了印度民族主义者呼吁对印度文明的历史错误的纠正。重建工作于 1947 年由古吉拉特邦的内政部长萨德尔·帕特尔（Sardar Vallabhbhai Patel）提出，并由古吉拉特邦的马哈特玛·甘地（Mahatma Gandhi）批准。这座寺庙是在两名内阁成员的监督下，用私人资金建造的，并于 1951 年 5 月由印度总统拉金德拉·普拉萨德主持开放。它由私人信托管理，自 2009 年以来莫迪总理一直是其成员。截至 2017 年，其他成员包括阿米特·沙阿（Amit Shah）和 （转下页注）

就在政治上推动寺庙问题解决的机会到来时，RSS 内部却意见不一。在所有因素中，需要考虑的是印度人民党对议会上院（Rajya Sabha）的控制，选择可靠的亲印度人民党的总统以及印度人民党控制大多数邦政府。此外，有些人还认为，穆斯林应该为罗摩神庙提供大量支持，而亲 RSS 的穆斯林国家论坛要将其作为议程上的一个关键项目。在这种情况下如果鲁莽行动，不仅会危害发展目标，而且几乎肯定会破坏民众对印度人民党及包括RSS 在内的附属机构的支持，就像巴布里清真寺遭到破坏之后发生的那样。在当时爆发种族骚乱之后，RSS 活动第三次（VHP首次）被短暂禁止。① 另外，拖延行动直到局势在政治上处于有利位置，保留了在选举时有用的动员战略。在此期间，世界印度教大会提醒印度教教徒，同盟家族的长期目标是在阿约提亚建造一座壮观的罗摩寺庙，不仅是为了满足印度教教徒的宗教需求，而且还要修复印度教教徒所受到的伤害。② 当时的工作主席托加

（接上页注③）阿德瓦尼（Advani）。据报道，在重建时，尼赫鲁总理对任何部
　　长参与重建都持谨慎态度，因为他担心这可能会鼓励他反对的政治宗教复
　　兴主义。阿德瓦尼是第一批倡导以索姆纳特为例而在阿约提亚建造罗摩寺
　　庙印度人民党政客之一。关于修建罗摩神庙的比较策略，参见：Special
　　Correspondent，"Why Not Allow Temple Reconstruction As Was Done at
　　Somnath"，*The Hindu*，26 September 2009，http：//www. thehindu. com/news/
　　national/Why – not – allow – temple – reconstruction – as – was – done – at –
　　Somnath/ article16883492. ece（accessed 27 March 2017）。对于寺庙的宗教
　　和民族主义意义的学术研究，参见：Richard H. Davis，*Lives of Indian Images*
　　（Princeton：Princeton University Press，1997）；Romila Thapar，*Somanatha*：
　　The Many Voices of History（New Delhi：Penguin Books India，2004）。
① 该禁令只持续了六个月，RSS 没有停止其活动，也没有 RSS 官员被捕。
② 世界印度教大会已经订了在短时间内修建寺庙的计划。在 20 世纪 80 年
　　代后期，世界印度教大会组织了开工仪式。其中，来自印度各地的村庄被
　　要求为罗摩寺庙捐赠。世界印度教大会网站说，那时它已经在国内外收集
　　了大约 275000 块砖以及资金，以便有足够的供应和资金立即开始施工。

迪亚在 2017 年北方邦选举之后不久就告诉记者，他将于 2017 年
4 月 5 日在 5000 个场馆举办活动，以宣传罗摩神庙的建设。随
后，于 2017 年 6 月举行宗教人物会议，目标是迫使莫迪政府呼
吁通过议会法案允许建设。① RSS 和世界印度教大会都没有支持
托加迪亚的行动计划，这表明他失去了在同盟家族中的地位，导
致 2018 年他精挑细选的候选人在世界印度教大会的最高职位竞
选上遭遇失败。选择一位著名的印度教僧侣和一位直言不讳的罗
摩神庙的倡导者作为北方邦的首席部长，进一步证明了这种对寺
庙建设的长期承诺。但大规模抗议、游行和暴力的时代，似乎不
再成为同盟家族战略的一部分，甚至不是世界印度教大会的战略
组成部分。RSS 和世界印度教大会现在专注于在法庭上处理这个
问题，也许是因为对最终有利的判决抱有更大信心。

　　因此，阿蒂提亚纳特在他的第一次新闻发布会上，对罗摩神庙
问题的草率评论并不令人惊讶。它符合发出信号支持寺庙建设的策
略，但却将该问题留给在不可预期的将来由法院、议会或外部谈判
者去解决，而政府关注发展。然而，即使是最热心的信徒也不能指
控瑜伽首席部长对这个重要的印度教问题的漠不关心。但与此同时，
他承诺将重点放在经济发展上，使用的口号是"团结起来，共同发
展"。纳伦德拉·莫迪及其印度人民党在 2014 年议会选举中如此成

① "VHP Bats for Law to Construct Ram Temple in Ayodhya, Lines Up Programmes to Push Demand", *Hindustan Times*, 10 April 2017, http://www.hindustantimes. com/india – news/vhp – bats – for – law – to – construct – ram – temple – in – ayodhya – lines – up – programmes – to – push – demand/story – HHwDDVa3 pe9sZaOaUjshqL.html (accessed 27 March 2017). 托加迪亚提醒世界印度教大会，1987 年印度人民党通过制定关于该主题的法律建议建造罗摩寺庙，或许与 20 世纪 40 年代后期开始建造索姆纳特寺庙的决定进行了一种不正确的比较。在这种情况下，没有任何议会法案授权建设。

功地使用了这个口号，使他们在政治中心新德里获得了权力。① 与
他在北方邦东部地区担任议会议员五年间批评伊斯兰教和穆斯林
的年代形成鲜明对比的是，阿蒂提亚纳特作为首席部长采取了更
加安抚的策略，认为他和他的政府会公平对待所有团体。同时详
细说明他的计划是如何改善国家庞大的农业人口的生活，为大量
的年轻人创造就业机会，改善法律和秩序，保护女孩和妇女的安
全。2017 年 3 月 20 日，阿蒂提亚纳特在新闻发布会上首次提及罗
摩神庙和其他具有争议性的印度教特性的文化问题，并表示他们
会在某个没有确定具体日期的未来解决问题，如同他们在印度人
民党竞选宣言中所提到的。没有表明如何解决复杂的法律问题，
这是在罗摩神庙开始任何建设之前所必须进行的第一步。

幸运的是，在阿蒂提亚纳特新闻发布会后的第二天，印度最高
法院发表了一项意见，支持通过感兴趣的印度教教徒和穆斯林政党
之间的庭外谈判以解决长期恶化的法律案件，并承认该问题是"敏
感的情绪问题"，② 建议宁愿避免就基于信仰问题的案件做出裁决，
因为这造成暴力的可能性很大。该裁决甚至建议，如果有关方面的
谈判失败，法院可能会参与其中。③ 在最高法院提出建议的当天，
阿蒂提亚纳特本人发表声明称，支持有关各方的谈判提议。④ RSS

---

① 关于阿蒂提亚纳特的就职演说，参见 fn. 5。
② Anusha Soni, "Supreme Court Suggests Out-of-Court Settlement of Ayodhya Dispute, Calls Ram Mandir Matter of Sentiment", *India Today*, 21 March 2017, https://www.indiatoday.in/india/story/ayodhya-supreme-court-ayodhya-issue-babri-masjid-demolition-case-bjp-ram-mandir-966721-2017-03-21 (accessed 12 July 2018).
③ Ibid.
④ 支持最高法院关于庭外调解的建议，请参阅他的评论: Express Web Desk, "Ram Temple Issue: Agree with SC That Both Sides Must Sit Down and Find Solution, Says Yogi Adityanath", *MSN*, 23 March 2017, https://indianexpress.com/article/india/ram-temple-issue-both-sides-must-sit-down-and-find-solution-agree-with-sc-says-yogi-adityanath-4579277/ (accessed 12 July 2018).

的联合秘书长豪萨贝尔和印度人民党的其他高级人物也支持谈判的意见。豪萨贝尔表示，RSS 将支持印度教宗教领袖在世界印度教大会组织的集会（dharma sansad）上的任何决定。①

到目前为止，谈判的努力是徒劳的，因为没有一个主要政党愿意妥协。② 在 2017 年谈判工作的前近 20 年，印度人民党总理瓦杰帕伊在总理办公室设立了一个阿约提亚小组，负责组织印度教教徒和穆斯林领导人的会谈，但这也没能达成共识。③ 2010年 9 月之前，北方邦阿拉哈巴德高等法院决定将有争议的土地分给三个主要政党，试图让他们达成一个友好的解决方案，但努力没有取得成功。④ 2011 年 5 月，印度最高法院继续执行阿拉哈巴德高等法院的命令，恢复了最高法院于 1994 年强行禁止实施任何宗教活动的现状，诉讼当事人三次尝试但并未能达成和解。⑤

---

① 豪萨贝尔发表声明，欢迎最高法院在 2017 年 3 月 19 日至 20 日在印度南部城市哥印拜陀（Coimbatore）参加 RSS 的政治协商会议，其间提出有关各方谈判决定的建议。他的评论发表在 RSS 附属的杂志 *Samvada* 上。参见：http://samvada.org/2017/news/datt-a-pc/（accessed 23 March 2017）。

② 虽然寺庙问题尚未得到解决，但自 1986 年以来政府允许在该地点进行某种形式的印度教敬神活动。

③ 关于该小组努力的结果，还没有公开报道。

④ 阿拉哈巴德高等法院已经授权对有争议的财产进行考古和科学调查，并接受在巴布里清真寺遗址上存在印度教宗教建筑物，并且在争议地区向诉讼当事人进行三种划分。允许在传统上认为罗摩神变身人形的地方进行印度教敬神活动，但没有一个诉讼当事人接受有争议地任何部分的划分。这个决定被搁置，印度最高法院正在审查罗摩神在这个精确地点的出生问题。有关该决定的细节，参见：Rupali Pruthi, "Resolve Ram Temple Dispute outside the Court: SC", *Jagran Josh*, 21 March 2017, http://www.jagranjosh.com/current-affairs/resolve-ram-temple-dispute-outside-the-court-sc-1490091000-1（accessed 28 March 2017）。

⑤ 同上。这三次时间分别是 2015 年 2 月 24 日、2015 年 4 月 10 日和 2016 年 5 月 31 日。

最高法院认为，"任何人都不允许（在争议地区）进行宗教活动"，尽管它指的是"法会"（pujas）这样的宗教仪式，通常由牧师和达善（darshan）主持，忠诚的祷告者临时在巴布里清真寺的废墟上建成的罗摩神庙，之后不久就被破坏。[①] 从那时起，祷告一直在该地举行。[②]

2017 年的谈判努力未能使双方达成协议。最高法院再次寻求让各方通过谈判达成妥协，但没有成功。世界印度教大会的青年阵线印度青年民兵的北方邦召集人发表声明说，不能在该遗址上建造穆斯林宗教建筑，这被认为是罗摩神获得真身的确切地点。[③] 另一个复杂的因素是巴布里清真寺行动委员会（BMAC）的负面反应，该委员会提议必须在争议地点建立穆斯林宗教建筑，并拒绝最高法院关于外部谈判的建议。[④] 巴布里清真寺行动委员会召集人吉拉尼（Zafaryab Jilani）反而提议由最高法院专门处理此事，以确定哪一方有权控制阿约提亚市有争议的地点。[⑤]

---

① J. Venkatesan, "Supreme Court Stays Allahabad High Court Verdict on Ayodhya", *The Hindu*, 9 May 2011, http://www.thehindu.com/news/national/Supreme-Court-stays-Allahabad-High-Court-verdict-on-Ayodhya/article10751917.ece # (accessed 28 March 2017).

② 1993 年 1 月 1 日，阿拉哈巴德高等法院在勒克瑙法庭上，允许在该地点举行不间断的礼拜（pujas）。

③ Ishita Bhatia, "Will Not Let Babri Masjid Come up Anywhere in India: VHP", *The Times of India*, 24 March 2017, http://timesofindia.indiatimes.com/india/will-not-let-babri-masjid-come-up-anywhere-in-india-vhp/articleshow/5780 1796.cms (accessed 23 March 2017).

④ "Ayodhya Dispute: Babri Action Panel Rejects SC Advice of Amicable Solution, BJP Hails Offer", *Hindustan Times*, 4 April 2017, http://www.hindustantimes.com/india-news/ayodhya-dispute-babri-action-panel-rejects-sc-advice-of-amicable-solution-bjp-hails-offer/story-fjuoaSoBIhSYcj4Cp9SqsL.html (accessed 24 March 2017).

⑤ Ibid.

2017 年调解失败给最高法院留下了三个选择：（1）要求政府通过立法；（2）自行做出最终决定；（3）在诉讼当事人各方争辩时继续让问题搁置。这是自 2011 年阿拉哈巴德高等法院控制该问题以来，最高法院处理该问题的一个立场。2017 年 12 月 5 日，最高法院重新审理此案，决定倾听所有呼吁，其中包括针对阿德瓦尼（Advani）和乌玛·巴拉蒂（Uma Bharti）等知名印度人民党政治家以及世界印度教大会的高级人物之间未解决的阴谋案。①

　　然而，罗摩神庙问题的解决方案并没有终止更大的寺庙问题。同盟家族对罗摩神庙的早期要求，通常与恢复北方邦的另外两座历史悠久的印度教寺庙有关。一座位于马图拉市克里希纳（Shrikrishna Janmasthan，或者是克里希纳神的诞生地），另一座位于圣城瓦拉纳西（Kashi Vishwanath——湿婆神，许多印度教教徒认为他是宇宙之王）。1985 年 11 月，由世界印度教大会召集的第二次达摩议会（dharma sansad）上，与会代表要求恢复三个地点，并号召积极开展罗摩神庙运动。据说这三个地点全部被穆斯林摧毁，并在上面建造了穆斯林圣地。②

　　对罗摩神的关注，可能归因于他作为印度教群众中的宗教人物很受欢迎。在阿约提亚的罗摩神庙边上的另外两个地点，已经消失在同盟家族的背景之中。然而作为印度教寺庙，将它们恢复

① 关于恢复案件的综合报道，参见：Inderjit Badhwar, "Babri Masjid Demolition Case: India Legal Leads Again", *India Legal*, 19 April 2017, http://www.indialegallive.com/letter – from – the – editor – inderjit – badhwar/babri – masjid – demolition – case – india – legal – leads – 23540（accessed 15 December 2017）。

② 信息来自世界印度教大会网站第二部分达摩桑萨德（Dharma Sansad）的内容。参见：http://vhp.org/conferences/dharmasansads/dharma – sansad – 2/（accessed 2 April 2017）。

到以前的荣耀可能成为激进右翼的一种口号,以努力推动更广泛的印度教特性议程。

如何处理罗摩神庙问题引起了同盟家族的复杂反应。截至2018年初,主要分为温和派(主要是在印度人民党和一些高级RSS人物之中)和强硬派。温和派认为建造寺庙的土地所有权主要是由法院决定的,而强硬派则相信法院在这样的信仰问题上应该没有发言权。让妥协变得复杂的是印度教寺庙—清真寺(mandir-masjid)问题上的种族极化。发展社会研究中心(CSDS)在2016年进行的民意调查发现,北方邦几乎有一半的印度教教徒只想在有争议的地点建一座寺庙(2012年仅占31%),并且不愿接受该地点同时存在清真寺和寺庙,世界印度教大会也采取了同样的立场。[1] 与传统观念相反,受过教育的年轻人更强烈地支持"仅限于圣殿"的观点。[2] 温和的观点可能愿意接受2010年阿拉哈巴德高等法院判决所暗示的妥协,即土地在印度教教徒和穆斯林之间分配(穹顶下的区域被授予印度教教徒建造罗摩神庙)。但强硬派认为,罗摩的出生地是一个重要的信仰问题,法院没有合法的管辖权,而且该地点的分割也是不可接受的。[3] 他们也倾向于将这个问题看作是对奈保尔在他的书中所描述的那种历史错误的纠正,当时他专注于印度教教徒受伤的自尊。例如,世界印度教大会一再声称,在圣地不应该允许有穆斯林建筑。这些似乎是不可调和的要求,使谈判解决问题变得极不可

---

① Rahul Varma and Pranav Gupta, "In the Ruins of Babri", *The Indian Express*, 7 December 2016, https://indianexpress.com/article/opinion/columns/babri-masjid-demolition-uttar-pradesh-kar-sevaks-4414170/ (accessed 12 July 2018).

② Ibid.

③ 北方邦首席部长阿蒂特亚纳斯告诉我们,2010年高等法院判决的分区决定是错误的。他于2018年1月18日在勒克瑙接受采访。

能。这些来自意识形态的权利预期要求将考验 RSS（和 BJP）的意愿，以便将注意力集中在实用主义和良好的政府治理之上。印度教对罗摩神庙的广泛支持，确保了同盟家族将继续推动建设，但关键问题是什么时候。

第十二章 / 果阿的反叛——考验 RSS 的 决策体系

RSS 内部公开的一个相对罕见的叛乱例子，是果阿（Goa）一个很受欢迎的宣教士萨伯哈什·维林卡（Subhash Velingkar），① 在 2016 年 8 月 31 日被 RSS 领导人撤职。维林卡被指控违反 RSS 规则，积极参与政治。这种违反行为源于维林卡在组建游说团体巴拉蒂亚·巴沙·曼奇（Bharatiya Bhasha Suraksha Manch，BBSM）时发挥的主导作用，以抗议果阿的印度人民党领导的政府向英语学校提供政府补助金的政策，其中大多数由罗马天主教会（Roman Catholic Church）运作。② 在这一运动中出现了一个政党，即果阿苏拉沙·曼奇（Goa Suraksha

---

① 现年 68 岁的萨伯哈什·维林卡是一名高中教师，1962 年加入 RSS，1996 年被选为果阿宣教士。然而，他并不是一名专职干部。

② 关于 BBSM 的形成和策略的信息，参见：http://goabbsm.org/（accessed 28 February 2017）。维林卡 2011 年建立了 BBSM，当时国大党政府决定向英语中等私立学校提供补助金。虽然语言问题是他重要的事业，但维林卡还致力于更广泛的民族主义议程。他反对双重国籍（葡萄牙和印度，1961 年以前出生）以及为殖民时代节日提供资金计划的建议。

Manch，GSM），它成为 BBSM 的政治名片，并派出候选人在
2017 年 2 月 4 日的邦议会选举中，与印度人民党分别参加该
邦 40 个选区中的 4 个名额的竞选。果阿苏拉沙·曼奇与马哈
拉施特拉邦的 Gomantak 党（MGP）和湿婆军（Shiv Sena）建
立了选举联盟，所有这些组织都在语言问题上采取了类似的
立场。[①] 尽管所有 GSM 候选人都失败了（仅赢得总票数的
1.2%），并且印度人民党在包括 MGP 在内的联盟重新掌权，[②]
但维林卡发誓要继续反对国家为英语学校所提供的经济支持。[③]

维林卡通过辩称印度人民党邦政府的语言政策违反了其在
2012 年的竞选中终止对英语中小学资金支持的承诺，而证明了
他在选举前的反叛行为。资金支持是由果阿以前的国大党政府给
予的。在 2017 年邦议会选举期间他激怒了印度人民党领导人，
声称国防部长马诺哈·帕里卡尔（Manohar Parrikar）——以前

---

① 信息背景参见：Sanjay Jog，"Rebel Goa RSS Leader Velingkar Launches Goa
Suraksha Manch"，*Business Standard*，2 October 2016，http：//www. business –
standard. com/article/politics/rebel – rss – leader – subhash – velingkar – floats –
goa – suraksha – manch –116100200435_ 1. html（accessed 10 October 2017）。
然而，MGP 活动宣言并没有包括语言问题，尽管它与另外两个合作伙伴
在其他问题上是一致的。

② 关于选举结果的评论参见：Press Trust of India，"Election Results 2017：
BJPs Vote Share More Than That of Congress in Goa"，*The Indian Express*，12
March 2017，https：//indianexpress. com/elections/goa – assembly – elections –
2017/election – results – bjp – vote – share – congress –4566386/（accessed 12
July 2018）。

③ 有关 GSM 选举后行动的讨论请参阅党主席阿南德·施罗德卡（Anand
Shirodkar）的采访，Express News Service，"Goa Suraksha Manch Hits Out at
Ally for Insult；Congress Legislators Fault Top Brass"，*The New Indian Express*，
14 March 2017，http：//www. newindianexpress. com/nation/2017/mar/14/
goa – suraksha – manch – hits – out – at – ally – for – insult – congress –
legislators – fault – top – brass –1581079. html（accessed 14 March 2017）。

是果阿一位受欢迎的首席部长,背叛了他早先承诺终止向英语学校提供助学金,甚至指责帕里卡尔游说 RSS 的全国领导层将其撤职。① 问题是为什么这种政策差异,变成了前所未有的危机,涉及果阿这样一位高级 RSS 官员。维林卡似乎对帕里卡尔于 2014 年 3 月加入莫迪总理内阁一事公开直言不讳——并由毫不起眼的拉克斯米卡特·帕瑟卡(Laxmikant Parsekar)取而代之。帕瑟卡缺乏帕里卡尔将各党派利益集中在一起所必需的外交技巧,并且在 2017 年议会选举中注定失败,正如大多数参加竞选的内阁部长一样。

　　果阿的部门专职干部(vibhag pracharak)苏曼特·阿姆沙卡(Sumant Amshekar)告诉我们,维林卡的撤职"与印度人民党无关"。② 他说 RSS 甚至支持巴拉蒂亚·巴沙·曼奇,"发表关于语言问题的声明,召开新闻发布会和举行示威活动"。政治协商会议于 2015 年 3 月通过了一项关于语言问题的决议:

> RSS 政治协商会议完全支持包括外语在内的各种语言的研究。但人们认为,对于自然学习和丰富文化基石、教育,特别是基础教育应该是我们宪法承认的母语或邦语言。③

---

① "Lakshman Behare Is New RSS Goa Chief", *The Hindu*, 11 September 2016, http://www.thehindu.com/news/national/other-states/Lakshman-Behare-is-new-RSS-Goa-chief/article14633028.ece# (accessed 2 March 2017). 根据 RSS 消息来源,RSS 领导曾多次咨询维林卡,当时他利用 BBSM 平台批评了果阿的印度人民党政府,包括在访问该邦期间向印度人民党主席阿米特·沙阿示威。

② 这条消息是我们与果阿的专职干部阿姆沙卡电子邮件内容的一部分。引自 2016 年 11 月 17 日他对我们提出的一系列问题的回应。

③ 来自全印学生会(ABVP)的报告,"RSS ABPS Passes Resolution-2: Elementary Education in Mother Language", *Samvada*, 15 March 2015, http://samvada.org/2015/news/rss-abps-resolution-2-education-in-mother-language/ (accessed 30 November 2017)。

RSS 的教育附属机构（Bharatiya Shikshan Mandal，BSM）曾多次建议人力资源开发部推动各邦在教育方面采取母语政策。[1]

因此，约束行为并不是大力倡导母语教育的结果，甚至并不是因为形成了一个反对印度人民党的政党才是危机的根源。相反，维林卡决定在保留其 RSS 职位的同时，积极为政党开展工作。[2]2012 年，果阿的印度人民党政府上台，虽然正式支持巴拉蒂亚·巴沙·曼奇关于本土语言的要求，但事实上它只是表面上对现有的英语中小学的助学金政策进行了调整，最重要的是对所有新学校拒绝给予任何补助金，同时继续向已经接受助学金的学校提供补助。虽然面临压力，但并没有改变这一政策。

2017 年之后的民意调查显示，果阿苏拉沙·曼奇一直进行抗议活动，这是对新的印度人民党政府的一个警告，即反对对英语学校的持续资助政策。鉴于印度人民党对果阿的罗马天主教投票的依赖，尽管 RSS 强烈支持把母语中等教育作为加强本土文化的重要因素，但印度人民党不太可能改变这一政策。[3] 2017 年

---

① 关于该问题的讨论，参见 BSM 网站，http：//bsmbharat. org/Articles. aspx（accessed 20 November 2017）。

② 阿姆沙卡在与我们的交流中，并没有提到是印度人民党在努力让罗马天主教高级神职人员帮助他们保留果阿大型罗马天主教少数民族（该邦人口的四分之一）的实质性支持。他说这是印度人民党决定的问题。

③ 尽管帕里克尔和罗马天主教领导人之间保持着密切关系，但 RSS 的一名成员乔什已经向果阿的罗马天主教大主教提起诉讼，指控他们吸引选民以击败印度人民党候选人参加 2017 年补选。首席部长帕里克尔由此违反了1951 年"人民代表法"，该法禁止宗教人士偏袒或反对政党的活动。乔什还向罗马天主教古吉拉特邦大主教提起诉讼，同样向天主教徒就如何在2017 年古吉拉特邦议会选举中投票提出建议。信息来源于 2017 年 12 月 6日电话采访乔什。他告诉我们 RSS 作为一个组织没有支持他，尽管一些成员可能已经向他传达了他们的支持。

3 月上任的新印度人民党政府 ——帕里克尔再次担任首席部长，① 可能比其前任更加依赖罗马天主教投票，因此更不可能切断对英语学校的补助金。2012 年，印度人民党赢得了立法机构的多数席位，其中印度人民党在选举中获得的 21 个席位中，有 6 个是罗马天主教徒赢得的。相比之下，2017 年印度人民党候选人仅有的 13 个席位中，有 6 个是罗马天主教徒赢得的。虽然国大党赢得了比印度人民党更多的席位（17∶13），但相比印度人民党，它仅赢得了民众投票中的较小部分（28.4% ~ 32.5%）。如果包括果阿苏拉沙·曼奇与 MGP 和湿婆军的印度教民族主义与印度人民党结盟（赢得 3 个席位，得到 13% 的普选票），那么印度人民党将可能获得 3 ~ 6 个额外席位。然而，印度人民党需要通过与几个较小的政党（如 MGP）和一些独立的政党结合形成一个联盟。② 如果该问题再次引起争议，那么 MGP 在其竞选活动中将语言作为一个焦点，可能会在印度人民党领导的联合政府中摇摆不定。维林卡已经利用了许多果阿的印度教教徒对真实语言的抱怨，但他缺乏政治上的可信度来获得印度教教徒对他所在政党的支持。在组建联盟时，帕里克尔再次展示了他的外交和政治技巧。

维林卡迫使 RSS 出手反对他，跨越所允许的政治行动路线的后果是严重的。2016 年 8 月 31 日，RSS 时任全国宣传负责人曼莫汉·维迪亚确认，"已经免除了他（维林卡）的职务。他想

① 帕里克尔轻松赢得了他的补选大会竞选，再次强调了他在所有人群中的个人声望。

② 这些盟友是 MGP、果阿 Praja 党和湿婆军。MGP 赢得了三个席位（和 11.3% 的选票），而其他党则没有赢得任何席位。MGP 是 2012 ~ 2017 年印度人民党领导政府的一部分，之前曾是该邦的执政党。它的支持者现在仅限于北果阿印度语和马拉西语区的大部分中产阶级。

从事一些政治活动，作为同盟家族的领导者，他不能那样做"。①
维林卡的组织上级，邦领导人（sanghchalak）赛提斯·莫德哈
（Satish S. Modh）在前一天宣布，RSS 支持巴拉蒂亚·巴沙·曼
奇的语言目标，但"不会在 BBSM 的政治努力中发挥作用"，并
且"在最近的高级 RSS 行政负责人会议上，BBSM 的召集人维林
卡已经从他作为果阿负责人（Goa vibhag sanghchalak）的职位中
解脱出来了"。② 2016 年 9 月 1 日，拉克什曼（Lakshman Behere）
被选为维林卡的接替者，RSS 中央公共事务发言人向媒体证实了
这一任命。③ 这种重大的决策几乎肯定会受到那格浦尔领导层的
审查。

　　维林卡在被解雇之后，几乎立即恢复了自己作为果阿 RSS
反叛者的带头人，并指出它至少在 2017 年邦选举之前将独立
于母体。媒体报道说，果阿的主要 RSS 成员中有很大一部分
追随维林卡的领导并支持他分裂以重新成立一个团体。④ 然
而，阿姆沙卡的果阿专职干部告诉我们，在果阿建立的 RSS
仍然在继续其常规工作，尽管有较大规模的流失。而且，他
断言在果阿没有"所谓的果阿 RSS"。维林卡公开欢迎果阿新

---

① Press Trust of India, "RSS Sacks Its Goa Chief Subhash Velingkar after He Openly Takes Anti-BJP Stance", India. com, 31 August 2016, http://www.india. com/news/india/rss-sacks-its-goa-chief-subhash-velingkar-after-he-openly-takes-anti-bjp-stance-1448457/ (accessed 28 February 2017).
② 公告的确切措辞是维林卡从他的职位上下来，参见：https://rsschennai. blogspot. com/2016/09/statement - of - rss - goa - on - bbsm - stand. html (accessed 3 March 2017)。
③ "Lakshman Behare Is New RSS Goa Chief ", *The Hindu*.
④ 关于对这一新的反叛 RSS 的新闻的报道，参见：GoaNews Desk, "Rebel Goa RSS to Join Nagpur after Defeating 'Pro-Minority' BJP", *GoaNews*, 11 September 2016, http://m. goanews. com/ news _ details. php? id = 7452 (accessed 28 February 2017)。

的专职干部，并表示希望在果阿大选后作为 RSS 志愿者在他的领导之下工作。① 尽管有来自阿姆沙卡的抗议，但有一段时间有两个 RSS 部门争夺该邦志愿者的支持。然而，在宣布反对 RSS 的六个月之后，维林卡宣布他与他的反对者同行进行了协商，解散他在果阿的 RSS。这一解散发生在 2017 年 3 月 7 日，即果阿邦选举结果公布的前四天。据报道，维林卡承诺"再也不会离开同盟家族"。② 他还说，无论选举结果如何，他和他的追随者都会继续支持巴拉蒂亚·巴沙·曼奇运动，以阻止国家对英语学校的补助。但他没有提到恢复他以前的 RSS 职位的任何工作。

这一事件相当独特的原因在于，他是服务于 RSS 的高级官员中公开表达对 RSS 全国领导人不满的极少数例子之一，并且在这种情况下，形成了他自己的前所未有的极端政党以反对 RSS 的一个附属机构——印度人民党。在这种激进的特立独行中，阿姆沙卡声称，"没有人，也没有任何政治机构可以对 RSS 制定政策"，并且"只有在全国层面（RSS）达成共识后才能改变政策"。③ 为了使 RSS 核心领导层重视这一问题，维林卡在 2017 年大会活动期间告诉记者，"在干部队伍中绝大多数人的感觉是 RSS 正在把印度人民党安置于各地。RSS 没有勇气指出印度人民党存在

---

① 摘自阿姆沙卡 2016 年 11 月 17 日发给我们的电子邮件。换句话说，阿姆沙卡说即使在果阿形成一个单独的 RSS，维林卡仍会继续效忠那格浦尔。

② Murari Shetye，"Goa RSS Rebel Faction Dissolved，Merged with Parent Organisation"，*The Times of India*，7 March 2017，http：// timesofindia. indiatimes. com/city/goa/goa-rss-rebel-faction-dissolved-merged-with-parent/ articleshow/57503590. cms（accessed 7 March 2017）.

③ Ibid.

的缺陷"。① 在与记者单独的讨论中，维林卡表达了对 RSS 全国领导人的不满，并表示他对那格浦尔的批评超越了果阿。据说，他还提到，"我会留在同盟家族，但我们想要的不是弱者和无能的领导。我正在从印度各地接听电话（打电话），并且（RSS）活动家们焦躁不安，这几天同盟家族已经向印度人民党妥协了"。② 在果阿创建一个独立的 RSS 的理由之一是，RSS 完全选择支持印度人民党在选举上的强迫行为，即使在关于母语教育的立场方面赢得了妥协。

RSS 决策过程往往是全国和邦领导人之间非正式互动基础上缓慢而深思熟虑的过程，以产生共识和避免公开的分歧。如果无法达成共识，通常的做法是将问题放在一边，直到可以达成双方都能接受的妥协为止。然而在有些情况下，延迟解决抱怨可能会引发反抗，迫使 RSS 领导采取一些戏剧性的行为——维林卡的撤职就是这种情况。

在过去 20 年中，RSS 及其附属机构迅速扩张到几乎所有的活动领域，这使得该组织难以远离政治进程并维持内部纪律。RSS 的三个相关且矛盾的意见倾向正处于紧要关头：实用主义者和意识形态强硬派之间的争论；来自印度人民党充满竞争的政治紧迫性（例如，维持权力）与其大部分民意基础需求之间的平衡；出

---

① Vijay de Souza and Gauree Malkarnekar, "Subhash Velingkar: RSS Acting Like BJP Slave, Scared of Manohar Parrikar", *The Times of India*, 25 January 2017, http://timesofindia. indiatimes. com/city/goa/velingkar – rss – acting – like – bjp – slave – scared – of – parrikar/articleshow/56768232. cms（accessed 3 March 2017）. 据报道，在与记者举行的同一次会议上，维林卡断言 RSS 提交给印度人民党的问题，表明在果阿的语言问题是在德奥拉斯 1994 年辞去领导人职位的时候就开始了。

② Zeeshan Shaikh, "'Sangh Has Submitted to BJP…Whatever Paap BJP Does, Sangh Will Support': Subhash Velingkar", *The Indian Express*, 18 January 2017, https://indianexpress. com/article/india/ sangh-has-submitted-to-bjp-whatever-paap-bjp-does-sangh-will-support-subhash-velingkar-4479359/（accessed 12 July 2018）.

于包容性原因，该群体的核心价值观（例如，母语教育）的争议在多大程度上应该获得妥协。果阿是这种冲突可能产生的两难困境中的一个例子。维林卡指出了这些困境的实际后果，他告诉记者，RSS 全国领导人在邦议会选举前夕一直宽恕他对果阿印度人民党政府的语言抗议活动。一旦发生这种情况，"我从上面得到了命令，我不应该召开新闻发布会［原文如此］或者使用（国防部长）帕里卡尔的名字。我们的斗争是原则上的斗争。我告诉他们，当我在同一个问题上与国大党作战时，如同你从来没有说过什么。所以，当我在与印度人民党谈论同一个问题时，为什么他们要求我退缩。他们没有听我的话，把我从我的职位上开除了"。①

即使维林卡受到 RSS 高级领导的警告以阻止他的抗议，他也没有因为忽视这一建议而被停职。② 更确切地说，维林卡打破了 RSS 的纪律，形成并领导了只能被称为政党的东西，同时仍然保留了他作为果阿 RSS 领导人的高级职位。RSS 关于这一案件的决定，主张在允许和不允许的纠纷之间建立一个相当精确的标志：实际参与反对派政党同时仍然担任 RSS 官员是不允许的。

---

① Zeeshan Shaikh, "'Sangh Has Submitted to BJP…Whatever Paap BJP Does, Sangh Will Support': Subhash Velingkar", *The Indian Express*, 18 January 2017, https://indianexpress.com/article/india/sangh-has-submitted-to-bjp-whatever-paap-bjp-does-sangh-will-support-subhash-velingkar-4479359/ (accessed 12 July 2018).

② 几个 RSS 对话者否认任何此类命令是针对更高级别的 RSS 权威机构发布的语言抗议，尽管（在 RSS 高级人物常见的非正式政策讨论中）有些人可能会告诉他，他的抗议可能会产生不想要的结果——印度人民党失去其印度教投票基地。结果表明，印度人民党在 2017 年议会民意调查显示，印度教投票基地中的相当一部分输给了各个反对党。关于对果阿印度教投票损失的分析，参见：S. K. Prabhu, "Parrikar Government in Goa Again", *Vivek* (Marathi - language weekly), 20 March 2017。普拉布（Prabhu）还辩称，如果不改变其目前的语言政策，印度人民党政府可能会继续失去印度教的支持。

自 1947 年印度独立以来，RSS 办公室负责人可接受的政治参与问题即引起了争论。独立时的 RSS 负责人高瓦克曾试图让组织远离政治，担心政治活动会干扰其培养年轻人以推进巩固印度教事业的主要任务。1947 年围绕该国的分治事件，爆发了大规模的种族暴力，然后在 1948 年 2 月 4 日（并于 1949 年 7 月 11 日解除）① 对其实施了长达一年的禁令，声称为反穆斯林暴力创造了一个环境——引发政治辩论的紧迫性。许多全职的干部利用 RSS 的主要国家媒体机构《组织者》，给高瓦克施压，使得 RSS 成为一个政党，既提供有组织的抗议，以反对进一步分裂国家的行动，又保护 RSS 使其免于遭受另一个禁令。高瓦克通过支持一个新的民族主义政党——印度人民同盟而妥协，该政党是由西孟加拉邦著名政治家和尼赫鲁第一个内阁的印度教民族主义者希亚玛·普拉萨德·慕克吉组织的。高瓦克向新政党派遣了一个最好的年轻 RSS 全职干部管理基层工作，同时将 RSS 从日常的政治运作中撤离出来。1953 年 6 月 23 日，慕克吉去世后，一个早期被借调由党总书记乌帕德亚雅领导的全职干部，建立了党内控制机制并成功引入了组织秘书制度。高瓦克试图保持与印度人民同盟政策制定的不同，这种方法后来也适用于其他附属机构。②

尽管 RSS 规定了针对国家重要事项的详细决策过程，但维

---

① 1948 年实施的禁令被取消，因为没有令人信服的法律证据表明 RSS 有任何参与暗杀圣雄甘地的行为。

② 关于其政治参与程度，RSS 内部的辩论有很多很好的说明。参见：Craig Baxter, *The Jana Sangh: A Biography of an Indian Political Party* (Philadelphia: University of Pennsylvania Press, 1969), ch. 3; Bruce Graham, *Hindu Nationalism and Indian Politics: The Origins and Development of the Bharatiya Jana Sangh* (Cambridge: Cambridge University Press, 1969), ch. 2; Christophe Jaffrelot, *The Hindu Nationalist Movement in India* (New York: Columbia University Press, 1996), ch. 3.

林卡的撤职表明，RSS 及其大多数附属机构的决定，实际上是组织者之间经过非正式和非常私密的协商，以达成共识并最终将建议提交给全国领导层通过。同时，RSS 在实践中要求在做出决定后毫无疑问地服从决策。正如我们在早期对 RSS 研究中所指出的那样，这些组织秘书（sangathan mantris）组成了一个管理大型组织的平行机构。① 布鲁斯·格雷厄姆在他对印度人民联盟早期的研究中认为，党的选举成功受到了接受过 RSS 培训的领导层的阻碍，该领导层不愿接受妥协或为不同背景的人提供管理印度人民同盟的空间。② 然而，自 20 世纪 50 年代以来，RSS 逐渐变得更具政治性和包容性，特别是自 1973 年高瓦克去世以来。除了派遣全职人员之外，它现在向印度人民党提供竞选工作者、提出政策建议和裁决人事问题。但 RSS 一般都坚持原则，它的专职干部在担任 RSS 工作人员期间是不会在党内政治中发挥积极作用的。如果他们想参与政治，必须让出现任的 RSS 职位。拉姆·马达夫（Ram Madhav）就是离开他的 RSS 职位而担任新闻发言人，并成为印度人民党总书记的。然而，这种反对双重 RSS – BJP 政治责任的政策，在独立后的十年间也时而被忽视。有时候，党的建设意味着新党和 RSS（被 1948～1949 年的禁令削弱）人手不足，有必要共享规模相对较小的训练有素的全职人员，以推进印度教特性和重建 RSS 的双重事业。③ 在其历史上的 90 多年里，只有少数叛

---

① Walter Andersen and Shridhar Damle, *The Brotherhood in Saffron: The Rashtriya Swayamsevak Sangh and Hindu Revivalism* (Boulder: Westview Press, 1987), pp. 247 – 254.

② Bruce Graham, *Hindu Nationalism and Indian Politics*, pp. 91 – 93.

③ 关于模访 RSS 考虑建立一个与政治无关的组织的讨论，甚至关于赢得大选的短期挑战的讨论，参见：Jaffrelot, *The Hindu Nationalist Movement in India*, pp. 128 – 129。

乱案件导致 RSS 官员被正式撤职，有时是为了担任政党职位，就像在果阿发生的那样。在海德格瓦领导期间（1925～1940年），RSS 通过采用一种谁会被同意的高选择性程序来减少出现不同政见的可能性。RSS 为每个寻求入场的人提出了两条建议，这一要求在 1948 年禁令之后被取消，因为该组织试图迅速重建其成员资格。① 此外，海德格瓦还选择了具有印度教声望的人担任宣教士（sanghchalak），这些人有着各种各样的背景，例如国大党的阿里亚·萨玛吉（Arya Samaj）和印度教的马沙巴哈（Mahasabha）等。并且通常是没有参加或很少参加 RSS 培训，既增强年轻 RSS 的被尊重，又能为年轻成员提供榜样。② 一些例子表明，海德格瓦鼓励宣教士在中央邦和贝拉尔（Berar）地区及议会的选举竞争中不要放弃他们的 RSS 职位，以便 RSS 保持一种声音，能够保护自己免受对公务员和教学职位的限制。③

尽管 RSS 在努力减少不同政见的可能性，但仍有反复出现不满情绪的例子。有些是组织中的高层成员，比如 20 世纪 50 年代初的德奥拉斯兄弟，他们出于政策理由退出 RSS 活动，以抗

① RSS 实践的信息，来源于纳拉扬（Narayan H. Palkar）撰写的 *Dr. Hedgewar*（Pune：Bharatiya Vichar Sadhana, 1960），p. 239。

② Ibid. , pp. 330 – 332.

③ Ibid. , pp. 251 – 256. 这种策略在独立后于 1952 年在孟买举行的总统选举中继续使用。三名宣教士争辩说，要努力保护禁令后的 RSS 在该邦免受更多制约，该邦大部分领导人在禁令期间曾被捕。这三个人分别是萨塔拉区的莫达克（S. A. Modak）、索拉普尔区（Sholapur）的穆勒（Mule）博士以及浦那区（Pune）的德斯穆克（Advocate Bhausaheb Deshmukh）。三人都输了。在一系列文章中，有人提到向选举办公室提名宣教士，该文章建议由持不同政见的 RSS 专职干部修改 RSS 政策。古哈勒（Gokhale）和马哈拉施特拉邦西部的至少两个其他专职干部在 1949 年解禁后不久离开了。古哈勒后来成为著名的马拉地语时报 *The Maharashtra Times* 的新闻编辑。另外两个之中，科尔卡（B. K. Kelkar）后来成为德里马哈拉施特拉邦信息中心的负责人，维迪亚德哈尔·古哈勒后来成为马拉地语日报 *Loksatta* 和湿婆神军联邦院成员。

议该组织所谓的缺乏行动主义。① 但只有在少数情况下，这些持不同政见者才会形成独立的 RSS 型单位，就像果阿所发生的那样。也许，这种不同政见的第一个案例发生在 1929 年，当时加内什（Ganesh，别名 Anna）·索赫尼（Sohni）是海德格瓦在 RSS 成立时的一个亲密同事，在海德格瓦拒绝他在每一个纱卡建立一个传统健身房（akhara）的提议后离开了该组织。②索赫尼紧接着在那格浦尔建立了一个专注于武术的印度教民族主义者健身房。③ 也许，范围最广的一个反叛例子发生在 1938 年至 1939 年，印度教教徒煽动反对海德拉巴邦土邦政府，这里的穆斯林统治者禁止在学校和大学里演唱一首备受欢迎的"母亲，向您致敬"（Vande Mataram）的民族流行歌曲。④国大

---

① 德奥拉斯兄弟退出了积极参与的 RSS，因为他们认为 RSS 没有在社交方面伸出援手，也没有为不断变化的印度承担新的责任。参见：Gangadhar Indurkar, *Sangh, Kal, Aaj, ani Udya*（Pune：Sree Vidya Prakashan, 1983, in Marathi），pp. 178 - 182。英杜卡尔（Indurkar）是一位 RSS 活动家，他写了第一本高瓦克传记，并且有一段时间是 RSS 印地语 *Daily Swadesh* 的编辑。

② Palkar, *Dr. Hedgewar*, p. 193.

③ 1923 年喀拉拉邦的 Moplah 种族骚乱之后，在那格浦尔地区建立健身房的数量激增。另见 20 世纪 20 年代健身房崛起的研究，D. E. U. Baker, *Changing Political Leadership in an Indian Province：The Central Provinces and Berar, 1919 - 1939*（Delhi：Oxford University Press, 1979），p. 71；Andersen and Damle, *The Brotherhood in Saffron*, pp. 34 - 35。

④ 关于该抗议运动，参见：Guruprakash B. Hugar, "Vande Mataram Movement in Hyderabad Karnataka 1938 - 1939", in *International Research Journal of Social Sciences*, September 2015, vol. 4/9, pp. 30 - 33。关于范德·马塔拉姆（Vande Mataram）民族主义重要意义的分析，参见：Haridas Mukherjee and Uma Mukherjee, *Bande Mataram and Indian Nationalism*（Calcutta：Firma K. L. Mukhopadhyaya, 1957）。参与范德·马塔拉姆骚动的学生之一是拉奥（P. V. Narasimha Rao），当时是海德拉巴大学的一名学生，他被开除了。之后他转移到那格浦尔大学，在那里他接触了德奥拉斯兄弟和平乐，后来他成了世界印度教大会的高级领导。

党制作了这首歌，由印度著名诗人拉宾德拉纳特·泰戈尔（Rabindranath Tagore）配上了音乐，这首歌是圣歌，它实际上成了民族主义抗议殖民主义的颂歌。像 RSS 一样的印度教民族主义组织受到禁令特别愤怒，因为歌曲中的文字被解释为指印度母亲（这首歌标题的字面意思是"赞美你，母亲"），因此被认为是对印度教教徒的侮辱以及对独立印度的需求。导致 RSS 内部主要是大学生志愿者（swayamsevaks）反叛的原因，是海德格瓦拒绝了 RSS 承诺参与印度教民族主义组织，例如马沙巴哈（Mahasabha）的抗议活动，阿里亚·萨玛吉也积极参与。[1] 虽然成员可以以个人身份参与非暴力抗议（satyagraha），但许多靠近印度教马沙巴哈的 RSS 成员，主要分布在马哈拉施特拉邦西部，继续形成平行的 RSS 组织，类似于已经存在的其他独立的 RSS 组织。然而，这些本地的脱离团体通常缺乏能够维持工作的有能力的领导干部，使得它们最终都瓦解了。1943 年，纳图拉姆·戈德森（Nathuram Godse）、纳拉亚·艾普特（Narayan Apte）和乔加乐卡尔（J. D. Jogalekar）——年轻的 RSS 成员，在 1938 年拒绝参与海德拉巴运动后离开该组织，形成了激进的印度教拉什特拉·达尔（Rashtra Dal），在马哈拉施特拉邦西部设有分支机构。令他们感到不安的是，1940 年海德格瓦去世后负责 RSS 的高瓦克，为了组织建设而拒绝战斗，更加强调精神性而不是激进的爱国主义。[2] 另一个案例是在一年后的 1944 年出现了不同政见，当时在孟买管辖的马拉地语言区讲卡纳达语的林伽派信徒（Lingayat）社区的 RSS 成员形成了自己独立的纱卡，指责常规 RSS 由马哈拉施特拉邦的婆罗门主导。[3]

---

[1]　Baker, *Changing Political Leadership in an Indian Province*, p. 333.

[2]　相关讨论参见：Andersen and Damle, *The Brotherhood in Saffron*, pp. 108 – 110。

[3]　参见：Anand Hardikar, *Rambhau Mhalgi*（Pune：Snehal Prakashan, 1993），p. 97。

1950～1951 年，在那格浦尔的 RSS 总部出现了一个短暂的 RSS
反叛组织，由年轻人领导，他们认为主流团体在后禁令期间如此
专注于机构重建，没有为做社会工作的成员提供机会。[①]

在一些案例中，RSS 领导人撤销了那些公开让组织尴尬的官
员的职位。有两个众所周知的案例。一是 1964 年在浦那区的宣
教士阿彼亚卡尔（Abhyankar）被撤职。原因是他参加了一个欢
迎仪式，庆祝释放了与 1948 年甘地暗杀案有关的被捕者。[②] 另外
一个被撤职的是浦那的一个专职干部彭兹（V. V. Pendse），因为
1954 年他反复公开批评 RSS 领导缺乏所谓的激进主义，也对竞争
激烈的印度教马沙巴哈的 RSS 提出了指控。[③]

1955 年，撤销了瓦森特·拉奥·欧克（Vasant Rao Oke），[④]
他是关键地方德里（当时还包括北方邦、拉贾斯坦邦和讲印地
语的旁遮普邦）RSS 的一个专职干部，反映了 20 世纪 50 年代
RSS 和它的政治分支机构也就是新成立的印度人民同盟之间不稳
定的关系。在殖民时期和印度自由之后的第一次议会选举中，

---

① 2016 年 3 月 6 日，在那格浦尔专访前全印度 RSS 发言人维迪亚。孟买市
也有类似的 RSS 异议事例。

② 这一事件的回顾参见：https://indiankanoon. org/ doc/383735/（accessed 4
March 2017）. This provides detailed information on those controversial celebrations。

③ 参见：Swarnalata Bhishikar, *Appasaheb Pendse*（Pune：Snehal Prakashan,
1992），p. 93。

④ 欧克是来自那格浦尔早期由海德格瓦训练的专职干部之一。他于 1937 年
将欧克送到德里，在那里创办了一个 RSS 小组。在此期间，欧克将 RSS
训练活动发展成为高级政府官员量身定制的纱卡。作为德里 RSS 的部门
负责人，欧克与国家的政治领袖以及印度人民同盟的高级人物直接接触，
导致他的一些同事将他称为"制造者"。信息来自 2017 年 3 月 25 日与
D. V. Nene 博士的电话交谈。他是一位记者兼医生，撰写了大量文章。他
关于 RSS 的文章出现在 20 世纪 60 年代末和 70 年代的马拉地语周刊 *Sobat*
上，其笔名是 Dadumiya。这些文章严厉批评了高瓦克，因为他声称不参
与社会和政治问题。

RSS 允许宣教士参与竞选，虽然也有一些例外。1952 年，它没有将这项权力扩展到代表组织主体框架的全职人员或专职干部。① 新政党的 RSS 全职工作人员的问题在 1953 年印度人民同盟的创始人慕克吉去世后发展到了危急关头。1954 年，印度人民同盟新任主席毛利·钱德拉·夏尔马（Mauli Chandra Sharma）需要选出一个工作委员会，他的候选人基本上分为与慕克吉有关的印度教民族主义政治家和派遣到该党的 RSS 专职干部。夏尔马缺乏塑造在党内发展的声望，因此不得不更加关注印度人民党专职干部的意愿。② 尽管欧克拥有 RSS 背景，但往往会支持夏尔马和其他政客，建议政党如果要具备政治竞争力，就必须远远超出其 RSS 工作人员的范围。他是党内唯一的专职干部，而且不是高瓦克指派给夏尔的人之一。欧克的亲政治家立场可能是 RSS 反对将他列入夏尔马提议的工作委员会的主要原因。尽管如此，夏尔马决定继续前进，而欧克也并没有被迫放弃他的 RSS 职位。③ 随后，欧克在 1955 年从他的 RSS 职位中退出，这是对全国 RSS 领导人更直接的反叛。他拒绝了一个新的职位——RSS 体育项目

---

① 直到 20 世纪 60 年代，宣教士通常是当地的著名人物，并且当他们被任命时不一定是 RSS 成员（志愿者）。因此，他们参与选举并不被视为是破坏 RSS 工作的行为。在 20 世纪 60 年代后期，宣教士几乎所有都是经过 RSS 培训的人，并且 RSS 不再允许宣教士担任任何政治职务或官职。如果宣教士确实占据政治职位，他们必须放弃他们的 RSS 职位。

② 有关 RSS 工作者和政治家之间这些划分的非常好的总结，参见：Graham, *Hindu Nationalism and Indian Politics*, pp. 56 – 68。

③ RSS 和印度人民党政客之间关于权力的关键测试中，欧克支持沙马的问题，参见：Baxter, *The Jana Sangh*, pp. 134 – 136。也可参见尼尼博士（Nene）的相关论文。欧克的政治/RSS 双重责任可能并不是 RSS 领导人反对他加入工作委员会的主要原因。印度人民同盟的第三任主席普莱姆·纳特·多格拉（Prem Nath Dogra）实际上同时也是查谟和克什米尔的宣教士，他不必腾出这个位置。此外，多格拉是查谟和克什米尔公民联盟（Praja Parishad）政党的长期领导人，实际上也被要求成为那个邦的宣教士，而继续担任政治职务。

负责人（Sharirik shikshan pramukh）。该项目总部设在钦奈（Chennai），远离政治中心德里。在那里，欧克拥有支持基础，可以在该地的国家政治中发挥作用。① 随后，他参与了 1956 年 6 月的秘密会议，讨论组建一个新党，即短暂的民族民主阵线（NDF），主要由那些离开了印度人民同盟以抗议党的新方向的政客组成。据报道，在那年晚些时候组建民族民主阵线时，他指责 RSS 干扰了印度人民同盟的事务。② 当民族民主阵线瓦解后他暂时回到印度人民同盟，但再也没能在 RSS 中占据一席之地。

这种独立后对 RSS 办公室干事正式参与政治的反感始自 1948~1949 年的禁令期间，当时印度政府要求 RSS 采纳宪法，草案于 1949 年 4 月 11 日递交政府。③ 在其他条款中，还保证 RSS 将使其行政干事远离政治。最初 RSS 采用的章程④在第 4 条中指出，"同盟家族远离政治，只专注于社会和文化领域"。之后，在第 11 条指出，"他（志愿者）是一名政党的干事，不具备选举候选人或任命（RSS）职位的资格，只要他是干事"。第 17 条规定，邦专职干部是由中央政府与各邦宣教士协商后任命的。RSS 对这些反对政治活动的条款的正式遵守，构成了 RSS 自身叙事的一部分，这是每个高级 RSS 人物遇事时所回应的叙事。它被认为是打击另一项禁令的一种工具。然而，果阿的例子指出，不可接

---

① 1956 年 3 月，欧克在德里部门的专职干部职位被马达夫·穆耶（Madhav Mulye）取代了，他也是由海德格瓦早期训练的专职干部。德里忠于欧克的许多 RSS 成员离开 RSS 以示抗议。关于欧克拒绝前往金奈的相关信息，参见尼尼博士（Nene）的文章。

② 格雷厄姆：《印度教民族主义与印度政治》，第 66 页。

③ 用于分析新的 RSS 构成及其主要观点的总结，参见：Baxter, *The Jana Sangh*, pp. 44–49。

④ 章程本身可以在《组织者》（1949 年 9 月 6 日）中找到。原章程于 1949 年 8 月 1 日通过，并于 1972 年 7 月 1 日修订。

受的政治行动的定义有多么狭窄。阿姆沙卡发给我们的电子邮件声称，如果从国家利益角度认为有必要，那么 RSS 可以自由地反对或谴责或做出不同于任何政党（甚至是印度人民党）的决定。[1]因此，通过这种解释，维林卡和果阿 RSS 没有跨越行动禁止线，支持甚至组织巴拉蒂亚·巴沙·曼奇抗议印度人民党政府的语言政策，甚至也没有抗议印度人民党领导人的访问。例如，工会有组织抗议／罢工的历史，反对任何政府甚至是印度人民党政府的反劳工政策。没有人因为采取这种有组织的对抗性立场而受到纪律处分。禁止的是在政党内工作的 RSS 官员，没有放弃他的 RSS 职位。允许他保留 RSS 行政工作会削弱该组织作为一个无私的印度教特性倡导者的合法性，并威胁其在同盟家族内的道德优势。维林卡最终"回归"到母体组织，几乎可以肯定地承认他在同行的志愿者中分离 RSS 缺乏合法性。在国家和邦层面谨慎的 RSS 领导小心行事，没有将他正式从 RSS 中驱逐出去，尽管他几乎肯定不会再担任高级职位。2017 年 11 月 7 日，维林卡宣布组建一个名为"印度母亲胜利"（Bharat Mata ki Jay）的组织，以推动解决语言和其他印度教民族主义者关注的问题，但谨慎地说这个新组织是"非政治性的"。如果他或这个新组织未来将在 RSS 中有任何的角色，那么这在规划上也是需要的。[2]

　　维林卡的反叛再次表明，同盟家族类似于拉基里·科萨利（Rajni Kothari）的独立后"国大党系统"，其特点是来自右翼、

---

① 参见阿姆沙卡的电子邮件。
② "Bharat Mata Ki Jay Will Influence Politics in Goa: Chief Subhash Velingkar", *The Times of India*, 13 November 2017, https://timesofindia.indiatimes.com/city/goa/bharat-mata-ki-jay-will-influence-politics-in-goa-velingkar/articleshow/61620759.cms（accessed 30 November 2017）. 当维林卡的竞选盟友 MGM 进入印度人民党联合政府时，他在政治上被孤立了。

左翼和中立的广泛意见。① 我们认为，这种差异很大程度上是
"家庭"的组成代表不同的利益。与国大党一样，"家庭"的每
个层面都存在强烈的争议，而 RSS 的作用是调解内部差异。正
如在维林卡反叛中所尝试的那样，它的目标是调解纠纷，以减少
宣传分歧的机会并达成妥协。但是这个案例很有意思，因为 RSS
未能达到实用主义者（印度人民党）和纯粹主义者（维林卡）
以及强硬派（维林卡）和温和派（印度人民党）之间可接受的
妥协。由于维林卡缺乏政治经验和巴里卡精明的政治本能，温和
派最终获胜。但令 RSS 担忧的因素是维林卡的反叛可能代表着
一种危险的预兆。它预示着同盟家族右翼势力的崛起，可能在其
他地方和其他问题上寻求利用基地来逼迫印度人民党——甚至迫
使 RSS 采取偏离其正常的谨慎立场的风格。如果它能够有效地
向右翼的印度人民党活动家和同盟家族忠实信徒提出上诉，拥有
更强有力的领导能力，那么强硬的意识形态思想可能构成威胁。
这可以解释 RSS（和 BJP）在处理来自右翼的定期咆哮时的谨
慎。在前两个关于皈依和奶牛的案例研究中我们分析了这个
问题。

① 关于"国大党体制"的概念，参见：Rajni Kothari, "The Congress 'System' in India", *Asian Survey*, December 1964, Vol. 4, No. 12, pp. 161 - 173。

第十三章 ／ 2015 年比哈尔邦选举——临时填补空缺

2015 年 9 月 25 日，采访《组织者》和《潘驰迦亚》的编辑，两个出版物均支持 RSS 领导人巴格瓦特就种姓保留问题发表评论。该评论发表于拥有众多人口的印度北部比哈尔邦 2015 年 10 月至 11 月举行大选前夕，由此点燃了一场政治风暴。印度人民党热切希望赢得比哈尔的选票，因为这次选举被许多人认为是该党在上台执政 16 个月以来，检验其受欢迎程度的一次公投。[1] 2014 年，该党在比哈尔邦议会选举中取得了很好的成绩——获胜了，与其全国民主联盟联合共占据了下议院 40 个席位中的 32 个。同时，它希望在 2013 年联合政府分裂之后在该邦重新掌权，这是一个关键的选区。首席部长尼蒂什·库马尔的另

---

[1] 分析 2015 年比哈尔大会投票的重要性，可参见：Milan Vaishnav and Saksham Khosla, "Changing Alliances, Caste Arithmetic: Bihar Polls Explained", *Hindustan Times*, 9 October 2015, http://www.hindustantimes.com/india/bihar - polls - explained - changing - alliances - caste - arithmetic/story - ujzxZ63J6zJG2IxhpZDfgK.html（accessed 5 December 2017）。

一个胜利，是曾经一个联盟合作伙伴，在宣布莫迪将成为总理人选之后与印度人民党分道扬镳，由此带来一个可能性——他可能组建一个反对派联盟，在 2019 年议会选举中反对印度人民党和莫迪。之所以分析认为比哈尔邦的邦议会选举切中要害，不仅因为 RSS 领导人的言论成为竞选活动的一部分，而且还因为同盟家族广泛参与了印度人民党的民意调查工作。

自印度独立以来，RSS 对政治的参与逐渐增加。从将政治视为令人讨厌和道德腐败，到将其视为促进社会变革的工具之一，RSS 对政治的看法确实在发生变化。可以肯定的是，它仍然认为社会的重大变革是自下而上发生的，RSS 的政治附属机构对政治活动的参与早于莫迪上台。当内部人员之间和政策问题缺乏共识时，其作用通常都需要做出调整。在这里我们提出的建议是，当该党的组织基础设施薄弱之时，同盟家族会更加深入地参与印度人民党的选举活动，就像在 2015 年比哈尔邦的印度人民党为议会选举做准备一样。

印度政治阶层认为比哈尔邦选举是对印度人民党政府受欢迎程度的一个重要的中期检验。几个月前，印度人民党在德里议会选举的 70 个席位中只赢得了 3 个席位，这一结果特别令人感到羞愧，因为它在九个月前也就是 2014 年 5 月刚刚赢得了该市 7 个议会下院（Lok Sabha）席位。比哈尔邦是一个规模更大、政治上也更重要的邦。主要是因为复杂的种姓动态，比哈尔邦被认为是该国人口稠密的印地语中心地区的领头羊。这些选举也是反对派政治战略的一次重要考验，该战略旨在建立一个联盟，与正在发展壮大中的印度人民党较量。比哈尔邦的反对党国大党、全国人民党（Rashtriya Janata Dal，RJD）和人民党（Janata Dal）（联合）（人民党联合派）——组成了一个选举联盟，并考虑到了这一目标。由于印度人民党正在面对一个联合的反对党，该党主席阿米特·沙阿（Amit Shah）将比哈尔邦选举与英国在布哈萨（Buxar）战役中的胜利进行了比较。① 在 1764 年 10 月进行的历史性重大战役中，莫卧儿（Mughal）皇帝的军队以及孟加拉的纳瓦布（Nawabs）和阿瓦德（Awadh）联合起来与英国东印度公司作战。尽管他们具有数量上的优势——合并的本土力量的强度是东印度公司军队的四倍，但缺乏协调以及不完善的计划造成了盟军内部的混乱，从而导致了英国人的胜利。阿米特·沙阿认为，人民党联合派（JDU）和全国人民党（RJD）② 在社会基础上存在的对立，使得他们的联盟并不相容。政治观察家普遍认同这一观点，他们指出，国大党、人民党联合派和全国人民党的大联盟（mahagathbandhan）拥有很好的计算能力，但没有社会能力。③

　　由于在德里受挫后不想冒任何风险，RSS 决定在印度人民党的比哈尔邦选举活动中发挥作用。在德里议会结果宣布之后，该组织的联合总书记豪萨贝尔立即与印度人民党领导人，包括该党在比哈尔的负责人布潘德拉·亚达夫（Bhupendra Yadav）就该邦的选举战

① Rahul Kanwal, "Inside Story of How Amit Shah's Redrawing Bihar's Caste Map", *India Today*, 17 July 2015, http：//www. dailyo. in/politics/amit – shah – bjp – bihar – assembly – polls – narendra – modi – lok – sabha – election – 2014 – congress – lalu – prasad – yadav – nitish – kumar/ story/1/5024. html（accessed 5 December 2017）.

② RJD（全国人民党）的主要选民基础包括拥有土地的首陀罗（Yadav）种姓，而人民党联合派（JDU）的主要选民由印度种姓等级（最落后种姓或 MBCs）的最底层组成，包括传统的无地劳工或佃农。这些首陀罗和最落后种姓社区在传统上一直是对立的，因为他们各自在种姓等级中处于不同地位。

③ Rahul Verma and Pranav Gupta, "Good Arithmetic but No Chemistry", *The Hindu*, 23 September 2015, http：//www. thehindu. com/opinion/op-ed/bihar-assembly-elections-2015-good-arithmetic-but-no-chemistry/article7678191. ece（accessed 5 December 2017）.

略进行了会谈。① RSS 的决定可能源于其在《组织者》中表达的观点，即德里选举的惨败是"组织缺乏统一性和（糟糕的）规划"造成的。②

　　正是在这一决定背景下，巴格瓦特（Bhagwat）密切参与印度人民党的选举战略，他评论了保留制在政治上的重要性。在印度人民党的思想家和 RSS 专职干部乌帕德亚雅诞辰一百周年之际，他与《组织者》进行了交谈，主张建立"一个真正关心整个国家利益并致力于社会平等的人民委员会，包括一些来自社会的代表，他们应该决定哪些类别需要保留以及需要保留多长时间"。③ 这个陈述可能是含糊不清的——也许是无懈可击的。但是，在竞争激烈的比哈尔邦选举之前，RSS 领导人的言论很快就出现了政治色彩。拉鲁·普拉萨德·亚达夫（Lalu Prasad Yadav）是一个魅力十足的全国人民党负责人，使用巴格瓦特的评论发表观点称印度人民党正试图"结束保留制"。④ 首席部长候选人尼蒂什·库马尔和反对党联盟推举的领导人认为，巴格瓦特对保留政策的怀疑代表了印度人民党在这个问题上的立场。⑤

---

① DNA web team, "RSS to Decide BJP Strategy for Bihar Polls after Delhi Drubbing", *DNA*, 17 February 2015, http://www. dnaindia. com/india/report-rss-to-decide-bjp-strategy-for-bihar-polls-after-delhi-drubbing-2061703 (accessed 14 March 2018).

② Ibid.

③ Mohan Bhagwat, "Strengthening the Weakest Link Will Lead Nation to Development", *Organiser*, 21 September 2015, http:// samvada. org/2015/articles/bhagwat-interview-organiser/ (accessed 29 April 2018).

④ Indrani Basu, "Lalu Prasad Yadav Dares BJP, RSS to End Reservations", *Huffington Post*, 21 September 2015, http://www. huffingtonpost. in/2015/09/21/lalu-dares-bjp-reservations_ n_ 8171196. html (accessed 5 December 2017).

⑤ The Citizen Bureau, "RSS Is BJP's Supreme Court, Says Bihar CM Nitish Kumar", *The Citizen*, 23 September 2015, http://www. thecitizen. in/index. php/en/newsdetail/index/1/5252/rss-is-bjps-supreme-court-says-bihar-cm-nitish-kumar (accessed 29 April 2018).

在比哈尔邦，一个被种姓冲突所撕裂的社会，保留是一个高度情绪化的问题，因为他们代表政府工作和公共教育机构进入印度教种姓等级中的底层民众，否则他们可能无法获得这些好处。为了赢得比哈尔邦选举，被认为是由上层种姓婆罗门—巴尼亚（Brahmin-Bania）统治的政党——印度人民党，需要得到广泛的社会联盟的支持，包括来自受益于保留制的低种姓群体。20 世纪 90 年代，印度人民党在政治领域的崛起，原因部分可归结于辛格总理 1989 年宣布，他的政府将实施曼达尔委员会报告，从而扩展到其他落后阶层对教育机构和公共部门工作的保留，由此成功地动员了上层种姓人士。① 为保持政治相关性，该党很快就开始支持扩大配额利益。同样地，在比哈尔邦由于担心该邦众多政治上强大的表列种姓（SCs）和其他落后阶层（OBCs）的愤怒，印度人民党迅速与巴格瓦特的评论保持了距离。当时，联盟电信部长和来自比哈尔邦的印度人民党高级领导人拉维·尚卡尔·普拉萨德（Ravi Shankar Prasad）在匆忙安排的新闻发布会上宣称，"印度人民党不赞成重新考虑对这些群体的保留：表列种姓、表列部落和其他落后阶层"。② 甚至 RSS 又回到了巴格瓦特的评论。RSS 总书记巴伊亚吉·乔希说，"曼莫汉·巴格瓦特没有用恰当的语言来表达他想说的，他并没有说应

---

① 在曼达尔委员会报告实施后，印度人民党如何能够动员上层种姓选民支持的分析，参见：Pavithra Suryanarayan，"When Do the Poor Vote for the Right-Wing and Why: Hierarchy and Vote Choice in the Indian States"，*Comparative Political Studies*，https：//pavisuridotcom. files. wordpress. com/2012/08/bjp_paper_latest3. pdf（accessed 3 May 2018）。

② Nistula Hebbar，"BJP Backs off from RSS Chief's Remarks on Quota"，*The Hindu*，22 September 2015，http：//www. thehindu. com/ news/national/bjp-backs-off-from-rss-chiefs-remarks-on-quota/ article7674916. ece（accessed 13 December 2017）。

该对保留政策进行审查，这是社会义务"。①

印度的政党组织结构薄弱。帕拉迪普·齐伯（Pradeep Chhibber）和桑迪普·夏斯特里（Sandeep Shastri）观察到印度国大党的党组织在 20 世纪 60 年代末英迪拉·甘地上台之后被削弱了。从那时起，尼赫鲁 – 甘地的家族成员集中控制了该党。②虽然印度人民党从未被个人或家庭主导，但其党组织也相对薄弱。直到最近，在莫迪的长期密友阿米特·沙阿的领导下，印度人民党才开始建立广泛的党派基础。即便如此，印度人民党在印度各地的党组织的优势仍然处于变化之中，并且取决于国家的社会背景。③ 保罗·布拉斯（Paul Brass）在关于这一主题的开创性研究中，注意到在民族分化的背景下保持强大的政党组织需要大量的资源，因为民族分裂增加了派系斗争和分裂的可能性。④在竞争激烈的政治环境中，作为政治家和公众之间媒介的当地有影响力的人，有动机在不同的党派网络之间下注，以便在谈判中为自己争取最大的利益。⑤ 如此，印度的社会经济条件导致了组

---

① Shyamlal Yadav, "Why RSS Changed Its Stand on Reservation", *The Indian Express*, 3 November 2015, https://indianexpress.com/article/ explained/ why-rss-changed-its-stand-on-reservation/ (accessed 12 July 2018).

② Pradeep K. Chhibber and Sandeep Shastri, *Religious Practice and Democracy in India* (New York: Cambridge University Press, 2014), p. 131.

③ Prashant Jha, "How Does BJP Succeed in Relentlessly Acquiring Power, State after State", *Hindustan Times*, 16 September 2017, http://www. hindustantimes. com/ books/what-you-need-to-know-about-the-bjp/story-8UgwXeNznIdE5lTExmyOAJ. html (accessed 5 December 2017).

④ Paul R. Brass, *Factional Politics in an Indian State: The Congress Party in Uttar Pradesh*, (London: Cambridge University Press, 1965), pp. 50 – 70.

⑤ Simone Chauchard and Neelanjan Sircar, "Courting Votes without Party Workers: The Effect of Political Competition on Partisan Networks in Rural India", unpublished paper, http:// www. simonchauchard. com/wp-content/uploads/ 2014/02/ politicalbrokerage_ 20171113. pdf (accessed 3 May 2018).

织薄弱的政党。

比哈尔邦和北方邦的社会环境相似。事实上，比哈尔邦比北方邦更具有民族主义分裂倾向。甚至，印度人民党在比哈尔邦的力量也非常有限。从 2005 年到 2014 年，它仍然是人民党联合派的联合政府中的初级成员。印度人民党的支持主要来自城市上层种姓，其在该邦广大的农村腹地的存在就是空架子。城市化率与人均收入——两个因素与印度人民党的支持率密切相关，但这一数据在比哈尔邦相对较低。这是一个农业邦。根据 2011 年的人口普查数据，比哈尔邦的城市化率为 11.3%，而全国的城市化率为 32%。① 与全国其他地区相比，这一数据差距也很大。2016～2017 年，该邦的人均收入为 35590 卢比，与 103219 卢比的全国人均收入相比，仅为全国的三分之一。② 相对不发达、种族分裂以及缺乏社会多元化的支持基础，导致印度人民党在该邦的党组织基础薄弱。

2015 年比哈尔邦选举，是研究同盟家族的一个案例，特别是 RSS 在党组织的传统运行中发挥了重要作用。印度人民党在比哈尔邦的组织弱点，使得 RSS 在竞选活动中的作用至关重要。RSS 参与了党的活动的各个方面，招募了 RSS 专职干部和志愿者，使其在广泛的竞选活动中发挥作用，包括：对候选人和问题提供建议、开展宣传活动和动员选民。同盟家族广泛的网络被用

① 印度人口统计局使用相对严格的标准划分城市，向农村地区相对慷慨采取财政转移支付和较低的土地税率来激励地方保持农村地位。使用卫星数据的研究人员认为，印度几乎有一半是城市人口。相关研究方法的更多细节，参见：Ajai Sreevatsan, "How Much of India is Actually Urban", LiveMint, 16 September 2017, http://www.livemint.com/Politics/4UjtdRPRikhpo8vAE0V4hK/How-much-of-India-is-actually-urban.html（accessed 5 December 2017）。

② Reserve Bank of India, "Per Capita Income by State", Database on the Indian Economy.

来征求基层对当地选民重要问题的反馈意见。为了更好地动员选民，阿米特·沙阿将比哈尔邦分为四个选区。由于缺乏一个富有经验的领导人带领的强有力的党组织，四个选区负责人中有两个是 RSS 专职干部，另一个是与同盟家族有着长期联系的志愿者。[①] 各区负责人的任务是协调选民的动员工作和管理党在各自地区的竞选活动。确定三位同盟家族的活动家，主要是因为他们在同盟家族长期任职期间所锻炼的组织能力。一群专职干部和宣教士分别被分配到一组议会席位中进行监督。[②] 他们的责任包括评估每位政党候选人竞选活动的有效性并确定突出性的问题，以帮助扩大选民范围。[③]沙丹·辛格是一位高级 RSS 专职干部，担任印度人民党总书记（组织），负责协调 RSS 干部的活动。[④] 由于沙丹·辛格在 RSS 中的突出地位以及他丰富的组织经验，他是印度人民党在比哈尔邦选举活动的一个关键战略家。他的 RSS 背景是一种资产，因为他在制定选举战略时，不必依赖该邦的印度人民党弱势和分裂的党组织来获得来自基层民众的反馈。无论如何，印度人民党在比哈尔邦农村腹地的空壳化存在以及缺乏多

---

① Ravish Tiwari，"Bihar Poll Strategy：BJP Picks 3 RSS Men，Amit Shah's Aide to Lead the Electoral Battle"，*The Economic Times*，4 August 2015，http：// articles. economictimes. indiatimes. com/2015 – 08 – 04/news/65204857_ 1_ pracharak-amit-shah-s-party-leaders（accessed 5 December 2017）.

② Panini Anand，"Battle for Bihar：How the RSS Is Helping the BJP Fight the Election"，*Catch News*，13 October 2015，http：//www. catchnews. com/ politics-news/battle-for-bihar-snapshot-of-how-the-rss-is-helping-the-bjp-fight-the-election-1444360753. html（accessed 12 July 2018）.

③ Ibid.

④ Archis Mohan and Satyavrat Mishra，"Meet the Backroom Boys in the Battle for Bihar"，*Business Standard*，22 September 2015，http：//www. rediff. com/ news/report/bihar-polls-meet-the-backroom-boys-in-the-battle-for-bihar/20150922. htm（accessed 5 December 2017）.

样化的社会干部基础，限制了该党在每个选区中判断问题重要性的能力。沙丹·辛格使用 RSS 网络识别每个席位的关键问题，并向候选人传达他们与选民产生共鸣的反馈。

候选人的选择是印度人民党的另一个棘手问题。正如米兰·瓦什纳夫（Milan Vaishnav）所言，一小群精英——通常是一个人——有权决定在比哈尔邦的选票分配。[①]"可赢性"（Winnability）是最重要的选拔标准，但印度人民党的党内精英在衡量候选人吸引公众支持的能力方面的手段有限。该党在比哈尔邦的内讧现象严重，这是印度人民党在选举前没有宣布首席部长候选人的原因之一。[②] 每个派系都有机会提名自己的支持者作为候选人。[③] 在这种情况下，RSS 在印度人民党的候选人选择中发挥了作用。印度人民党决定候选人基于三项调查——两项由外部机构完成，一项由 RSS 完成。[④] RSS 的庞大网络和志愿者卓越的本地知识，使得他们对候选人的可行性评估比经常出错的民意调查更为准确。此外，同盟家族的干部相对不受群体思维的影响，这是政治精英的特征。因此，同盟家族是印度人民党精英接受基层反馈以衡量候选人获胜能力的

① Milan Vaishnav，"The Merits of Money and 'Muscle'：Essays on Criminality，Elections and Democracy in India"，Columbia University PhD thesis，2012.

② Dhirendra Kumar，"Infighting in Bihar BJP over CM Candidate"，*Millennium Post*，http：//www. millenniumpost. in/infighting-in-bihar-bjp-over-cm-candidate-61813（accessed 5 December 2017）.

③ Binod Dubey，"Bihar：BJP 'Factions' Put Up Own Names for CM Candidates"，*Hindustan Times*，30 June 2015，https：//www. hindustantimes. com/patna/bihar-bjp-factions-put-up-own-names-for-cm-candidates/story-g52QYaozSCkzeLxIW3adoJ. html（accessed 26 February 2018）.

④ Binod Dubey，"RSS Has Its Say in BJP's First List for Bihar Elections"，*Hindustan Times*，17 September 2015，http：//www. hindustantimes. com/india/rss-has-its-say-in-bjp-s-first-list-for-bihar-elections/story-UTaHFTvmAVt4EafcdRLXIK. html（accessed 5 December 2017）.

理想渠道，特别是在党派派系林立的比哈尔邦。

鉴于印度人民党在其干部中缺乏社会多样性，该党不得不依靠同盟家族干部在穆斯林和达利特人之间从事活动，特别是为了应对巴格瓦特言论产生的影响。印度人民党几乎没有穆斯林成员可以带领该党与该邦最大的少数民族（估计占该邦人口的17%）的外联活动。印度人民党在比哈尔邦穆斯林社区的活动被外包给了 RSS 的穆斯林国家论坛。[1] 印度人民党依靠 RSS 志愿者来抵消巴格瓦特关于保留的声明对达利特人（约占人口的15%）产生的影响。一组 RSS 志愿者为了印度人民党竞选，携带安贝德卡尔（Ambedkar）的照片，与达利特家庭的成员共享食物，并告诉他们 RSS 拒绝种姓歧视。[2] 在达利特家庭消费食物具有重要的象征意义，因为它违反了关于食物纯净的认知禁忌，因此意味着种姓等级的扁平化。阿贾伊·库马尔是一个在比哈尔邦负责选举活动的 RSS 专职干部，他注意到反对派对其他落后阶层的依赖，并认为达利特人将会更安全，而且印度人民党掌权之下的法律和秩序能够更好地实施。[3] 志愿者还提出了印度教特性和民族主义的问题，其感染力超越种姓和社区分裂。民意调查显示，非印度人民党联盟的领导人中，腐败丑闻凸显了人们对印度人民党的支持，并且更加重视他们在公共生活中被认知的廉洁。例如，比哈

---

[1] "Bihar Polls: RSS Sends Its Muslim Wing to Woo Community", *The Indian Express*, 28 September 2015, https://indianexpress. com/article/india/politics/bihar-polls-rss-sends-its-muslim-wing-to-woo-community/ (accessed 12 July 2018).

[2] Vasudha Venugopal, "Bihar Polls 2015: RSS Steps Up Help to BJP, Invokes 'Hindu Self-Esteem'", *The Economic Times*, 27 October 2015, http://economictimes. indiatimes. com/news/politics-and-nation/bihar-polls-2015-rss-steps-up-help-to-bjp-invokes-hindu-self-esteem/articleshow/49545370. cms (accessed 5 December 2017).

[3] Idid.

尔邦前首席部长拉鲁·普拉萨德（Lalu Prasad）被判犯了腐败罪，并于 2013 年 9 月被法院判处五年监禁。[①] 同时，印度人民党还在国大党和地区政党中提出了政治王朝问题。[②] 由于一些邦政府的例外，印度人民党和 RSS 都没有具有政治影响力的家庭来操纵局势。RSS 专职干部没有家庭关系或个人财产，因此是许多其他政党根深蒂固领导地位的理想陪衬。

就像 2014 年下议院选举一样，RSS 干部在 2015 年比哈尔邦的竞选活动中发挥了实际作用。在他们的早晨纱卡之后，RSS 志愿者会绕着他们的所在地，通常分成小组，为印度人民党候选人开展活动。[③] 在巴格瓦特——告诫干部关于 RSS 的非政治性质之后，[④] 志愿者小心翼翼地关注诸如民族主义和印度教特性等问题，而不是特定的候选人。艾尼尔·塔克（Anil Thakur）是一名 RSS 专职干部和地区沟通方面的负责人。他指出，"在我们的讨论和公共宣传中，我们解释印度教特性和我们对民族主义的理解。RSS

① 2015 年比哈尔邦大选之后，拉鲁·普拉萨德又因另外三起腐败案件被定罪，自 2017 年 12 月 23 日以来，他一直被监禁在比尔萨·蒙达中央监狱。

② Vishwa Mohan, "Dump Maa-Bete ki Sarkar, It Works Only for Jijaji: Modi", *The Times of India*, 22 April 2014, https: // timesofindia. indiatimes. com/news/Dump-maa-bete-ki-sarkar-it-works-only-for-jijaji-Modi/articleshow/34067230. cms（accessed 5 December 2017）.

③ Muzamil Jaleel, "Bihar Polls: From RSS Shakha to Jan Sampark, 'Invisible' Ways to Promote BJP", *The Indian Express*, 29 September 2015, https: // indianexpress. com/article/india/politics/bihar-polls-from-rss-shakha-to-jan-sampark-invisible-ways-to-promote-bjp/（accessed 12 July 2018）.

④ 巴格瓦特在 2014 年 3 月曾说过，我们（RSS）不涉及政治领域。我们的工作不是唱"NaMo, NaMo"。我们必须努力实现自己的目标。参见："RSS Can't Cross Limit, Chant 'NaMo, NaMo' for BJP: Mohan Bhagwat", *India Today*, 11 March 2014, http: //indiatoday. intoday. in/story/mohan – bhagwat – rss – can – not – cross – limit – chant – namo – namo – for – bjp/1/347791. html（accessed 5 December 2017）。

是母体组织，因此任何对我们的支持，就是对印度人民党的支持"。① RSS 之于印度人民党的战略，是让该组织不那么引人注目。正如志愿者所指出的那样，"同盟家族的活动家可能不会携带印度人民党的旗帜，但他们确信每个分支都知道这次选举的重要性"。② 尽管如此，志愿者将印度教特性和民族主义思想传播给比哈尔邦的选民，期望这将能够为印度人民党带来选票。③ RSS 的支持是印度人民党的一项重要资产，因为印度的选举规则使得政治竞选属于劳动力密集的活动。选举委员会规定只允许两周的正式竞选活动，该活动在预定的投票结束前 48 小时结束。④压缩的竞选时间表，加上庞大的人口遍布大片地区，使得选民所需要的服务依赖于大量对自己领域有充分了解的竞选工作人员。正如我们上面所指出的，志愿者在当地社区中的根基使得竞选活动更加有效，他们对于投票日的选民动员很有价值。艾姆瑞德拉·辛哈是贝古萨赖（Begusarai）地区的宣教士，贝古萨赖是位于恒河（Ganga）北岸比哈尔邦的一个区域。他说："我们接触人，以确保他们投票。我们希望他们大量出现，我们将动员人们走出家门投票"。⑤

整个同盟家族的机构都参加竞选活动。正如我们在其他地方所指出的那样，在过去的十年里，RSS 的附属组织特别是工会、学生会和服务团体的成员数量迅速增加。在其形成的阶段，用海

---

① Jaleel，"Bihar Polls：From RSS Shakha to Jan Sampark"，*The Indian Express*.

② Ibid.

③ 参见：Venugopal， "Bihar Polls 2015：RSS Steps Up Help to BJP"，*The Economic Times*.

④ 关于竞选活动的细节，参见：Election Commission of India，http：// eci. nic. in／eci_ main1／the_ function. aspx#campaign （accessed 10 December 2017）。

⑤ Ibid.

德格瓦的话来说，RSS 的目标是"组织从喜马拉雅山到海洋的印度教社会"。① 正如我们之前所讨论的那样，RSS 建立了附属机构，因此它可以将其思想传播到印度社团生活的方方面面。附属机构使 RSS 能够与非传统选区联系，在某种程度上以一种缓冲区的方式应对其承担政治角色的指控。在选举时，附属组织利用他们的网络，接触不同的选区，特别是衡量选民的问题偏好。②

　　RSS 一直担心其政治参与将阻碍它认为自下而上的社会转型这一更为重要的使命。努力反驳人们对 RSS 参与 2014 年选举的认知是前所未有的，巴格瓦特说，"我们不参与政治。我们的工作不是唱'为纳伦德拉·莫迪助选'（NaMo，NaMo），我们必须努力实现自己的目标"。③ 然而，比哈尔邦的 RSS 专注于动员选民，以确保印度人民党支持者在选举日投票。正如一名专职干部所指出的那样，其选民联系计划是获得印度人民党支持的一种"无形方式"。④ 在普通的同盟家族工作人员中，即使那些可能对选举政治保持警惕或认为选举政治在道德上腐败的人，"团结印度教社会"的能力也是参与为印度人民党动员选民的一个动力。

　　媒体报道⑤清楚地表明，志愿者参与印度人民党竞选活动是集中协调的。为了使 RSS 的参与更加协调一致，包括来自

---

① Rakesh Sinha, "Dr Keshav Baliram Hedgewar", Publications Division, ministry of information and broadcasting.

② Anand, "Battle for Bihar: How the RSS Is Helping the BJP Fight the Election", *Catch News.*

③ India Today Online, "RSS Can't Cross Limit, Chant 'NaMo, NaMo' for BJP: Mohan Bhagwat, *India Today.*

④ Jaleel, "Bihar Polls: From RSS Shakha to Jan Sampark, 'Invisible' Ways to Promote BJP", *The Indian Express.*

⑤ 参见：Anand, "Battle for Bihar: How the RSS Is Helping the BJP Fight the Election", *Catch News*。

国外的几位高级法律顾问以及联合秘书长豪萨贝尔和克里希纳等领导人的任务是制定选民外联和动员工作的策略。他们意识到这次选举对印度人民党在国家层面取得更大的政治成功具有重要性。2015 年，比哈尔邦竞选活动展示了印度人民党与 RSS 协调的特点。据报道，在比哈尔邦多阶段选举的前两个阶段，印度人民党的表现低于预期，该党在 RSS 的投入下做了一个修正课程，更加关注泛印度教的身份问题。巴格瓦特关于保留的声明之后的风暴，凸显了在政治运动背景下的言论的重要性。莫迪总理本人认为，有必要反驳印度人民党寻求消除保留的指控，宣布大联盟（mahagathbandhan）正在密谋从现有的保留受益人手中夺走 5% 的配额，并将其交给另一个未指明的社区（他很可能是指穆斯林）。① 在一次选举演讲中，莫迪称反对派所谓的计划是"罪恶的阴谋"（paap ki yojna）。② 这个问题具有政治意义，因为最高法院将配额限制在教育机构或公务员职位总席位的 50%。对新的群体给予保留，必然会降低现有受益人的配额收益。

印度人民党的选举策略似乎在重新定位——重点关注超越种姓分裂的泛印度教身份问题，这是由 RSS 领导人提出的。2015 年 10 月 26 日，就在莫迪发表讲话的前一天，RSS 领导人豪萨贝尔和 RSS 的联合秘书长克里希纳以及印度人民党重要人物会见了大约 70 名同盟家族领导人。③ 在这次会议上，决定将比哈尔邦

---

① Kumar Shakti Shekhar, "Bihar Is Now Bringing the Best（and Worst）out of Modi", *India Today*, 26 October 2015, http：//www. dailyo. in/politics/ bihar-polls-narendra-modi-nitish-mann-ki-baat-lalu-yadav-geeta-reservation-obcs- dalits-muslims/story/1/6998. html（accessed 5 December 2017）.

② Ibid.

③ Venugopal, "Bihar Polls 2015：RSS Steps Up Help to BJP, Invokes 'Hindu self-esteem'", *The Economic Times*.

选举定位为"印度教一次骄傲的选举"（swabhimaan ka chunav）。[①]
实施战略变革是为了创造一个统一的印度教选民群体，克服种姓分裂，以应对反对党企图动员那些不赞成巴格瓦特批评保留制的选民。2015 年 10 月 29 日，在这次会议之后的几天，阿米特·沙阿在一场竞选演说中宣称，如果"印度人民党在比哈尔邦被击败，巴基斯坦将会放鞭炮"。[②] RSS 工作人员挨家挨户地向选民们表示，在比哈尔邦击败印度人民党领导的全国民主联盟将是"对印度教教徒自尊心的打击，并危及他们的安全"。[③] RSS 志愿者采用了象征意义的奶牛——在印度讲印地语的核心地带被印度教教徒广泛认为是神圣的——作为超越种姓障碍的泛印度教主题。[④] RSS 附属机构也参与向选民传达这一信息。一名世界印度教大会的附属机构（DJS）致力于组织备受争议和极端的宗教复兴运动，该机构负责人宣称，"我们告诉人们，已经举行了首次印度教女神创造力的庆祝活动（kanya pujan）。'九夜节'（Navratri）——印度杜尔迦女神的庆祝活动，今年在政府大楼举行，《博迦梵歌》（Gita）也正在被阅读，庆祝活动遍及各地。这是我们国家首次在世界上保持领先地位，比哈尔邦的失败将摧毁这种自尊心"。[⑤] 正如一名专职干部所言，这一思想强调了印度

①　Venugopal, "Bihar Polls 2015: RSS Steps Up Help to BJP, Invokes 'Hindu self-esteem'", *The Economic Times*.

②　Rahul Shrivastava, "RSS Steps in with Hindutva Strategy for Last Lap of Bihar Election", *NDTV*, 29 October 2015, http://www.ndtv.com/bihar/after-amit-shahs-crackers-in-pakistan-remark-gloves-are-off-in-bihar-poll-campaign-1237913 (accessed 5 December 2017).

③　Ibid.

④　Venugopal, "Bihar Polls 2015: RSS Steps Up Help to BJP, Invokes 'Hindu Self-Esteem'", *The Economic Times*.

⑤　Ibid.

教选民只有对印度人民党的投票，才能让他们"在国内保持安全"。①

如果印度人民党希望将此想法传达给比哈尔邦的印度教选民，那么只有通过了解居民重要问题的人进行挨家挨户的活动，才能有效地实现这一目标。由于党组织薄弱，印度人民党不得不依靠 RSS 干部来口头传达这一信息。在像比哈尔这样的邦，直接的面对面活动非常重要，因为比哈尔邦的识字率很低（66%），而且媒体传播也非常限。例如，波士顿咨询集团估计，只有 9% 的比哈尔人口用互联网沟通。② 另外，全邦共有超过 1200 个 RSS 纱卡，每个纱卡中有五个志愿者被赋予竞选活动职责。③ 通过挨家挨户的竞选宣传，RSS 志愿者劝告选民在投票时考虑"印度教团结"。

尽管得到了 RSS "家族"的大力支持，印度人民党仍然遭受了比哈尔邦选举意外大失败的耻辱。反对党赢得了议会三分之二的席位，印度人民党的统治前景和对政治生存的关注，使得人民党（联合）、全国人民党和国大党一起与印度人民党抗争。政治观察家预测，联合反对派的蓝图是在邦和国家层面打击印度人民党。最值得注意的是，比哈尔邦选举突出显示了印度人民党无法克服印度社会中的种姓分歧，这一问题被巴格瓦特的言论所加剧。印度人民党和 RSS 担心这一结果可能是未来选举的预兆，这一担忧促使该党在 RSS 支持下加强其组织

---

① Venugopal, "Bihar Polls 2015: RSS Steps Up Help to BJP, Invokes 'Hindu Self-Esteem'", *The Economic Times.*

② Salman S. H., "98% of Connected Rural Users Men; 79% from the City: Report", *Medianama*, 16 August 2016, https://www.medianama.com/2016/08/223-rural-internet-usage-pattern/ (accessed 5 December 2017).

③ Venugopal, "Bihar Polls 2015: RSS Steps Up Help to BJP, Invokes 'Hindu Self-esteem'", *The Economic Times.*

基础建设。

　　政治分析人士并不同意巴格瓦特的言论一定程度上伤害了印度人民党。印度选举是一个复杂的事情。在竞争性政体中，将选举结果归因于单一因素是不准确的。发展社会研究中心（CSDS）的调查显示，37% 的选民没有听说过巴格瓦特的声明，7% 的选民对此问题持矛盾态度，剩下的 56% 是平分秋色的，他们对全国民主联盟（NDA）和反对党联盟的投票意图大致相同。[①]但是，看看反对派如何对 RSS 领导人声明做出反应是有益的，它利用这一言论来动员落后种姓的选民。在选举结果出来之后，拉鲁·普拉萨德宣称这是专门针对 RSS 的损失，并呼吁反对党联合起来"打败 RSS 和印度人民党的邪恶意识形态"。[②]

　　比哈尔邦并不是最近唯一一个同盟家族使用其网络来弥补印度人民党弱势党组织的例子。RSS 也帮助印度人民党在 2018 年东北部地区特里普拉邦、梅加拉亚邦和那加兰邦举行的邦议会选举中取得了成功。RSS 对印度人民党选举活动的支持，在特里普拉邦议会选举中更为明显。该党先前在该邦的存在只是一个空架子——它在 2013 年的议会选举中只得到了 1.5% 的选票。2018年，印度人民党依靠自己赢得了议会选举中的大多数席位。拥有了这三个邦，印度人民党现在控制着八个东北部邦中的七个，要

---

① Rahul Varma and Sanjay Kumar, "How the Grand Alliance Won", *India Seminar*, http：//www. india-seminar. com/2016/678/678 _ rahul _ & _ sanjay. htm（accessed 18 February 2018）.

② Press Trust of India, "Lalu Backs Nitish on Call for Opposition Unity against BJP, RSS", *Deccan Chronicle*, 19 April 2016, http：// www. deccanchronicle. com/ nation/politics/190416/lalu-backs-nitish-on-call-for-opposition-unity-against-bjp-rss. html（accessed 5 December 2017）.

么是独自控制要么是与当地盟友联盟。① RSS 在特里普拉邦的扩张是在印度人民党的政治成功之前，正如在东北部其他地方发生的那样。来自马哈拉施特拉邦的 RSS 专职干部，负责印度人民党在特里普拉运动的苏尼尔·德奥德哈尔（Sunil Deodhar）表示，该邦的 RSS 纱卡数量在短短几年内，从五六十增加到 250 个——RSS 最近跳跃性进入该邦。② 德奥德哈尔是分配到梅加拉亚邦的 RSS 专职干部，他在大选前一年被派往邻近的特里普拉邦，以帮助组织那里的竞选活动。阿萨姆邦的 RSS 联合总书记（prachar pramukh）沙卡尔·达斯（Shankar Das），派遣了一组 250 名工作者帮助在特里普拉邦建立额外的纱卡。③ RSS 的扩展，使它能够为印度人民党提供当地的竞选工作者，而这些竞选工作者在选举期间本来就缺乏。RSS 工作者在其附属机构的帮助下，向部落提供教育和卫生服务，向该邦的大量部落人口伸出援助之手。据报道，同盟家族的工作者在短短两

---

① 第八个是米佐拉姆邦，长期由国大党主导，在 2018 年年底进入民意调查。在东北部其他地方，RSS 和它的"家族"正准备协助印度人民党。印度人民党在阿萨姆邦（由 Sarbananda Sonowal 领导）、曼尼普尔（N. Biren Singh）和特里普拉邦（Biplab Kumar Deb）等地设有执政机构，并且是梅加拉亚邦（由 Conrad Sangma 领导）和那加兰邦（由 Neiphiu Rio 领导）执政联盟的一部分。管理锡金的地区党（由 Pawan Kumar Chamling 领导的锡金民主阵线）是印度人民党的盟友，也是东北民主联盟的一部分。

② Smriti Kak Ramachandran, "Assembly Election Results: How RSS Helped BJP in Nagaland, Tripura and Meghalaya", *Hindustan Times*, 3 March 2018, https://www. hindustantimes. com/india-news/how-rss-helped-bjp-in-nagaland-tripura-and-meghalaya/ story-uGB72XgWMZTXVF7Pb0XaGJ. html（accessed 16 March 2018）.

③ Eram Agha, "North East Elections: Rise, Reach and Outreach of the Sangh", *CNN-News*18, https://www. news18. com/news/ politics/north-east-elections-the-rise-reach-and-outreach-of-the-rss-1677851. html（accessed 1 May 2018）.

天内就与 10 万户家庭进行了交流。①2017 年 9 月 17 日，RSS
在邦省会城市阿加尔塔拉组织了一个印度教活动
（Sammelan）。据报道，来自全邦的 26000 人参加。② RSS 纱
卡网络的扩展和同盟家族努力接触社会的不同部分，是推动
印度人民党在其弱势地区取得政治成功的主要因素。为了明
确反驳 RSS 以及印度人民党试图改变当地习俗（如牛肉消费）
的论点，RSS 并没有向印度人民党施压，要求其采取牛肉政
策。事实上，东北地区著名的印度人民党领导人萨尔马告诉
记者，"印度是一个拥有多元文化的国家。在一些地区，吃牛
肉被认为是禁忌，但在该国的另外一些地区，主要是在东北
部，这并没有被视为禁忌。你不必在东北地区强加北方邦、
比哈尔邦或马哈拉施特拉邦的文化，反之亦然。相反，你必
须赞美这种多样性"。③ 德奥德哈尔回应了这种情绪，并重申
印度人民党并未寻求在一些地区实施奶牛屠宰的禁令，因为
东北地区的牛肉消费不是文化禁忌。④

　　在基督徒占多数的梅加拉亚邦，加强印度人民党的党组织

---

① Pratul Sharma, "Rise of the Sangh: How RSS Scripted BJP's Victory in
Tripura", *The Week*, 9 March 2018, https: //www. theweek. in/news/ india/
2018/03/09/rise-of-the-sangh-how-rss-scripted-bjp-victory-in-tripura. html
（accessed 1 May 2018）.

② Ibid.

③ Tamanna Inamdar, "Formed Meghalaya Alliance in Ten Minutes, Says BJP
Master Strategist Himanta Biswa Sarma", *Bloomberg Quint*, 6 March2018,
https: //www. bloombergquint. com/politics/2018/03/06/formed-meghalaya-
alliance-in-ten-minutes-says-bjps-master-strategist-himanta-biswa-sarma（accessed 5
May 2018）.

④ Express Web Desk, "BJP Leader Sunil Deodhar Says His Party Will Not Impose
Beef Ban in Tripura", *The Indian Express*, 14 March 2018, https: //
indianexpress. com/article/india/bjp-leader-sunil-deodhar-says-his-party-will-not-
impose-beef-ban-in-tripura-5096613/ （accessed 12 July 2018）.

的任务被分配给拉姆·拉尔（Ram Lal）、拉姆·马达夫（Ram Madhav）和阿贾伊·杰姆瓦尔（Ajay Jamwal），他们是 RSS 专职干部，已被借调到全国印度人民党。[①] 由于该邦缺乏印度人民党的存在，活动很大程度上依赖于 RSS 志愿者以及同盟家族依靠广泛的服务网络在该邦所获得的声誉。虽然印度人民党只赢得两个席位，但其联盟伙伴全国人民党赢得了 60 个席位中的 19 个席位，并且在所获得的其他几个席位的支持下，可以拼凑出多数席位。该邦的一名高级 RSS 官员公开表示，梅加拉亚的志愿者正在努力为更大的"家庭"提供支持，当然包括印度人民党，而印度人民党也从这种援助中受益。印度人民党在 2015 年赢得了议会补选，并于 2016 年在三个区议会中获得席位。RSS 邦组织秘书承认，RSS 需要克服基督徒对其的偏见，以澄清同盟家族没有试图引诱基督徒的信仰，没有游说其改变传统文化，接受所有信仰的人。此外，他补充说，"必须尊重和保护当地传统。如果这些消失，就不会有多样性"。[②]

2018 年 5 月，在印度南部卡纳塔克（Karnataka）邦举行的选举中，RSS 也帮助了印度人民党，特别是在该邦拥有高密度纱卡的沿海地区。沿海卡纳塔克邦是一个拥有大量穆斯林和基督徒人口的地区。卡纳塔克邦 RSS 成员、区域执行官普拉克卡

---

① Kumar Uttam, "How BJP Tweaked Its Campaign for Christian-Majority Meghalaya", *Hindustan Times*, 25 February 2018, https：//www. hindustantimes. com/india-news/how-bjp-tweaked-its-campaign-for-christian-majority-meghalaya/story-nXIq bgYk6VqFN3Ld383tkM. html（accessed 16 March 2018）.

② Simantik Dowerah, "Rise of Hindutva in North East：Christians in Nagaland, Mizoram May Weaken BJP Despite RSS' Gains in Tripura, Meghalaya", *Firstpost*, 21 April 2017, https：//www. firstpost. com/politics/rise-of-hindutva-in-north-east-rss-bjp-face-challenge-in-nagaland-and-mizoram-better-off-in-meghalaya-tripura-3369560. html（accessed 5 April 2018）.

尔·巴哈特（Prabhakar Bhat）声称，"虽然我们（RSS）早些时候为议会下院选举工作，但我们从未参与邦选举。但是这一次，我们正在为印度人民党的竞选而活动，以确保它在卡纳塔克邦获胜。印度人民党在卡纳塔克邦的胜利，将成为 2019 年（议会选举）的一块垫脚石"。① 巴哈特承认，2018 年的选举标志着他第一次为印度人民党竞选而活动，而不是一个候选人。② 国大党政府决定授予林伽派信徒（Lingayat）的社区以少数民族地位，RSS 认为这是旨在分裂印度教教徒的行动，促使 RSS 更积极地参与印度人民党的竞选活动。来自印度各地的 28 位资深专职干部集中在一起，协调 RSS 干部的活动。③ 据报道，大约有 50000 名志愿者为印度人民党开展竞选宣传活动。④ 媒体报道还显示，约有 3000 名世界印度教大会和印度青年民兵工作人员在该地区为印度人民党候选人拉选票，这是在该活动中使用泛印度教身份问

① Anusha Ravi, "It's Official, RSS Helps BJP Up the Game in Coastal Karnataka", *The New Indian Express*, 24 April 2018, http：//www. newindianexpress. com/states/karnataka/2018/apr/24/its-official-rss-helps-bjp-up-the-game-in-coastal-karnataka-1805542. html（accessed 2 May 2018）.

② Stanley Pinto and Asha Rai, "RSS Active in Karnataka Polls to Influence LS Elections", *The Times of India*, 1 May 2018, https：// timesofindia. indiatimes. com/india/rss-active-in-karnataka-polls-to-influence-ls-elections/articleshow/63 982066. cms（accessed 16 May 2018）.

③ Sandeep Moudgal, "Karnataka Election 2018：Boost for BJP, as RSS Swings into Action in Karnataka", *The Times of India*, 9 April 2018, https：//timesofindia. indiatimes. com/city/bengaluru/ karnataka-election-2018-boost-for-bjp-as-rss-swings-into-action-in-karnataka/articleshow/63675134. cms（accessed 1 May 2018）.

④ Muralidhara Khajane, "RSS Turns to Active Mode in Karnataka", *The Hindu*, 15 April 2018, http：//www. thehindu. com/news/national/karnataka/rss-turns-to-active-mode-in-karnataka/article23544186. ece（accessed 1 May 2018）.

题的明确信号。①

　　根据一位同盟家族高级官员的说法，RSS 活动促使印度人民党的选举拥有光明的前景。拉姆·马达夫现在是印度人民党的高级领导人，他承认"在某些地区，如沿海的卡纳塔克邦，同盟家族帮助了我们很多"。② 在沿海的卡纳塔克邦，印度人民党在21 个议会席位中赢得了 17 个，高于 2013 年的 4 个席位和 2008年的 11 个席位。③ 印度人民党赢得了 51% 的民众投票，比该邦的其他地区更多。④ 国大党通过将他们指定为一个单独的宗教来获得林伽派信徒选票的战略似乎失败了，印度人民党赢得了林伽派信徒 61% 的选票。⑤ 沿海的卡纳塔克邦是一个例子，同盟家族的干部扮演了党派活动家的角色，并且能够充当力量倍增器。

　　RSS 如此密切地参与印度人民党选举活动是最近的现象。虽然该组织一直参与其政治分支机构的事务，但其早期的干预措施主要限于在印度人民党内部仲裁人事纠纷，特别是在领导

---

① Kumar Uttam, "In Coastal Belt of Karnataka, BJP Banks on 'Hindutva' Ahead of Election", *Hindustan Times*, 30 April 2018, https：//www. hindustantimes. com/india-news/in-coastal-belt-of-karnataka-bjp-banks-on-hindutva-ahead-of-election/story-dDtSQawMKWSyaThbGD85XK. html（accessed 2 May 2018）.

② Smriti Kak Ramachandran, "Karnataka Election Results 2018：RSS Says Congress Lingayat Card Backfired", *Hindustan Times*, 15 May 2018, https：//www. hindustantimes. com/india-news/karnataka-election-results-2018-rss-says-congress-lingayat-card-backfired/story-crTs1bGWj1Vn2Uuq08Kb8H. html（accessed 16 May 2018）.

③ Roshan Kishore, "A Big Hindutva Imprint in BJP's Karnataka Election Performance", *Hindustan Times*, 16 May 2018, https：// www. hindustantimes. com/india-news/in-karnataka-election-results-a-big-hindutva-imprint-in-bjp-s-performance/story-nhBafBnIGDVf5wdyfdHcUO. html（accessed 16 May 2018）.

④ Roshan Kishore, https：//twitter. com/Roshanjnu/status/ 996656432052424704（accessed 16 May 2018）.

⑤ Ibid.

出现真空时以及在政治竞选期间提供志愿者。RSS 领导人还为瓦杰帕伊和莫迪的印度人民党政府内阁选拔提供了帮助。后来加入总理办公室的瓦杰帕伊的助手坎成·古普塔（Kanchan Gupta）回忆了一件事，该事件证明了 RSS 对印度人民党确定内阁人选的重大影响。1998 年，在瓦杰帕伊政府宣誓就职的前一天，RSS 当时的联合总书记和该组织与印度人民党的联络人苏达山，强烈反对将失去选举的贾斯万特·辛格纳入内阁。① 贾斯万特·辛格是一个局外人，因为他从未成为一个志愿者。但后来在瓦杰帕伊的坚持下，他被外交和金融事务具有影响力的组织纳入内阁。RSS 和它的一些分支机构也对印度人民党的一些政策采取了批判性的民粹主义立场，例如反对全球化。RSS 的干预迫使阿德瓦尼辞职，他在访问巴基斯坦时发表言论，将有争议的真纳吹捧为世俗的。阿德瓦尼在 2005 年担任印度人民党主席一职。作为一个对肢解印度母亲（Bharat Mata）负有责任的个人，真纳在同盟家族的信徒中是一个遭受唾骂的人。正如我们在书中的其他地方所指出的那样，阿德瓦尼曾批评 RSS 参与政治，并且在没有得到同意的情况下，大肆宣称（已经）获得支持，如果没有 RSS 负责人的同意，（印度人民党）无法做出任何政治或组织决定。②

　　然而，RSS 一直对其参与政治活动持矛盾态度。被卷入与"藏红花恐怖主义"有关的法律指控的恐惧，加剧了 RSS 的政治

---

① Kanchan Gupta, "I Too Need to Speak Up Now!", *ABP News*, 28 September 2017, http://www.abplive.in/blog/i-too-need-to-speak-up-now-585940 （accessed 5 December 2017）.

② Neena Vyas, "Advani to Step Down, Criticises RSS", *The Hindu*, 19 September 2005, http://www.thehindu.com/2005/09/19/stories/2005091907280100.htm （accessed 5 December 2017）.

活动。一位权威的 RSS 内部人士在接受采访时指出，[1] 当时的联盟内政部长 P. 奇丹巴拉姆（P. Chidambaram）指示安全和情报机构负责人保持警惕，以应对"最近发现的藏红花恐怖主义现象，这种现象已经引发了许多炸弹袭击事件"。[2] 他指出，同盟家族并不担心像 1948 年或 1975 年那样的禁令，但他担心"藏红花恐怖主义"案件所带来的混乱状态导致士气低落。[3] RSS 认识到对其公众形象的破坏，将阻碍对非传统选区和较低种姓的动员工作。

　　RSS 将"印度教恐怖主义"的指控视为来自国大党的政治挑战，以破坏其社会地位并侵蚀其支持基础。领导层认识到，必须通过更积极地参与选举政治来应对，这促进了 RSS 另一个战略的重新定位。只有在印度人民党获得国家权力的情况下，RSS 才能摆脱被指控为"藏红花恐怖主义"所受到的限制。2013 年 6 月，在马哈拉施特拉邦的阿姆劳蒂市（Amravati）举行的 RSS 年会上，这一转变变得更加明显，当时它决定利用干部网络在即将举行的议会选举中帮助印度人民党。这次会议非常激烈，反对者认为选举政治在道德上是腐败的，并且会妨碍更重要的人格建设使命。[4] 尽管有不和谐的声音，但 RSS 决定要在印度人民党政

---

① 2016 年 6 月 29 日，在新德里采访《组织者》编辑凯特卡尔（Praful Ketkar）。

② Vinay Kumar, "Chidambaram Warns against 'Saffron Terror'", *The Hindu*, 25 August 2010, http://www.thehindu.com/news/national/Chidambaram-warns-against-saffron-terror/article16144675.ece（accessed 5 December 2017）.

③ Ibid.

④ Rupam Jain Nair and Frank Jack Daniel, "Battling for India's Soul, State by State", *Reuters*, https://www.reuters.com/article/us-india-rss-specialreport/special-report-battling-for-indias-soul-state-by-state-idUSKCN0S700A20151013（accessed 5 December 2017）.

府领导下更好地完成使命。RSS 认可当时的古吉拉特邦首席部长莫迪，他在同盟家族干部中具有超凡魅力，并且有作为有效管理者的记录。作为印度人民党的总理候选人，他推翻了来自其他印度人民党领导人甚至一些高级 RSS 领导人的反对意见。

RSS 希望与其分支机构（包括 BJP）的日常运作保持相对距离，这促使其能够建议他们建立自己的组织基础。听取了 RSS 的建议，阿米特·沙阿专注于吸引新成员加入该党，并对他们进行印度人民党的意识形态和竞选策略的培训。虽然争论的准确性很难确定，但印度人民党现在声称自己是世界上最大的政党，拥有 1 亿成员。[①] 为党的干部注入活力，使得印度人民党能够执行其备受好评的占位（booth-level）战略，它将宣传潘纳（panna）负责人（pramukhs）[②] 参加竞选活动，以确保印度人民党选民在选举日投票。正如伯勒山德·贾哈（Prashant Jha）在他关于印度人民党创建一个令人印象深刻的组织机构的富有洞察力的书中所指出的那样，该党已将招聘活动家作为一个主要的行政目标。[③] 如果这个策略成功，它将减少党对 RSS 的依赖，但它也会增加权力斗争的可能性。具有讽刺意义的是，它将为 RSS 提供渠道来干涉其政治分支机构的事务。即便如此，印度人民党在全国的每个角落建立一个岗亭（booth-level）组织机制之前，可能

---

① Press Trust of India, "'World's Largest Political Party' BJP Crosses 10 – Crore Membership Mark", *NDTV*, 20 April 2015, https：//www. ndtv. com/india-news/worlds-largest-political-party-bjp-crosses-10-crore-members-mark-756424（accessed 4 May 2018）.

② 印度选举委员会出版了一本登记选民的小册子。panna pramukh（字面意思是页面负责人）是政治活动家，负责在每页上说服选民，并确保印度人民党支持者在选举日参加投票。

③ Prashant Jha, *How the BJP Wins: Inside India's Greatest Election Machine*（New Delhi: Juggernaut, 2017）, pp. 90 – 91.

还需要一段时间。因此，RSS 将继续在许多领域协助印度人民党，就像 2015 年在比哈尔邦所做的那样。此外，通过他们的培训和组织经验赋予道德合法性的专职干部，几乎肯定会继续在附属机构的最高层中发挥重要的作用。

自 20 世纪 50 年代初政治联盟成立以来，RSS 的政治观点发生了重大变化。当时，RSS 的态度是，政治在道德上腐败并不利于其实现建立统一印度教社会的目标。RSS 担心对其活动施加限制，是为其政治分支机构提供支持的主要原因之一。尽管如此，RSS 在选举政治中仍然相对冷淡，其领导人强烈主张它不是一个政治组织。RSS 禁止其高级官员在继续担任其工作人员的情况下，担任政党或民选职位。尽管如此，它已同意帮助印度人民党，特别是在党的组织基础设施不足的情况下，如 2015 年比哈尔邦选举期间所见，并利用其众多分支机构来扩大印度人民党的政治思想。没有更好的迹象表明 RSS 在整个印度范围内影响力的增强，事实上，尼蒂什·库马尔在 2015 年已经呼吁"无 RSS 印度"（Sangh-mukt Bharat），抛弃了他的反对印度人民党民意调查伙伴，并在 2017 年重新点燃了他与印度人民党的联盟。与此同时，他放弃了对 RSS 的公开批评。我们认为，RSS 的增长以及其附属机构活动的深度和广度，只会增加同盟家族的政治化。但是，更为重要的是，RSS 已经内化了人们所认为的印度人民党获取政治权力，是实现社会变革所需的自下而上战略的必要但不充分的条件。

第十四章 ／ 结论——RSS 在塑造快速变化印度中的作用

　　印度教的本质是对国家的忠诚。但是，这个国家在建设中吸收了多种元素（例如，土地、语言、宗教、文化传统、历史记忆），对国家的民族忠诚感——随着时间的推移，在这些变量的相互作用中上升。[①] 在 1925 年建立 RSS 的理由是培养一批干部，他们能在训练（也就是人格建设）的推动下，利用这些不同的文化元素来建立对统一的印度国家的忠诚，从而推进独立事业。这种认同感不能主要依靠宗教，因为印度教包含无数种类，并且它没有将这些元素结合在一起的结构机制。其中，RSS 从未声称其会代表作为一种宗教的印度教讲话。尽管有很多甚至大量的穆斯林人口在脱离英属印度之后，有一种弱势感

[①] 印度有一个关于民族认同问题的巨大但还未成型的文献。我们认为两个较好的汇编集是 Bidyut Chakrabarty（ed.），*Communal Identity: Its Construction and Articulation in the Twentieth Century*（New Delhi: Oxford University Press, 2003）; T. K. Oommen, *State and Society in India: Studies in Nation-Building*（New Delhi: Sage Publications, 1990）。

或没有作为印度人的存在感，但诸如自由斗争、暴力分治和接受民主等，有助于塑造印度的民族认同概念。意识到印度的文化多样性，RSS 最初依赖于萨瓦卡的领土民族主义概念，他在著名的《印度教特性》①一书中对这一主题进行了论述，并结合他对婆罗门印度教的"伟大"文化传统的观念来界定谁是印度教教徒。他排除了那些有外国血统的人（印度拜火教徒、基督徒、犹太人和穆斯林），但包含许多以婆罗门传统为基础的群体，这些群体植根于印度（耆那教徒、锡克教徒和佛教徒）。印度政府也赞同类似的观点，正如 1955～1956 年在印度教法案（Hindu Code Bills）中采用的谁是（以及不是）印度教教徒的定义所证明的那样。也正如坎康·桑贾利（Kumkum Sangari）所指出的那样，这些法案对印度教的同质化做出了重大贡献。② 同样，国家政府遵循这一定义时，它将配额收益限制在那些适合印度教教徒身份的弱势群体之中。

对RSS 世界观的批评者质疑，21 世纪的印度是否需要基于文化的印度教团结愿景以确保建立一个强大的社会，并保障世界上最具社会人口多样性的国家的领土完整。它的批评者则质疑，为什么不把以民主、社会平等和宗教表达自由等国民价值观为基础的印度统一作为保障领土完整的一种更好的方式。③

---

① 这本书于 1923 年首次在那格浦尔出版，当时在监狱中的萨瓦卡使用了笔名（Maratha）。它由 V. V. Kelkar 出版。我们提到的本书后来的版本由 Veer Savarkar Prakashan（Mumbai，1967）出版社出版。

② 这些法案试图在政府定义为印度教的一个群体中将民法的广泛不同要素同质化。这些法案包括"印度教婚姻法"、"印度教继承法"、"印度教少数民族和监护法"以及"印度教收养和抚养法"。讨论这些法令在使印度教同质化方面的重要性，参见：Kumkum Sangari，"Politics of Diversity"，in Chakrabarty，*Communal Identity*，pp. 200 – 202。

③ 关于这两个观点的对比分析参见：ibid.，ch. 4。

RSS 关于文化至关重要的观点，比我们出版第一本 RSS 书时更加微妙。正如我们在关于印度教特性的章节中所述，其高级领导层已经扩大了印度教的定义，包括大多数基督徒和穆斯林（以及其他人）。只要他们同意乌帕德亚雅在《整体人本主义》中所描述的"民族灵魂"，赋予人民文化和制度生命的独特元素，并提供成为印度教国家成员的边界。[①] 该术语有点含糊不清，需要根据不断变化的社会环境进行重新定义。而且，谈到这个问题时，RSS 认为自己处在很好的位置。正如我们在第五章中所指出的那样，在大众层面有可能取得胜利，将取决于哪种思想更能够满足印度人口的需求。对于 RSS，这可能取决于同盟家族是否能够比其竞争对手更好地回应这些关键因素（文化、经济和政治上的），这可能与其更大的意识形态表述没什么关系，尽管独特的印度教"民族灵魂"的概念是同盟家族精英的文化指导原则。

是什么因素导致 RSS 在过去 30 年中对印度的多样性具有更高的敏感度？RSS 附属机构的扩散，渗透到整个国家社会的方方面面。印度人民党在全国范围的政治成功，迫使 RSS 领导层在国家经常冲突的政策和文化利益方面妥协，有必要解决这些差异并在其附属机构的利益冲突之间发挥调解者的作用。与此同时，在试图超越的同时，RSS 对政治进程产生了前所未有的兴趣。20 世纪 90 年代，从那格浦尔到德里的 RSS 高级领导人的变化，大部分时间反映出政治的重要性以

---

① "民族灵魂"这一概念，最初由浪漫的欧洲民族主义系统地阐述。参见：Anthony Smith, *National Identity*（London：Penguin, 1991）。也可参见：Bhikhu Parekh, "Discourses on National Identity", in Chakrabarty, *Communal Identity*, ch. 5。

及对 RSS 内部政治使命正确性的初步接受。① 在首都，最先进的多层次 RSS 分支机构的建立，表明这种转变是永久性的。RSS 显然希望印度人民党继续掌权，但在如何满足大众的希望和预期方面肯定会提供建议和警告，他们一直都在监督国家对关键问题的看法。RSS 和印度人民党对于党在公共政策制定方面达成了一种共识，并且 RSS 是"家族"争议的调解者。RSS 发挥调解作用，部分是为了平衡各个附属机构之间的利益，以稳定更大"家庭"的运作。RSS 最重要的社会目标是社会和谐的目标。印度民主的成功正变得越来越难以实现，印度民主使这个多元化国家的各个方面政治化，不断增加的财富和人口流动正在改变着传统的文化观点。

由于印度人民党在政治上的成功，RSS 的调解作用更加重要。RSS 在推动莫迪上台的过程中发挥了重要作用。在 2009 年 RSS 决定全面参与 2014 年议会选举之后，② 其干部在 2013 年就通过发表关于莫迪的观点而拉选票。③ 如果在 2014 年选举中印

① 2014 年 10 月 3 日，RSS 德里总部 Jhandewalan 举行大规模奠基仪式。除办公、生活和会议空间外，RSS 及其国际外联小组的若干出版机构将设在新设施中。

② 普拉卡什告诉我们，区域秘书（马哈拉施特拉邦浦那区的一部分秘书和 2009 年 ABPS 秘密会议的参与者）、最高领导人（KS Sudarshan）回应了内政部长关于 RSS 参与所谓的"印度教恐怖主义"，呼吁 RSS 全面参与 2014 年的选举，以便让国大党政府失去权力，以"保护印度文明的尊严"。2017 年 9 月 14 日在芝加哥采访普拉卡什。新任 RSS 领导人巴格瓦特在 2009 年 12 月 5 日的新闻发布会上表示，RSS 将在即将举行的议会选举中以"ppratrathat"（100%）努力来改变政府。他演讲的 YouTube 视频，参见：www. youtube. com/watch？ =8xp2JGND88Y。

③ 这种拉票的过程是通过在当地岗亭（1000 名选民）组建干部队伍来满足选民，以了解他们的政治观点。然后，将结果通过 RSS 层级送到那格浦尔的中央领导层。在 RSS 的每个层面，都与包括印度人民党在内的附属机构进行沟通，并且干部对莫迪的强烈支持还将传达到印度人民党层级以及莫迪本人。这在 RSS 干部中为莫迪创造了一种民众支持的氛围。

度人民党能够获得议会多数席位，无论是领导印度人民党的竞选活动还是担任总理，莫迪都会受到绝大多数人的支持。在 2002 年古吉拉特邦骚乱之后，莫迪面临了来自全世界的严厉批评，即使是在他自己的政党内部，也被干部们视为是对印度教教徒不公正攻击的受害者。[①] 印度人民党的表现优于它自己或 RSS 的预期，共赢得了 543 个席位中的 282 个席位（全国民主联盟合作伙伴赢得了额外的 54 个席位），这是自 1984 年以来单独一个党派首次获得议会多数席位。这一成功的很大一部分原因，可归功于成千上万的志愿者向印度人民党提供的帮助，其中涉及从分发活动材料到帮助组织党派会议等各种任务，其信息技术（IT）专家（来自印度和国外）准备了复杂的选举学习材料。RSS 成员以前从来没有这样努力工作过，而且是如此热情地代表其政治分支机构工作。[②] 结果令人十分满意。莫迪总理是一名 RSS 专职干部，印度副总统是 RSS 成员，而总统是一个 RSS 同情者。印度人民党是议会上院间接选举的最大政党，由于该党在议会后的邦议会选举中表现强势，它很可能在 2018 年议会上院中占多数。2017 年年中，约有三分之二的人口生活在印度人民党独自统治或与联盟合作伙伴统治的邦。该党在其弱势地区

①　许多志愿者告诉我们，指控莫迪参与 2002 年社区骚乱没有得到法律调查的证实，他最终于 2012 年 4 月 10 日被最高法院免除处罚。此外，他们认为 2005 年美国对莫迪的旅行禁令高度宣传是对印度的侮辱。RSS 高级工作人员告诉我们，当来自各个政党的 64 名印度议会议员于 2012 年 11 月 12 日签署一封致美国总统巴拉克·奥巴马关于继续拒绝向莫迪签发美国签证的信件时，会员们愤怒了。他们说这种反应使莫迪成为受害者。

②　印度人民党总书记拉姆·马达夫告诉我们，RSS 承诺全面投入全国大选仅有两次。一次是在 1977 年，另外一次是紧急情况结束时，在 2014 年。我们于 2016 年 11 月 21 日在华盛顿特区采访了他。他进一步告诉我们，印度人民党已经启动了为即将举行的 2019 年议会选举做准备的大规模干部培训计划。

(东北部和南部）取得了重大进展。然而，有迹象表明，尽管总理的受欢迎程度超过了他的任何竞争对手，但对印度人民党的支持可能会有所下降。例如，在 2017 年，印度人民党赢得了总理的家乡古吉拉特邦，但领先优势远远低于预期。同年，印度人民党在拉贾斯坦邦失去了两次议会下院补选，但在 2014 年时曾赢得了所有 25 个选区。此外，印度人民党 2018 年在北方邦（Uttar Pradesh）失去了三个议会下院补选，2014 年则前所未有地赢得了 82 个选区中的 72 个选区。发展社会研究中心对这一趋势的调查显示，印度北部和西部大部分地区的选民支持印度人民党。①同时该中心的民意调查显示，印度人民党在整个印度获得的选票份额从 2017 年 5 月的 39% 下降到 2018 年 5 月的 32%。据报道，基督徒和穆斯林等少数民族反对印度人民党政府。发展社会研究中心调查显示，达利特人对印度人民党的支持率从 2017 年 5 月的 33% 下降到 2018 年 5 月的 22%。

2018 年中期，有迹象表明，印度人民党正在成为 2019 年议会选举中唯一最大的政党——尽管抱怨声此起彼伏，但 RSS 继续支持印度人民党工作，使其继续掌权。②根据著名的发展社会研究中心的民意调查，在任职四年后，莫迪仍然是下一任总理的最佳人选。③

---

① Lokniti CSDS, Lokniti-CSDS-ABP News Mood of the Nation Survey, May 2018, http：//www. lokniti. org/pdf/Lokniti-ABP-News-Mood-of-the-Nation-Survey-Round-3-May-2018. pdf（accessed 25 May 2018）.

② 反对党希望巩固投票中支持他们的大多数人的选票。

③ 米兰（Milan Vaishnav）认为莫迪政府无法满足其经济预期，似乎正在为 2019 年的选举创造一种被称为"新印度"的新叙事，其重点是稳定经济形势并为未来的增长奠定基础，同时解决腐败问题，并在世界舞台上显示印度的能力。参见：Milan Vaishnav, "For BJP and Modi Government, Dominance and Doubt in an Uncomfortable Embrace", *The Indian Express*, 10 September 2017, https：//indianexpress. com/article/opinion/dominance－and－doubt－in－an－uncomfortable－embrace－4836661/（accessed 12 July 2018）.

可以肯定的是，虽然印度人民党的胜利仍然是一个可能的结果，但最近的选举失败应该会使人们对 2019 年印度人民党的前景保持谨慎。正如一位当代政治观察者所说，在古吉拉特邦和拉贾斯坦邦的民意调查结果之后，"印度政治已经公开化"。①

与此同时，2018 年反对派显示出联合起来与印度人民党竞争的迹象。② 有一些未解决的问题显示出莫迪总理和印度人民党面临长期的政治问题，也许是最严重的一系列经济挑战。例如，无法创造一定数量的就业机会以使每月成千上万的人进入就业市场，面临农业困境，出口萎缩，投资水平低于预期。这些问题（在撰写本文时）似乎正在影响印度人民党的支持率。虽然总理个人仍然很受欢迎，RSS 对他的支持仍然充满热情，但该党在 2017 年和 2018 年的选举表现仍然引起了党内人士的恐慌。③ 2017 年 9 月 30 日，RSS 最高领导人巴格瓦特在一年一度的"十胜节"——被视为 RSS 对主要关切发表声音的一个场合上发表演讲，向莫迪政府发出了一个暗示性的警告，其政策并未创造所承诺的工作，建议 RSS 在政府政策中发挥更为积极的咨询作用。巴格瓦特 2018 年 4 月 16 日对孟买工商界的讲话中传递的信息甚至更为明确。这种更加自信的立场似乎

---

① 最高领导人的年度"十胜节"演讲，是 RSS 重点公开声明的优先事项。2017 年的演讲，参见："Read Full Text of RSS Chief Mohan Bhagwat's Vijaya Dashami Speech"，*News*18，4 October 2017，http：//www. news18. com/news/india/read - full - text - of - rss - chief - mohan - bhagwats - vijaya - dashami - speech - 1532625. html（accessed 2 October 2017）。

② Ibid.

③ 在我们早期的工作中能够看到对这种与政治之间距离的讨论。参见：Walter Andersen and Shridhar Damle, *The Brotherhood in Saffron*: *The Rashtriya Swayamsevak Sangh and Hindu Revivalism*（Boulder：Westview Press，1987），pp. 237 – 238。

旨在部分地实现 RSS 在几个分支机构中的调解作用，如印度劳工工会和经济附属机构，声称政府的两个标志性政策举措（旨在遏制腐败的废币和旨在整合经济的商品和服务税），阻碍了经济增长并伤害了其声称代表他们利益的那部分弱势群体。巴格瓦特在他的"十胜节"演讲中提醒政府，"就业，既为民众提供工作，也为可持续生计提供足够的报酬，是我们的主要考量"。① 在同一次讲话中他表达了不容置疑的观点，他关注被认为是增长和社会稳定来源的特定群体，"中小型手工业、零售或小型私人企业、合作行业、农业和农业相关行业"。② 这些群体代表了 RSS 支持基础中的很大一部分。该演讲还反映了 RSS 内部存在的一个根本困境：希望与政治家和官僚一起影响政策，同时坚持其与政治保持距离的传统立场，以便更为客观地评估政客在公共利益方面的行为。③ 这种距离是合理的，为了使 RSS 始终保持在道

① 拉姆·马达夫告诉我们，RSS 在 2014 年并没有完全支持印度人民党，在 2019 年不太可能这样做，因为印度人民党本身正在创建一个密集的岗亭工作者网络。2017 年 11 月 21 日，我们在华盛顿特区采访了他。RSS 为各种分支机构和政府提供机会，让他们见面和讨论政策问题，并尽可能制定妥协方案，努力保持良好关系。与此同时，RSS 鼓励各个分支机构充当压力团体来抑制"政府的傲慢"，但没有发生瓦杰帕伊担任总理期间发生的暴力和政府的严厉谴责。

② 纳伦德拉·莫迪是 34% 选民的选择，拉胡尔·甘地为 24%。在 CSDS 调查中，没有其他政客接近他们。参见：Lokniti CSDS， "Lokniti – CSDS – ABP News Mood of the Nation Survey"，May 2018，p. 15，http：//www. lokniti. org/pdf/Lokniti – ABP – News – Mood – of – the – Nation – Survey – Round – 3 – May – 2018. pdf（accessed 25 May 2018）。

③ Prashant Jha， "Rajasthan By-Polls Loss Should Worry BJP， Vasundhara Raje as State Election Nears"，*Hindustan Times*，2 February 2018，https：//www. hindustantimes. com/analysis/rajasthan-bypolls-loss-should-worry-bjp-vasundhara-raje-as-state-election-nears/story-ioG5hDQLMbvXGkzQGRxyTP. html （accessed 3 February 2018）.

德上凌驾于内斗、野心和自我之上，而这些被认为是参与政治的人的特征。

印度人民党在过去几年的增长正在改变其支持基础的社会构成，因为该党从它以前的上层种姓的核心扩展到了传统的印度教种姓等级中的较低级别，并获得了来自印度农村地区越来越多的支持。与此同时，RSS 也在发生变化，因为它自 20 世纪 90 年代以来一直处于快速增长的轨道上，对其社会支持基础产生了类似的影响。如果这个过程继续下去，正如我们所认为的那样，同盟家族会面临引发几个关键问题的局面，一个问题是如何处理普遍存在的印度教种姓身份与印度教教徒的非种姓取向之间的紧张关系，另一个相关的问题是它如何适应传统的印度教种姓等级之外的身份。它的领导人早就认识到传统的种姓等级是对印度教教徒所期望的目标的挑战，但是他们不太确定如何处理印度教教徒的区域和阶级身份，这不仅对文化提出了挑战，而且也为邦与中央之间的关系带来了问题。更大的一个问题是，它将如何处理印度少数民族群体，如基督徒（2.3%）和穆斯林（14.20%），他们是在 2014 年议会选举中向国大党而不是印度人民党提供更多选票的唯一主要群体，而且他们仍然对印度人民党和 RSS 怀有很深的疑虑。一个相对应的问题是，是否这些少数民族宗教人口能够成为忠诚的公民。RSS 开始解决的另一个社会问题是，如何调和快速增长的城市中产阶级（优先考虑是为其带来就业和更好的生活方式）的利益和在农村的贫困农民的利益（他们需要基础设施，如医疗保健、水、市场联通和技能教育）。这些对话将形成关于如何使其教育系统更符合学生需求的持续辩论。RSS 的作者反对在课堂上分析这些分歧，但是他们越来越多地使用"印度"（India）（受过西方教育的印度城市)与"印度"(Bharat)(更为传统的印度农村)这一术语表明对阶级差异不断上升的认知。

这些问题也引发了 RSS 在其不断扩张时将传播什么样的民族主义的问题。特别是自从德奥拉斯领导以来,RSS 现在越来越倾向于一种包括穆斯林和基督徒文化的民族主义观点。巴格瓦特在 2017 年的"十胜节"演讲中清楚地表达了这一观点。他说,"我们的存在是基于独特的文化(Sanskriti)和人民,与植根于权力的联邦概念完全不同"。此外,他在演讲中指出,"我们的文化……就是我们的集体精神"。① 巴格瓦特经常重申所有印度人都是文化印度人,这可能仍然是 RSS 对民族主义的立场。②

第三个问题是 RSS 将如何修改其"人格塑造"议程,该议程从成立之初就一直是其培训工作的核心,使其对 21 世纪更具有重要意义。这个问题还涉及它如何应对同盟家族内部在公共政策问题上不断上升的分歧,这些分歧反映了同盟家族所面临的日益增长的社会复杂性。禁止屠宰奶牛、罗摩神庙、宗教皈依(ghar wapsi)和全球化,这些问题上存在的分歧反映出对印度教民族主义术语的不同看法。该组织的传统调解技巧是否有效,或者是否需要新的方法和制度变革来处理 RSS 自身出现的新的以及不断增长的社会细微差别?政府在调节经济方面和制定外交政策中的作用,与同盟家族不同群体对这些问题的看法是不一致的。也许最重要的一点是,RSS 是否能够保持几十个在"家庭"中运作的附属机构可以代表不同的利益,他们通常具有截然不同

---

① 引述来自 2017 年巴格瓦特在"十胜节"的演讲。参见:"Read Full Text of RSS Chief Mohan Bhagwat's Vijaya Dashami Speech", *News18*。

② Staff Reporter, "All Indians Are Hindus, Says RSS Chief", *The Hindu*, 26 February 2018, http://www.thehindu.com/todays-paper/tp-national/all-living-in-india-are-hindus-rss-chief/article22853514.ece (accessed 18 March 2018).

的政策观点。即使许多分支机构越来越多地依赖于专家了解各自组织的技术细节，一批训练有素的专职干部——控制 RSS 及其附属机构的最高组织成员，是否能够提供继续工作的"黏合剂"？专职干部在附属机构中的角色变化是否会影响 RSS 领导层调解同盟家族之间和内部分歧的能力？

至少在接下来的几年里，塑造这些问题答案的最重要的参与者将是莫迪总理和 RSS 领导人巴格瓦特。他们都相对年轻（都出生于 1950 年），而且健康、精力充沛，在他们各自的组织中都没有竞争者。他们有很长时间在一起相处的记录，部分原因还是每个人都理解对方在同盟家族中的关键作用。总理代表印度人民党制定了公共政策，RSS 最高领导人负责监督和调解分支机构之间的分歧。一个作用是重视政治过程，因为公共政策对许多分支机构的运作具有直接影响。RSS 也被委托训练专职干部，将会在同盟家族中担任最高级别的行政职务。

第四个问题是 RSS 如何平衡其"统一印度教社会"的目标。通过其"人格塑造"的过程，越来越多地参与政治，需要在意识形态上妥协，并能容忍其他人可能认为是不道德的行为（例如，承诺合同以换取竞选捐款，接受具有污点或腐败行为却具有群众基础而能够获胜的领导者）。它如何在那些想要实施意识形态议程的人的需求与那些宁愿做出妥协的人的需求之间进行平衡（例如，将有争议的问题置于次要地位），以保持政治权力？简而言之，它将如何应对民主的挑战？

在传统的印度教种姓等级与印度教特性问题上，RSS 面临着两难的困境。最初 RSS 依靠吸引高种姓的印度教教徒支持其民族主义计划，提倡一种社会统一学说，逐渐削弱种姓等级制度和位于顶峰的层级。直到独立，它可以通过致力于"人格塑造"培训计划来解决这一困境。该计划使用传统的高种姓印度教的许多梵语文化元素，当时这些元素很大程度上吸引了上层种姓，但目标是使所有印度人受益。随着独立时期民主的引入，关于二分法概念的说法将不再起作用，因为上层种姓对宗教和社会优势的认定，对于来自较低阶层的绝大多数选民来说属于糟糕的政治，印度强大的民主制度会越来越政治化。动员下层种姓的被动性，也会阻碍印度教社会统一的目标。事实上，正如许多 RSS 的深度观察者所指出的，印度教教徒对礼拜形式只有一点点兴趣，而且几乎完全没有像种姓等级中的宗教理由这样的形而上学问题。它对印度教教徒的力量和团结感兴趣。正如阿伦·斯瓦米所指出的，印度教教徒中可能有背信弃义的人，但不是叛教者。①

因此，RSS 开始致力于一项既能赋予较低种姓权力又能使其更接近于同盟家族的计划。作为最高领导人，德奥拉斯在 20 世纪 70 年代和 80 年代，通过倡导消除寺庙和其他圣地中的"不可接触性"和种姓限制，以及开展一系列服务项目，重点使处于印度教种姓等级最低端的人受益。他支持组建"社会和谐"组织（旨在安排低种姓印度教教徒、达利特人和部落居民与高种姓印度教教徒互动的组织），支持扩张 ABVKA（一个致力于增强部落的社会和经济地位的组织），并鼓励成立社会服务团体联合会（专注于在穷人和低种姓印度教教徒中工作），这使得 RSS 能够直接参与社会服务。在阿约提亚建造一座罗摩神庙并为印度教阿马尔纳特节（Amarnath yatra）提供安全保障，包含了泛印度教的事业，以动员起在整个种姓和 RSS 中的支持。在古吉拉特邦政府执政的 12 年间，首席部长莫迪将投资和经济发展作为

---

① 对印度教特性的非宗教性质的一个精彩分析，参见：Arun R. Swamy, "Hindu Nationalism-What's Religion Got to Do with It?"（Honolulu: Asia-Pacific Center for Security Studies, March 2003）。

关键工具，使该邦成为一个以改革派印度教特性（包括经济投资），取代传统的印度教等级秩序的一个试点。在古吉拉特邦，他没有重视两个大型分支机构印度农民协会和世界印度教大会，部分原因是他们批评他将支持外国投资作为更大的经济发展议程的一部分。[①] 他认为这一政策在政治上很重要，因为它在选举中能很好地发挥作用。作为回应，一些邦级的世界印度教大会领导人甚至在古吉拉特邦选举中反对莫迪。古吉拉特邦政府拆除寺庙以为基础设施项目让路，尤其激怒了世界印度教大会。正如他所理解的那样，莫迪将经济发展纳入印度教特性，这一政策迎合了来自种姓范围内的年轻印度人的需要。这项政策希望能够获得一些成功，以此消除印度人民党作为支持等级社会结构的政党对低种姓的怀疑。莫迪本人就是一个低种姓的印度教教徒，这表明印度人民党在印度教教徒的底层还有发展空间，该战略似乎有效。根据一项研究，2014 年印度人民党赢得了 24% 的达利特人选票（国大党为 18.5%）和 37.5% 的部落投票（国大党为 28.3%）。[②]根据印度人民党的计算，2017 年选择了一位总统候选人是达利特人———一个 RSS 同情者，这在政治上是谨慎的，也是具有启

---

① 担任古吉拉特邦首席部长时，莫迪也对世界印度教大会反对古吉拉特邦政府拆除阻碍道路扩张计划的寺庙感到恼火。后来，世界印度教大会也反对印度人民党政府拉贾斯坦邦的类似庙宇拆除计划。参见：Mahim Pratap Singh, "Demolition of Temples in Rajasthan: RSS Goes Ahead with Its Protests against Government", *The Indian Express*, 7 July 2015, https://indianexpress.com/article/india/india – others/demolition – of – temples – in – rajasthan – rss – to – go-ahead – with – its – protest – against – government/（accessed 12 July 2018）。

② Ashutosh Varshney, "India's Watershed Vote: Hindu Nationalism in Power", *Journal of Democracy*, October 2014, Vol. 24, No. 4, pp. 34 – 45. 2014 年，印度人民党赢得了为达利特人和部落保留的 131 个议会席位中的 66 个，远远超过任何其他党派，这一成绩是 2009 年的两倍。请注意，所有选区的登记选民都有资格投票，即使候选人必须是达利特人或部落人。

发性的。记者瓦格赫斯·乔治（Varghese K. George）报道说，作为 2014 年竞选活动的总理候选人，莫迪呼吁泛印度教的受众说，"下一个十年将属于达利特人和落后阶层"，同时强调他自己的低种姓起源。① 莫迪在国内和国外经常访问印度教、锡克教和佛教礼拜场所，类似于斯堪的纳维亚（Scandinavian）国家的路德教会（Lutheran）领导所实践的公民宗教（civic religion），而不是对神的信仰的表达。20 世纪 90 年代初，在对印度教和印度教特性相互影响的分析中，阿西斯南迪（Ashis Nandy）认真地写道，"印度教和印度教特性现在面对面站着，尚未准备好相互对抗，但意识到对抗在某一天必定会到来"。②

　　提倡全面的印度教身份，为 RSS 提供了意识形态方面的理由，声称无数的社会群体被宽泛地归类为印度教教徒，比非印度教教徒和非印度人在文化上能够彼此分享更多的共同点。然而，困境在于泛印度教的传统最初呈现出高度的梵文文化形态，这是由处于印度教种姓层次结构顶层的婆罗门所保留的。因此，区域的政治领导人和低种姓的印度教教徒都倾向于以怀疑的态度看待它。RSS 大部分领导力的存在主要来自婆罗门的精英。但是，自 20 世纪 80 年代后期以来，越来越多的人从较低的印度教种姓中招募，这表明 RSS 的社会支持基础在不断扩大。

---

① Varghese K. George, "In 2014, Hindutva Versus Caste", *The Hindu*, 26 March 2014, http://www.thehindu.com/opinion/lead/In-2014-Hindutva-versus-caste/article11426711.ece# (accessed 23 September 2017).

② Ashis Nandy, "Hinduism Versus Hindutva: The Inevitability of a Confrontation", *The Times of India*, 18 February 1991, http://www.sscnet.ucla.edu/southasia/Socissues/hindutva.html (accessed 28 September 2017). 然而，当他认为印度教教徒对印度教的攻击是为了保护民主有可能被边缘化的少数民族意识时，我们认为南迪错了。相反，它的目标是获得大多数人的支持，并以一种社交方式统一他们。

　　RSS 需要组织或团结的逻辑，要求它招募来自较低种姓的成员，包括达利特人，并在组织内部平等地对待他们，实践将 RSS 置于印度教正统之外的做法。①独立后不久，支持一个政党和其他代表劳工、学生和农民利益的附属机构的决定，加强了其从印度教范围（实际上是在整个宗教范围内）招募的政策，因为没有限制印度教教徒成员资格的规定。这与印度教大会具有明显的区别，它的大门只对印度教教徒开放。独立时的 RSS 最高领导人高瓦克，也建议印度人民同盟的创始人要避免该党使用具有宗派主义倾向的名称，并赞成更具包容性的印度（Bharatiya）名称。② 因此，正如唐纳德·史密斯（Donald Smith）在对 RSS 的讨论中所指出的那样，印度人民同盟采用了一种包容性的国家观，涵盖了所有忠于印度的群体，虽然这种群体与印度教国家合不来。③为了支持他的观点，史密斯引用了 1960 年该党主席皮特姆贝尔·达斯（Pitamber Das）演讲中的陈述，"改变宗教绝不意味着改变我们的祖先或改变国籍"。④自该组织的第三任领导人德奥拉斯以来，RSS 领导人使用"Hindu"一词来涵盖所有印度人，包

---

① RSS 对低种姓印度教教徒的平等对待，包括达利特人和部落的分析，参见：Ramesh Patange, *Manu, Sangh aani mee*（Mumbai：Hindustan Prakashan Sansta，2012），in Marathi。

② 参见：*Sree Guruji Samagra*（New Delhi：Suruchi Prakashan，Hindu year 5016），Vol. 3。高瓦克关于印度人民同盟的创立者萨玛·普拉萨德·穆克吉一文。

③ Donald Eugene Smith, *India as a Secular State*（Princeton：Princeton University Press，1963），pp. 470 – 471. 一些 RSS 数据认为，史密斯没有充分区分邦和国家。他们争辩说，国家必然是世俗的，国家因其"民族灵魂"而存活下来。经常使用的类比是以色列国和犹太复国主义。

④ Ibid. , p. 471.

括基督徒、穆斯林和其他宗教少数群体。①拥有印度教独立宗
教基地的一个附属机构是世界印度教大会，一个只代表印度
教教徒利益并与印度教宗教机构合作的组织。这种宗派观点
经常使人们与寻求所有印度人投票的印度人民党之间产生分
歧，并在一些问题上出现紧张局势，诸如：何时在阿约提亚
建立罗摩神庙，是否为在果阿的使用英语作为教学语言的罗
马天主教学校提供经济支持，是否推迟任何废除宪法第 370
条的行动（为穆斯林占多数的克什米尔提供自治权），以及如
何处理奶牛保护问题。

　　印度是一个联邦制国家，自独立以来的民主实践加强了对
地区的认同以及对印度观的忠诚。面对少数几个地方的分裂运
动，中央政府努力确保领土完整，而 RSS 一直支持一个国家的
目标。在 20 世纪 50 年代和 60 年代的语言辩论中，政治协商
会议（ABPS）呼吁所有本土语言享有平等地位，RSS 始终倡
导以地区母语进行公共教育。根据旁遮普印地语人口的意愿，
RSS（最终是 BJS）放弃了旁遮普邦是印度教教徒（印地语）
和锡克教徒（旁遮普语）双语邦的观点，并接受了将该邦分成
两部分：一个是旁遮普邦，锡克教徒占多数，另一个是哈里亚
纳邦，印度教教徒占多数。② 这种妥协的意愿有时违背了其自然
的种族支持基础的意愿，如在旁遮普邦的城市印度教教徒讲印地
语，但其民族团结的目标通常胜过狭隘的地区利益，就像在这种

----

① 例如，第五任领导人苏达山说，住在印度的所有穆斯林都是印度教教徒，
所有锡克教徒都是印度教教徒。参见：Nonica Datta, "Are the Sikhs
Hindus?", *The Hindu*, 4 March 2003, http://www. thehindu. com/2003/
03/04/ stories/2003030400951000, accessed 18 March 2018。

② 关于 RSS - BJS 对语言立场的讨论，参见：Bruce Graham, *Hindu Nationalism
and Indian Politics: The Origins and Development of the Bharatiya Jana Sangh*
（Cambridge: Cambridge University Press, 1990), pp. 128 – 138。

情况下一样。关于区域认同问题，同盟家族的领导人几乎一致表示，只要分裂不是任何地方政治议程的一部分，地区身份和国家身份之间就不存在固有的冲突。印度人民同盟支持在 20 世纪 50 年代语言邦的形成，后来在语言基础上划分旁遮普邦。[①] 印度人民党在中央和各邦与地区政党之间建立选举联盟没有任何问题，尽管在同盟家族内部对印度人民党与克什米尔的一个党派——人民民主党联盟存在一些抱怨，该党几乎完全来自该邦的大多数穆斯林。尽管存在一些疑虑，但为了党的选举利益，RSS 仍倾向于遵循一种默认的方式。

　　RSS 已经建立了一种适应区域宗教和文化传统的模式，声称它们是更大的印度文化的组成部分。根据这一努力，莫迪在担任古吉拉特邦首席部长时，将明确推进地区性节日——风筝节（Uttarayan）和九夜节（Navratri）作为更大的印度教文化的一个组成部分，[②] 类似于 RSS 及其附属机构在东北部本土文化实践方面所做的工作。一项研究报告显示，许多 RSS 学校将低种姓群体的英雄与印度教社会的更广泛的故事联系起来。一个例子是，在北方邦，关于罗摩神的民间戏剧将低种姓演员置于最前沿，通过支持整个种姓范围以建立

---

① 高瓦克本人（像贾瓦哈拉尔·尼赫鲁总理一样）最初对语言国家的创建持保留态度，担心它会通过增强语言地方主义而削弱中央政府。但是，在语言基础上重组国家后，高瓦克对这个问题保持了沉默，这表明他的目标是在印度人民同盟表示支持后将 RSS 保持在这个语言问题之外。另一方面，印度人民同盟和 RSS 支持小邦的概念，称为"janapad"，在行政上更有效率。

② 对古吉拉特邦推进印度化地区习俗的努力的讨论，参见：Christophe Jaffrelot，"Narendra Modi between Hindutva and Subnationalism：The Gujarati Asmita of Hindu Hriday Samrat"，*India Review*，2016，Vol. 15，No. 2，pp. 202 – 203。

一个统一的印度教国家。① 在邦与中央的关系方面，作为首席部长的莫迪推动了古吉拉特邦的经济利益，有时也反对中央政府。例如，在具有争议的旨在为包括古吉拉特邦在内的几个邦提供额外的灌溉和电力的纳玛达河（Narmada River）项目上，他将自己描绘成古吉拉特人利益的保护者。同时，他认为对地区认同的忠诚与印度观念之间没有矛盾。在担任首席部长期间，他主张为古吉拉特文化和身份以及对印度的忠诚感到自豪。为了证明邦在联邦关系中的重要性，他在竞选期间使用了"合作联邦制"一词，并创建了改造印度国家研究院（NITI Aayog）。一旦他上任，就会为这个概念提供一个制度框架。②

对于同盟家族来说，比地区性身份更有问题的是对穆斯林和基督徒的适应。RSS 的国家建设努力几乎完全集中于如何提升印度教教徒的团结感。关于穆斯林和基督徒，在 RSS 内部存在两个相互矛盾的观点。一是这些非印度教群体实际上在种族上是印第安人，因为他们中的绝大多数是皈依者，由此赢得了支持。反对的观点是，他们的观点破坏了印度国家的"他者"。关于"他者"的问题，关注的是这些团体将推动创建单独的国家。1947年，穆斯林支持建立巴基斯坦，随后要求穆斯林占多数的克什米

---

① Ketan Alder, "How the BJP Has Come to Dominate Lower-Caste Politics", *Al Jazeera*, 13 April 2017, http：//www. aljazeera. com/indepth/ opinion/2017/04/bjp-dominate-caste-politics-170412085718269. html（accessed 1 October 2017）.

② Balveer Arora, "The Distant Goal of Cooperative Federalism", *The Hindu*, 22 May 2015, http：//www. thehindu. com/opinion/op－ed/the－distant－goal－of－cooperative－federalism/article7232184. ece（accessed 2 October 2017）. 莫迪使用"竞争性联邦主义"的概念赋予邦政府以创新空间，并作为其他邦效仿的榜样。在土地和劳动力方面提供更多有利于营商法的立法，是这方面的两个例子。竞争性联邦制建立在 20 世纪 70 年代末期从中国引入的发展模式之上，莫迪对其在中国经济快速增长中的作用表示钦佩。

尔脱离出来，以及在东北部基督徒占多数的邦进行分裂活动，这些努力都被视为危险的迹象。甚至在 RSS 内部也有一系列的观点。高瓦克在他所说和所写的有关印度教民族主义的主要汇编文集中，在部分章节将穆斯林和基督徒视为对国家统一的内部威胁。[1] 此外，泛印度教努力将穆斯林和基督徒置于民族叙事之外。事实上，呈现出的是反穆斯林的特征，正如 20 世纪 80 年代和 90 年代初的罗摩神庙游行所证明的那样，最终导致 1992 年有争议的巴布里清真寺遭到破坏。印度民族主义组织将印度教民族主义中的奶牛屠杀描述为区分印度教教徒与非印度教教徒的标志，这使得对涉嫌牛肉消费或将奶牛运送到市场的穆斯林进行了攻击。

　　另外，在同盟家族内部越来越努力将穆斯林带入更大的印度文化环境，其动机部分是因为穆斯林和基督徒被认为在种族上与其他印度人相似，部分原因是印度人民党需要赢得他们的支持。RSS 的附属组织，特别是劳工工会和农民工会，长期与印度的少数民族一起工作。[2] 因此，与克什米尔的人民民主党结盟，其支持基础是穆斯林，并决定在果阿继续支持罗马天主教学校，以避免对抗大型罗马天主教徒。正如阿什拖什·瓦尔什尼所指出的那样，在很大程度上这种对非印度教教徒更温和的方式是选举因素

---

[1]　M. S. Golwalkar, *Bunch of Thoughts* (Bangalore：Vikram Prakashan, 1966), chs. XII‑1 (for Muslims) and XII‑2 for Christians. 兰格·哈里（Ranga Hari），一个 RSS 高级人物和高瓦克全集的编辑告诉我们，《思想集》实际上是高瓦克演讲的集合。《思想集》中的穆斯林和基督徒章节的原始标题具有政治倾向，新版本将重新命名为"穆斯林原教旨主义"和"基督教布道论"，以使自己远离相关的政治争议，转而关注文化差异。信息来源于 2016 年 4 月 6 日电子邮件的相关信息。

[2]　2018 年 1 月 14 日，我们在新德里采访了劳工工会主席萨吉·纳拉亚南。

的考量结果。① 在一个民主政治体系中，许多政党在得票最多者当选的选举制度中竞争，占全国人口约14%的穆斯林在印度543个议会选区的70~80个选区中，20%甚至超过20%的选民是穆斯林。然而，印度人民党要容纳穆斯林仍然需要一些时日。

在2014年的议会选举中，虽然有印度教特性信息，但在这次选举中重点关注的是经济发展和创造就业机会。在很大程度上，该党的竞选宣言缺乏印度教民族主义主题，同时明确表示要提高穆斯林的生活质量。尽管如此，这一在高层中较为温和的面孔，往往被RSS和印度人民党较低级层面所忽视。RSS领导层一再谴责那些从事暴力行为的人，他们涉嫌消费牛肉、非法运输奶牛，通过"爱情圣战"和皈依变为应该受到法律诉讼的反社会人士。但是，这种劝告往往是迟到的，目前为止并没有大幅降低暴力的程度。瓦尔什尼的另一个观点是，印度教教徒—穆斯林在商业、政治、教育等方面存在"桥梁关系"的两个社区之间的暴力程度相对较弱。② 我们的一些对话者，基本上同意这种关于"桥梁关系"概念的提法，使用这一理论来证明通过职业的附属机构（如印度劳工工会）或直接接触团体（穆斯林国家论坛）与穆斯林建立联系的努力是正确的。自德奥拉斯时代以来，RSS已经接受了非印度教教徒的日常纱卡，并且一些穆斯林已经通过三层培训系统上升为专职干部。然而，迄今为止的结果依然非常有限。这种相对缺乏成功的想法，让人想起RSS对世俗主义的承诺，或者至少在印度的实践。世俗主义并不像美国或法国那样被认为需要一堵墙来隔离教会和国家，而是所有宗教之间平等对待。尽

---

① Varshney, "India's Watershed Vote", *Journal of Democracy*, p. 38.

② 参见: *Ethnic Conflict and Civic Life: Hindus and Muslims in India* (New Haven: Yale University Press, 2001)。

管 RSS 反对给予少数民族机构以公共财政支持，但印度人民党的邦政府继续向基督教学校提供财政援助，莫迪的国家政府也向穆斯林教育机构提供了财政支持。RSS 将印度的多种本土宗教传统视为该国文化的一部分，但对基督教或伊斯兰教却持谨慎态度。例如，这种观点对人权事务部推荐的历史和社会科学的学校教科书的主题产生了影响。此外，印度教强硬派要求非印度教教徒遵守广泛定义为印度教教徒的诸如饮食方面的文化规范（例如，牛肉的消费）。最近，关于泰姬陵出处的争议也引发了人们对印度人民党和 RSS 是否相信印度穆斯林的本土根源的质疑。印度人民党政府如何应对文化偏执情绪的爆发，将影响国内的稳定和政府在国际上的地位。只要经济增长仍然是一个优先事项，印度人民党政府就可能会试图将同盟家族内部的印度教强硬派边缘化，即使它是谨慎而且有时是缓慢的。印度人民党谨慎推进的完美路线，是为了满足四个重要群体：经济上有抱负的支持者、印度教宗教支持者、倡导一个强大统一的印度的印度教民族主义者以及优先考虑其种姓和地区身份的群体。RSS 在协调同盟家族许多成员的利益方面同样是走完美路线，它试图通过不干涉其运作并远离具体的政策讨论以及平衡其成员的不同利益（如 VHP 和 BJP）来保持道德地位。只有良好的治理和经济增长是印度人民党的关键政策的驱动力，RSS 很可能利用其在同盟家族中的道德地位来淡化世界印度教大会的边缘效果，而不完全放弃传统的印度教特性议程中的关键要素，如在阿约提亚建造罗摩神庙。

第三个方面是关于 RSS 如何应对扩大和变化的成员资格，领导层意识到需要使该组织符合 21 世纪的发展，其中包括解决该国面临的主要社会和经济挑战。这个讨论必须首先从解释 RSS 被称为"人格塑造"的传统培训系统的持续重要性开始，这些培训发生在当地的纱卡以及训练营中（为 RSS 及其附属机构的高层领导和专职干部而做准备)。大多数纱卡参与者都在小学或高中年龄段。许多高级 RSS 领导人告诉我们,这个系统的关键是一个坚定的纱卡领导者。他的行为就是一个榜样,决定了男孩和男人是否会继续参加纱卡。纱卡领导者必须至少完成第一年的训练营。在所有附属机构的行政顶层都是由 RSS 培训的全职人员,也就是专职干部。他们在经过所有三个级别的培训之后获得了他们的职位,最重要的是在那格浦尔的第三年培训。这个培训系统培养了足够数量的年轻人来填补 RSS 的各种领导职位,最重要的是那些完成第三年后同意放弃家庭生活,遵守严格的生活方式并全身心投入 RSS 的全职工作人员。2017 年,RSS 总书记在报告中指出,去年约有 17500 人参加了第一年的训练营,参加第二年的有 4130 人,参加第三年的有 973 人。2017 年年中,约有 6000 名专职干部被分配在同盟家族的各个机构。① 随着附属机构的快速扩张,对工作人员的需求也越来越大,这可能成为印度人民党最为尖锐的问题。虽然大多数组织已经开始建立自己的培训体系,但所有组织中的最高行政职位可能仍然是全职的 RSS 专职干部,这是将同盟家族的各个分支联系在一起的重要因素,正如我们在果阿的语言

---

① "RSS Annual Report-2017", RSS website, http://rss. org//Encyc/2017/3/23/rss – Annual – Report – 2017 – English. html (accessed 8 October 2017). RSS 工作人员还包括全职志愿者,他们通常是完成第一年培训并作为实习生服务约一年的年轻人。如果他们决定继续成为一名专职干部,就会去参加第二年和第三年的训练营。纱卡中担任首席教师职务者通常会进入第一年和第二年的训练营。RSS 还为有资格担任纱卡、米兰和曼达里各种职位的人提供为期一周的入门训练营(简称"Prathmik Shiksha Varg")。2017年的报告指出,2016~2017 年有 1059 个这样的训练营,有 104127 名参与者来自 29127 个纱卡,约占全国纱卡数量的一半。45 年来,RSS 为成员开设第一年和第二年的训练营,以满足特殊需求,例如在自然灾害中提供帮助或组织社区项目。2017 年的报告指出,特殊训练营中一年级参与者有 1891 名,二年级参与者 1527 名。

反叛研究中所陈述的那样。专职干部具有一种来自外部的人不具备的立场，这种立场有点类似于通过传统考试途径来到印度和美国外交部门的官员。专职干部保持着相互影响，并且共同认为自己是同一个印度教特性组织的兄弟成员，尽管他们可能在政策方面有所不同。

　　RSS 最重要的创新之一，就是更愿意让其领导者在公共论坛上发表演讲，与媒体互动以及利用 RSS 支持的智库（也许最重要的是新德里的印度基金会，Indian Foundation）来解决对组织来说重要的问题。早些时候，RSS 领导层已经用充足的证据证明了他们所做的良好工作是有效的。对成功的真正考验是它培养年轻人的能力，他们将根据他们的"人格塑造"经验，在国家建设中发挥主导作用。虽然现在这一观点仍然拥有很大一部分的支持者，但 RSS 核心领导层更倾向于它只是该国众多利益集团的一个的主张，因此需要建立公众支持。虽然在公众眼中，不声张的调解仍然被视为达成共识的最佳方式。高级 RSS 人物已经利用媒体传达其在争议问题上的立场以及如何平衡附属机构之间的利益，已经为解决经济分歧做了相当多的工作。一个突出的例子是，巴格瓦特在 2017 年的"十胜节"演讲中，隐晦地批评了莫迪政府的经济政策，他谴责政府的政策没有解决普通人、小规模企业家和农民的基本问题。[1] 他建议改造印度国家研究院"摆脱同样的旧经济'主义'并且……将最新的经济经验与我们国家的基本现实结合起来"。[2] 这些批评将巴格瓦特和 RSS 含蓄地置于印度劳工工会、印度农民工会和经济分支机构的一边，在具有争议的经济政策上

---

①　两个最有争议的政府的政策是非货币化和商品及服务税。虽然在演讲中没有特别提及，但巴格瓦特很可能将这两项措施考虑在内，代表政府必须重新思考的"同样的旧经济""主义"。

②　Ibid.

反对政府。巴格瓦特的讲话还倡导"必要的宪法修正案"，以完全吸收查谟和克什米尔，这使他站在了世界印度教大会的一边。鉴于这一讲话的重要性，他提出的问题很可能已经在同盟家族内部层面进行了回顾。商品和服务税委员会根据具有争议的商品及服务税法案制定政策建议，并于 2017 年做出了若干意义深远的决定，以减轻纳税人的税务压力，为出口商提供更快的退税，减轻税务申报程序，并降低二十七项商品及服务税的税率，涉及人造纱线、文具、柴油发动机零件、食品和印刷等重要领域。①

　　RSS 的困境在于，它的意识形态建立在对国家的最高忠诚度的基础上，同时又担心国家是否有能力进行必要的变革，以创造一个真正的印度社会，从而大大减少社会和经济的不平等，并忠于这个国家的文化遗产。是否可以说服其合作伙伴接受社会和经济平等观念，并将这些观念付诸实践，这是自独立以来每个印度政府都想逃避的事情。莫迪总理似乎已经接受了这样的想法，即快速的经济增长是实现这种转变的必要条件。但他面临着中国政府在 20 世纪 70 年代后期进行市场改革后面临的同样问题——调和社会和经济平等目标，以实现理想的增长率并满足新的专业和管理阶层的利益。印度人民党具有适应印度的多样性而继续执政的强烈愿望，RSS 对国家权力限制的承诺可能会使两者都致力于民主。这些因素虽然对民主有利，但却可能会加深印度人民党与 RSS 之间的紧张关系。印度人民党掌权的时间越长，就越有可能认同自己所处的行政国家，RSS 深刻怀疑这样的"专家"。我们已经看到，在全球化带来的冲突中，

---

① "GST Council Meet: Rates for 27 Items Slashed; E-Wallet for Exporters, Quarterly Filing for Small Business Approved", *MSN*, 6 October 2017, https://www.msn.com/en-in/money/topstories/gst-council-meet-rates-for-27-items-slashed-e-wallet-for-exporters-quarterly-filing-for-small-businesses-approved/ar-AAsZHuK? li = AAggbRN（accessed 8 October 2017）.

经济不平等日益加剧。对于国家的角色和安全问题，或许之于二者最重要的在于作为组织、职业模式的志愿者（例如，给官僚机构提供路径的政党政治或同盟家族内的"无私"工作）。

过去 30 年来，同盟家族的成员资格更为多样化，成为一个类似于独立后国大党的伞式组织，它具有意识形态的右翼、中立和左翼。它在意识形态和成员资格方面均没有太多的婆罗门特征，印度教特性在其中的定义差异很大。在经济政策问题上，劳工分支机构向左倾斜，而像世界印度教大会这样的文化分支机构则在社会问题上向右倾斜。RSS 本身具有类似的意识形态传播，印度教的定义也同样呈现多样化。与许多公共话语相反，RSS 不是印度人民党，RSS 也不希望变得像印度人民党那样或想要控制政党。然而，RSS 对政治的观点已经从被认为是对道德腐败体系的蔑视发展到当前的主流观点，即政治权力是实现理想的自下而上的社会变革的必要但不充分条件。它确实希望影响政治，以保护自己免受限制，并协助附属机构执行他们的使命。RSS 在几个方面与印度人民党基本不同。它不依赖于定期的民众投票，它有一个领导干部长期待在办公室并将其职业视为终身职业，它从长远来看未来，它认为自己代表该国重要的道德之声音。它希望将这种道德的声音转化为实际措施，通过调解同盟家族内部的争议，通过略微向左偏离的民粹主义经济问题路线和略微向右偏离的社会文化问题，来平衡同盟家族的政策。调解的一个重要方面是，通过使有争议的问题达成共识并在"家庭"内部保持分歧，来促使有时不稳定的"同盟家族"在一起。到目前为止，这一战略已经奏效。印度将继续改变，问题在于 RSS 是否能够做到足够灵活，以适应一个快速现代化社会的需求。

译后记

2017 年 12 月，印度洋地区研究中心访问美国约翰·霍普金斯大学国际关系学院期间，南亚研究项目主任安德森教授提及他正在写作一本关于印度国民志愿服务团（RSS）的著作，希望在其英文书稿完成之后，我能将这本书翻译成中文出版。虽然当时就能够想到，这本书相比于之前所翻译的印度知名学者拉贾·莫汉的《莫迪的世界》一书，肯定有难度。但是，一方面出于礼貌，一方面也是出于对这个主题的兴趣，我还是欣然接受了。

2018 年 8 月，安德森教授发来了本书的电子版。那个时候，这本书的英文版也在美国和印度分别出版了。由于平时工作繁忙，不可能将大部分时间都用于翻译。并且，本书涉及很多机构、地名以及印度语词语，需要仔细查证确定，这也影响了翻译的进度。而且，每年的第一季度，都是集中写作《印度洋地区发展报告》的时间。在安德森教授的不断催促下，本书的初稿翻译工作于 2019 年 5 月完成。当时的计划是，能够赶上与 2019 年的《印度洋地区发展报告》一起在京发布。但出于多种原因，未能如愿。

今年 6 月底，终于有了转机。这与社会科学文献出版社的努力分不开。所以，首先我要特别感谢社会科学文献出版社史晓琳女士和黄丹女士，她们为本书的出版付出了极大的热情，对本书的编辑工作投入了诸多精力。仅纸质样稿就三校三寄，让我感动之余也由衷敬佩她们严谨的态度和敬业精神。没有她们的鼎力相助，这本书难以问世。

其次，我要感谢印度尼赫鲁大学国际关系学院东亚研究中心主任谢钢（Srikanth Kondapalli）教授和普里扬卡（Priyanka Pandit）博士。他们为书中涉及的一些机构名称和印地语词语的翻译提供了非常有用的帮助。

再次，感谢复旦大学南亚研究中心杜幼康教授、章节根博士和上海国际问题研究院李红梅博士，他们为印度洋地区研究中心访问霍普金斯大学提供了帮助并引荐了安德森教授。

当然，我必须感谢我的家人，他们不仅精神上给予了我莫大的支持，而且承担了几乎所有的家务，使我能够有更多精力完成本书的翻译工作。本书能够按计划完成翻译工作，还要特别感谢我的儿子朱艺翔，他本科学的是英语翻译，为本书的翻译做了大量工作。无论如何，书中翻译的缺陷和错误在所难免，恳请读者批评指正。

最后，我和安德森教授一样，希望这本书能够有助于中国学术界和政策界更好地了解印度，能够为读者认识莫迪政府的政策选择以及与此相关的问题提供一些有益的帮助。

朱翠萍

2020 年 7 月 25 日于昆明

图书在版编目（CIP）数据

国民志愿服务团如何重塑印度？ ／ （美）沃尔特·安德森（Walter K. Andersen），（美）史利德哈尔·达姆勒（Shridhar D. Damle）著；朱翠萍译. ‐‐北京：社会科学文献出版社，2020.9

（印度洋地区研究译丛）

书名原文：RSS：A View to the Inside

ISBN 978 - 7 - 5201 - 6412 - 2

Ⅰ.①国… Ⅱ.①沃… ②史… ③朱… Ⅲ.①志愿者 - 社会服务 - 研究 - 印度 Ⅳ.①D735.183

中国版本图书馆 CIP 数据核字（2020）第 042360 号

·印度洋地区研究译丛·

国民志愿服务团如何重塑印度？

著　　者／〔美〕沃尔特·安德森（Walter K. Andersen）
　　　　　〔美〕史利德哈尔·达姆勒（Shridhar D. Damle）

译　　者／朱翠萍

出 版 人／谢寿光
责任编辑／李延玲　　　文稿编辑／黄　丹

出　　版／社会科学文献出版社·国际出版分社（010）59367142
　　　　　地址：北京市北三环中路甲 29 号院华龙大厦　邮编：100029
　　　　　网址：www. ssap. com. cn
发　　行／市场营销中心（010）59367081　59367083
印　　装／三河市龙林印务有限公司

规　　格／开本：889mm × 1194mm　1/32
　　　　　印张：12.75　字数：317 千字
版　　次／2020 年 9 月第 1 版　2020 年 9 月第 1 次印刷
书　　号／ISBN 978 - 7 - 5201 - 6412 - 2
著作权合同
登 记 号／图字 01 - 2020 - 4765 号
定　　价／98.00 元

本书如有印装质量问题，请与读者服务中心（010 - 59367028）联系

▲ 版权所有 翻印必究